합격으로 가는 하이패스

토마토패스

기본서 반영
최신 개정판

tomatoTV 방송용 교재

기출문제 경향을 완벽 분석하고 적용한

외환전문역 1종
핵심이론＋빈출문제

강성국 편저

저자직강 동영상강의 www.tomatopass.com

예문에듀 EDU

강성국

연세대학교 경영학 학사
서울대학교 경영학 석사

(전) 한국은행 입행
(전) FUJI 은행(현 MIZUHO은행), 도이치(Deutsche)은행 서울지점 외환딜러
(전) 한국금융연수원 IB부문 교과운영 자문교수
(전) 한국거래소, 파생상품 교육단 전임강사
(전) KB선물(현 KB투자증권) 상무
(전) 장안대학교, 비즈니스 영어과, 무역영어 강사
(전) 수원과학대학교, 증권금융과 초빙교수
(현) 금융투자협회, 「외국환업무전문인력」 보수교육 강사(환리스크 관리, 외환거래 사례 담당)
(현) 에듀윌, 회계원리 운영교수
(현) 토마토패스 금융·전문교수
(저서) 증권투자권유자문인력(수험서), 펀드투자권유자문인력(수험서), 무역영어·국제무역사, 고등 금융실무
　　　교과서(서울시교육청) 등

○ 100% Real Review ○

토마토패스 외환1종
카톡 스터디, 못들어봤어?

※ 주의 : 계속되는 예상문제 풀이와 출제포인트 주입으로 합격에 압박감을 느낄 수 있음

그니깐요
핸드폰으로 문제풀이한게
도움 많이 됐어요 진짜

이번에 교수님 덕분에
아예 몬말인지 몰라서
별표친 문제가 거의 없었어요
감사함니당 ㅠㅠ

너무 많이 도움됐어요ㅠㅠㅠ
저번시험과 달리 확신해서 풀
문제가 생겼다는게..ㅠㅠ
감사합니다.
매일 늦은시간까지 ㅜㅜ

교수님이 다했습니다...
합격하면 교수님 덕

저도 합격이요! 이번이 두번째 셈이었는데
토마토가 짱입니다. 첨엔 000로 했는데
갈피 못잡음.. 단톡방이 엄청 도움이 마니
됐어요 2종도 여기서 할랍니당 ♥

저도 너무 감사해요. 눈팅으로
늦더라도 따라갔더니
지문은 금방 읽음 ㅋ

교수님! 드디어 일종 합격했습니다
다 교수님 덕분입니다ㅜㅜ
제대로 공부해본적도 없고
혼자 하는게 힘들어서 막막했는데
단톡방이 너무나 큰 도움된것 같고
다음 2종에도 토마토패스
이용하겠습니다.

맞아요ㅠㅠ 저도 책보는거
싫어해서 핸드폰만 붙잡고
문제 내주시는거 계속봤는데

TALK 카카오톡 오픈채팅방에 **"토마토 외환전문역"**으로 검색

※ 참여 코드는 토마토패스 홈페이지에서 "Q&A 상담문의" 혹은 토마토패스 "고객센터"에 문의 바랍니다.

본 교재는 저자가 과거 수년간 출제경향을 분석하여 기본서의 내용과 매치되는 연습문제를 접할 수 있도록 구성한 것으로

"본 교재의 내용을 이해한다면 반드시 합격 가능합니다."

세부적인 내용은 머리말에서 설명했으니 참고하기 바랍니다.

---

1. 최근 4~5년간 반복 출제되는 문제로 구성. 학습시간이 부족한 수험생들에게는 다소 기계적으로 문제 접근할 수 있도록 배려하였습니다.

2. 본 교재는 기본서에 대한 참고서 역할을 하는 것으로, 1권 '외환관리실무'의 바탕이 되는 전국은행연합회의 '외국환 업무취급지침'을 참고하여 구성함으로써 현역 실무자에게도 실무교재 역할도 하게 하였습니다.

3. 기본서 2권(외국환거래실무)은 기본서 1권(외환관리 실무)과 중복되는 내용이 많으므로 주로 기본서 2권 고유의 내용(외국환 회계 등)의 설명과 문제풀이에 중점을 두었습니다.

4. 교재 마지막 부분에는 '최종모의고사 3회분'과 기본서 내용을 바탕으로 한 상세한 해설을 수록하고 기본서 관련 페이지 등을 표시하였습니다.

5. 내용상 다소 어려운 부분은 실무사례를 이야기 형식으로 서술하여 내용이해를 도울 수 있도록 배려하였습니다.

6. 특히 3과목 환리스크는 고득점을 위하여 암기보다는 내용이해가 우선이므로 bid/offer연습, 선물환이론가격 계산 문제 풀이 그리고 수험생들이 가장 어려워하는 옵션전략을 숫자로 이해하도록 하였습니다.

7. 본 교재의 내용 중 이해하기 어려운 부분은 저자가 토마토패스에서 '외환전문역 1종 마무리 특강'의 동영상을 통해 설명합니다.

끝으로 본 교재를 통하여 필자의 현장경험을 전달할 기회를 주신 도서출판 예문사와 강의 촬영을 배려해 주신 토마토패스의 관계자 여러분에게 깊은 감사를 드리면서, 수험생 여러분들에게 좋은 결실이 있기를 기원합니다.

편저자 강성국 드림

시험 가이드

자격 소개

국가공인 외환전문역(CFES ; Certified Foreign Exchange Specialist) Ⅰ종 : 금융기관의 외환업무 중 외국환 법규 및 외환거래실무를 이해하고 고객의 외화 자산에 노출되는 각종 외환리스크를 최소화하는 등 주로 개인 외환과 관련된 직무를 담당

시험 일정 및 응시 정보

① 시험 일정

회차	접수기간	시험일	합격발표일
50회	5.28~6.4	7.6	7.19
51회	10.15~10.22	11.23	12.6

※ 상기 시험 일정은 2024년 기준입니다.

② 응시 정보
- 응시자격 : 제한 없음
- 시험방법 : 필기시험(객관식 4지 선다형)
- 시험준비물 : 수험표, 신분증, 필기도구, 일반 계산기(필수)

합격자 결정 방법

다음 각 호의 요건을 모두 충족한 경우
1. 시험과목별로 100점 만점을 기준으로 과목당 40점 이상
2. 전과목 평균이 60점 이상 득점자

※ 전과목 평균은 총 득점을 시험과목 총 배점의 합으로 나눈 백분율임
※ 외환전문역 Ⅰ종, 외환전문역 Ⅱ종은 별개의 자격으로 각각의 자격증을 따로 발급하며, Ⅰ종 또는 Ⅱ종만 따로 응시하거나 함께 응시할 수 있음

과목 구성 및 세부 내용

■ 외환전문역 Ⅰ종

과목명	배점	시험시간
외환관리실무	50	
외국환거래실무	30	120분
환리스크관리	20	(10:00~12:00)
합계	100	

■ 외환관리실무(35문제, 50점)

외국환거래 시 적용되는 외국환거래법의 이해와 외국환의 매매, 환전 및 자본거래와 현지 금융 등에 대한 기본적인 내용을 파악하여 외국환업무 전반에 대한 내용을 이해하고 실무에 적용할 수 있는 능력을 측정

> **주요 검정내용**
> • 외국환거래 일반   • 지급과 자본거래   • 현지금융/해외직접투자

■ 외국환거래실무(25문제, 30점)

외국환지급결제업무에 대한 이해와 주로 영업점에서 발생하는 대고객외환업무와 대고객업무를 지원하기 위한 은행 간, 은행본지점 간 지원시스템 및 관리업무에 대한 이해도 측정

> **주요 검정내용**
> • 은행 및 본지점 간 외환실무 : 환거래계약, 외화자금관리, 외신관리, 외국환대사, 외화계산
> • 대고객 외환실무 : 외화예금, 당발송금, 타발송금, 외국통화의 매매, 여행자수표, 외화수표
> • 특수한 외환상품 : 국제금융과 국제금융시장의 개요, 환율연동상품, 외화보험상품, 해외펀드상품
> • 외국환 회계 : 외국환회계 개요, 외환업무별 회계처리, 외화자산 및 부채의 평가
> • 외국환업무와 관련된 컴플라이언스업무 : 개요, 외국환업무 취급 시 유의사항 및 Check Point, 사례

■ 환리스크관리(20문제, 20점)

무역 및 자본자유화의 진전에 수반되는 기업 및 개인고객의 환리스크에 대한 기초 이해와 환리스크 및 이자율리스크를 관리할 수 있는 파생금융상품들의 개요와 활용방안에 대한 업무지식을 이해하고 실무에 적용할 수 있는 능력을 측정

> **주요 검정내용**
> • 외환의 개념 : 외환포지션의 의의, 종류, 형태, 외환거래 및 외환시장분석
> • 환리스크의 개요와 실행방안 : 환리스크의 유형과 결정요인, 내부적/외부적 관리 기법의 이해
> • 선물환거래, 통화선물, 스왑, 통화옵션 등 전반적인 이해

GUIDE

이 책의 구성

전략적 학습! 빈출 유형 다잡기

• 과목별 빈출 유형 문제 및 해설 구성
• 빈출 유형 파악 후 이론학습으로 전략적 학습이 가능

방대한 이론, 단기 정리! 핵심이론+빈출문제

• 실무사례를 이야기 형식으로 서술하여 이해력 상승
• 핵심이론과 최근 4~5년간 빈출문제를 구성하여 이론이 자동으로 암기되는 마법
• 기출문제, 빈출문제, 실전문제 등을 수록하여 모든 문제 풀이가 가능

완벽 최종 정리! 최종모의고사 3회분

• 금융투자협회, 「외국환업무전문인력」 보수교육 강사가 구성한 수준 높은 적중 문제
• 과목별로 구성된 최종모의고사 3회분으로 시험 완벽 대비
• 정확한 해설과 관련 법령으로 약점 보완이 가능

CONTENTS
목차

※ 1권 외환관리실무와 2권 외국환거래실무의 내용이 유사하기 때문에 학습의 집중도를 위해 의도적으로
    3권 환리스크 관리를 중간에 배치했으니 참고 바랍니다.

빈출 유형 다잡기

제1권 　외환관리실무

01 다음의 사례를 읽고 외국환거래규정상 거쳐야 할 신고등의 절차로 옳은 것은?

> 우리나라 부동산 개발업자인 'A개발(주)'는 제주도에 아파트 개발사업을 앞두고 중국의 투자자로부터 투자금을 받기로 투자계약을 체결하였다.
> 투자방식은 증권취득이 아닌 공동사업에 대한 계약상의 권리로 투자조합의 형태이며 사업기간은 총 5년으로 하고 개발사업수익은 50:50으로 약정하였다.

① 신고예외　　　　　　　　　　　② 외국환은행의 장에게 신고
③ 한국은행총재에게 신고　　　　　④ 기획재정부장관에게 신고

정답 ③

해설 이 문항은 외국환거래법상 매우 어려운 내용이다. 하지만 외국환을 처음 대하는 수험생은 아래 해설을 반드시 읽어보고 제1권 외환관리실무를 학습하면 매우 효율적인 학습이 될 것이다. 즉 외국환거래법 등의 규정의 큰 그림(숲을 먼저 본다)을 알고 세세한 규정(숲을 본 다음 나무를 본다)을 공부하면 비교적 쉽게 제1과목을 접할 수 있다.

거주자와 비거주자간의 임대차계약, 담보, 보증, 보험, 조합, 사용대차, 채무의 인수, 화해 기타 이와 유사한 계약에 따른 채권의 발생 등에 관한 거래는 외국환거래규정 제7-44조(적용범위)에 해당된다. 신고예외, 외국환은행신고, 한국은행 신고 중에서 제7-46조(신고 등) 제2항에 의거 한국은행신고 사항에 해당한다.

> ※ '조합'은 규정 제7-44조의 (규정)적용범위에 속하고, 제7-45조의 신고예외 사항에 속하지 아니하므로 일단 신고대상이다. 그러면 어느 기관에 신고할 것인가? 신고처는 그 다음 조문 제7-46조에서 살펴본다. 제7-46조(신고 등)의 제1항에는 외국환은행의 신고사항에 '조합'이 언급되지 아니하다. 결국 제7-46조 제2항(거주자와 비거주자 간에 제1항 및 제7-45조의 규정에 해당하는 경우를 제외하고 제7-44조에 해당하는 거래 또는 행위를 하는 경우에는 당해 거주자가 한국은행총재에게 신고하여야 한다)에 의거 한국은행 신고사항이다.

※ 외국환거래법을 공부하는 방법
시험의 1과목인 기본서 「외환관리실무」를 읽기 전에 반드시 아래사항을 읽어보시기 바랍니다.
1) 우선 은행 등의 고객의 외국환 거래행위가 거주자 간 거래, 거주자와 비거주자 간의 거래 그리고 비거주자와 비거주자간의 거래 중 어느 것에 해당하는지 확인한다. 이 구분을 하지 않고 외국환 규정을 공부를 한다면 암기가 뒤죽박죽이 되어 매우 혼란스럽다. 왜냐하면 (예를 들어) 환전(또는 해외송금)을 할 경우 그 주체가 국민인 거주자, 외국인 거주자, 비거주자에 따라 금액한도나 거래신고여부, 방법 등의 지급절차가 다르기 때문이다. 상기 문항은 국내 개발업자(거주자)와 중국투자자 (비거주자)의 관계이다. 외국환 법규는 국부의 유출방지에 중점을 두므로 거주자와 비거주자 간의 거래행위에 규제가 매우 강하다.

2) 「무역거래」는 거의 신고사항이 없이(전혀 없는 것은 아님) 금융기관직원이 거래의 정당성을 '확인'만 하면 된다. 국부를 창출하는 행위이고 또한 주로 금융기관을 통해 외화송금이 되므로 금융기관을 통해서 간접적으로 통제 가능하기 때문이다.

3) 기본서 교재에서 「거주자」란 표현에 주의하자. 거주자라 하면 개인, 법인 그리고 금융기관이 있는데 1과목 관리실무는 거주자에 금융기관을 포함하여 서술하는 경우도 있고, 어느 분야에서는 금융기관을 제외한 거주자를 서술하는 경우도 있다. 그러나 주목할 것은 금융기관이 "영업상" 외국환거래를 하는 것은 기본적으로 영업허가상 용인된 것이므로 신고사항이 없다.

   그러나 예를 들어 금융기관이 5천만불 이상 차입은 금융위원 신고사항을 둔 경우도 있지만 극히 이례적인 것만 신고사항으로 두었다. 결론은 거래행위의 주체가 개인이나 일반법인인지, 금융기관인지를 항상 염두에 두고 기본서를 읽어야 한다.

4) 그러면 1번문항의 설명에 들어간다. 외국환 관련 법규는 주로 (내국인의 거래시 외환이 개입되거나, 외국인의 경우 원화 또는 외화가 개입되는) 환전, 매매, 발행, 대출, 차입 등에 대한 규제가 주종을 이룬다. 그러나 세상의 거래행위가 그것만 있는 것이 아니다(그래서 이 출제문항이 어렵다). 우리가 자동차를 구입할 때 '매입'만 하는 것이 아닌 리스(임차)하기도 한다. 소비자가 자가용을 이용할 수 있다는 혜택 측면에서는 매수나 임차는 그 효과는 거의 비슷하지만 법규적용은 달리한다.

5) 즉, 동 출제문항의 중국자본의 국내유입은 정상적인 경우 외국인의 국내증권취득에 의한 규정에 의하여 외국환거래규정의 '자본거래'의 적용받아야 하는데 외국환거래규정의 자본거래에 이 '조합'의 내용이 없다. 그래서 외국환거래규정에서는 이러한 거래들을 '기타'로 묶어서 '조합'의 형태를 기타자본거래로 규제한다(참고로 조합은 법인이 아니므로 법적용상에 법인과 차이가 있다).

6) 지문내용에서 중국인의 국내 투자지분은 증권취득(외국인의 국내증권취득 규정이 따로 있다)이 아닌 공동사업에 대한 계약상의 권리로 '투자조합'의 형태로 투자된다고 했다. 그러나 일반적으로 외국인 국내 투자형태가 (주식회사의) 증권취득 형태인데도 불구하고 '조합'형태로 투자를 한다면 우리나라 규제당국 입장에서는 그 내용을 살펴볼 필요가 있다. 왜냐하면 조합은 법적으로 법인이 아니기 때문에 회사의 채권채무상 또 다른 문제가 발생할 수 있다. 그리고 중국법상의 조합과 한국법상의 조합이 어떤 차이가 있는지도 확인하여야 추후 분쟁에 대비하여야 할 것이다. 당연히 상급기관인 한국은행 신고사항으로 하여 조합형태 투자의 점검이 필요하다(회사법 등에 대한 전문적인 법률지식이 필요하므로 외국환은행에 신고하여 처리하기란 다소 무리이므로 한국은행 신고사항으로 정한 것이다. 사실 이런 문항은 수험생이 조금만 생각하면 오답을 낼 이유가 없다).

7) 동 거래에 대한 신고예외, 외국환은행 신고, 한국은행 신고로 사안의 중요성에 따라 신고처가 다르다. 드물게 기획재정부에 신고하는 경우도 있다. 수험생들은 이를 구분할 수 있어야 하는데 규정내용을 모두 암기할 시간적인 여유가 없으므로, 출제 문항의 거래사안의 복잡성, 국부의 유출에 미치는 영향의 중요도를 나름대로 측정하고 판단하여 정답을 결정하여야 한다.

8) 이 문항의 정답이 한국은행 신고사항이다. 이를 외국환 규정에서 어떻게 확인하는가? 일단 제7-44조가 규제하는 거주자와 비거주자의 자본거래란 무엇을 말하는가를 파악하여야 한다(조합형태의 자본유입이 이 적용범위에 해당하는지 확인). 기타자본거래의 기타의 범위에 '조합'이 제7-44조의 제1항에 나타나 있으므로 기타자본거래에 해당한다(만약 제7-44조에 나타나지 않으면 기타자본거래가 아니다).

9) 일단 적용범위에 해당하면 그 다음의 조문 제7-45조의 신고예외를 살펴본다. 즉 제7-44조의 적용범위 중에서 제7-45조의 나열된 기타자본거래(24가지가 있음)는 신고예외로서 외국환업무취급기관은 이러한 거래가 있었다는 내용을 '확인'만 하면 된다(신고예외란 의미는 은행텔러가 눈으로 서류 또는 정황상 '확인'만 한다는 의미이다).

10) 만약 제7-45조의 신고예외 사항에 나타나지 않으면 신고라는 의미이다. 즉 조합은 나타나 있지 않으므로 (신고예외가 아니므로) 신고할 사항에 속하게 된다. 신고를 한다면 사안의 중요성에 따라 제7-46조(신고 등)에 의거 외국환은행에 신고하거나 한국은행에 신고하여야 한다.

11) 제7-46조(신고 등)의 규정을 살펴보면 제1항에 열거한 2가지 거래에 해당하면 외국환은행에 신고하여야 한다. 만약 제1항에 속하지 아니하면 제2항에 의거하여 한국은행에 신고하여야 한다. 즉 조합은 제1항의 외국환은행신고 사항에 나열되지 아니하므로 제2항에 의거하여 한국은행에 신고한다(즉, 외국환은행 신고인지 한국은행 신고인지 일일이 다 외울 수 없는 경우에는 수험생이 추정하는 사안의 중요성이나, 오랜 경험과 직관으로 신고처를 구분하여야 할 것이다).

12) 상기 내용을 정리하면, (1) '조합'은 기타자본거래이다(규정 제7-44조의 적용범위에 속함). ▶ (2) '조합'은 규정 제7-45조의 신고예외 사항에 나열되어 있지 아니하다. ▶ (3) 그러면 '조합'은 규정 제7-46조의 외국환은행 신고사항인가? ▶ (4) 규정 제7-46조의 제1항의 외국환은행신고사항은 2가지가 있는데 '조합'에 대한

언급이 없다. ▶ (5) 그렇다면 나머지 사항은 그 무엇인지 모르지만 '조합'을 포함한 모든 거래가 제2항에 의거하여 한국은행에 신고한다. 외국환거래규정을 해석하는 방법이므로 이 과정을 잘 이해하여야 한다.

13) 법규정으로 살펴보자.

> **규정 제7-44조(적용범위)** ① 거주자와 비거주자간의 다음 각호의 1에 해당하는 거래 또는 행위를 함에 관하여는 이 관에서 정하는 바에 의한다.
>
> 1. 법 제3조 제1항 제19호 가목에 해당하는 경우를 제외하고 거주자와 비거주자 간의 임대차계약(비거주자의 국내부동산 임차는 제외한다) · 담보 · 보증 · 보험(「보험업법」에 의한 보험사업자의 보험거래는 제외한다) · 조합 · 사용대차 · 채무의 인수 · 화해 기타 이와 유사한 계약에 따른 채권의 발생등에 관한 거래
>
> **규정 제7-45조(신고의 예외거래)** ① 거주자와 비거주자 간의 다음 각호의 1에 해당하는 거래 또는 행위를 하고자 하는 자는 허가 및 신고를 요하지 아니한다.
>
> 1. 한국은행, 외국환업무취급기관이 외국환업무를 영위함에 따라 비거주자에게 담보를 제공하는 경우
> 2. 신용카드에 의한 현금서비스거래
> 3. 거주자가 물품의 수출과 관련하여 외국에 있는 금융기관이 발행한 신용장을 그 신용장 조건에 따라 비거주자에게 양도하는 경우
> 4. 소유권 이전의 경우를 제외하고 국내의 외항운송업자와 비거주자간의 선박이나 항공기(항공기엔진 및 외국환거래업무취급지침에서 정하는 관련 주요부품을 포함하며 이하 이 관에서와 같다)를 임대차기간이 1년 미만인 조건으로 외화표시 임대차계약을 체결하는 경우(이하 생략)
>
> **규정 7-46조(신고 등)** ②거주자와 비거주자 간에 제1항 및 제7-45조의 규정에 해당하는 경우를 제외하고 제7-44조에 해당하는 거래 또는 행위를 하는 경우에는 당해 거주자가 한국은행총재에게 신고하여야 한다.

14) 이를 해석하면, 규정 7-46조(신고 등) ② 거주자와 비거주자 간에 제1항(외국환은행에 신고해야 할 2가지 사항) 및 제7-45조의 규정에 해당하는 경우(신고예외 : 조합은 신고예외에 나열되어 있지 않음)를 제외하고 제7-44조(적용범위 ; 조합은 적용범위에 속함)에 해당하는 거래 또는 행위를 하는 경우에는('조합'은 이에 해당함) 당해 거주자가 한국은행총재에게 신고하여야 한다.

02 다음은 '제3자 지급등'에 관한 설명이다. 한국은행총재 신고사항을 모두 고르면?

> 가. 국내기업 A사는 미국기업 B사로부터 미화 10만불 상당의 물품을 수입하고, 계약서에 명시된 계좌 명의인 현지 중국기업 C사 앞으로 물품대금을 송금하고자 한다.
> 나. 한국인 기러기 아빠 홍길동이 주거용 해외부동산 취득대금을 매도인 Mr. Thomato가 아닌 현지의 부동산 중개업자에게 송금하고자 한다.
> 다. 국내 개인 법무사가 중국본토 투자자에게 제주도 토지구매에 대한 시장정보를 제공하고 계약서에 명시된 대로 홍콩의 에이전트로부터 용역 대금을 수령하고자 한다.

① 가 　　　　　　　　　　　　② 가, 나
③ 나, 다 　　　　　　　　　　　④ 가, 나, 다

정답 ①

해설 신고예외 및 외국환은행 신고대상을 제외한 제3자 지급등은 모두 한국은행총재 신고 사항이다. '가'의 경우 통상적인 무역거래(경상거래)이지만 물품인도자와 물품대금 수취인이 달라 제3자 지급(수령이 아닌 지급임에 유의)에 해당하므로 한국은행에 사전신고하여야 한다. 대금수취인이 계약서에 명시되더라도 세관 입장에서는 B/L상 물품(goods)의 수출상 명칭만 나타나므로 국내기업 A사는 추후 세관의 cross check에 대비하여 한국은행신고서로 세관조사에 대비한다.

해외부동산취득 자금을 부동산 중개인에게 지급하는 경우는 매도인에게 직접 지급보다는 해외 부동산중개인에게 송금하여 중개인이 등기이전 등을 확인 후 매도인에게 지급하게 할 수 있다(신고예외). 법무사의 용역제공은 경상거래로서 통상적인 경상거래상의 용역거래이며, 또한 제3자 지급이 아닌 제3자 수령이므로(국부의 유입이므로) 신고예외이다(비거주자로부터 영수하는 경우 – 신고예외).

※ 외국환거래의 관련 규정으로 문항 파악하기

규정 제4절 제3자 지급등에 의한 지급등의 방법

제5-10조(신고 등) ① 다음 각호의 어느 하나에 해당하는 경우에는 제3자 지급등에 관한 **신고를 요하지 아니한다**.

1. 미화 5천불 이하의 금액을 제3자 지급등을 하는 경우(분할하여 지급등을 하는 경우에는 각각의 지급등의 금액을 합산한 금액을 말한다)

2. 거주자 간 또는 거주자와 비거주자 간 거래의 결제를 위하여 당해 거래의 당사자인 거주자가 당해 거래의 당사자가 아닌 비거주자로부터 **수령하는 경우**

8. 인정된 거래에 따라 제9장 제4절의 외국에 있는 부동산 또는 이에 관한 권리를 취득하고자 하는 거주자가 동 취득대금을 당해 부동산 소재지 국가에서 부동산계약 중개·대리업무를 영위하는 자(제9-39조 제2항 제2호에 해당하는 경우에는 거주자의 배우자를 포함한다)에게 지급하는 경우

> (제9-39조 제2항 제2호) 거주자 본인 또는 거주자의 배우자가 해외에서 체재할 목적으로 주거용 주택을 취득하는 경우(거주자의 배우자 명의의 취득을 포함한다)

② 제1항에 해당하는 경우를 제외하고 **거주자가 미화 5천불을 초과하고 미화 1만불 이내의 금액**(분할하여 지급등을 하는 경우에는 각각의 지급등의 금액을 합산한 금액을 말한다)을 제3자와 지급등을 하려는 경우에는 외국환은행의 장에게 신고하여야 한다.

③ **제1항 및 제2항에 해당하는 경우를 제외하고 거주자가 제3자와 지급등을 하려는 경우에는 한국은행총재에게 신고하여야 한다.**

03 다음 계정 간 국내이체에 대한 자금이동표시 중 지급절차상 제한이 있는 경우는?

① 거주자계정(예금주 : A) → 거주자계정(예금주 : B)

② 대외계정(예금주 : A) → 대외계정(예금주 : B)

③ 비거주자원화계정(예금주 : A) → 대외계정(예금주 : A)

④ 대외계정(예금주 : A) → 비거주자자유원계정(예금주 : A)

정답 ③

해설 (오답이 많은 출제문항이다.) 비거주자원화계정은 국내에서 사용하기 위한 자금으로 간주되므로 대외계정으로 이체 자체가 외화의 유출이므로 인정된 거래에 한한다.

① 거주자계정(예금주 ; A)에서 거주자 본인 A의 타 국내금융기관의 거주자계정이나 본인이 아닌 B의 거주자계정으로 상호 간 송금이 가능하다. 국내계좌 간 거래는 국부유출이 아니기 때문에 자금이동에 제한을 둘 필요가 없다.

② 대외계정 간에는 소유주에 무관하게(A, B 불문) 자금이동의 제한을 둘 이유가 없다. 어차피 비거주자(외국인 거주자 포함)끼리의 자금이동으로서, 동 대외계정 예치자금 자체가 외국에서 유입되었거나, 외국인 노동자가 정당하게 국내보수를 외환로 환전하여 입금한 금액이므로 국외유출을 막을 수 없다. 즉 대외계정에 입금(예치)된 순간 이미 국부유출이나 마찬가지라고 생각하면 된다.

③ 비거주자원화계정(예금주 ; A) → 대외계정(예금주 ; A)인 경우, 비거주자 원화계정(비거주자자유원계정과 다름)은 비거주자의 국내소비를 원칙으로 한다. 따라서 일단 유입된 자금이 다시 해외유출 시(대외계정으로 이체도 사실상 해외유출임) 신고등의 절차를 밟아야 한다. 단, 비거주자원화계정에서 발생한 이자는 외화로 환전하여 자유롭게 송금할 수 있다. 그러나 그 반대방향인 경우인 (A, B 무관하게) 대외계정에서 비거주자원화계정으로 이체는 자유롭다(국부의 유입). 이는 국내에서 쓰기 위한 자금으로 간주하여 환영할 수밖에 없다.

④ 대외계정(예금주 ; A) → 비거주자자유원계정(예금주 ; A)은 본인의 계정이므로 통화에 무관하게 서로 이체가 가능하다. 주로 외국의 수입업자가 우리나라 물품을 수입하고자 (환율변동 등을 회피수단으로도 이용) 본인의 해외자금을 대외계정으로 이체 후 환전하여 비거주자자유원계정에 예치 후 물품대금을 지급한다. 그러나 A, B 사이의 이체는 외국환거래규정상의 악용(불법해외유출) 문제가 있으므로 허용하지 아니한다.

04 다음 중 해당 외국환 거래의 신고기관이 나머지 세 개와 다른 하나는?

① 개인의 외화자금 해외차입

② 영리법인의 미화 5천만불 초과 외화자금 차입

③ 거주자의 비거주자에 대한 대출

④ 미화 50만불 초과의 교포등에 대한 여신

정답 ②

해설 영리법인의 미화 5천만불 초과 외화자금차입은 기획재정부장관 신고대상이며, 나머지는 한국은행총재 신고대상이다. 제7-14조(거주자의 외화자금차입)는 출제가 자주 되는 규정이므로 정독하여 암기하여야 한다. 차입금액과 차입자에 따른 신고예외, (지정거래)외국환은행신고, 한국은행신고, 기획재정부신고의 구분과, 개인과 비영리법인의 차입은 금액 불구하고 한국은행의 신고임에 유의한다. 거의 모든 '신고등'이 신고예외, 외국환은행신고 또는 한국은행신고 였으나, 영리법인 등이 5천만불 초과 시는 기획재정부신고가 추가된 것이 특징이다. 과거 과도한 차입으로 인한 1997년 국가부도경험이 있었으므로 차입금액이 큰 경우(누적기준으로 차입금액이 5천만불 초과 시)에는 국가의 살림살이를 책임지고 있는 기획재정부가 직접 관여한 것으로 해석하면 된다. 그러나 국가산업 필수재인 정유 등 에너지 관련 단기 차입은(매일 발생하는 일반적인 거래이므로) 금액 무관하게 거래은행에 신고하면 된다.

05 거주자의 외국부동산 취득 신고를 수리한 외국환은행의 사후관리 절차에 대한 설명 중 옳지 않은 것은?

① 부동산 취득대금 최종 송금 후 3개월 이내에 부동산취득보고서를 징구하여야 한다.

② 취득신고절차 이행 전에 미화 5만불 범위 내에서 취득자금을 증빙미제출 송금절차에 따라 지급하였거나 휴대하여 직접 지급한 경우에는 계약성립일로부터 1년 이내에 사후신고절차를 이행할 수 있다.

③ 신고수리일 기준으로 매년 부동산 계속 보유 사실 입증서류를 징구하여야 한다.

④ 사후관리 불이행 시 30일 이내에 이행을 독촉하여야 하며 독촉 후 60일 이내에도 불이행 시에는 금융감독원장에게 보고하여야 한다.

정답 ③

해설 신고수리일 기준 2년마다 1회 징구하면 된다.
※ 외국부동산에 관한 소유권 및 임차권 이외의 물권, 기타 이와 유사한 권리를 취득하고자 하는 경우에는 한국은행 총재 신고대상임. 단, 외국인에 대한 토지 등의 소유권을 인정하지 아니하는 국가의 경우로서 특정기간 해당 부동산에 대한 장기 사용권을 허용함으로써 부동산취득과 동일한 권리를 부여하는 경우 부동산 임차권이 아닌 소유권 취득으로 신고하여야 함(예 중국 등)
※ 공동명의 부동산 취득인 경우
  가. 주거목적 취득 : 신고인과 그의 배우자 공동명의로만 가능
  나. 주거 이외 목적 취득 : 공동 명의 취득이 불가함

06 다음 중 비거주자의 국내부동산 취득에 관한 설명으로 옳지 않은 것은?

① 비거주자가 종업원의 거주용으로 국내에 있는 부동산을 임차하는 경우는 별도의 신고가 필요 없다.

② 비거주자가 국내 보유 원화자금으로 부동산을 취득하는 경우는 외국환은행의 신고사항이다.

③ 국민인 비거주자가 국내에 있는 부동산을 취득하는 경우는 별도의 신고가 필요 없다.

④ 외국인이 국내의 토지를 취득하는 경우에는 일정기간 이내에 시장 등 해당 관청의 장에게 신고하여야 한다.

정답 ②

해설 비거주자가 국내 보유 원화자금으로 부동산을 취득하는 경우는 한국은행총재 신고사항이다. 비거주자의 국내부동산 취득은 원칙적으로 외국으로부터 신규로 유입된 자금(대외계정의 자금포함)이어야 하며 외국환은행 신고사항이다 (지정거래은행이 아님에 유의). 그러나 (과거에 신고 등을 거쳐서) 다른 용도로 이미 유입된 자금(한국 내 주식투자 중인 자금 등)이나 국내에서 담보대출로 국내부동산을 취득하고자 하는 경우 한국은행에 신고하여야 한다.

> 관련 규정 제9-42조 ② 제1항(신고예외)에서 정한 경우를 제외하고 비거주자가 국내부동산 또는 이에 관한 권리를 취득하고자 하는 경우로서 다음 각호의 1에 해당하는 경우에는 부동산취득신고(수리)서에 당해 부동산 거래를 입증할 수 있는 서류 또는 담보취득을 입증할 수 있는 서류를 첨부하여 **외국환은행의 장에게** 신고하여야 한다.
> 1. **외국으로부터 휴대수입 또는 송금(대외계정에 예치된 자금을 포함한다)된 자금으로 취득하는 경우**
> 2. 거주자와의 인정된 거래에 따른 담보권을 취득하는 경우

3. 제1호에 의한 자금(외국에서 직접 결제하는 경우를 포함한다) 또는 제1항 및 제2호의 방법으로 부동산 또는 이에 관한 권리를 취득한 비거주자로부터 부동산 또는 이에 관한 권리를 취득하는 경우(※ 한국 주재 중인 외국인이 본국발령으로 후임발령자가 그 기존 거주 부동산을 양도받는 경우가 해당한다)

③ 제1항 및 제2항의 경우를 제외하고 **비거주자가 국내에 있는 부동산 또는 이에 관한 권리를 취득하고자 하는 경우에는 한국은행총재에게 신고하여야 한다**(※ 즉 신규 해외유입된 자금이 아니라면 한국은행에 신고하여야 한다는 뜻이다).

07 다음 중 현지금융의 수혜대상자로 옳은 것은?

① 개인사업자가 설립한 현지법인
② 외항운송업자 및 원양어업자의 비독립채산제 해외지점
③ 국내 건설사 본사의 현지법인이 50% 이상 출자한 현지 자회사
④ 국내 반도체회사의 해외사무소

정답 ③

해설 국내 법인의 현지법인이 50% 이상 출자한 현지 자회사는 현지금융 수혜대상자이다.
※ **현지금융은 매회 출제된다. 그러나 수험생들이 현지금융의 정의와 그 규제의 필요성을 오해하여 오답이 빈번한 출제분야이다.**
현지금융 관련 규정(제7-14조, 제7-14조의2)은 (1) 거주자가 해외투자를 위해 해외에서 외화자금을 차입(해외에서 외화증권발행 방식도 포함)하거나 또는, (2) 거주자의 지급보증을 받은 해외 현지법인의 (해외투자를 위한) 해외차입을 규제하기 위한 규정이다. 이 규정은 차입자금의 국내유입은 없는데 비해(단, 예외로 해외투자에 대한 물품공급대금의 경상거래는 가능) 차입금 상환책임은 보증 등을 제공한 국내거주자에게 있으므로 추후 국부유출의 가능성이 크기 때문에 이를 규제한다. 그리고 해당국가 통제를 받는 현지법인(비거주자)을 규제하기가 어려우므로 **보증 등을 제공한 거주자에 대한 외국환은행의 사후관리 의무로 규제한다.**
외국환거래규정에서는 아래 3가지 상황이 '현지금융'에 해당한다.
1) 국내거주자가 해외에 현지법인이나 지점 없이 해외은행에 구좌만 있는 상황에서 외국은행 등(비거주자)에서 차입(또는 증권발행)하여 해외투자를 하는 경우
2) 해외현지법인이나 해외지점이 국내의 모기업, 계열사·다른 거주자(협력사 등) 또는 우리나라 외국환은행의 보증·담보를 받아 해외 외국은행등(비거주자)에서 차입하여 해외투자를 하는 경우(그러므로 **국내보증이 없는 현지법인과 해외지점의 자체신용에 의한 차입은 현지금융이 아님에 유의한다**)
3) (우리나라)외국환은행의 역외차입자금을 현지법인 등에 역외대출하는 경우는 '역외금융대출'에 해당하는 것으로, 국내은행이 역외계정으로 회계처리한 경우 현지금융에 해당한다.

혼동하지 말아야 할 것은 거주자의 해외차입과 증권발행(규정 제7-22조)에 의한 차입과 다르므로 구분하여야 한다. 왜냐하면 거주자의 증권차입은 그 자금이 국내도입이 가능하지만 현지금융은 국내도입이 금지된 것에 차이가 있다(다만 현지금융에 의한 자금도 국내본사와의 무역거래 결제대금으로는 유입될 수 있는 예외가 있다. 이 규정 조문에서 '인정된 경상거래'라고 표현하였다).
국가적 차원에서 현지금융 관리가 특히 중요한 이유는, 우리나라 제조업체 등의 해외지점이나 해외현지법인이 (국내의 모회사 등 거주자의 보증으로)국외에서의 차입금을 제때 상환하지 못해 보증을 선 국내의 모회사 등이 대지급을 할 상황이 벌어지면 국부의 유출로 이어지기 때문이다. 현지금융도 거주자의 해외차입이나 해외증권발행과 그 형식은 달라도 내용적으로는 결국 국가의 빚이므로 규제할 수밖에 없다.
현지금융의 특징은 국내법인만이 수혜대상이므로, **개인과 개인사업자는 현지금융을 받을 수 없다.** 또한 현지금융 규정은 우리나라 '금융기관'의 해외현지법인 등에 대한 규제가 아님에 유의하여야 한다. 즉, 국내금융기관의 해외차입 등은 '금융기관의 해외진출에 관한 규정'에 의거 따로 규제한다.

08 다음 중 외국환거래법시행령에서 정한 해외직접투자에 해당하지 않는 것은?

① 투자비율이 10% 미만이지만 임원을 파견하여 지속적인 경제관계를 수립하는 것

② 이미 투자한 외국법인에 대해 상환기간 1년 이상의 금전을 대여하는 것

③ 해외자원개발을 위한 조사자금이나 해외자원의 구매자금을 지급하는 것

④ 계약기간이 1년 이상인 원자재 또는 제품의 매매계약의 체결하는 것

정답 ③

해설 해외자원개발사업 또는 사회간접자본 개발사업을 위한 자금은 해외직접투자로 인정되지만 자원개발을 위한 조사자금이나 해외자원의 구매자금은 해외직접투자로 인정되지 않는다.

외국환거래법시행령 제8조(해외직접투자) ① 거주자의 해외직접투자란 외국법령에 따라 설립된 법인(설립 중인 법인을 포함한다)이 발행한 증권을 취득하거나 그 법인에 대한 금전의 대여 등을 통하여 그 법인과 지속적인 경제관계를 맺기 위하여 하는 거래 또는 행위로서 아래에 해당하는 경우이다.

    1. 외국 법령에 따라 설립된 법인(설립 중인 법인을 포함)의 경영에 참가하기 위하여 취득한 주식 또는 출자지분이 해당 외국법인의 발행주식총수 또는 출자총액에서 차지하는 비율(주식 또는 출자지분을 공동으로 취득하는 경우에는 그 주식 또는 출자지분 전체의 비율을 말한다. 이하 이 항에서 "투자비율"이라 한다)이 100분의 10 이상인 투자

    2. **투자비율이 100분의 10 미만인 경우로서 해당 외국법인과 다음 각목의 어느 하나에 해당하는 관계를 수립하는 것**

        가. **임원의 파견**

        나. **계약기간이 1년 이상인 원자재 또는 제품의 매매계약의 체결**

        다. **기술의 제공 · 도입 또는 공동연구개발계약의 체결**

        라. **해외건설 및 산업설비공사를 수주하는 계약의 체결**

    3. **제1호 또는 제2호에 따라 이미 투자한 외국법인의 주식 또는 출자지분을 추가로 취득하는 것**

    4. **제1호부터 제3호까지의 규정에 따라 외국법인에 투자한 거주자가 해당 외국법인에 대하여 상환기간을 1년 이상으로 하여 금전을 대여하는 것**

② 거주자의 해외직접투자로서 외국에서 영업소를 설치 · 확장 · 운영하거나 해외사업 활동을 하기 위하여 자금을 지급하는 행위는 아래에 해당하는 경우이다.

    1. 지점 또는 사무소의 설치비 및 영업기금

    2. 거주자가 외국에서 법인 형태가 아닌 기업을 설치 · 운영하기 위한 자금

    3. **「해외자원개발 사업법」** 제2조에 따른 해외자원개발사업 또는 사회간접자본개발사업을 위한 자금. **다만, 해외자원개발을 위한 조사자금 및 해외자원의 구매자금은 제외한다(출제 빈번한 단골 지문임).**

---

09 다음 중 해외직접투자 사후관리업무와 관련하여 보고서 제출기한 또는 보고기한의 연결이 잘못된 것은?

① 외화증권(채권)취득보고서 – 투자 후 6월 이내
② 연간사업실적보고서 – 회계기간 종료 후 5월 이내
③ 청산 및 대부채권 회수보고서 – 청산자금 영수 또는 원리금 회수 후 즉시
④ 사후관리 미이행자 금융감독원 앞 제재보고 – 이행독촉일로부터 3월 이내

정답 ④

해설 각종 사후관리보고서 등 사후관리절차 미이행자에 대해서는 기한 만료일로부터 30일 이내 사후관리 이행독촉을 하여야 하며 이행독촉일로부터 60일 이내에도 의무를 이행하지 않는 투자자에 대하여는 사유발생 시 금융감독원에 보고하여야 한다.

> 해외직접투자자는 다음 각 보고서 또는 서류를 정한 기일 내에 당해 신고기관의 장에게 제출하여야 한다. 다만, 해외직접투자자 또는 투자한 현지법인이 휴 · 폐업 등으로 인해 보고서 등을 제출하는 것이 불가능하다고 신고기관의 장이 인정하는 경우에는 당해 휴 · 폐업 등의 기간에 보고서 또는 서류를 제출하지 아니할 수 있다.
> • 외화증권(채권)취득보고서(법인 및 개인기업 설립보고서 포함) : 투자금액 납입 또는 대여자금 제공 후 6월 이내. 다만, 해외자원개발사업 및 사회간접자본개발사업으로서 법인 형태가 아닌 투자의 경우에는 외화증권(채권)취득보고서 제출을 면제한다.
> • 송금(투자)보고서 : 송금 또는 투자 즉시(투자금액을 현지금융으로 현지에서 조달하는 경우 투자시점)
> • 연간사업실적보고서(해외자원개발사업 및 사회간접자본개발사업으로서 법인 형태가 아닌 투자의 경우 제외) : 회계기간 종료 후 5월 이내. 신고기관의 장은 부동산관련업(골프장영업 등) 이외의 투자사업으로서 투자금액의 합계가 미화 200만불 이하인 경우에는 연간사업실적보고서 제출을 면제할 수 있으며, 미화 200만불 초과~300만불 이하인 경우에는 현지법인 투자현황표로 갈음할 수 있다.
> • 청산보고서(금전대여의 경우 원리금회수 내용을 포함) : 청산자금 수령 또는 원리금회수 후 즉시

제3권	환리스크관리

10 다음 중 외환거래에 대한 설명으로 옳지 않은 것은?

① 외환거래의 결제일은 대부분의 통화에서는 거래일부터 두 통화 해당국이 모두 2영업일 후인 날짜로 한다.
② 외환거래의 목적은 크게 실수요 목적, 환리스크 관리 목적 및 환투기 목적이 있다.
③ EUR/USD 현물환율이 1.1083에서 1.1000이 되었다면 유로가 강세가 되었다.
④ GBP/USD는 올바른 환율표시이다.

정답 ③

해설 EUR/USD 현물환율이 1.1083에서 1.1000이 되었다면 유로가 약세가 되었다. 즉, 미국인이 유럽으로 여행하고자 1 유로화를 매입하려면 1.1000만 지급하면 되므로 보다 싸게 매입하는 셈이다. 유로화가 약세가 된 것이다. 환율의 강세 또는 약세를 표시할 때는 FC(Fixed Currency)를 기준으로 하며, EUR/USD에서는 EUR가 FC이다.

11 다음 중 환리스크의 개요에 대한 설명으로 옳지 않은 것은?

① 영업환 리스크는 같은 금액인 1백만 달러의 외화자산을 가진 우리나라 기업이 지난해 말과 올해 말에 재무제표를 작성할 때 원화 금액이 달라질 수 있는 가능성을 말한다.

② 외환익스포저의 규모가 클수록 또는 보유기간이 장기일수록 환리스크는 커진다.

③ 외화자금을 차입한 기업의 경우 차입시기의 환율과 상환시기의 환율의 차이가 거래환리스크이다.

④ 환리스크는 크게 회계적 환리스크와 경제적 환리스크로 구분할 수 있다.

정답 ①

해설 환산 리스크는 같은 금액인 1백만 달러의 외화자산을 가진 우리나라 기업이 지난해 말과 올해 말에 재무제표를 작성할 때 원화 금액이 달라질 수 있는 가능성을 말한다.

12 다음 중 한국거래소의 미국달러선물의 계약명세에 대한 설명으로 옳지 않은 것은?

① 미국달러선물의 거래단위는 USD 10,000이다.

② 미국달러선물의 최소가격 변동폭은 0.1원이다.

③ 미국달러선물의 최종결제일은 최종거래일로부터 기산하여 3번째 거래일이다.

④ 미국달러선물의 결제방법은 현금결제(cash settlement)를 따른다.

정답 ④

해설 미국달러선물의 인수도결제방식(physical delivery settlement)에 따른다.

※ 한국거래소 달러선물 명세서

거래대상	미국달러화(USD)
거래단위	US $10,000
결제월	분기월 중 12개, 그 밖의 월 중 8개
상장결제월	총 20개(1년 이내 매월, 1년 초과 매분기월 상장)
가격의 표시	US $1당 원화
최소가격변동폭	0.10원
최소가격변동금액	1,000원(US $10,000×0.10원)
거래시간	09:00~15:45(최종거래일 09:00~11:30)
최종거래일	결제월의 세 번째 월요일(공휴일인 경우 순차적으로 앞당김)
최종결제일	최종거래일로부터 기산하여 3일째 거래일
결제방법	인수도결제
가격제한폭	기준가격 대비 상하 ±4.5%
단일가격경쟁거래	개장 시(08:30~09:00) 및 거래종료 시(15:35~15:45) 최종거래일 거래종료 시(11:20~11:30)

13 다음 중 이자율스왑 계약에 사용되는 용어에 대한 설명으로 옳지 않은 것은?

① 이자 지급일이 휴일인 경우 실무적으로 가장 많이 사용하는 결제일은 modified following business day convention이다.

② 변동금리 결정일(Reset Date)은 새로운 변동금리가 적용되는 기준일로 매 이자지급일 전일을 말한다.

③ 만기일(Maturity Date)은 이자 차액이 지급되는 마지막 지급일이며 스왑 계약이 종료되는 만기일이다.

④ 결제일(Settlement Date)은 1년에 변동금리 이자지급이 몇 번 일어나는가를 표시한다.

정답 ②

해설 변동금리 결정일(Reset Date)은 새로운 변동금리가 적용되는 기준일로, 차기 이자지급일에 적용될 변동금리를 결정하는 날짜로서 우리나라에선 보통 직전 이자지급일의 1영업일 이전으로 한다.

> (1) 변동금리 적용일(Reset Date)
> 이자율 스왑(IRS)의 경우, 차기 이자지급일에 적용될 변동금리를 결정하는 날짜로서 우리나라에선 보통 직전 이자지급일의 1영업일 이전으로 한다. 예로 들면 CD금리인 경우, 2020/10/15이 첫 이표일이라면, 이때 적용되는 변동금리는 이자기산일인 2020/07/15의 1영업일 이전, 즉 2020/07/14일의 CD91일 금리가 된다("Set in advance, Pay in arrear"). 반면, 통화스왑(CRS)의 경우에는 2런던영업일 이전을 Reset Date로 결정하는 것이 보통이다.
>
> (2) swap거래의 payment date 결정과 영업일 관행(business day convention)
> 이자등의 자금 결제일이 해당통화 국가가 공휴일인 경우에 자금 결제일을 정하는 규칙은 3가지가 있으나, 스왑시장에서는 'modified following'의 영업일관행(business day convention)을 주로 사용하고 있다.
> - modified following : 자금 결제일이 휴일이면 다음 영업일로 미루는데, 년(year)과 월(month)을 넘길 수 없으므로 이 경우 앞으로 넘긴다. 예를 들어 7월 30일이 자금 결제 예정일이지만, 토요일이고 7월 31일 또한 일요일이면 8월 1일로 미뤄야 한다. 하지만 월을 넘길 수 없으므로 7월 30일 하루 전인 7월 29일에 자금을 결제하게 된다.
> - following : 자금 결제 예정일이 휴일이면 년과 월에 무관하게 무조건 다음 영업일로 넘어간다.
> - preceding : 자금 결제 예정일이 휴일이면 년과 월에 무관하게 무조건 이전 영업일로 넘어간다.

14 A국내은행은 현재 고정금리를 지급하는 달러 채권에 투자하고 있다. 만일 A국내은행이 달러/원 환리스크 및 금리리스크를 모두 헤지하려고 하는 경우 적절한 달러/원 통화스왑의 금리 조건은 어느 것인가?

① 달러 고정금리 수취, 원화 고정금리 지급 통화스왑

② 달러 고정금리 지급, 원화 고정금리 수취 통화스왑

③ 달러 변동금리 수취, 원화 고정금리 지급 통화스왑

④ 달러 변동금리 지급, 원화 고정금리 수취 통화스왑

정답 ②

해설 A국내은행은 스왑은행과 달러 고정금리를 지급하고 원화 고정금리를 수취하는 달러/원 통화스왑을 하면 된다. 즉, 보유한 달러 채권에서 받은 달러 고정금리를 스왑은행에 지급하고 그 대가로 스왑은행으로부터 원화 고정금리를 수취하면 원화 현금흐름도 고정시킬 수 있기 때문에 환 및 금리리스크를 헤지할 수 있다.

제2권 **외국환거래실무**

15 다음 중 환거래계약에 대한 설명으로 옳지 않은 것은?

① SWIFT 통신망을 통해 진정성 있는 전신문(Authenticated Message)을 주고 받을 수 있도록 하는 환거래계약 체결 방식을 RMA 방식이라고 한다.

② 외국환은행이 상대은행에 개설한 예금을 당방계정(Nostro Account)이라고 한다.

③ 대금결제를 원활하게 하기 위해 상대은행에 자기명의 예금을 개설한 은행을 예치환거래은행이라고 한다.

④ 신용등급 검토 결과 적정하나 FATF 회원국이 아니면 계약을 체결할 수 없다.

정답 ④

해설 신용등급 검토 결과 적정하고 FATF 회원국이 아닐지라도 OFAC SDN에 해당되지 않는 경우 AML 질의서를 통해 심사 후 적정하다고 판단되면 계약을 체결한다.

---

16 다음 중 외화자금 관리에 대한 설명으로 옳지 않은 것은?

① 안정성의 원칙은 일정시점에서 은행의 모든 외화부채를 상환 할 수 있는 재무상태를 유지하는 것을 의미한다.

② 외화예금 인출에 대비해 적정 수준의 유동성을 보유하면 적정한 수익도 확보된다.

③ 은행은 수출환어음을 매입, 해외투자, 파생상품 거래 등을 위해 외화자금을 조달한다.

④ Credit Line을 사용할 때 조달비용과 운용에 따른 수익성, 사용의 용이성을 고려한다.

정답 ②

해설 수익성은 유동성과 Trade Off 관계에 있으므로 적정한 유동성을 확보하면 수익성이 나빠질 수 있다.

17 당방은행이 고객의 해외송금 요청에 따라 선방은행계좌로 자금을 입금하였으나, 선방은행이 관련 지급지시를 받지 못해 예치금계좌에서 차기 하지 않음에 따라 발생하는 미달환의 유형은 어느 것인가?

① They debited but we didn't credit.

② They credited but we didn't debit.

③ We debited but they didn't credit.

④ We credited but they didn't debit.

정답 ④

해설 미달환의 유형 중 We credited but they didn't debit은 당방은행이 선방은행계좌에 대기 처리하였으나, 선방은행에서 차기 하지 않은 경우에 해당한다. 이런 지문에 대한 수험대비로서 4가지의 미달환 상황에 대한 이해를 요구한다. 다음의 추가 예제로 회계를 처음 접하는 응시생을 위한 설명을 하고자 한다.

> **(추가 예제)** 당방은행에서 일람출급 수출환어음이나 외화수표를 매입하여 그 대금을 고객에게 지급하고 예정대체일에 외화타점예치계정에 차기하였으나, 선방은행으로부터 대금이 입금되지 않는 경우에 발생하는 미달환의 유형에 해당하는 것은?
>
> ① They debited but we didn't credit.　② They credited but we didn't debit.
> ③ We debited but they didn't credit.　④ We credited but they didn't debit.
>
> **정답** ③
>
> **해설** We debited but they didn't credit에 해당한다. 즉 당방은행(We)의 SHADOW계정에 자산의 증가 (차변계정 : DEBIT)하였으나 (익일 아침, 환거래은행에서 보내온 SWIFT상의 거래명세서(statement) (MT950에 해당한다)의 NOSTRO A/C를 확인해 보니) 선방은행(They)은 나의 계정(선방은행 입장에서는 부채계정)에 입금 (대변 기재 = CREDIT : 부채의 증가)해 주지 않았다는 내용이다.
>
> ▶ 비유한다면, 한국지사에 근무하는 미국인이 이번 달 미국시간 25일에 미국 본사에서 급여가 입금되는 것으로 알고 내 수첩(shadow A/C)에는 자산의 증가 금액으로 표시(차변DEBIT표시)해 두었는데, 26일 한국시간 아침에, 미국시간 25일자 내 은행계좌(actual A/C)를 확인해보니 아직 급여가 입금되지 않았다. 즉 본사 사장님이 나의 은행계좌로 급여를 이체해 주지 않아서 은행의 예수금 계정에 부채의 증가 금액으로 (대변 CREDIT 표시)되지 않았다.
> 많은 수험생들이 DEBIT과 CREDIT의 의미를 혼동한다. 복식부기의 분개장의 차변/대변에서 왼쪽에 기재하는, 차변 = Dr. = DEBIT은 자산계정의 증가이지만, 부채계정에서는 감소를 의미한다. 오른쪽에 기재하는, 대변 = Cr. = CREDIT은 자산의 감소이지만, 부채의 증가를 의미한다. 따라서 부채계정에서 차변 기재를 한다면(DEBIT 한다면) 부채의 감소를 표시하지만 자산계정에서 DEBIT은 자산의 증가를 표시한다. 국내 외국환은행이 코레스은행에 외화타점예치계정을 가진 경우, 그 코레스은행에서 DEBIT ADVICE를 국내외국환은행에 보내온다면 무슨 의미인가? 그것은 코레스은행이 보유한 국내외국환은행의 계좌에서 자금을 인출(차기 = DEBIT, 부채의 감소)한다는 의미이다. 왜냐하면 그 코레스은행이 보유한 국내외국환은행의 외화타점예치계정은 코레스은행의 입장에서는 부채계정이다. 따라서 인출을 한다면 코레스은행 입장에서는 부채의 감소(차변/DEBIT)이다. 결국 DEBIT이란 의미가 무조건 인출이란 뜻이 아니며, 자산계정의 DEBIT는 오히려 자산의 증가이다.

18 다음 중 외화수표 취급 시 유의사항에 대한 설명으로 옳지 않은 것은?

① 여행자수표는 제시기간에 대한 제한이 없이 취급이 가능하다.

② 외화수표의 배서는 수표상의 수취인과 관계없이 소지인이 수표의 뒷면에 하여야 한다.

③ 미국상법상 수표발행인은 뒷면 배서의 위조를 사유로 지급일로부터 3년 이내에는 언제든 부도처리
가 가능하다.

④ 추심 전 매입한 외화수표가 대외 발송일로부터 60일 내에 입금되지 않는 경우에는 부도등록을 하여
야 한다.

정답 ②

해설 외화수표의 배서는 수표 앞면의 수취인(Pay to the order of)이 수표 뒷면에 배서를 하여야 한다. Pay to the order
of~에서 order의 의미는 'ㅇㅇㅇ가 지정(order)하는 사람에게' 돈을 지급하라는 의미이다. 수표와 교환하여 지급받
을 권리의 이전인 '배서'에 대한 내용이다. 2종 시험에서 선적서류상의 지시식(ORDER)의 의미는 매우 중요하다.

19 다음 중 선도환에 옵션을 합성하여 선도환율을 업체에게 유리하도록 만든 통화옵션 합성상품은 무
엇인가?

① 레인지 포워드(Range Forward)
② 타겟 포워드(Target Forward)
③ 시걸 옵션(Seagull Option)
④ 인핸스드 포워드(Enhanced Forward)

정답 ④

해설 통화옵션 합성상품 중 인핸스드 포워드(Enhanced Forward)는 환율이 대폭 하락할 때 일반선도환 매도거래에서 얻
는 이익의 일부를 환율이 상승할 경우 선도환 매도에서 생기는 손실에 충당하는 것으로 옵션이 내재된 상품이다(이는
기본서의 내용을 그대로 옮긴 서술임).

전략의 종류	전략의 구성방법	전략 결과의 해설
레인지 포워드 전략	수입상인 경우, 정상선물환 가격이 1,080일 경우 → 1,090(OTM call 매수)+1,070 OTM put 매도(zero cost 가정)	수입기업은 정상환율 1,080보다는 낮은 가격 1,070의 가능성에 도전하지만 예측이 틀릴 경우, 정상선물환 1,080보다 높은 1,090에 달러화 결제를 할 불이익을 당 할 수도 있다. 모두 OTM으로 구성한다.
	수출상인 경우, 정상선물환 가격이 1,080일 경우 → 1,090(OTM call 매도)+1,070 OTM put 매수(zero cost 가정)	수출기업은 정상환율 1,080보다는 높은 가격 1,090의 가능성에 도전하지만 예측이 틀릴 경우, 정상선물환 1,080보다 낮은 1,070에 수출대금을 회수할 불이익을 당할 수도 있다.
프로핏 테이킹 포워드 전략	수입상인 경우, 정상선물환 가격이 1,080일 경우 → 1,095 OTM call 매도+1,070 OTM put 매도+1,070 ITM call 매입(zero cost 가정)	수입상이므로 정상선물환가격 1,080보다 더 싸게 매입하 고자 1,070 call 매입(ITM)을 하면 수수료가 비싸다. 수수 료를 줄이기 위하여 동일행사가격의 PUT 옵션을 매도하 지만 OTM put이므로 여전히 ZERO COST가 되지 않는 다. 따라서 추가로 call 옵션을 매도하여 수수료수입을 발 생시켜 zero cost화시킨다. 결국 call option은 매입과 매 도로 상쇄되어 profit taking된다는 의미이다. 만약 환율 이 1,200원으로 폭등하는 경우에 call 매입/매도에서 25 원이 profit taking되더라도 1,200-25=1,175원에 수입 결제되므로 환율 급등 시에는 잘못된 전략이 된다.

※ 기타의 전략은 동 교재의 뒷부분의 핵심요약의 내용을 참조할 것

20 다음 중 은행의 외환포지션이 발생하지 않는 것에 대한 보상으로 정률수수료를 부과하는 취급수수료적 성격에 해당하는 것은?

① 외화대체료
② 수출환어음 환가료
③ 수입환어음 인수수수료
④ 내국신용장어음 판매대금추심의뢰서

정답 ①

해설 (매회 한 문항 출제되므로 아래 도표를 시험장에서 다시 익힌다.) 외화대체료는 외환매매가 일어나지 않는 거래에 대한 은행의 보상수수료에 해당한다. 예를 들어 수출환어음 매입 시 해당외화를 고객의 당좌예금계정으로 대체하거나, 타 은행으로 외화로 이체하는 경우에는 해당은행의 지점에서는 달러/원 포지션거래가 발생하지 않아서 외환매매이익의 기회를 상실한다. 이에 대한 보상으로 외화대체료를 징수한다. 수입환어음 인수수수료의 인수(acceptance)란 (신용장의 예를 들면)기한부 신용장의 제조건에 일치하는 선적서류와 환어음을 지정은행이나 개설은행에 제시하면 만기일에 지급할 것을 약속하는 것을 인수라고 하므로 일종의 보증행위이므로 신용위험부담이다.

※ 외국환거래 관련 발생이자 및 수수료

취급수수료적 성격의 수수료	정액수수료	수출신용장 통지 수수료, 수출신용장양도수수료, 수입화물선취보증서(L/G)발급수수료, 수입결제하자수수료
	정률수수료	당(타)발추심수수료, 내국신용장취급수수료, D/A · D/P타발추심 어음결제 시 추심수수료, 외화대체료, 외화현찰수수료
신용위험부담보상적 성격의 수수료		신용장개설수수료, 수입환어음 인수수수료, 외화표시지급보증수수료, 수출신용장확인수수료, 수입화물선취보증료(L/G보증료)
자금부담비용 보상적 성격의 이자		수입환어음 결제이자, 수출환어음 매입이자(환가료), 내국신용장 판매대금추심의뢰서, 매입이자, 기타어음매입이자

[외국환거래법의 적용대상]

■ 외국환

　　대외지급수단, 외화증권, 외화파생상품, 외화채권(account receivable로 받을 권리)

외국환거래법의 물적 대상		
외국환	대외지급수단	정부지폐, 은행권, 주화(cash), 수표, 우편환, 신용장, 약속어음, 상품권, 지급지시서 (P/O), 전자화폐, 선불전자지급수단(단 액면가를 초과하는 금화 등은 주화에서 제외)
	외화증권	채무증권, 지분증권, 수익증권, 투자계약증권, **파생결합증권**, 증권예탁증권, CD, 유동화증권(ABS)
	외화파생상품	외국통화로 표시된 파생상품 또는 외국에서 지급받을 수 있는 파생상품
	외화채권	외국통화로 표시된 채권(債權) 또는 외국에서 지급받을 수 있는 채권(債權)
내국지급수단		대외지급수단을 제외한 내국통화 및 기타
귀금속		금, 합금, 지금, 비유통 금화 등 금을 주재료로 하는 가공품

외국환거래규정 제1-2조 "지급수단"이라 함은 법 제3조 제1항 제3호에서 규정하는 정부지폐 · 은행권 · 주화 · 수표 · 우편환 · 신용장과 환어음 · 약속어음 · 상품권 · 기타 지급받을 수 있는 내용이 표시된 우편 또는 전신에 의한 지급지시 및 전자금융거래법상 전자화폐, 선불전자지급수단 등 전자적 방법에 따른 지급수단을 말한다. 다만, 액면가격을 초과하여 매매되는 금화 등은 주화에서 제외한다.

빈출 **문제**

다음 중 지급수단에 해당되지 않는 것은?

① 신용장

② 환어음

③ 선불전자지급수단

④ 금

해설 금은 지급수단이 아닌 귀금속으로 별도 분류한다.　　　　　　　　　　　　　　　　　**정답 | ④**

- -

다음 중 '지급수단등의 수출입'의 대상이 아닌 것으로만 열거된 것은?

① 대외지급수단, 원화증권

② 대내지급수단, 외화증권

③ 원화증권, 금

④ 채권(債權), 금

해설 '지급수단등'이란 관세청이 관할하는 규정으로서 (대내와 대외) 지급수단 또는 증권을 말하며, 이에 대한 수출과 수입에 관련된 규정이다(규정 제6-1조). 즉, 지급수단이란 대외지급수단, 대내지급수단, 원화증권 및 외화증권이 해당되며, 여기에는 받을 권리를 나타내는 채권은 해당하지 않는다. 물론 귀금속(금, 금제품)도 제외된다. 금은 지급수단이 아닌 귀금속으로 별도 분류한다. **'지급수단등'은 띄어쓰기를 할 수 없는 그 자체로 규정상의 한 개 어휘이다.**

정답 | ④

【외국환 관리기관】

■ 기획재정부
- 외국환업무취급기관의 등록 및 감독
- 외국환거래의 정지 등 긴급조치
- 외국환평형기금(원화와 외화로 구분)의 운용 및 관리
- (기재부는) 외국환의 관리 업무를 다른 기관에 권한을 '위탁'하고 관세청에는 '위임'한다. (관세청은 기재부 직할 소속이므로 위탁이 아니라 '위임'이다.)

■ 한국은행
외화자금 및 외국환의 보유와 운용, 외환시장의 개입 및 보유외화의 운용, **외환정보의 집중·교환**

■ 외국환 평형기금
급격한 환율변동 등에 대한 외환시장의 안정을 위한 기금(fund), **원화계정/외화계정**이 있다.

■ 관세청
- 수출입관련 용역 및 자본거래의 당사자에 대한 검사 및 제재권한(과태료 부과권)
- **환전영업자 관리**

■ 금융위원회(금융감독원)
법규위반한 거래당사자에 대한 경고, 과태료 또는 일정기간 거래제한이나 거래정지의 행정처분권

빈출　문제

다음 중 기획재정부장관의 위임이나 위탁받은 기관이 아닌 것은?

① 외국환은행　　　　　　　　　　　② 관세청
③ 금융감독원　　　　　　　　　　　④ 국세청

해설　국세청에는 외국환업무를 위탁하지 않는다. 다만 외환거래가 국세청에 통보되어 외환거래자의 소득 등을 조사하여 탈세 여부를 확인하는 협조만 할 뿐이다.

정답 | ④

【외국환업무취급기관등】

■ 외국환은행
은행법상의 은행, 농협은행, 수협은행, 한국산업은행, 수출입은행, 중소기업은행 등의 외국환업무를 영위하는 **'국내영업소'**를 말한다.

- 기타 외국환업무취급기관

    체신관서(← 비거주자의 예금취급 가능함), 투자매매업자등(주로 증권회사), 보험사업자, 상호저축은행, 신용협동조합, 여신전문금융업자(카드사 등)

- 환전영업자

    거래은행의 지정, 대고객 여행자수표(T/C) 매도불가, 2천불 이하 무증빙 매매가능(전산관리 시 4천불까지)

- 소액해외송금업자

    • 자기자본 10억원 이상, 건당 5천불 이하만 취급(고객당 연간누계 5만불까지), 거래은행을 지정하지 않음

    • **거주자와 비거주자 불문하고 무증빙 5만불, 해외여행경비(일반, 유학, 체재, 단체 등) 규정을 적용하지 않음**

- 기타외국환업무취급업자(PG사)

    전자화폐와 선불전자지급수단은 다른 전자지급수단이나 **주식ㆍ채권ㆍ파생상품 등 자산 등이 아닌** 재화 및 용역 구입에만 사용되는 것으로 한정한다.

- 외국환중개회사

    • 한국은행의 감독관할

빈출 문제

다음 중 비거주자의 예금을 취급할 수 있는 기관은?

① 보험회사

② 신용카드업자

③ 금융투자업자

④ 체신관서

해설 체신관서(우체국)는 외국환의 제한업무(취급불가)에 대한 별도 제한이 없다. 이 문제는 자주 출제된다.

정답 | ④

예상 문제

외국환업무취급기관등의 업무 등에 대한 설명으로 옳은 것은?

① 금융투자업자 중에서 투자일임업자는 외국환업무취급기관이 아니다.

② 환전영업자가 환전장부를 전산관리 시 미화 4천불까지 외국환 관련 증빙없이 매매할 수 있다.

③ 소액해외송금업자도 거주자의 무증빙 5만불 한도와 해외여행경비 규정을 준수하여야 한다.

④ 전자지급결제대행업자(PG사)는 금융위원회(금융감독원)에 등록하면 허용된 범위에서 외국환업무를 영위할 수 있다.

해설 ① 금융투자업자 중에서 투자자문업자는 외국환업무취급기관이 아니다.

② 환전영업자는 동일자ㆍ동일인 기준 미화 2천불(단, 환전장부 전산관리 업자의 경우 미화 4천불) 이하의 외국통화 등을 외국환매각신청서 및 외국환매입증명서 없이 매입하거나 매각할 수 있다.

③ 소액해외송금업자에게는 거주자의 무증빙 5만불 한도 규정과 해외여행경비 규정을 적용하지 아니한다.

④ 금융위원회(금융감독원)에 등록된 전자금융업자에 한해서 기획재정부에 기타전문외국환업무취급업자로 별도 등록을 하여야 허용된 범위에서 외국환업무를 취급할 수 있다.

정답 | ②

■ 거주성

기본서는 법적 용어인 거주자 등의 용어를 사용하지만 시험에서는 실무적으로 표현해서 수험생이 곤란을 겪기도 한다. 예를 들어 시험문항에서는 교재상의 '비거주자가 외국인 거주자로 된 경우'를 '프랑스인 몽블랑 씨가 강남의 어학강사로 취업한 경우'로 표현하며 거주자, 비거주자란 직접적인 표현이 없는 제시문으로 출제된다. 수험생들이 교재만 외운 경우에는 시험내용 파악이 안 되는 경우가 발생한다.

---

① 해외유학생은 외국의 교육기관에서 6개월 이상의 기간에 걸쳐 체재하는 자로 규정하지만, 2년 이상 해외체재 시 국민인 비거주자로 구분한다.

그러나 미국에 있는 한국대사관과 영사관(일하는 한국파견 공무원 포함)은 거주자(기관)이다. (치외법권 인정으로 우리나라 영토로 봄. 그러나 대사관에 일하는 한국인 직원이 우리나라 은행에서 외화예금계좌 개설 시에는 비거주자로 보아 (거주자계정이 아닌) '대외계정'을 이용하여야 함. 수험생들의 주의를 요함)

② 여러분과 이 글을 작성하는 강사는 '국민인 거주자'이며, 우리나라 제조회사에 취업한 필리핀인 이멜다 양은 '외국인 거주자', 2년 이상 영국에서 유학 중인 내 친구는 '국민인 비거주자', 미국 마이크로소프트 회장 빌 게이츠가 한국의 대통령을 만나러 우리나라를 잠시 방문할 경우 '외국인 비거주자'에 해당한다. 일단 '국민인 거주자'와 나머지 3가지 형태인 외국인거주자와 비거주자(국민인 비거주자 포함)의 외화유출입에 대한 규제를 달리하고 있다.

문제

외국환거래법령에서 거주성 구분상 비거주자는?

① 강남어학원 강사인 프랑스 국적의 몽블랑 씨
② 해외국제기구인 IOC에 파견된 대한민국 홍길동 씨
③ 미국 내 한국영사관에 파견된 한국공무원
④ 국내 거소증을 소지한 미국국적 해외동포

해설 해외국제기구인 IOC에 파견된 대한민국 홍길동 씨는 국민인 비거주자이다.

정답 | ②

■ 거래별 확인, 신고, 신고수리, 허가, 인정의 구분

　 확인사항 : **외국환은행 지정거래**가 아니라면 증빙서류 원본에 일자, 금액, 은행명을 표시(확인필)한 후
　 원본을 거래당사자에게 반환할 수 있고 사본은 보관하지 않아도 된다. (확인사항 → 신고예외)

규정 제1-2조 13. "신고등"이라 함은 법 및 영과 이 규정에 의한 허가·신고수리·신고·확인·인정을 말한다.

기 출 문 제

외국환거래규정상 '신고등'에 속하지 아니한 것은?

① 확인　　　　　　　　　　　② 신고
③ 신고수리　　　　　　　　　④ 인가

해설 인가는 포함되지 아니한다.

정답 | ④

예상 문제

외국환거래규정상 거래별 '신고예외'인 것을 모두 고르면?

| (가) 경상거래지급 | (나) 국민의 소지목적환전 |
| (다) 일반해외여행경비의 지급 | (라) 비거주자의 국내 골프장 회원권 취득 |

① (가)　　　　　　　　　　② (가), (나)
③ (가), (나), (다)　　　　　④ (가), (나), (다), (라)

해설 모두 신고예외사항으로서 취급자는 거래사실에 대한 '확인(신고예외)'만 하면 지급이 가능하다.

정답 | ④

- 인정된 거래

"인정된 거래"라 함은 법 및 영과 이 규정에 의하여 **신고등 또는 보고를 하였거나 신고등을 요하지 아니하는 거래**를 말한다(규정 제1-2조 제25호). 〈2023. 7. 4. 개정〉

※ 외국환거래규정에는 '인정된 거래'란 용어가 많이 나온다. 이 용어의 의미를 묻는 문제가 최근에 처음으로 출제되었다.

- 거래외국환은행 지정제도

수출입거래는 외국환은행을 **지정하지 아니한다**. 그래서 무역업자들이 여기저기 은행을 복수로 이용하며 거래은행을 옮길 수도 있다. 외국인의 국내주식 투자도 은행을 지정하지 않고 복수거래할 수 있다. (외국인투자자들은 국내의 여러 증권회사나 은행을 이용한다. 특히 증권회사의 전산사고로 거래체결상 문제가 생기므로 여러 증권사를 이용한다.) **외국인이 국내 주식투자하는 경우와 외국인이 국내부동산을 취득하는 경우는 거래은행을 지정하지 않는다.**

예상 문제

다음 중 지정거래외국환은행 제도와 관련 있는 것은?

① 무역거래
② 외국인의 국내주식에 대한 투자계정 개설
③ 일반해외여행경비 지급
④ 연간 10만불 한도의 증빙 미제출 송금

해설 주로 해외 친척 등에 대한 생활보조금이나 경조사비 지급, 회사 간의 소액경상대가지급, 기타 소액자본거래대가의 지급이 목적인 경우 연간 미화 10만불까지 증빙서류 제출이 면제된다.

정답 | ④

- 외국환 거래별 거래은행의 지정 여부

기 출 문 제

다음 중 거래외국환은행 지정대상이 아닌 거래에 속하는 것은?

① 외국인 국내소득의 지급
② 수입대금의 사후결제 지급
③ 해외이주비 지급
④ 거주자의 무증빙 건당 5천불 초과 지급

해설 (수출입 등) 무역거래와 무역외거래는 거래은행을 지정하지 아니한다. 따라서 수입대금의 지급도 거래은행을 지정하지 아니한다.

정답 | ②

【외국환거래의 신청절차】

1. 신고

신고라 함은 외국환거래 당사자가 소정의 신고서에 당해 외국환거래 등의 사유와 금액을 입증하는 서류를 첨부하여 신고기관에 제출하는 행위로 신고를 받은 기관은 당해 거래 등이 신고대상인지 여부 및 신고서 기재사항을 정확히 기재하였는지 여부를 **확인한 후** 업무를 처리하는 것을 말한다. 이 경우 당해 신고서에 "신고필"이라 기록하여 신고기관의 장 직인을 날인한 신고필증을 교부하여야 한다.

2. 신고수리

외국부동산을 취득하기 위해 외국환은행 앞 신고서를 제출하는 경우 외국환거래법령에 있는 신고요건에 적법하다고 인정되어 신고수리를 받아야 당해 거래를 할 수 있는 행위이다.

※ 사후보고 : "사후보고"는 외국환거래규정 제1-2조 제25호의 '인정된 거래'를 위한 절차상 보고로 제10-9조의 사후관리 및 보고서 등의 제출과는 상이함. 외국환거래 당사자는 규정에서 정한 날로부터 1개월 이내에 외국환거래 등의 사유와 금액을 입증하는 서류를 소정의 보고서에 첨부하여 당해 외국환은행에 제출하여야 한다. 이 경우 보고를 받은 은행은 외국환은행의 장 직인을 날인한 필증을 교부하여야 한다.

3. 신청

1. 외국환거래 또는 행위에 관하여 외국환은행에 신고(신고수리, 외국환거래 또는 행위의 신청을 포함)를 하고자 하는 자는 소정의 신고서 및 이 지침에서 정하는 관계 서류를 제출하여야 한다. 다만, 신고 내용의 변경신고를 하고자 하는 자는 변경신고서와 당초의 신고필증 또는 신고수리서 및 그 변경사유를 입증하는 서류를 제출하여야 한다. 다만, 전자무역기반시설을 이용한 전자무역문서로 이루어지는 경우 송금방식 무역거래에 따른 지급 등의 신청 시 외국환은행의 장의 확인을 위하여 제출하는 지급 등의 증빙서류는 제출하지 아니할 수 있다.

2. 제1호에 의하여 제출하는 신고서는 자필서명 또는 기명날인을 하여야 한다. 다만, 전자적 방법에 의하여 신청을 하는 경우에는 자필서명 또는 기명날인을 한 것으로 본다.

3. 신고서를 제출하는 자는 당해 신고를 요하는 행위나 거래의 당사자 또는 본인이어야 하며 이 경우 실명확인증표로 당사자 또는 본인 여부를 확인하여야 한다. **이 경우 다음 "가"목 내지 "바"목의 경우에는 그 대리인(실명확인증표에 의하여 확인)이 신고인이 될 수 있으며 "사"목의 경우에는 대리위임장, 본인 및 대리인의 실명확인증표에 의하여 대리인임을 확인하여야 한다. (◀ 기출내용임)** 다만, 1백만원 이하에 상당하는 외국통화의 매입·매각 시에는 실명확인을 아니할 수 있다.

   ☞ 상기 제2호에 의거 전자적 방법에 의하여 신청하는 경우에는 최초 가입 시의 실명확인으로 실명확인이 이루어진 것으로 본다.

   가. 당사자가 미성년자 등의 무능력자(제한능력자로 용어변경)이거나 노약자로서 그 가족이 대리하여 신고인이 되는 경우. 다만, 주민등록등본 등에 의하여 대리인의 신분이 가족임이 확인되어야 한다.

   나. 외국에 있는 자 또는 비거주자인 당사자나 본인을 위하여 국내에 있는 자가 신고인이 되는 경우(예시 : 해외유학경비, 해외체재비 등)

   다. 해외지점 또는 해외사무소인 당해 당사자 또는 본인의 행위나 거래에 관하여 그 본사 또는 본점이 신고인이 되는 경우

   라. 외국인 또는 비거주자가 국내에서의 고용에 따라 취득한 국내 보수송금과 관련하여 고용주가 대리하여 지급신청하는 경우 및 해외인력송출기관의 국내사무소가 일괄 지급하는 경우(최초 신청 시 국내사무소설치신고필증 사본 및 계약서를 제출하여야 함)

   마. 「북한지역 관광에 따른 환전지침」에서 정한 북한지역 관광객의 기본경비를 당해 관광객을 대리하여 환전하는 경우

바. 법인(단체·조합·개인기업 등을 포함한다)을 위하여 해당 소속 임직원이 대리하여 신고인이 되는 경우

사. **기타 관련법령에 의거, 대리하여 신고하는 경우 (※ 위임장이 필요한 경우이다.)**

4. 신고인은 신고서를 <u>국문으로</u> 작성 제출하여야 한다. 다만, 신고인이 국내에 영리를 목적으로 하는 영업소 기타 사무소를 가진 자가 <u>아닌</u> 외국인인 경우에는 신고서를 외국어로 작성 제출할 수 있다.

5. 외국환은행의 장은 외국어로 작성하여 제출된 신고서(제출서류 포함)의 신고인에게 당해 외국어를 사용하는 국가의 공적기관이나 기타 공인된 기관이 작성 또는 확인한 국문의 번역문을 첨부하여 제출하게 할 수 있다.

【처리기간】 (※ 출제빈출문항)

1. 외국환은행의 장의 <u>신고수리업무 : 7영업일 이내</u>
2. 외국환은행의 장의 <u>신고업무 : 2영업일 이내</u>

기 출 문 제

외국환업무의 처리기간 및 유효기간의 설명으로 옳지 않은 것은?

① 외국환은행의 장의 신고수리업무 : 7영업일 이내 처리
② 외국환은행의 장의 신고업무 : 3영업일 이내 처리
③ 해외부동산취득신고수리서의 유효기간 : 1년을 원칙
④ 해외이주예정자의 해외이주비 지급의 경우 : 거래외국환은행을 지정한 날로부터 3년 이내까지

해설 외국환은행의 장의 신고업무는 2영업일 이내에 처리되어야 한다. 유효기간은 신고인이 신고(수리)내용에 따라 당해 <u>지급 또는 영수를 완료</u>하여야 하는 기간을 말한다.

정답 | ②

---

1. **거래외국환은행지정의 관리기간**

   가. 거주자의 신고를 필요로 하지 않는 거래로서, 지급증빙서류를 제출하지 아니하는 지급을 위한 거래외국환은행 지정은 거래외국환은행을 지정한 당해 연도 말일까지 관리하여야 한다. (매년 신규 지정하여야 함)

   나. 기타의 경우에는 거래외국환은행의 변경 또는 취소 시까지 관리한다.

2. **거래외국환은행 지정의 취소**

   가. 거래외국환은행을 지정한 자는 지정 관리기간 내에 **거래외국환은행 지정을 취소할 수 없으며, 다른 외국환은행으로의 변경만 허용된다.**

   나. 가목에 불구하고 당해 지정거래외국환은행의 장은 **과거 2년 이상** 동 지정과 관련된 거래가 없는 자로서 사후관리 종결 등 지정거래 관리의 필요성이 없다고 판단되는 경우에는 **거래외국환은행 지정을 취소할 수 있다.**

3. 외국환거래 관계문서의 보존기간 등

1. 외국환은행의 장은 외국환거래신고 관련 문서를 신고일(유효기간이 있는 경우 유효기일)로부터 2년 간 보존(전자문서방식 포함)하여야 한다.
2. 제1호에 불구하고 거래외국환은행 지정을 요하는 신고관련 문서는 지정취소시까지 보존하여야 한다.
3. 제1호 및 제2호에도 불구하고 <u>지급신청서와 영수확인서는 5년간 보존하여야 한다.</u>

예상   문제

외국환거래에 대한 대리인의 신고 시 위임장을 필요로 하는 경우에 해당하는 것은?

① 당사자가 미성년자 등의 무능력자이거나 노약자로서 그 가족이 대리하여 신고인이 되는 경우
② 외국에 있는 자 또는 비거주자인 당사자나 본인을 위하여 국내에 있는 자가 신고인이 되는 경우
③ 외국인 또는 비거주자가 국내에서의 고용에 따라 취득한 국내 보수송금과 관련하여 고용주가 대리하여 지급신청하는 경우
④ 관련법령에 의거 대리하여 신고하는 경우

정답 I ④

최근 기본서 교재의 연습문제의 출제비율이 높아졌다. 기본서 보유자는 반드시 다 풀어보아야 한다.

기 출 문 제

외국환거래법상 거래구분의 연결 중 옳지 않은 것은?

① 전자적 무체물 – 경상거래
② 보험, 특허 – 자본거래
③ 해외지사경비 – 무역외거래
④ 금전대차, 증권, 부동산 – 자본거래

해설 보험, 특허, 여행, 운수, 기술, 이전거래, 지사경비 등은 서비스/용역에 해당하는 무역외거래로서 경상거래에 속한다.

정답 I ②

■ 아래 내용이 추가로 수록되면서 제2권(외국환거래실무)에도 추가 수록되었다. 동일내용이지만 개정교재에서 추가로 수록된 만큼 정독한다.

【거래법 10조 [외국환업무 취급기관등의 업무상의 의무]】

① 외국환업무취급기관, 전문외국환업무취급업자 및 외국환중개회사("외국환업무취급기관등"이라 한다)는 그 고객과 이 법을 적용받는 거래를 할 때에는 고객의 거래나 지급 또는 수령이 이 법에 따른 허가를 받았거나 신고를 한 것인지를 '확인'하여야 한다.
② 외국환업무취급기관등은 외국환업무와 관련하여 부당한 이익을 얻거나 제3자에게 부당한 이익을 얻게 할 목적으로 다음 각호의 어느 하나에 해당하는 행위를 하여서는 아니 된다.
   1. 외국환의 시세를 변동 또는 고정시키는 행위
   2. 제1호의 행위와 유사한 행위로서 대통령령으로 정하는 건전한 거래질서를 해치는 행위(<u>외국환 시세 가격의 변동 조작 사전모의, 풍문 거짓 유포 행위 등)</u>

규정 제1-2조 16. "외국환은행"이라 함은 영 제14조 제1호에 규정된 금융회사 등의 외국환업무를 영위하는 '국내 영업소'를 말한다.

■ **외국환거래 약정 및 약관**

1) 외국환거래약정서(수출입거래 시 수출환어음 매입, 신용장 개설 등을 위한 약정서)

2) 외환거래기본약관(외화송금, 외국통화의 매입, 외화수표의 매입 등에 관련된 약관)

3) 외화예금거래기본약관

4) 외환매매거래약정서(선물환거래계약을 체결하거나 파생상품거래 등의 FX거래약정 등 단순한 환전이 아닌 경우)

빈출   문제

다음 중 외국환은행의 외화수표 매입 및 추심업무 등의 용도에 필요한 것은?

① 외국환거래약정서　　　　　　　　② 외환매매거래약정서

③ 외환거래기본약관　　　　　　　　④ 외화예금거래기본약관

정답 | ③

■ **전자화폐 및 선불전자지급수단의 발행 관리**

교통카드, 싸이월드의 도토리, 쿠키, 카카오머니 등에 대한 외국환 규제내용임. 반드시 재화나 용역 구입용도에 한정한다. (즉, 외국환업무 관련하여 다른 전자지급수단이나 주식 채권 파생상품거래에 사용할 수 없다.)

※ 전자지급결제대행업자(PG : Payment Gateway)

전자지급결제대행업자는 흔히 PG(Payment Gateway)라 칭하며, 자체 유통망과 플랫폼을 사용하여 간편결제 서비스를 제공하는 인터넷 쇼핑몰 등 전자상거래업자(이베이코리아, 네이버, 쿠팡 등) 등이 이에 해당한다. 최근 해외 "직구" 붐이 불면서 전자지급결제대행에 관한 업무와 직접 관련된 외국환업무를 규제개혁의 일환으로 핀테크업체에게 개방하여 금융회사가 아니더라도 기타전문외국환업무로 등록할 수 있도록 하였다.

■ **(국민인 거주자에 대한) 증빙미제출 송금(외국인 거주자 제외)**

① 교재의 저자가 증빙미제출 10만불 송금한도에 대하여 은행실무자에게 유의사항을 설명한 것이다. 연간 10만불 이내의 (국민인 거주자의) 대외송금은 증빙미제출이 가능하나 이 제도를 악용하는 사례가 발생할 수 있다(유학생에게 유학경비가 아닌 명분으로 송금하기, 분산송금, 타인명의 송금 등). 당연히 출제도 빈번하지만 제도의 취지를 알고 수험공부를 하는 것이 좋다. (※ 출제 시 오답율이 비교적 높다.)

② 증빙서류 미제출 거래의 주요내용을 살펴보자

　가. 건당 미화 5천불 초과 연간(매년 1.1~12.31)누계 미화 10만불 이하의 지급 시 지정거래외국환은행에 지정하여여 함

나. 송금신청 시 수취인과의 관계 및 지급사유를 상세히 작성 후 구두로 동 내용을 확인(생활비, 경조사비, 회비, 소액경상거래 대가(수수료, 물품대금 등), 자본거래(해외예금, 금전대여, 증권취득, 회원권 취득 등)

다. **10만불 이하라도 해외직접투자 등(해외직접투자, 해외지사, 해외부동산취득)은 본 미증빙합계 항목에서 제외함, 반드시 신고(수리) 후 거래하여야 함 (◀ 출제 빈번함)**

라. 해외FX마진 거래는 본 항목(증빙미제출)을 적용할 수 없음. 자본시장법상 해외증권/파생상품시장에서 외화증권, 장내파상상품의 매매 거래 시 금융투자중개업자(증권사, 선물사 등)를 통하여 (송금하여) 매매하여야 함

마. 이러한 무증빙 거래 시, 불법거래, 편법거래, 분산거래, 차명거래 등 비정상적인 거래로 의심되거나 (STR보고) 그러한 개연성이 충분히 있는 경우에는 텔러가 취급자체를 거절하거나 본 제도의 취지나 목적에 부합하는지 여부를 판단하여 신중하게 처리하여야 함

빈출 문제

거주자(외국인거주자 제외)의 연간 10만불 이하의 증빙서류미제출에 대한 설명으로 옳지 않은 것은?

① 연간누계는 거래개시일로부터 만 1년이다.
② 거래외국환은행을 지정하여야 한다.
③ 건당 5천불 이하는 누계에 포함되지 아니한다.
④ 해외직접투자(해외지사 포함)나 해외부동산 취득거래에는 적용하지 아니한다.

해설 연간누계는 1월 1일부터 12월 31일까지의 합계이다.
  ※ (10만불을 초과하더라도) 종교단체가 해외에 선교자금을 지급하는 경우 또는 비영리법인이 해외에서의 구호활동에 필요한 자금을 지급하는 경우(당해 법인의 설립취지에 부합하는 경우에 한함)에는 내부적인 결재서류(이사회 결의 등)를 제출하는 경우에 지급확인서에 의한 외국환은행의 지급확인을 하고 대외지급가능하다.
  ※ 거래 또는 행위 사실을 확인할 수 있는 서류의 예시
    내부품의서, 지출결의서, 이사회 의사록, 거래당사자 일방의 요청서, 거래사실을 확인할 수 있는 e-mail 증빙 등

정답 | ①

다음 중 거주자(외국인거주자 제외)의 무증빙제출 송금이 미화 10만불 초과 시 반드시 증빙이 필요한 거래는?

① 소액경상대가
② 종교단체의 선교 · 포교자금
③ 비영리단체의 구호자금
④ 국제단체 기부금

해설 거주자(외국인거주자는 제외)의 무증빙 해외송금 시 생활비, 경조사비, 회비, 소액경상대가(수수료, 물품대금 등)는 10만불 초과 시 증빙을 요한다. 그러나 종교단체의 선교 · 포교자금이나 해외 재난구호자금 지원 등 국제 간 인도적인 거래는 구체적인 거래 증빙이 없을 수도 있기 때문에 송금의 사유와 목적을 구체적으로 기재한 지급확인서(내부품의서, 지출결의서, 이사회의사록 등)와 해당 첨부서류를 제출한 경우에 한하여 송금처리하여야 한다. 실무적으로 10만불 초과이므로 동 거래 취급은 매우 제한적이어야 한다.

정답 | ①

【외국환 매매위탁, 지급 등 사무위탁 및 중개업무】

※ 동 규정이 신설된 이유는 은행 등의 지점망 축소로 인한 금융소비자의 외국환업무의 불편을 해소하고자 회사 간에 외국환 업무를 연계할 수 있도록 하여 소비자 불편을 최소화하려는 목적이다.

■ 제3-2조(지급등과 관련한 사무의 위탁) ① 외국환은행의 장, 외국환업무취급기관 또는 소액해외송금업자('위탁기관')는 지급등과 관련한 사무의 일부를 다른 외국환은행, 기타 외국환업무취급기관, 기타 전문외국환업무를 등록한 자, 환전영업자 또는 전자금융보조업자('수탁기관')에게 위탁할 수 있다.

■ 제3-2조의2(외국환은행의 비금융회사(소액외화이체업자)에 대한 지급 등과 관련한 일부 사무의 위탁)

① 제3-2조에도 불구하고 외국환은행의 장은 지급 등의 신청 접수 및 지급 등을 신청하는 자에 대한 실명거래 확인의 지원과 이에 따른 부대 사무에 한하여 환전영업자 또는 자기자본(영업기금) 3억원 이상의 국내회사 및 외국회사의 국내영업소(다만, 외국환업무 등록에 필요한 전문인력을 1명 이상 확보하고, 전산설비 등 요건을 갖춘 자에 한한다)에게 위탁할 수 있다.

② 이 조에 따른 위탁에는 제3-2조 제3항 내지 제9항 규정을 준용한다(※ 지정거래 외국환은행 등록대상 업무인 경우에는 수탁사무에서 제외함).

■ 제3-2조의3(농협은행과 수협은행에 대한 지급등과 관련한 사무의 위탁) ① 제3-2조 내지 제3-2조의2에도 불구하고 다음 각호의 외국환은행의 장은 지급등과 관련한 일부 사무를 신용협동조합에 위탁할 수 있다.

　　1. 「농업협동조합법」에 따른 농협은행
　　2. 「수산업협동조합법」에 따른 수협은행

② 제1항에 따라 신용협동조합에 위탁할 수 있는 사무는 다음 각호와 같다.

　　1. 실명확인, 2. 지급등 신청서(거래외국환은행지정 신청서 포함) 접수, 3. 지급등 대금의 수납, 4. 제1호 내지 제3호의 부대사무

③ 제1항에 따른 위탁은 다음 각호의 범위 내로 하며, 각호의 어느 하나의 금액을 합산하여 동일인당 연간 미화 5만불 이내로 한다.

　　1. 건당 미화 5천불 이하의 지급등
　　2. 거주자의 증빙서류미제출 송금(01 지정거래)
　　3. 비거주자 및 외국인거주자의 국내보수 소득등의 지급(제4-4조)

■ 증빙서류제출이 면제되는 지급등

1. **사전지급**

　가. 해외여행경비, 해외이주비 및 재외동포의 국내재산반출은 본 항목을 적용할 수 없음

　　☞ 적용 예시 : 외국에서 영화, 음반, 방송물 및 광고물 등을 제작하거나 전시회 개최에 필요한 경비를 지급하는 경우 등

　나. 지급신청서 우측 상단에 "사전지급"임을 표시하여야 함

　다. 지급신청일로부터 60일 이내에 지급금액을 증빙하는 서류 등을 징구하여 정산하여야 하며 부득이 하다고 인정되는 경우에는 그 지급금액의 10% 이내에서 정산의무를 면제할 수 있음

2. **송금방식 무역거래 시 증빙서류 제출면제 대상기업 (◀ 최다 빈출지문임)**
  • 전년도 수출/수입 실적이 3천만불 이상인 기업의 송금방식 수출입대금 영수/지급 시 증빙제출 면제함
3. **소액자본거래의 영수**
  • 거주자의 해외차입 시 (한국은행 등에) 신고 없이 연간 10만불 이내는 소액자금의 차입이 가능(단 거래은행은 지정하여야 함)

빈출 문제

거주자(외국인거주자 제외)의 증빙서류미제출송금에 대한 설명으로 옳지 않은 것은?

① 해외여행경비, 해외이주비 및 재외동포의 국내재산반출에 사전지급제도를 적용할 수 있다.
② 소액자본거래라도 해외직접투자(해외지사포함) 및 해외부동산 취득은 적용대상이 아니다.
③ 건당 5천불 초과의 송금 연간누계가 1만불 초과 시 국세청 및 금감원에 통보되며, 건당 5천불 초과 시에는 관세청에 통보된다.
④ 전년도 수출실적이 미화 3천만불 이상인 기업의 송금방식 수출대금의 수령 시 증빙제출이 면제된다.

해설 해외여행경비, 해외이주비 및 재외동포의 국내재산반출에는 사전지급제도를 적용할 수 없다. 외국에서 영화, 음반, 방송물 및 광고물 등을 제작하거나 전시회 개최에 필요한 경비를 지급하는 경우 등에 사전지급제도를 적용하여 추후(60일 이내) 정산의무가 있다. 무증빙의 소액자본거래라 하더라도 해외직접투자(해외지사 포함) 및 해외부동산 취득은 신고(수리) 대상이므로 증빙제출의무가 있다.

정답 | ①

■ **외국인거주자/비거주자의 지급**

규정 제4-4조(비거주자 또는 외국인거주자의 지급) ① 비거주자 및 외국인거주자는 다음 각호의 1에 해당하는 자금의 취득경위를 입증하는 서류를 제출하여 외국환은행 장의 확인을 받은 경우에 한하여 지급할 수 있다.

1. 비거주자 또는 외국인거주자(배우자와 직계존비속을 포함한다.)가 외국으로부터 이 규정에서 정한 바에 따라 수령 또는 휴대수입한 대외지급수단 범위 이내의 경우. 다만, 비거주자의 경우 최근 입국일 이후 수령 또는 휴대수입한 대외지급수단에 한한다.

2. 한국은행총재에게 신고한 범위 이내의 경우

3. 국내에서의 고용, 근무에 따라 취득한 국내보수 또는 자유업 영위에 따른 소득 및 국내로부터 지급받는 사회보험 및 보장급부 또는 연금 기타 이와 유사한 소득범위 이내에서 지정거래외국환은행을 통해 지급하는 경우. 다만, 「외국인근로자의 고용등에 관한 법률」에 따른 출국만기보험 수령은 지정거래외국환은행을 통하지 아니하여도 된다. (※ 개정내용임)

① 외국인거주자와 비거주자에게는 5만불 증빙미제출을 적용하지만 국민인 거주자와는 달리 매우 제한적으로 적용된다. (무증빙 5만불은 반드시 지정거래은행을 통해서, 그리고 송금과 대외계정 예치는 가능하지만 **환전지급은 불가하다.**)

※ 환전지급이 불가한 이유는 외국인거주자에게는 법규상 따로 (무증빙으로)여행경비명목으로 1만불이 환전지급이 가능하고, 비거주자에게는 환전실적이 없더라도 1만불 이내의 재환전이 가능하기 때문에 증빙도 없는 거래에 대하여 필요 이상의 환전을 해 줄 필요가 없다.

빈출 문제

외국인거주자에 대한 지급에 대한 설명으로 옳지 않은 것은?

① 국내에서 고용 등에 의한 소득범위 내에서 지정거래외국환은행(08항목)을 통하여 대외송금 가능하다.

② 「외국인근로자의 고용등에 관한 법률」에 따른 출국만기보험 수령은 지정거래외국환은행을 통하지 아니하여도 된다.

③ 1만불 이내의 해외여행경비로 환전·송금 및 대외계정예치가 가능하다.

④ 취득신고를 하지 아니한 부동산 취득에 대한 매각자금은 한국은행의 대외지급수단매매신고필증에 의해 지급할 수 있다.

해설 외국인거주자에게는 해외여행경비 명목으로 1만불 이내로 외국통화나 여행자수표로 환전지급하거나 당발송금할 수 있지만 <u>대외계정에 예금(예치)할 수 없다</u>. 여권에 환전 사실을 기재하여야 한다. (단, 1백만원 상당 이하의 외화현찰 지급 시에는 여권 기재 생략이 가능하다.)

정답 | ③

※ 아래 표는 기본서 내용을 정리하여 표로 재작성한 것이다. 매회 출제되는 내용으로서 시험대비용은 물론 현역실무자에게도 필요한 내용이며, 차이점을 잘 이해할 필요가 있다. ( )안은 입력코드이다. (입력코드는 시험과는 무관)

【지급과 영수―외국인 또는 비거주자의 지급 (규정 제4―4조)】

구분		외국인거주자	비거주자	환전/송금 여부, 대외계정 입금 여부	확인 및 유의사항
소지목적으로 매각		불가	불가	불가	×
1만불 매각		여행경비(30203)	재환전(30401)	환전/송금	최근 입국일 이후, 여권상 환전사실 기재
급여, 소득, 연금 등	증빙 O	증빙서류 범위 내	좌동	환전/송금/대외계정	[08] 35101/35102 증빙서류상 환전사실 기재 후 반환
	증빙 ×	연간 5만불	좌동	**송금/대외계정**	
대외계정/비거주자 자유원 계정		잔액 범위 내	좌동	환전/송금/대외계정	지정 ×
매각실적 범위 내		전체 매각실적 범위 내(90400)	최근 입국일 이후 매각실적(30401)	환전/송금/대외계정	증빙서류상 환전사실 기재 후 반환

■ 외국환의 '매각'과 '지급'의 차이

① 외국환의 <u>매입과 매각</u>과 외국환의 <u>지급등</u>은 다른 개념인데 처음 접하는 수험생은 이를 혼동한다. 기본서 저자도 수험생의 애로사항을 간파한 듯 교재에서 '외국인거주자 및 비거주자의 대외지급에 대한 이해'에서 설명한다.

② 예를 들어보자. 우리나라에서 베트남쌀국수집을 운영하는 베트남인(외국인거주자)이 수익금을 본국으로 송금하고자 가까운 은행(지정거래은행)에서 (원화를 대가로) 외화를 '매입'하여(은행입장에서 외국인 거주자에 대한 매각에 해당한다) 이를 본국에 송금신청(당발송금)하는 것은 외국환의 '지급'에 해당한다. 즉, 매입/매각이 먼저 발생하고 이를 대외적으로 지급할 경우(우리나라 국부가 유출인) 지급 등(지급과 영수)에 해당한다.

③ 이 두 거래가 반드시 동시에 발생하는 것은 아니다. 외국인이 입국 시 휴대소지한 외화를 우리나라 은행에서 당발송금할 경우에는 외화에서 외화로 지급하므로(외국환의 매매가 없음) 이런 경우에는 '매각'이 없이 외국인거주자의 '지급'만 발생한다.

빈출 문제

다음 중 거래은행을 지정하는 지급을 모두 고르면?

| 가. 유학생의 해외유학경비의 지급 | 나. 국내여행사에 대한 단체해외여행경비 지급 |
| 다. 치료비 명목으로 일반해외여행경비의 지급 | 라. 외국인거주자의 해외여행경비의 지급 |

① 가   ② 가, 나
③ 가, 나, 다   ④ 가, 나, 다, 라

해설 규정 개정으로 여행사(어학원 등)의 단체해외여행(연수)경비는 거래은행을 지정하지 않는다. 그때그때 환율이 좋은 외국환은행으로 찾아가기 쉽게 하였다.

정답 | ①

■ '영수확인서' 징구

① 영수확인서제도는 항상 출제된다.

영수확인서 제도가 적용되는 거래는 내국인(국민인 거주자)을 수령인으로 하는 해외로부터의 타발송금에 한정하므로, 은행창구에서 직접 실물의 지급수단을 취급하는 현찰(외화수표나 외화현찰)은 적용대상이 아니다. (외화수표나 외화현찰은 외국환신고(확인)필증이 필요하다.)

② 즉, 타발송금은 서류상 이체이므로 현찰을 들고 창구에 오는 고객에게 적용되는 것이 아님에 유의한다. (창구에서 고객이 외화현찰을 들고 방문하는 경우와 단순히 송금상의 이체를 취급하는 경우를 구분하여야 한다.)

③ 왜 영수확인서 제도가 국민인 거주자에게만 해당하는가? 외국인거주자나 비거주자가 해외에서 들여오는 돈의 출처를 우리당국이 알 필요가 없다. (외국인이 외화를 가져오는 것은 당연하다!) 다만 그 돈의 국내사용 용도를 '확인'해야 한다. 예를 들어 국내부동산 투자용도면 외국환은행신고사항이지만 국내체류 외국인이 자신의 생활비로 쓴다면 그냥 실명확인하고 (외화/원화)예금으로 예치 또는 환전(원화)지급하면 된다. (이때 원화로 환전하는 경우 '처분사유'의 확인이라고 한다.) (외국인거주자 및 비거주자로부터 매입 : '해외재산반입자금'으로 간주하고 매입할 수 있다.)

④ 그러나 국민인 거주자는 해외에서 유입되는 외화자금의 <u>취득경위</u>(수출대금을 법인세 등의 탈세목적으로 신고 없이 유입시키는 사례 등)를 우리당국이 알 필요가 있고 10만불 초과라는 거액이 증빙이 없을 경우에는 일종의 확인 각서(영수확인서)라도 받고 유입시킬 수는 있지만 외국환거래법 위반 여부를 확인하여야 한다.

(영수확인서의 구체적인 내용 습득)

1. 거주자(거주자국민, 국내법인, 그러나 외국인거주자는 제외)가 외국에서 송금된 미화 10만불 초과(동일자, 동일인, 동일점포를 기준으로 하며 2회 이상 영수하는 경우에는 이를 합산한 금액임)의 대외지급수단을 영수하는 경우로서 취득경위를 입증하는 서류를 제출하지 않는 경우에는 영수확인서를 징구하여야 함. 다만, 영수확인서에 기재한 영수사유에도 불구하고 "이전거래"로 간주 매입하여야 함
    ☞ <u>수취인의 소재불명으로 인하여 송금된 날로부터 3영업일 이내에 영수사유를 알 수 없는 경우에는 익영업일 이후 영수확인서 징구를 생략하고 "이전거래"로 간주하여 매입 가능함 (기출문제로 매우 빈번한 지문임)</u>

2. 그러나 규정 제7장에 의한 자본거래 (해외차입)로서 거주자(외국인거주자 제외)의 거래건당 영수금액이 미화 5천불 초과 10만불 이내이고, 연간 영수 누계금액이 미화 10만불을 초과하지 않는 경우로서 규정 제7-2조 제9호(거주자의 연간누계 10만불 이내의 자본거래의 수령)에 의한 신고예외적용을 받고자 하는 경우에는 거래외국환은행을 지정하여야 함. 다만 증빙서류를 제출하지 않아 영수절차를 거친 경우에 한함

    ※ 제7-2조 제9호 : 이 장에 의한 자본거래(해외차입)로서 거주자의 거래 건당 수령금액이 미화 5천불 초과 10만불 이내이고, 연간 수령누계금액이 미화 10만불을 초과하지 않는 경우는 신고예외이다. 다만, 지정거래외국환은행의 장으로부터 거래내용을 확인받아야 하며 절차에 따라 수령하여야 한다. (개인이나 비영리법인 등이 한국은행 신고 없이 외화차입을 할 수 있다는 의미)

■ 영수확인서 관련 사례

(질문)
○○은행의 대치동 지점의 고객이 오래전 해외에서 사업 당시 보유하였던 주택을 양도한 후, 동 자금을 국내로 반입하길 원합니다. 매각자금이 미화 100만불 가량 된다고 하는데 동 자금에 대한 증빙이 없습니다. 이 경우 지점에서는 영수확인서를 받고 영수가 가능한가요?

(답변)
영수확인서는,
① 대상 : 국민인 거주자에게만 해당
② 적용 : 외국으로부터 미화 10만불 초과의 타발송금 내도 시, 취득경위를 입증하는 서류를 제출하지 아니한 경우(FAX/스캔방식 포함)
    ** <u>외국통화/외화수표의 매입 시 영수확인서 대상이 아님에 유의 (실물과 송금의 차이)</u>
    ** 외화차입 등 자본거래는 연간 10만불까지 영수 가능(거주자가 해외에서 차입하는 경우에는 원칙적으로 한국은행 신고사항이지만 10만불까지는 그런 신고 없이 영수 가능하다는 의미)

③ 영수 사유 : 영수확인서에 기재된 영수사유(무역거래, 무역외거래 등)에도 불구하고 <u>단순 이전거래</u> 사유코드를 입력

※ 동 건은 애당초 부동산 취득 시 신고수리하지 아니한 경우이므로 위규사항임. 외국환거래법 위규 시 증빙이 없다고 무조건 영수확인서 징구 후 지급은 불가함. 즉 금융감독원 앞 '외국환거래법위반사실보고서' 송부 요망

④ '외국환거래법상 미화 10만불까지는 증빙 없는 거래(이전거래)가 가능하다'는 점을 이용하여 분산송금, 환치기가 자주 이용되므로 증빙 없는 거래를 정기적으로 하는 자에 대한 (외국환은행의) 확인의무 철저. 무증빙 거래가 빈번한 자와 일정액 이하(10만불 이하)로 분할하여 거래하려는 자 등에 대한 확인 철저

실 전 문 제

영수확인서 징구제도에 대한 설명으로 옳지 않은 것은?

① 국민인 거주자나 내국법인에게 적용 　　② 외화수표나 외화현찰의 취급에 적용

③ 10만불 초과의 무증빙의 경우에 적용 　　④ 이전거래로 간주

해설 외화수표나 외화현찰의 경우에는 외국환신고(확인)필증이 관여된다.

정답 | ②

다음은 외국환은행의 타발송금 업무처리에 대한 설명이다. (　)에 들어갈 것으로 옳은 것은?

외국으로부터 (ⓐ)에게 송금된 미화 (ⓑ)불 초과(동일자, 동일인, 동일점포를 기준으로 하며 2회 이상 매입하는 경우에는 이를 합산한 금액)의 대외지급수단을 매입하는 경우로서 취득경위를 입증하는 서류를 제출하지 않은 경우에는 (ⓒ)을/를 징구한다. 다만 수취인의 소재불명으로 인하여 송금된 날로부터 (ⓓ)영업일 이내에 송금사유를 알 수 없는 경우에는 익영업일 이후 이의 징구를 생략하고 (ⓔ)(으)로 간주하여 매입 가능하다.

	ⓐ	ⓑ	ⓒ	ⓓ	ⓔ
①	비거주자	2만	대외지급수단매매신고서	2	해외재산반입
②	국민인 거주자	10만	영수확인서	3	이전거래
③	거주자	10만	외국환신고(확인)필증	3	해외재산반입
④	국민인 거주자	2만	영수확인서	2	이전거래

정답 | ②

【외국환은행의 대출과 보증 등】

① 외국환은행이 '영업상' 대출과 보증 등은 이미 영업허가를 받은 사항이므로 (극히 예외적인 것을 빼고는 기본적으로) 신고 등의 의무가 없다.

② <u>많은 수험생들이 이 외국환은행의 '영업상' 대출과 보증 등을 동 교재(거주자의 금전의 대차, 채무의 보증 계약에 따른 자본거래)와 혼동하여 암기하니 시험문제에서 혼동한다. 즉, 금융기관의 대출/차입인지, 또는 (금융기관이 아닌) 거주자/비거주자가의 대출/차입인지 구분하여야 한다.</u>

③ 즉 외국환은행의 영업이 아닌 한국인(즉 개인이나 회사등의 법인 등으로 거주자라고 표현함)의 비거주자(외국인 등)에 대한 금전의 대차(차입과 대출), 채무의 보증 등이므로 당연히 규제를 해야 할 것이다. 수험생 여러분이 미국의 친구(비거주자)에게 원화나 외화를 빌려주면 국부의 유출 가능성이 있고 영업활동이 아니므로 한국은행에 신고하여야 한다.

빈출 문제

외국환은행의 비거주자(국민인 비거주자는 제외)에 대한 신고예외 대상인 원화대출 한도로 가장 적절한 것은?

① 건당 한도 10만불 ② 동일인 한도 10억원

③ 건당 한도 10억원 ④ 외국환은행별 한도 10억원

해설 비거주자에 대한 동일인 기준 10억원 이하(다른 외국환은행의 대출 포함)의 원화자금 대출은 신고예외이다.

정답 l ②

【외국환은행의 비거주자에 대한 원화 대출】

(비거주자) 원화대출				
10억원 이하		300억원 이하		300억원 초과
국민인 비거주자	신고예외 (보증/담보 제공불문)	신고예외 (담보/보증제공불문)		신고예외 (담보/보증제공불문)
외국인 비거주자		거주자의 보증/담보 없는 경우	외국환은행 신고	한국은행 신고
		거주자의 보증/담보 시	한국은행 신고	

빈출 문제

외국인에 대한 외국환은행의 원화대출에 대한 설명으로 옳지 않은 것은?

① 외국인거주자도 제한이 없으나 해외송금 시 한국은행에 신고하여야 한다.

② 동일인 기준 10억원 이하의 비거주자에 대한 대출은 신고예외이다.

③ 동일인 기준 300억원 초과 대출 시 비거주자가 한국은행에 신고한다.

④ 영주권자에 대한 대출은 외국환은행에 신고한다.

해설 외국환은행이 영업상의 대출은 외화든 원화든 규제를 할 이유가 없다. 따라서 문제가 되는 것은 대출을 받는 차입자가 비거주자인 경우 국부유출 가능성에 초점을 두어 비거주자에게 신고의무를 부과한다. 영주권자인 국민인비거주자(예를 들어 재미교포)에 대한 대출은 외국환은행의 영업이므로 규제할 이유가 없다. 다만 이 자금을 해외로 환전해 나갈 경우는 또 다른 지급절차상의 신고(한국은행에 신고)를 필요로 한다. 비거주자의 대출금은 비거주자자유원계정에 예치가능하다. 다만 거주자로부터 보증 또는 담보를 제공받은 경우에는 제외한다.

정답 l ④

- **교포등에 대한 여신**

  ① 재일교포가 현지에서 우리나라은행 현지법인(또는 지점)에서 대출을 받고자 하는 경우에 우리나라은행 본점이 이를 보증을 하는 경우, 또는 차입자인 교포등의 본인 또는 지인이 국내재산등으로 담보(보증)하는 경우에 보증금액 미화 50만불 상당까지 지정거래외국환은행 신고사항이며, 50만불 초과 시 한국은행 신고대상이다. 이는 교포가 상환을 못할 경우에는 결국 국부의 유출로 연결되기 때문에 규제한다.

  ② 이 주제의 핵심은 50만불로 신고처(지정거래은행과 한국은행)의 구분과, 이러한 보증에 의한 대출을 받을 수 있는 '교포등'에 해당하는 사람이나 법인이 누구인지에 대한 문항이 출제된다. 또한 해외의 금융기관 중에서 반드시 우리나라(국내)에 본점을 둔 해외은행지점 등에서 취급되어야 한다. 즉, 국내에 본점이 없는 외국은행과 교포은행은 현지의 법에 설립된 은행이므로 교포여신등에 해당하지 않는다. **'교포여신등'의 수혜자(차주)는 외국체재 중인 국민인거주자(일반해외여행자는 제외), 영주권자, 해외사업자, 해외출장 또는 파견근무 목적으로 해외에 체재하는 자, 해외주재원, 특파원, 해외유학생, 그리고 국민인 비거주자가 100%(전액)출자하여 설립한 법인이다. (※ 시민권자는 아예 외국인이므로 대상이 아님에 유의)**

  ③ 재일교포(국민인 비거주자)가 일본 현지에서 우리나라은행 현지법인(지점)에서 대출을 받고자 하는 경우, 국내 거주하는 교포의 친척(국민인 거주자)이 담보제공 등을 하는 경우가 많다. 교포가 상환하지 못할 경우 친척이 대지급하므로 이 역시 국부의 유출이기에 규제한다. 보증등의 금액이 50만불까지는 지정거래은행 신고이며, 보증액이 50만불 초과인 경우 한국은행 신고사항이다. (50만불 대출이 아니라 보증금액 기준임에 유의)

  (사례) : 대한민국에 부동산을 소유한 재일교포가 우리나라은행 일본 현지법인에서 이를 담보로 대출을 받고 고의적으로 상환하지 않았다(결국 국내은행이 대지급함). 까다로운 '재외동포 재산반출 규정'을 우회하여 국부를 유출시킨 사례이다. 이런 악용 사례가 있기 때문에 이런 규정이 탄생한 것이다.

문제

교포등에 대한 여신 취급에 대한 설명으로 옳지 않은 것은?

① 보증금액이 50만불 초과 시 한국은행 신고사항이다.

② 국민인 비거주자가 50% 이상 출자한 법인도 취급대상이다.

③ 국내에 본점을 금융기관의 해외의 지점이나 현지법인에서 취급할 수 있다.

④ 교포등이 자기 신용으로 대출받는 경우는 적용제외이다.

해설 국민인 비거주자가 전액(100%) 출자한 법인도 취급대상이다. 우리나라의 비거주자 등에 대한 지원책이므로 국민인 비거 주자(법인 포함)의 자격을 가져야 한다.

정답 | ②

■ 거주자, 외국인거주자 및 비거주자의 지급

문제

국내에서 외국인노동자로 일하는 필리핀인 이멜다 씨가 2021년 3월, 지정거래은행인 ○○은행 소공동 지점에서 국내고용소득의 증빙 없이 미화 5만불 상당 외화를 당발송금하였다. 그 후 동년 12월 말경에 또 다시 방문하여 8만불에 해당하는 급여명세표를 제출하고 추가 송금하였다. 추가 송금 가능금액은?

① 미화 1만불

② 미화 3만불

③ 미화 5만불

④ 미화 13만불

정답 | ②

거주자의 연간 10만불 이하의 증빙서류 미제출 송금에 대한 설명으로 옳지 않은 것은?

① 국내소재 외국계회사도 가능하다.

② 해외지사에 대한 송금은 제외한다.

③ 건당 5천불 이하 거래는 합산에서 제외한다.

④ 외국인거주자도 제한 없이 동 한도 내에서 송금가능하다.

정답 | ④

■ 해외여행경비

① 은행실무 중 일반고객에 대한 실무비중이 높은 분야이므로 잘 이해하여야 한다.

해외여행자의 정의가 매우 중요하다. 그냥 휴가차 해외여행자만이 해외여행자가 아니다. 휴가 가는 사람을 일반해외여행자(30일 이하)라고 정의하지만 특별한 목적(해외병원에 치료차, 공무원이 해외견학차 가는 경우)도 짧은 기간인 경우(30일 이하)에는 일반해외여행자에 속함에 유의한다. 그 외 업무상 가는 해외체재자(30일 초과), 공부하러가는 해외유학생(6개월 이상 체류)으로 구분하여 외화지급방식의 차이를 학습한다.

② 기본적으로 해외에서 외화를 쓰는 것(규정상 '지급'으로 표현)을 정부입장에서는 규제하고 싶지만 OECD국가로서 외환자유화에 대한 의지를 대외적으로 광고라도 해야 할 정부로서는 어쩔 수 없이 (한도 없이) 지급할 수 있도록 하였다. 그래서 쓰리쿠션식의 엄포가 있다. 즉 '유학비를 많이 송금

(연간 10만불 초과)하면 그 유학생 부 또는 모, 심지어 할아버지의 소득을 조사하여 불법 증여 등을 조사할 수도 있다'는 엄포성 통보(국세청, 금융감독원에 통보 의무)로 심리적 부담을 가지도록 한다. 실제로 추후 상속세 산정 시 수 년 동안 무증빙등으로 보낸 유학비송금액에 대한 용도를 조사하는 경우가 있다.

③ 증빙서류가 없는 '일반' 해외여행경비의 지급 시에는 외국환신고(확인)필증을 교부하지 아니한다.

빈출 | 문제

다음 중 외국환법령상 (일반적으로) 휴대반출과 당발송금이 모두 가능한 것은?

① 법인명의의 해외여행경비, 일반해외여행경비
② 단체해외여행경비, 유학생경비
③ 법인명의의 해외여행경비, 유학생경비
④ 해외체재비, 일반해외여행경비

해설 법인명의의 해외여행경비와 일반해외여행경비는 (무증빙 시) 기본적으로 휴대반출하여야 한다. 물론 치료비등의 일반해외여행경비도 증빙이 있으면 당발송금도 가능하다.

※ 법인명의로 환전한 일반해외여행경비는 당해 법인 소속의 일반해외여행자가 휴대수출하여 지급하거나, 법인카드로 지급할 수 있다. 다만 미화 1만불 상당액을 초과하여 휴대수출하고자 하는 경우에는 출국자가 관할세관의 장에게 신고하여야 한다. 제출서류가 있는 경우(외국의 여행업자, 숙박업자, 운수업자가 발행한 해외여행경비임을 입증하는 서류)에 한하여 법인명의로 송금할 수 있다. 일반해외여행경비에 해당하므로 매각한 외국환은행의 장은 외국환신고(확인)필증을 발행하지 아니한다. 그러나 출국자가 외국인거주자에 한하여 해당 해외여행자별 여권에 환전한 사실과 금액을 표시하여야 한다(단, 1백만원 상당 이하 외국통화를 매각한 경우는 제외).

정답 | ②

■ 외국환은행의 '외국환신고(확인)필증' 주요 발급사유

1. 국민인 거주자와 재외동포(미화 1만불 초과 시 발급)
   (1) 해외유학경비
   (2) 해외체재비
   (3) 재외동포 국내재산반출 및 해외이주비
   (4) 여행업자의 단체해외여행경비, 교육기관 등의 단체해외연수경비

2. 외국인, 비거주자
   (1) 외국인 급여소득(증빙서류 제출한 경우에 한하며, 금액에 관계없이 발급)
   (2) 대외계정에서의 인출(미화 1만불 초과)
   (3) 한국은행 대외지급수단매매신고에 의한 환전(금액에 관계없이 발급)
   (4) 재환전(비거주자의 경우 최근 입국일 이후 미화 1만불 초과하는 금액)

3. 기타(금액에 관계없이 발급)
   (1) 실수요증빙서류의 여행경비(치료비, 교육관련경비, 주무부장관 · 한국무역협회장 추천 금액)
   (2) 영화, 음반, 방송물 및 광고물 제작 관련 경비
   (3) 스포츠경기, 현상광고, 국제학술대회 등과 관련한 상금(※ 규정 개정 내용)
   (4) 항공 또는 선박회사의 운항경비
   (5) 원양어업자가 상대국 감독관 등에게 지급할 경비
   (6) 대외무역관리규정에서 정한 물품(수출입승인 면제품)에 대한 검사 · 수리비
   (7) 해운대리점 · 선박관리업자가 비거주자인 선주를 대신하여 지급하는 해상운항경비

④ 국민인 거주자인 경우 외화를 소지목적이 가능하므로 국내에서 보유목적의 환전은 (예금 또는 본인 집의 금고속에 보관할 목적) 금액무관하게 가능하다. 단, 본인이 외화휴대하여 출국하는 경우에 세관에 신고(1만불 초과)하면 된다. 그러나 사용 용도가 있는 경우 즉, 유학생이 외화를 송금하지 아니하고 환전하여 직접 휴대하여 출국하는 경우(또는 해외병원치료차 출국 시 병원예약관련 증빙이 있는 경우에 외화를 직접 휴대출국 시)에는 **은행은 외국환신고(확인)필증을 교부하여야 하며** (그러나 당발송금 시에는 교부할 이유가 없다.) 출국 시 이 증빙을 외화와 같이 휴대하여 세관의 검사에 대비하여야 한다. 즉, 특정용도 없이 1만불 초과를 세관에 신고하는 경우와, 용도에 의하여 외국환은행신고(확인) 필증을 받고 출국하는 경우에 대하여 국세청에서 바라보는 시선은 전혀 다르다. (치료 등의 필요에 의해 출국하는 경우와 별다른 목적 없이 여행이나 다니면서 외화를 낭비하는 경우는 다르다. 단순여행이 빈번할 경우 본인소득이나 부모님 소득에 대한 추후 세무조사가 기다릴 수도 있다.)

⑤ 비거주자 중에서도 외국공관, 국제기구 및 외교관, 영사관, 국내주둔 군인 등에 대해서는 이 필증을 발행하지 않는다. ('체면이 있는 대상자로서 이들이 불법외화거래를 할 리가 없다.'는 것이다.)

빈출 문제

홍길동 씨는 지병 치료차 영국의 유명 병원을 예약하고 출국 준비를 하고 있다. 치료기간은 1주일 정도로 예상한다. 외국환은행의 치료비 지급에 대한 설명으로 옳지 않은 것은?

① 치료비는 일반해외여행경비에 속하며 지급 시 거래외국환은행을 지정할 필요가 없다.
② 병원예약관련 서류를 증빙으로 하여 당발송금 가능하다.
③ 치료관련 예약증빙 제출 시에는 당발송금만 가능하고 휴대출국할 수 없다.
④ 현지에서 본인의 신용카드로 치료비를 지급할 수 있다.

해설 치료관련 예약증빙 제출 시에는 당발송금 또는 휴대출국할 수 있다. 휴대출국 시에는 환전은행은 치료비 증빙에 근거하여 (금액무관하게) 외국환신고확인필증을 교부한다.

정답 | ③

■ 해외유학생의 유학경비

① 실무에서 유학생 경비 송금이 많이 취급되므로 자주 출제된다. 왜 규제하는가? 국부의 유출통로로 이용될 가능성이 많으므로 실수요증빙에 의한 송금이어야 한다. 그런데 학비뿐만 아니라 외국 생활비도 유학생경비로 송금되므로 소위 흙수저 유학생과 금수저 유학생의 소비패턴이 다르기 때문에 송금액을 규제하기보다는 연간송금총액 10만불 초과 시 국세청과 금융감독원에 통보제도가 있으며, 유학생 경비 명목으로 송금 후 현지에서 해외부동산을 매입하는 경우 외국환거래법 위반이다. (실무에서 종종 발생하는 위규 사항이다.)

그런데 유학생경비는 유학생 자신이 송금하는 것이 아닌 그 부 또는 모가 하는 경우가 다반사이므로 부 또는 모를 기준으로 송금할 자격이 있는가를 묻는 문항에 대비하여야 한다.

※ 해외유학생 : 다음의 어느 하나에 해당하는 자로서 외국의 교육기관·연구기관 또는 연수기관에서 6개월 이상의 기간에 걸쳐 수학하거나 학문·기술을 연구 또는 연수할 목적으로 외국에 체재하는 자.
  (1) 영주권자가 아닌 국민 또는 국내 거주기간 5년 이상인 외국인인 경우
  (2) (1)에 해당되지 않은 자로서(→ 즉, 유학생이 영주권자이거나 외국국적취득자인 경우), 유학경비를 지급하는 부 또는 모가 영주권자가 아닌 국민인 거주자인 경우

② 유학생 자격조건

1) 영주권자가 아닌 국민이어야 한다.

2) 국내거주기간이 5년 이상인 외국인이 유학하는 경우도 포함한다.

그런데 만약 유학생이 영주권을 취득하거나 아예 외국인국적인 경우에는 그 부모를 기준으로 송금가능 여부를 판단한다. 즉, 유학생의 부 또는 모가 영주권자이면 송금할 수 없다. <u>송금하는 부 또는 모는 영주권자가 아닌 국민인 거주자이어야 유학생 경비를 송금할 수 있다.</u>

(은행원의 실무 취급세칙을 봅시다.)

1. 해외유학생은 공통제출서류에서 정한 유학사실 입증서류를 첨부하여 신청하여야 하며, 신청 후에도 **매 연도별로** 외국교육기관의 장이 발급하는 재학증명서, 등록금 관련 서류 또는 직전학기성적증명서 등 재학사실을 입증하는 서류를 제출하여야 한다.

2. 해외체재자 및 해외유학생의 연간 해외여행경비 지급금액(송금액과 외국환신고(확인)필증 발행금액의 합계)이 **미화 10만불을 초과하는 경우에는 국세청장 및 금융감독원장 앞 통보**
   ※ 국세청장 통보대상 금액은 신용카드, 직불카드, 선불카드, 여행자카드를 통하여 해외에서 지급하거나 외국통화로 인출한 금액을 **포함한 금액**

3. 해외유학생으로 지정하고자 하는 자가 영주권자 또는 외국국적취득자인 경우에는 유학경비를 지급하는 **부 또는 모가 영주권자가 아닌 국민인 거주자인 경우에 한하여** 해외유학생 지정이 가능하다.
   (※ 이 규정의 의미를 잘 파악하여야 한다.)

③ <u>유학생의 부 또는 모가 영주권자가 아닌 국민인 거주자인 경우</u>

무슨 얘기인가? '유학생 자녀가 영주권자 이거나 시민권자일 경우, 송금하는 부 또는 모가 영주권자이면 유학비 명분으로 송금할 수 없다.'는 의미이다. 부모가 (해외)영주권자이면 생활비를 현지에서 벌 수 있으므로 그 현지소득으로 유학비에 충당하면 될 것이다. 영주권자가 외화를 반출하려면 유학비 명분이 아닌 '재외동포 국내재산반출규정'에 의하여 외화를 송금하여야 한다. (교재에 숨은 의미가 너무 크다.) 그리고 유학비는 유학생 본인이 부담하는 것이 아닌 대개 부 또는 모가 지급하기 때문에 이런 규정이 생겼다. 따라서 위규를 할 경우 부모가 처벌받는다. (돈은 자식이 쓰고 벌은 부모가 받는 경우이다.)

다음 중 외국환거래규정상의 유학생 경비를 지급할 수 없는 자는?

① 영주권자인 유학생의 부친이 지급하는 경우(부친은 국민인 거주자임)

② 유학생이 영주권자가 아닌 한국인인 경우

③ 국내거주기간의 5년 이상인 외국인거주자가 유학생인 경우

④ 미국시민권자인 유학생의 모친이 지급하는 경우(모친은 영주권자임)

해설 미국시민권자인 유학생의 모친이 영주권자이거나 시민권자인 경우 유학생 경비 지급불가하다. (둘 다 사실상 외국인이니 유학경비 명분으로 국부를 유출할 수 없도록 하였다.)

정답 ㅣ ④

④ 유학비 명분으로 불법 외화유출이 빈번하다. 유학비로 해외부동산을 구입하는 경우 등이다. 수험생 중에는 유학생 자녀를 가질 수도 있기에 아래 실제 사례를 살펴보면서 수험공부도 되고 실무에도 참고해 보자.

【사례 살펴보기】

(사례1)

○○은행 일산지점의 A 고객은 미국에 살고 있는 자녀에게 송금을 해주고 싶어함

세무서나 한국은행을 거치지 않아도 송금이 가능한 (무증빙)연간 미화 10만불 이내로 외국환은행에서 송금을 몇 년간 해 왔는데 증여세를 신고하지 않아도 되는지 불안한 마음이 든다. 연간 미화 10만불 이내로 증여성 해외송금을 할 경우 아무 문제가 없을까요?

(답변)

가. 거주자가 외국환거래규정에 따라 미화 1만불을 초과하여 송금하는 경우 외국환은행의 장은 지급내용을 국세청장에게 통보하여야 함

나. 국세청에서는 은행으로부터 자료를 통보받아 외화유출 혐의 및 증여 혐의 등을 분석하여 필요시 대상자에게 해명안내문을 송부하며, 관련 해명자료를 요구받은 경우 관할 세무서에 송금에 따른 관련 내용을 입증하여야 함

(사례2)

자식사랑이 극진한 B고객은 아들이 해외유학 중이므로 유학경비를 송금하고 있다. 체재비는 한도없이 송금이 가능하기 때문에 실제 유학경비보다 많이 송금하여 미국에서 페라리 자동차나 고급저택을 사용하게 하고 싶다.

(답변)

가. 사회통념상 인정되는 피부양자의 생활비 및 교육비는 증여세가 비과세되는 것이므로, 민법상 부양의무자인 부모가 생활능력이 없는 자녀의 대학등록금 및 생활비를 부담하는 경우 증여에 해당하지 아니하나, 증여세가 비과세되는 생활비 등은 필요시마다 직접 이러한 비용에 충당하여야 함

나. 자녀의 (유학)생활비 등의 명목으로 송금한 경우에도 자녀가 동 송금액으로 예적금, 주식투자, 주택 등의 매입자금 등으로 사용하는 경우에는 증여세가 비과세되는 생활비로 보지 아니 함('우리나라 국세청과 미국의 국세청은 유학생에 대한 예금 등의 현황을 상호교환한다.'는 사실에 유의해야 함).

> **(사례3)**
>
> C고객은 손자가 미국 아이비리그 대학에 합격하여 기쁜 나머지 손자의 유학경비를 대납해 주고 싶은데 유학생 체재비로 보낼 수 있다고 들었다. 손자의 유학 경비를 납부해 주면 증여세가 과세될까요?
>
> **(답변)**
>
> 가. 할아버지가 해외유학 중인 손자의 교육비 명목을 지급하는 경우, 민법상 부양의무자 사이의 생활비 또는 교육비로서 통상 필요하다고 인정되는 금품에 대하여 증여세가 부과되지 아니하나 <u>부모의 부양능력이 있음에도 할아버지가 손자를 위해 지출한 생활비 또는 교육비는 비과세되는 증여재산이 아님.</u> (좌우간 '국세청 보고사항에 대하여 추후해명자료를 요구받을 가능성이 존재한다.'는 것이다.)

평가 │ 문제

다음 중 외국환거래규정상 해외유학생에 대한 설명으로 옳은 것은?

① 유학생이 영주권자이거나 시민권자일 경우에는 유학생으로 인정하지 아니한다.

② 유학생이 시민권자이더라도 부 또는 모가 외국의 영주권자이면 유학생경비를 송금할 수 있다.

③ 국내거주기간이 5년 이상인 외국인은 유학생경비를 지급할 수 있다.

④ 6개월 이상 해외에서 체재 중인 유학생은 국민인 비거주자로 분류한다.

해설 국내거주기간이 5년 이상인 외국인은 유학생경비를 지급할 수 있다. '외국인거주자도 유학생 경비를 지급할 수 있다.'는 의미는 비록 '외국인이지만 송금액에 대한 (원화나 외화의) 자금출처를 묻지 않고 송금가능하다.'는 의미이다. 즉, 원래 외국인(외국인거주자, 비거주자)대상으로 유학생경비로 송금할 수 없지만 5년 이상 국내거주외국인에게는 일종의 특혜(?)를 준 것이다. 또한 유학생의 거주성은 2년 이상 해외체재하여야 국민인 비거주자로 분류됨에 유의한다.

정답 │ ③

■ 단체해외여행경비

여행업자는 환전 시 환율이 유리한 은행으로 옮겨갈 수 있도록 거래은행지정제에서 제외함. (당연한 것으로 보임) 따라서 과거 '지정거래은행'을 통하여 지급을 현재 '<u>외국환은행</u>'을 통하여 <u>지급으로 개정</u>

예상 │ 문제

다음 중 지정거래은행제도가 적용되지 아니한 거래는?

① 영리법인의 해외차입　　　　　　　② 개인의 해외차입

③ 단체해외여행경비의 지급　　　　　④ 거주자의 해외예금의 예치

해설 ① 영리법인의 해외차입은 지정거래외국환은행을 정하여야 한다.

② 개인의 해외차입은 금액에 무관하게 지정거래은행을 경유하여 한국은행에 신고한다.

③ 단체해외여행(연수)경비의 지급은 신고예외(확인사항)로서 '외국환은행'에서 가능하다.

④ 거주자의 해외예금은 지정거래은행을 통하여야 한다.

정답 │ ③

■ 해외이주비

1. 지정거래외국환은행으로 등록하여야 한다. 이 경우 거래외국환은행의 지정은 <u>세대주</u>, 세대주 및 세대원의 구분이 없는 경우에는 <u>이주자 중 1인</u>의 여권번호로 등록한다. 거래외국환은행 지정등록 시 제출서류로서 <u>해외이주신고확인서</u>(이주비환전용, 국내로부터 이주 또는 현지 이주하는 경우)를 징구함

2. 가족 이주로서 해외이주신고확인서 등에 명단이 있는 세대주 및 세대원에 대하여 <u>개별적으로</u> 해외이주비를 지급할 수 있음

3. 해외이주비는 외국통화, 여행자수표 등 대외지급수단으로 휴대반출할 수 있음

4. 해외이주자(현지이주 등 포함)는 관련법규에 의하여 해외이주자로 인정받은 날(아래 5.참조)로부터 **3년 이내에** 지정거래외국환은행의 장에게 신청하여 해외이주비를 지급하여야 함. 단, 해외이주자가 이주 절차 지연 상황 소명 시 3년 이내에서 대외송금 기한을 연장할 수 있다.

   → <u>해외이주신고확인서를 발급받고 1년 이내에 이주하지 아니한 경우 동 신고서는 무효이며 이주사실 확인은 여권상 출입국사실 또는 출입국관리사무소 발행 출입국사실증명원으로 확인함</u>

5. 해외이주자로 "인정받은 날"이라 함은 다음 각목의 경우를 말함

   가. 국내로부터 이주하는 자 : 외교부로부터 <u>해외이주신고확인서</u>를 발급받은 날

   나. 해외에서 현지이주하는 자 : 재외공관으로부터 해외이주신고확인서를 발급받은 날(현지 이주자는 재외공관에 해외이주신고를 한 후 <u>해외이주신고확인서</u>를 발급받아야 하며 동 확인서상의 발급일로부터 3년 이내 환전가능하며 동 확인서상의 환전가능인 앞 환전하여야 함)

6. 세대별 해외이주비 지급신청의 합계액(분할지급신청하는 경우 포함)이 미화 10만불을 초과하는 경우에는 해외이주비 <u>전체금액</u>에 대하여 이주자의 관할세무서장이 발급하는 자금출처확인서를 징구하여야 함

7. <u>해외이주자는 해외여행경비를 지급할 수 없음</u>

8. 해외이주비의 지급은 '재외동포의 국내재산반출'과 중복하여 적용할 수 없음

평가 | 문제

'해외이주비'와 '재외동포재산반출' 규정의 비교에 대한 설명으로 옳지 않은 것은?

① 재외동포의 재산반출은 세대별 합계이지만 해외이주비는 본인명의로 관리한다.

② 해외이주비와 재외동포재산반출은 중복하여 적용할 수 없다.

③ 송금이나 휴대반출이 공통적으로 가능하다.

④ 건당 1만불 초과지급 시 공통적으로 국세청, 관세청, 금융감독원에 통보된다.

해설 재외동포의 재산반출은 본인명의이지만 해외이주비는 세대별 합계로 관리한다.

정답 | ①

■ 재외동포 재산반출

※ 재외동포의 재산반출에 대하여 최근 공문 등으로 감독기관이 취급상 주의를 경고하고 있다.

1. 지정거래외국환은행으로 등록하여야 한다.

2. 재외동포의 국내재산반출대상 (◀ 출제된 내용임)

　가. 부동산 처분대금(부동산을 매각하여 금융자산으로 보유하고 있는 경우를 포함함)

　나. 부동산 처분대금 이외의 국내재산

　　① 국내예금 · 신탁계정관련 원리금, 증권매각대금

　　② 본인명의 예금 또는 부동산을 담보로 하여 외국환은행으로부터 취득한 원화대출금

　　③ 본인명의 부동산의 임대보증금

　　④ 국내에서의 고용, 근무에 따른 국내보수 또는 자유업 영위에 따른 소득 및 국내로부터 지급받은 사회보험 및 보장급부 등

3. 외국국적을 취득한 자의 외국국적취득확인서류는 당해 취득국가(한국대사관, 영사관 포함) 관공서에서 확인한 국적취득확인서, 국적 취득국에서 발행한 여권(출생지는 대한민국) 또는 가족관계등록 폐쇄로 인한 폐쇄등록부 등으로 가능하다.

4. 영주권 또는 이에 준하는 자격취득확인서류는 한국대사관이나 영사관 등 대한민국 관공서가 발행한 영주권취득확인서 등에 의하거나, 영주사실을 확인할 수 있는 VISA사본, 영주권사본 등으로 가능하다.

5. 본 항목에 의한 반출대상 재산중 부동산처분대금은 부동산매각자금확인서 신청일 현재 부동산처분일로부터 **5년이 경과하지 아니한(◀ 출제지문)** 본인명의 부동산에 한하며 부동산을 매각(해외이주 전에 매각한 경우 포함)하여 금융자산으로 보유하고 있는 경우도 포함하되 반출금액은 당초 부동산 매각대금에 한한다.

6. 이 절에 의한 신청을 한 자는 신청금액을 지정거래외국환은행을 통하여 지급하여야 하며, 해외이주자계정에 예치하는 경우에는 담보활용이 가능하다.

7. 재외동포의 국내재산은 외국통화, 여행자수표 등 대외지급수단으로 휴대반출할 수 있다.

8. 재외동포 중 외국국적을 취득한 비거주자의 국내재산반출로서 **부동산 취득시점이 외국국적 취득 시점 이후인 경우에는 제9장 제5절(비거주자의 국외부동산 취득)의 지침에 따른 신고등의 절차이행 여부를 확인하여야 한다. (◀ 출제지문)** (단, 거주자로부터 상속 · 유증에 의하여 국내부동산을 취득한 경우의 매각대금 지급은 본 절의 지침을 적용함)

【재외동포재산반출 관련한 금전대차 실무 사례】

(거래형태)
재외동포가 국내 금융회사에 보유 중인 금융자산을 인출하여 금전대차 명목으로 국내 거주자인 지인이나 인척 등에게 송금

(유의사항)
거주자가 비거주자(재외동포)로부터 외화/원화를 차입하는 경우, 외국환은행 또는 한국은행에 신고하여야 한다.
→ (외화차입) 차입자(거주자)가 영리법인인 경우 외국환은행에 신고, 차입자가 개인 또는 비영리법인인 경우에는 한국은행에 신고하여야 한다.
→ (원화차입) 차입자(거주자)가 외국환은행에 신고(단, 최근 1년간의 누적차입금액이 10억원 초과 시 기획재정부에 신고한다.

(결론)

재외동포가 국내금융계좌에서 자금을 인출하여 국내 거주자에게 송금하고자하는 경우 외국환은행은 그 사유를 문의하고, 거주자에게 외화/원화를 대여하는 것으로 확인된 경우 거주자와 비거주자 간의 금전대차 신고의무를 안내하여야 한다.

① 해외이주비와 재외동포재산반출은 부동산매각자금 등의 거액이 유출되기 때문에 업무취급에 유의하여야 한다.

② 해외이주비 요점 : 본인 출국은 해외이주신고확인서 발급일로부터 1년 이내에 몸소 출국(이주)하여야 한다. 하지만 몸은 나가도 해외이주비는 해외이주신고확인서 발급일로부터 3년 이내 대외 지급 가능하다. (일단 현지에 가서 살아보고 향수병이 생기면 이민을 취소할 가능성이 있기에 지급시한은 3년으로 좀 길게 주었다. 해외이주자의 변심을 기다려서 국부의 유출을 최대한 막아보자는 취지)

③ 재외동포의 국내재산반출대상('본인명의'임에 유의)

> 가. 부동산 처분대금(부동산을 매각하여 금융자산으로 보유하고 있는 경우를 포함)
> 나. 부동산 처분대금 이외의 국내재산
> ① 본인명의 국내예금ㆍ신탁계정관련 원리금, 증권매각대금
> ② 본인명의 예금 또는 부동산을 담보로 하여 외국환은행으로부터 취득한 원화대출금
> ③ 본인명의 부동산의 임대보증금
> ④ 국내에서의 고용, 근무에 따른 국내보수 또는 자유업 영위에 따른 소득 및 국내로부터 지급받은 사회보험 및 보장급부 등

④ 출제포인트 : 그러나 교재에 언급대로 부동산의 소유권 취득시점이 외국국적 취득시점 이후인 경우(교포가 국적을 변경한 외국인인 경우)에는 재외동포재산반출 규정이 아닌 자본거래인 외국인의 국내 부동산의 취득 및 처분규정에 의하여 매각대금을 송금하여야 한다.

내용파악 문제

미국시민권자인 홍길순 씨(1995년에 미국국적 취득)는 2010년 4월에 5억원 상당의 경기도 소재 상가를 미국에서 송금한 자금으로 전액 구입하여 임대운영하다가 2019년에 동 상가를 처분하고 동 처분대금을 미국으로 송금하려고 한다. 송금절차 등의 설명으로 옳은 것은?

① 재외동포 국내재산반출규정에 의하여 송금하여야 한다.
② 홍길순 씨는 2010년 부동산 취득 시 한국은행에 신고하여야 한다.
③ 만약 2010년에 부동산 취득신고를 하지 않았다면 처분대금을 송금 전에 한국은행에 신고하여 대외지급수단매매신고필증에 의하여 송금할 수 있다.
④ 처분대금은 당발송금하여야 하며 휴대반출할 수 없다.

해설 ① 재외동포라 하더라도 외국국적 취득시점 이후에 취득한 국내부동산을 매각하여 해외로 송금하고자 하는 경우에는 '재외동포 국내재산반출 규정(규정 제4-7조)'을 적용할 수 없다. 이 경우는 '비거주자의 국내부동산 취득(규정 제9-42조)'에 해당하므로 취득시점에 외국환은행에 신고하여야 한다.

② 홍길순 씨는 2010년 부동산 취득 시 외국환은행에 신고하여야 한다.

④ 처분대금은 당발송금 또는 휴대반출할 수 있다. 외국환은행은 1만불 초과 휴대반출 시 외국환신고(확인)필증을 발급해 주어야 한다.

정답 | ③

┃출제 포인트┃ 위규사례로 보는 학습

(1) 1996년에 미국국적을 취득한 임꺽정 씨는 2001년 4월 20만 달러를 국내로 송금하여 2억원 상당의 서울 소재 아파트를 구입하여 임대 운영하였다.

(2) 2003년 10월에 동 아파트를 처분 후 처분대금을 미국으로 전액 송금하려고 했으나 부동산 취득시점에 미신고한 사실을 뒤늦게 인지하였다. (원래 취득시점에 외국환은행에 신고했어야 함)

(3) 재외동포가 외국국적 취득시점 이후에 취득한 부동산을 매각하여 해외송금하고자 하는 경우에는 **재외동포 재산반출(규정 제4-7조) 절차에 따른 외화송금을 할 수 없음. 비거주자의 국내부동산 취득(규정 제9-39조 이하)에 해당하므로, 취득시점에 외국환은행의 장 또는 한국은행 신고절차를 이행하지 않았으면 제재기관의 행정처분 이후에 해외송금이 가능하다.** 즉, 취득당시에 휴대자금 또는 외국으로부터의 송금된 자금으로 부동산을 구입할 경우에는 외국환은행신고(지정거래은행이 아님에 유의)사항이며, 그 외(일부 담보대출을 받는다던지 국내 주식투자자금을 부동산투자로 전환)의 경우에는 한국은행신고사항이다.

(4) 외환담당자는 재외동포 재산반출 신청을 받는 경우 신청인의 외국국적 취득시점을 확인하여야 함. 그러나 조상 땅 찾기 운동으로 상속을 받는 경우에는 (외국국적 취득시점 이전의 권리이므로) 이 규정(재외동포 국내재산반출절차)이 적용된다.

【국세청장, 관세청장, 금융감독원장 앞 통보】

① 외화의 지급과 영수 중 "지급"에 대한 조항이다. 자주 출제되는 것이지만 시험장에서 다시 한 번 더 볼 필요가 있으며, 문제집을 풀면서 익혀야 한다.

② 기본서 연습문제를 반드시 풀어보자.

③ 매 회 출제가 되지만 오답율도 높은 편이므로 시험 당일 날 다시 점검한다.

④ 예를 들어 여러분이 해외여행이 너무 잦을 경우(신용카드해외사용, 인천공항 환전 등이 연간 1만불 초과 시) **국세청 통보**되어 (도대체 얼마나 벌기에 빈번히 해외여행가는지) 여러분의 소득에 대한 조사를 하기도 하고, **관세청에 통보**되어 인천공항 입국 시 휴대품 조사가 강화될 수도 있다. 여러분이 **해외이주**를 하려고 할 경우에는 국세청, 관세청은 물론 **추가로 금융감독원에까지 통보된다.**

(1) 국세청장에 대한 통보

다음 각호의 1에 해당하는 지급 또는 영수의 경우에는 매월별로 익월 10일 이내에 지급 또는 영수 내용을 국세청장에게 통보하여야 함(정부 또는 지방자치단체의 지급 또는 영수의 경우에는 제외)

① 건당 미화 5천불을 초과하는 거주자의 신고를 필요로 하지 않는 거래로서, 지급증빙서류를 제출하지 아니하는 지급금액이 지급인별로 연간 미화 1만불을 초과하는 경우

② 해외예금 목적의 송금액이 지급인별로 연간 미화 1만불을 초과하는 경우

③ 해외유학생 및 해외체재자의 해외여행경비 지급금액이 연간 미화 10만불을 초과하는 경우

☞ 신용카드(여행자카드 포함) 등으로 현지에서 지급하거나 외국통화로 인출한 실적을 포함한 연간 지급금액이 미화 10만불을 초과하는 경우임

④ "①" 내지 "③"을 제외하고 건당 미화 1만불을 초과하는 금액을 외국환은행을 통하여 지급 및 영수 (송금수표에 의한 지급 및 영수 포함)하는 경우

⑤ 규정에 따른 신고를 필요로 하지 않는 영수로서, 영수인별로 연간 미화 1만불을 초과하는 경우

(2) 관세청장에 대한 통보

다음 각호의 1에 해당하는 지급등의 내용을 매월별로 익월 10일까지 관세청장에게 통보하여야 함(정부 또는 지방자치단체의 지급의 경우에는 제외)

① 수출입대금의 지급 또는 영수

② 외국환은행을 통한 용역대가 지급 또는 영수

③ 건당 미화 5천불을 초과하는 거주자의 신고를 필요로 하지 않는 거래로서, 지급증빙서류를 제출하지 아니하는 지급

④ 건당 미화 1만불을 초과하는 해외이주비의 지급

⑤ "①" 내지 "④"를 제외하고 건당 미화 1만불을 초과하는 금액을 외국환은행을 통하여 지급(송금수표 에 의한 지급 포함) 및 영수하는 경우

⑥ 규정에 따른 신고를 필요로 하지 않는 영수로서, 영수인별로 연간 미화 1만불을 초과하는 경우

(3) 금융감독원장에 대한 통보

다음 각호의 1에 해당하는 지급등의 경우에는 매월별로 익월 10일 이내에 지급 등의 내용을 금융감독 원장에게 통보하여야 함(정부 또는 지방자치단체의 지급의 경우에는 제외)

① 건당 미화 5천불 초과하는 거주자의 신고를 필요로 하지 않는 거래로서, 지급증빙서류를 제출하지 아니하는 지급 및 해외예금 목적의 송금액이 지급인별로 연간 미화 1만불을 초과하는 경우

② 해외유학생 및 해외체재자의 해외여행경비 지급금액이 연간 미화 10만불을 초과하는 경우

③ "①" 및 "②"를 제외하고 건당 미화 1만불을 초과하는 금액을 외국환은행을 통하여 지급등(송금수표 에 의한 지급 포함)을 하는 경우

빈출 문제

국세청과 금융감독원 앞으로 동시에 통보되지 않는 지급거래는?

① 해외유학경비   ② 해외이주비

③ 일반해외여행경비 환전   ④ 증빙서류 미제출 송금

해설 ① 해외유학경비는 연간 10만불 초과 시 국세청과 금융감독원에 통보된다.
② 해외이주비는 국세청 · 관세청 · 금융감독원에 통보된다.
③ 일반해외여행경비 환전은 1만불 초과 시 국세청과 관세청에 통보된다.

④ 증빙서류 미제출 송금은 (건당 5천불 초과의 합계가) 누적 1만불 초과 시 국세청·금융감독원에 통보된다. 관세청에는 누적이 아닌 미제출 건당 5천불 초과는 모두 통보된다.
→ 일반해외여행경비 환전은 국세청과 관세청에 통보된다. (빈번한 해외여행에 대한 본인소득의 조사를 위한 국세청 통보와, 빈번한 해외출입국상의 요주의(?) 대상자 관리를 위한 관세청 통보이다.)

정답 | ③

【지급등의 방법】

■ 상계

① 지급등에서 지급이란 국부의 유출을 의미한다. 공부량이 많이 필요한 부분으로 매회 2문항 이상 출제된다. 일부 암기가 필요한 분야이다.

② 우선 '상계'이다. 매우 실무적으로 출제된다.

최근 개정되어서 상계는 외국환은행 신고 또는 (상계처리 후 1개월 이내) 사후보고이다. 예를 들어 상계 중 다자간 상계는 한국은행 신고사항이다. 예를 들어, "마이크로소프트사 한국지사는 일본지사로부터 금전을 차입을 하였다. 그 후 한국지사는 중국지사에 물품을 수출하고 그 수출대금은 차입금상환을 위하여 일본지사가 직접 받기로 하였다. 이때 한국지사는 어디에 신고하는가?"라고 출제된다. '다자간 상계'이므로 한국은행 신고사항이다.

【대외무역관리규정 제2조(정의)】
6. "위탁가공무역"이란 가공임을 지급하는 조건으로 외국에서 가공(제조, 조립, 재생, 개조를 포함한다.) 할 원료의 전부 또는 일부를 거래 상대방에게 수출하거나 외국에서 조달하여 이를 가공한 후 가공물품 등을 수입하거나 외국으로 인도하는 수출입을 말한다.
7. "수탁가공무역"이란 가득액을 영수(領收)하기 위하여 원자재의 전부 또는 일부를 거래 상대방의 위탁에 의하여 수입하여 이를 가공 한 후 위탁자 또는 그가 지정하는 자에게 가공물품등을 수출하는 수출입을 말한다.
10. "연계무역"이란 물물교환(Barter Trade), 구상무역(Compensation trade), 대응구매(Counter purchase), 제품환매(Buy Back) 등의 형태에 의하여 수출·수입이 연계되어 이루어지는 수출입을 말한다.
11. "중계무역"이란 수출할 것을 목적으로 물품등을 수입하여 보세구역외 장치의 허가를 받은 장소 또는 자유무역지역 이외의 **국내에 반입하지 아니하고** 수출하는 수출입을 말한다.

| 빈출 | 문제 |

무역거래대금의 상계처리 시 신고대상에 해당하는 것은?

① 위탁가공무역
② 수탁가공무역
③ 중계무역
④ 연계무역

해설 중계무역을 제외한 나머지는 모두 신고예외이다. 참고로 우리나라의 국제수지표에 '중계무역'의 비중이 커져감을 알 수 있다. 당연히 신고하여 통계에 도움이 되어야 한다. 기출에서 '중계무역'에 대한 지문이 상당히 많이 보인다.

정답 | ③

■ 기재부장관이 정하는 기간을 초과하는 지급등(무역거래 제한사항)

(1) '기재부가 정한 기간 초과하는 지급등'의 경우 수출입을 하였으면 당연히 '대금을 제때에 회수(지급)해야' 하는데 장기간 외상매출(매입)로 하여 외화유출입을 부당하게 연장시키는 것을 금지시킨 것이다. (국내 모기업과 해외 자회사 간의 불법가공거래로 자금융통사례를 방지) 그러나 이런 거래가 진짜로 필요한 거래라면 한국은행에 사전신고하고 거래하라는 의미이다.

(2) 규정 제5-8조(신고 등) ① 다음 각호의 1에 해당하는 방법으로 지급등을 하고자 하는 자는 한국은행총재에게 신고하여야 한다.

  1. 계약건당 미화 5만불을 초과하는 수출대금을 다음에 해당하는 방법으로 수령하고자 하는 경우

    가. 본 지사 간의 수출거래로서 무신용장 인수인도조건방식 또는 외상수출채권매입방식에 의하여 결제기간이 물품의 선적 후 또는 수출환어음의 일람 후 3년을 초과하는 경우

    나. 본 지사 간의 수출거래로서 수출대금을 물품의 선적 전에 수령하고자 하는 경우

    다. 본 지사 간이 아닌 수출거래로서 수출대금을 물품의 선적 전 1년을 초과하여 수령하고자 하는 경우. 다만, 선박, 철도차량, 항공기, 「**대외무역법**」에 의한 산업설비의 경우는 제외한다.

  2. 다음에 해당하는 방법으로 수입대금을 지급하고자 하는 경우

    가. 계약건당 미화 5만불을 초과하는 미가공 재수출할 목적으로 금을 수입하는 경우로서 수입대금을 선적서류 또는 물품의 수령일부터 30일을 초과하여 지급하거나 내수용으로 30일을 초과하여 연지급수입한 금을 미가공 재수출하고자 하는 경우

    나. 계약건당 미화 2만불을 초과하는 수입대금을 선적서류 또는 물품의 수령 전 1년을 초과하여 송금방식에 의하여 지급하고자 하는 경우. 다만, 선박, 철도차량, 항공기, 「**대외무역법**」에 따른 산업설비에 대한 미화 5백만불 이내의 수입대금을 지급하는 경우는 제외한다.

(기출지문 사례) 대응수출입이행의무

㈜한국무역은 인도네시아 법인A와 수입대금명목으로 200만 달러를 송금하였으나, 동 무역거래와 관련된 실질 수입실적이 없었고, 동 자금은 ㈜한국무역의 실소유자가 해외에서 개인적으로 사용하기 위해 반출한 것임.

→ 외국환거래법령상 경상거래의 경우 신고의무가 없고, Invoice 등을 통해 사전송금과 수령 등이 용이한 점을 이용하여 불법 반출할 가능성이 높으므로, 대응수출/수입이행에 대한 확인을 철저하게 하여야 한다.

규정 제5-9조(대응수출입 이행의무) ① 건당 미화 5만불을 초과하는 수출대금을 물품의 선적 전에 수령한 자는 동 대금을 반환하거나 대응수출을 이행하여야 한다.
② 선적서류 또는 물품의 수령 전에 송금방식에 의하여 건당 미화 2만불을 초과하는 수입대금을 지급한 자는 동 대금을 반환받거나 대응수입을 이행하여야 한다.

빈출 **문제**

거주자가 수출입대금의 지급등을 하고자 하는 경우에는 원칙적으로 신고를 요하지 아니하지만 기재부장관이 정하는 기간을 초과하는 방법으로 지급등을 하는 경우 한국은행총재에게 신고하여야 한다. 이에 해당하지 아니한 것은? (계약건당 수출대금은 모두 5만불 초과를 가정한다.)

① 본지사 간의 수출거래로서 D/A방식에 의한 물품의 선적 후 3년을 초과하는 경우
② 본지사 간의 수출거래로서 O/A방식에 의한 결제기간이 선적 후 3년을 초과하는 경우
③ 본지사 간의 수출거래로서 수출대금을 물품의 선적 전에 수령하고자 하는 경우
④ 본지사 간이 아닌 수출거래로서 수출대금을 물품의 선적 전에 수령하고자 하는 경우

해설 계약건당 본지사 간이 아닌 수출거래로서 수출대금을 물품의 선적 전 1년을 초과하여 수령하고자 하는 경우이다. 이는 국가 신인도에 악영향을 미치기 때문에 규제하는 내용이다. 대금을 받은 지 1년을 넘게 수출물품을 선적하지 않는다는 것은 정상적인 무역거래가 아닐 것이다.

정답 | ④

■ 제3자 지급등

① 제3자 지급등은 자금세탁 등의 범죄행위에 연루가능성이 높기 때문에 규제한다. 여러분이 어떤 회사로부터 물품을 매입하고 지불대금을 회사계좌가 아닌 사장님 개인계좌에 입금해 달라면 정상적인 지급이라고 볼 수 없을 것이다. (제3자 지급) 신고예외, 외국환은행신고, 한국은행 신고의 구분은 쉽게 구분할 수 있다. 신고예외와 외국환은행 신고를 제외하고는 모두 한국은행 신고이다. 대체로 제3자 지급은 규제하지만 제3자 영수는 국부의 유입이므로 신고예외이다.

빈출 **문제**

제3자 지급등의 방법 중 신고예외가 아닌 것은?

① 거주자인 당사자가 비거주자인 제3자로부터 영수하는 경우
② 제3자인 거주자가 비거주자인 당사자로부터 영수하는 경우
③ 거주자인 당사자가 비거주자 간 권리양수한 제3자에게 지급하는 경우
④ 제3자인 거주자가 비거주자인 당사자에게 지급하는 경우

해설 제3자인 거주자가 비거주자인 당사자에게 지급하는 경우(1만불 초과 시) 한국은행에 신고하여야 한다. 영수인 경우에는 국부유출이 아니므로 신고예외이다.

정답 | ④

다음은 '제3자 지급등'에 관한 설명이다. 한국은행총재 신고사항을 모두 고르면?

> 가. 국내기업 A사는 미국기업 B사로부터 미화 10만불 상당의 물품을 수입하고, 계약서에 명시된 계좌 명의인 현지 중국기업 C사 앞으로 물품대금을 송금하고자 한다.
>
> 나. 한국인 기러기 아빠 홍길동이 주거용 해외부동산 취득대금을 매도인 Mr. Thomato가 아닌 현지의 부동산중개업자에게 송금하고자 한다.
>
> 다. 국내 개인 법무사가 중국본토 투자자에게 제주도 토지구매에 대한 시장정보를 제공하고 계약서에 명시된 대로 홍콩의 에이전트로부터 용역 대금을 수령하고자 한다.

① 가
③ 나, 다

② 가, 나
④ 가, 나, 다

해설 신고예외 및 외국환은행 신고대상을 제외한 제3자 지급등은 모두 한국은행총재 신고 사항이다. '가'의 경우 통상적인 무역거래(경상거래)이지만 물품인도자와 물품대금 수취인이 달라 제3자 지급(수령이 아닌 지급임에 유의)에 해당하므로 한국은행에 사전신고하여야 한다. 대금수취인이 계약서에 명시되더라도 세관 입장에서는 B/L상 물품(goods)의 수출상 명칭만 나타나므로 국내기업 A사는 추후 세관의 cross check에 대비하여 한국은행신고로 대응한다. 해외부동산취득 자금을 부동산 중개인에게 지급하는 경우는 매도인에게 직접 지급보다는 해외 부동산중개인(또는 신고인의 현지 거주하는 배우자)에게 송금하여 중개인이 등기이전 등을 확인 후 매도인에게 지급하게 할 수 있다. (신고예외) 법무사의 용역제공은 경상거래로서 통상적인 경상거래상의 용역거래이며, 또한 제3자 지급이 아닌 제3자 <u>수령이므로</u>(국부의 유입이므로) 신고예외이다.

정답 | ①

■ 외국환은행을 통하지 아니하는 지급등의 방법

'신고예외' 지급대상	'외국환은행의 통하지 아니하는 지급등의 방법' 내용
물품의 매매	해외여행 중 여객기 내에서 면세품을 구매하고 직접 통화로 지급하는 경우
여행경비등의 지급	해외여행자(여행업자 및 교육기관 포함) 또는 해외이주자가 환전휴대수출하는 경우
인정된 거래	거주자가 인정된 거래에 따른 지급을 위한 송금수표, 우편환 또는 유네스코 쿠폰으로 지급
지급절차 거친 후 외국환신고확인필증 소지 휴대출국	수리비(검사비)를 직접휴대출국, 외국항로 운항경비 직접지급, 영화·음반·방송물 및 광고물 제작비의 직접지급, 스포츠 등 입상자의 상금의 직접지급, 외국인 보수등의 직접지급, 원양어업자의 어로경비 등 직접지급

외국환의 지급등은 거래흔적을 남기기 위하여 '<u>외국환은행을 통하여야</u>' 하는 것이 기본이다. 그러나 현실적인 상황을 고려하여 예외를 두고 있다. (국내도 물품매매 시 카드거래가 아닌 무증빙 현금거래를 선호하는 업자들의 탈세염려가 있지 않은가?) 여러분이 해외여행 갈 경우 해외쇼핑대금결제를 일일이 은행을 통한 거래를 한다고 생각해보면 얼마나 번잡스럽고 귀찮겠는가? 물론 카드거래는 은행을 통하는 거래의 변형이라고 볼 수 있다. 그러나 무역거래(비무역거래, 해외부동산과 해외직접투자거래 포함) 등의 대금지급을 은행을 통하지 아니한 방식(영수는 유입이므로 규제하지 않으나 지급은 유출이므로 규제한다)으로 한다는 자체가 오해를 가져올 수 있기 때문에 <u>한국은행 신고사항으로 하고 있다.</u>

다음 중 '외국환은행을 통하지 아니하는 지급등의 방법'에 대하여 신고예외거래가 아닌 것은? (단, 모든 거래는 미화 1만불 초과로 가정한다.)

① 외국항로취항 여객기 내에서 승객이 승무원으로부터 물품을 구입하고 대금을 직접 지급하는 경우
② 수입물품대금을 휴대반출하여 외국에서 직접 지급하는 경우
③ 거주자가 본인명의 신용카드로 해외에서 여행경비를 지급하는 경우
④ 해외에서 영화제작을 위한 제작비를 휴대출국하는 경우

해설 무역거래는 원칙적으로 은행을 통한 거래이어야 한다. (1만불 초과)수입물품대금을 휴대반출하여 외국에서 직접 지급하는 경우에는 한국은행에 신고한다. 즉, 은행을 통한 당발송금결제가 아니므로 수입업자는 한국은행 신고에 의한 신고필증을 은행에 제시하여 환전하고, 은행에서 외국환신고(확인)필증도 교부받아서 출국하여야 한다. 해외에서 영화제작을 위한 제작비를 외국통화로 환전하는 경우도 (제작사가 제작비 쓰는 것을 신고는 할 필요가 없지만) 은행은 환전금액이 표시된 외국환(신고)확인필증을 교부해 주어야 무사히 인천국제공항을 빠져나갈 수 있다. 오지에서 현지 영화제작 시에는 현지에 금융기관이 없어서 송금을 받을 수 없기에 현금소지출국(휴대수출이란 표현 사용)하는 경우가 많다. 물론 신고하는 것과 외국환신고(확인)필증을 교부받는 것은 별개 사항이다.

정답 Ⅰ ②

우리나라 수입업자가 수입대금결제를 위하여 은행에서 환전한 외화(약 2만불)를 휴대출국하고자 할 때 신고사항은?

① 무역거래이므로 신고예외이다.　② 지정거래 외국환은행에 신고한다.
③ 한국은행에 신고한다.　④ 관세청(세관)에 신고한다.

해설 한국은행에 신고한다. 무역거래는 원칙적으로 은행을 통한 거래이어야 한다. 따라서 (은행을 통한 송금결제가 아니므로) 수입업자는 한국은행 신고필증을 은행에 제시하여 외화현찰로 환전하고, 외국환신고(확인)필증을 교부받아서 출국하여야 한다.

정답 Ⅰ ③

■ 지급 등의 방법 신고 등의 비교

구분	상계	상호계산	무역거래 제한	제3자 거래	은행을 통하지 않는 거래
신고예외	○	×	○	○	○
외국환은행 신고	○ (1개월 내 사후보고)	○	×	○	×
한국은행신고	○(다자간상계)	×	○	○(1만불 초과 시)	○

지금까지 학습한 '지급등의 방법'에 대한 내용을 참고하여 상기 도표의 성격을 암기하여야 한다.

【지급수단등의 수출입】

① 외국환거래법령상 관세청이 관여하는 '특별조항'이다. 관세청은 관세선을 통과하는 '물품(goods)'의 수출입을 관리한다. 그러나 휴대한 지급수단(통화나 증권 등)이 '물품'은 아니지만 반출입 시 관리가 필요할 것이다.

관할 세관장의 신고등에 대한 설명으로 옳지 않은 것은?

① 거주자 또는 비거주자가 미화 1만불 초과 지급수단을 휴대수입하는 경우 세관에 신고하여야 한다.

② 국민인거주자가 미화 1만불 초과 지급수단을 일반해외여행경비로 휴대수출하는 경우 세관에 신고하여야 한다.

③ 외국인거주자와 비거주자의 국내보수로 미화 1만불 상당 초과의 원화현찰을 휴대수출할 수 있다.

④ 미화 1만불 초과 해외이주비의 휴대출국 시 지정거래은행의 외국환 신고(확인)필증이 필요하다.

해설 외국인거주자와 비거주자가 미화 1만불 초과의 원화현찰을 휴대수출을 할 수 없다. 우리나라 통화가 아직 국제화가 되지 않은 상황에서 휴대출국 자체가 불법이다. 외국인이 내국통화를 과다하게 유출시키는 것을 용인하지 아니한다.
외국인의 경우 미화 1만불 초과 휴대출국 시 은행에서 발행해준 외국환신고(확인)필증을 소지하여 휴대수출이 가능하다.

정답 | ③

다음 중 '지급수단등'의 수출입의 대상에 해당되지 않는 것은?

① 내국통화　　　　　　　　　② 여행자수표

③ 외화증권　　　　　　　　　④ 금

해설 '지급수단등'의 수출입에 대한 규정은 관세청이 관여되는 특별한 조항이다. 금은 지급수단이 아닌 귀금속으로 별도 분류되며 세관통관 시 '지급수단등'이 아니다. 즉 1만불 초과여부 계산 시 금을 환산하지 않는다. (금은 밀수와 관련되므로 외국환거래법이 아닌 관세법등에서 따로 규제한다.)
(추가하여) '외화채권'(받을 권리)도 지급수단등의 수출입의 대상이 아니다. 외화채권은 권리이므로 이를 들고 세관을 통관할 일이 없지 않은가? 시험에서 출제된 적이 있다.

정답 | ④

【외국환신고(확인)필증 발행 및 교부대상】

① 외국환은행의 외국환신고(확인)필증 발행 교부대상은 은행실무자가 빈번히 접하는 내용이다. 실무에 종사할 수험생은 교재에 실린 실제 양식(외국환은행의 외국환신고(확인)필증)도 한번 보고 익혀야 한다.

② 은행실무자 입장에서 상당히 중요한 내용이다. 왜냐하면 고객의 거주성에 따라 또는 환전용도에 따라 외국환은행의 **외국환신고(확인)필증을 발급해야 할 경우와 발급해서는 안 될 경우가 있으므로** 이 제도의 취지를 이해하는 것이 중요하다. 예를 들어 순수한 해외여행목적의 거주자의 환전 시 필증을 교부할 필요가 없으며 오히려 여행자가 스스로 세관(인천공항 검색대를 통과하기 전에)에 "신고(미화 1만불 초과시)"하여 세관장으로부터 외국환 "신고"(확인)필증을 교부받고 출국해야한다.

③ '일반해외여행경비'와 '외국환은행을 통하지 아니하는 지급등의 방법'과 관련하여 이 필증의 교부대상에 대하여 다시 살펴보자. 아래 표는 외화금액크기에 무관하게 은행에서 발급되어야 한다.

- **(1만불 여부의) 금액에 관계없이 발급 '외국환신고(확인)필증' 발급사유**

  (1) 실수요증빙서류의 여행경비(치료비, 교육관련경비, 주무부장관·한국무역협회장 추천 금액)
  (2) 영화, 음반, 방송물 및 광고물 제작 관련 경비
  (3) 스포츠경기, 현상광고, 국제학술대회 등과 관련한 상금(※ 규정 개정 내용)
  (4) 항공 또는 선박회사의 운항경비
  (5) 원양어업자가 상대국 감독관 등에게 지급할 경비
  (6) 대외무역관리규정에서 정한 물품(수출입승인 면제품)에 대한 검사·수리비
  (7) 해운대리점·선박관리업자가 비거주자인 선주를 대신하여 지급하는 해상운항경비

빈출 문제

외국환은행의 외국환신고(확인)필증 교부대상이 아닌 것은?

① 재외동포의 1만불 초과 재산반출 휴대출국을 위한 환전 시
② 일반 해외여행경비 환전 시
③ 대외계정에서 1만불 초과 외화인출 시
④ 증빙이 있는 해외치료비의 휴대출국을 위한 환전 시

해설 정답 이외의 사안에 대하여 왜 교부해야 하는지 그 이유를 잘 생각해야 한다.

정답 | ②

【예금신탁계약에 따른 자본거래】

① 최근 외화예금이 일반화되어서 실무자가 반드시 이해하여야 할 부분이므로 출제가 빈번하다. 외화계정은 물론 외국인의 원화예금인 '비거주자원화계정'과 '비거주자자유원계정'의 차이점을 파악하여야 한다. 특히 대외계정의 예치는 사실상 국부의 유출이므로 실무상 주의를 요하므로 자주 출제된다.

【외화예금 개설가능자】

거주자계정	대외계정	해외이주자계정
1. 국민인거주자 2. 내국법인거주자 3. 외국법인거주자 4. 국내외국인개인사업자	1. 국민인비거주자 2. 외국인거주자 3. 외국인비거주자 4. 외국소재법인 5. 대한민국정부의 재외공관 근무자 및 그 동거가족	1. 해외이주(예정)자 2. 재외동포

(세칙)제2-6조(계정별 예금의 종류) ① 「규정」에 따른 계정별 예금의 종류는 다음 각호의 구분에 따른다.

1. 대외계정 : 당좌예금, 보통예금, 통지예금, 정기예금, 정기적금
2. 거주자계정 : 당좌예금, 보통예금, 통지예금, 정기예금, 정기적금
3. 해외이주자계정 : 당좌예금, 보통예금, 통지예금, 정기예금

4. 비거주자 원화계정 : 당좌예금, 보통예금, 정기예금, 저축예금, 기업자유예금. **다만, 투자전용 비거주자 원화계정은 당좌예금 및 보통예금에 한함**

5. 비거주자 자유원계정 : 당좌예금, 보통예금, 정기예금, 저축예금, 기업자유예금

6. 계정의 구분이 명확하지 않은 경우 : 별단예금

② 제1항 제4호에도 불구하고「영」제10조 제2항 제1호(국내의 외국공관과 국제기구), 제2호(국내주둔외국군대 등) 및 제6호(외교관 등)에 해당하는 자와 국민인 비거주자(국내에서 사용하기 위한 경우에 한함)가 개설할 수 있는 예금의 종류는 개설은행의 다른 원화예금의 종류와 동일하다. 다만, 양도성 예금증서는 제외한다.

실 전 문 제

캐나다 영주권자인 어머니가 한국에 거주하는 딸의 집을 한 달 정도 방문목적으로 국내에 입국한 후 국내외국환은행에서 개설 가능한 외화통장과 원화통장을 모두 고르면?

(가) 거주자계정	(나) 대외계정
(다) 비거주자 원화계정	(라) 비거주자 자유원계정

① (가), (나), (다)　　　　　　　　　　② (나), (다), (라)

③ (나), (다)　　　　　　　　　　　　④ (다), (라)

해설 (나), (다), (라)의 3가지를 개설할 수 있다. 즉 캐나다에서 타발송금된 외화를 대외계정에 입금할 수 있으며, 다시 대외계정 → 비거주자 원화계정으로 이체하여 국내인출소비가 가능하다. 또한 어머니는 국민인 비거주자이므로 개설할 수 있는 예금과목(보통예금, 당좌예금, 정기예금 등을 말함)의 제한 없이 예치할 수 있도록 우대한다(국내에서 사용하기 위한 경우에 한함). 단, 양도성예금증서거래는 할 수 없다(실무내용이므로 강사가 토마토패스 동영상에서 추가내용을 설명함).

정답 | ②

① 은행원이 계정을 잘못 이해하고 고객의 외화예금이나 비거주자의 원화예금에 대한 예치업무와 인출업무를 할 경우 국부유출로 이어지기 때문에 특히 계정과목별 예치와 인출에 대한 외국환거래법의 취지를 이해하여야 한다.

② 예치와 처분은 오히려 현역 실무자들이 찬찬히 살펴볼 내용이기도 하다. 실무자들은 외국환거래업무 취급지침(은행연합회의 홈페이지에서 수시로 개정내용 제공)의 내용과 비교하여 공부하면 좋다.

실 전 문 제

비거주자가 원화예금 계정에서 개설할 수 없는 계정과목은?

① 보통예금　　　　　　　　　　　　② 당좌예금

③ 정기적금　　　　　　　　　　　　④ 저축예금

해설 비거주자는 원화 정기적금은 할 수 없다. 왜냐하면 비거주자는 원화의 정당한 취득이 확인될 경우(급여 등)에만 예치 가능하므로 정기적금처럼 스케줄대로 일정한 날에 일정한 금액을 납부해야 하는 예금은 쉽지 않다. 그러나 '외화' 정기적금은 가능하다. 이 문항은 출제된 사례가 있었지만 정답을 고르기 힘들었다고 한다. 기본서 계정별 예금 구분을 잘 파악하여야 한다.

정답 | ③

■ 해외예금

신고의무	• 예금 : (지정)외국환은행에 신고(단, 건당 미화 5만불 초과 해외송금은 한국은행에 신고) ※ 신고예외 : 기관투자가, 전년도 수출입실적이 미화 5백만불 이상인 자, 해외건설촉진법에 의한 해외건설업자, 외국항로에 취항하고 있는 국내의 항공 또는 선박회사, 원양어업자 • 신탁 : 한국은행 신고
보고의무	• 해외입금보고 : 미화 1만불 초과 또는 대외채권을 회수치 않고 해외에서 입금하는 경우 입금일로부터 30일 이내 • 잔액현황보고 : 익년 1월 말까지 한국은행에 보고

구분	보고대상	보고기한	통보기관
해외예금입금 보고서	해외에서 건당 미화 1만불 초과 입금한 경우	입금일부터 30일 이내 지정거래은행에 보고 → BOK보고	BOK는 → 국세청과 관세청에 통보
해외예금 및 신탁잔액 보고서	• 법인 : 연간입금액 또는 연말잔액이 **미화 50만불 초과 시** • 법인 이외 : 연간입금액 또는 연말잔액이 **미화 10만불 초과 시**	다음연도 첫째 달 말일까지 BOK보고	

■ 해외금융회사에 예치된 해외예금 신고

1. 매년 6.1~6.30까지 세무서에 신고(거주자는 주소지, 주소지가 없는 경우는 거소지의 관할 세무서)

2. 외국법인은 신고대상이 아님

   예시) 외국법인의 국내지점(×), 내국법인의 해외지점(○), 해외현지법인(×)

3. 국내증권회사를 통해 국외상장주식을 거래하는 경우에는 신고대상이 아님

4. 해외금융회사 : 지점이 국외에 있으면 해외금융회사에 속함

   예시) 하나은행 동경지점(○), HSBC 서울지점(×)

5. 5억원 초과 시 신고함(계산방법)

   → 1년 중 매월 말일에 단 한번이라도 전체합계 5억원 초과 시에는 신고대상임

   → 부채는 신고대상이 아니며 해외예금만 신고대상임

6. 주식, 보험, 펀드, 현금등가물(CD, 어음 등)도 합계하여 5억원 초과 여부를 산정함

문 제

해외금융계좌 신고제도에 대한 설명으로 옳지 않은 것은?

① 해외금융기관에 금융계좌를 가지는 거주자와 내국법인을 대상으로 한다.

② 5년 이하 국내 거주한 외국인거주자와 신고연도 2년 전부터 국내거주기간이 183일 이하인 재외국민은 신고의무를 면제한다.

③ 해외금융계좌란 은행계좌, 증권계좌, 파생·보험계좌 등의 모든 금융자산계좌를 포함한다.

④ 해당 연도 중에 어느 하루라도 5억원이 초과할 경우에 신고 대상이 된다.

해설 해당 연도의 매월 말일의 잔액이 연중 단 한 번이라도(12개월 중 단 1개의 월말이라도) 5억원을 초과하는 경우에 해당한다.

정답 | ④

【금전의 대차, 채무의 보증계약에 따른 자본거래】

① 금전의 대차 문항은 매회 빠짐없이 출제되었다. (금융기관이 아닌 거주자와 비거주자 간의) 금전의 대차 중 '(해외에서 외화)차입'에 중점을 두고 학습한다. 나라 살림의 책임자인 기재부 신고사항이 나온다. 1997년 국가부도(IMF지원사태)의 재발을 방지하기 위하여 일정금액(5천만불 초과) 차입은 기재부가 업무를 타 기관에 위탁하지 아니하고 직접 신고를 받을 정도로 규제가 엄하다.

(비거주자로부터) 차입	외화	• 영리법인(회사) : 지정거래외국환은행, 5천만불 초과 시는 기재부 신고 • 비영리법인 및 개인 : 한국은행 신고
	원화	• 지정거래 외국환은행(비거주자 자유원계정, 10억원 이하) • 10억원 초과 시 : 기획재정부
(비거주자에게) 대출		한국은행 신고(다만 다른 거주자의 담보, 또는 10억원 초과 시 차입인 비거주자가 신고)

② 해외증권의 발행에도 준용하는 규정임을 이해하여야 한다. 증권의 발행도 차입의 한 형태이므로 동일하게 규제한다. 단골출제로서 내용상 5천만불을 기준으로 신고처가 다르다는 것과 **비영리법인과 개인(사업자)의 해외차입은 '한국은행' 신고사항으로 기재부가 아님에 유의한다. 그리고 (금융기관이 아닌)거주자의 비거주자에 대한 '대출'은 한국은행에 신고한다. ('금융기관이 아닌 거주자가 비거주자에게 대출을 한다'는 것은 비정상적이므로 한국은행신고) 단 개정사항으로서 1년 미만의 해외직접투자관련 대출(대부, 금전대여)은 지정거래외국환은행 신고사항이다.**

빈출 **문제**

일본인과 결혼을 앞 둔 거주자 홍길동 씨는 일본인 예비장인으로 부터 미화 20만불 상당의 엔화를 빌려서 수도권 거주지의 전세자금에 충당하고자 한다. 신고처는?

① 신고예외　　　　　　　　　　② 외국환은행
③ 한국은행　　　　　　　　　　④ 기획재정부

해설 개인(개인사업자) 또는 비영리법인의 차입은 한국은행에 신고하여야 한다. '무역거래 등의 영리법인이 아닌 거주자가 해외의 비거주자(해외금융기관이나 비거주자)로 부터 차입한다.'는 것은 바람직한 거래가 아니므로 한국은행에 신고하여야 한다. 외화를 차입한 거주자는 외화자금을 지정거래외국환은행의 거주자계정(외화통장)에 예치한 후 신고용도에 따라 사용하여야 한다(규정 제7-14조). 그러나 차입이라 하더라도 연간 10만불 한도 내에서 '신고 없이' 지정거래은행을 통하여 타발송금에 의한 차입수령도 가능하다.

정답 | ③

국내 A중소기업의 사장이 초등학교 동창인 미국국적 비거주자에게 국내부동산을 취득하기 위한 중도금 1억원을 빌려주려고 한다. 사전에 신고처는?

① 신고예외　　　　　　　　　　② 외국환은행
③ 국세청　　　　　　　　　　　④ 한국은행

해설 (금융기관이 아닌) 거주자가 비거주자에게 대출하는 경우 한국은행 신고사항이다(규정 제7-16조).

정답 | ④

거주자인 A씨는 미국에 거주하는 비거주자로부터 사업자금을 9만불 차입하면서 차입금임을 밝히지 않고 10만불 이내 무증빙한도를 이용하여 차입신고를 하지 않았다. 정상적인 경우의 신고처는?

① 신고예외　　　　　　　　　　　　　　② 외국환은행
③ 금융감독원　　　　　　　　　　　　　　④ 한국은행

해설 실질적 내용이 개인의 해외차입이므로 한국은행에 신고하여야 한다. 금전대차거래인데도 불구하고 무증빙 10만불 한도(신고예외)를 악용하여 신고하지 않은 경우에는 추후 이 차입급을 상환할 경우에 문제가 발생한다. 향후 원리금(원금 + 이자)이 10만불을 초과할 수 있을 경우 지급사유가 없어 감독기관의 제재를 받을 수 있으므로 9만불 영수 시 송금은행의 담당자는 고객에게 미리 경고를 해주어야 한다.

정답 | ④

【거주자의 해외차입】

① 해외차입은 국가의 빚이므로 규제한다. 영리법인이 영업을 위한 경우는 가능(5천만불을 기준으로 그 이하는 지정거래은행신고, 그 이상은 기재부 신고)하지만 개인(개인사업자), 비영리법인(교회 등)이 해외차입을 할 경우는 (국내금융기관도 많은데 왜 구태여 해외 나가서 차입을 하려고 하는지 파악하고자) 한국은행에 신고한다.

② 정유회사 등은 국가기간산업을 돕는 에너지관련 사업체이므로 (국민 편의상 상시적인 수입품이므로) 금액이 크다고 기재부 등에 신고한다는 것은 행정낭비일 뿐이다. 따라서 원유 등의 금액은 매우 크지만 '무역거래'이므로 거래하는 은행(무역거래는 자유화되어서 지정거래은행제도가 없음에 유의)에 신고하면 된다.

빈출 문제

다음 중 해당 외국환 거래의 신고기관이 나머지 세 개와 다른 하나는?

① 교회 또는 '국경없는 의사회' 등의 비영리단체의 외화자금 차입
② 미화 50만불 초과의 교포등에 대한 여신
③ 거주자 개인의 비거주자에 대한 단기외화자금 대출
④ 천연에너지 수입회사의 일람방식의 단기외화 차입

해설 정유회사 및 원유, 액화천연가스 또는 액화석유가스 수입업자가 원유, 액화천연가스 또는 액화석유가스의 일람불방식, 수출자 신용방식(Shipper's Usance) 또는 사후송금방식 수입대금 결제를 위하여 상환기간이 1년 이하의 단기외화자금을 차입하는 경우에는 거래하는 **외국환은행**의 장(L/C방식인 경우에는 L/C개설은행을 말하며 D/P · D/A방식인 경우에는 수입환어음 추심은행, 사후송금방식인 경우에는 수입대금 결제를 위한 송금은행을 말한다)에게 신고하여야 한다(규정 제7-14조 제3항 참조). 나머지 ①, ②, ③은 모두 한국은행 신고사항이다.

정답 | ④

【거주자의 비거주자로부터의 원화차입】

① 거주자가 비거주자로부터 원화를 차입하는 일이 정상적인가? 거주자가 비거주자의 비거주자자유원계정에서의 차입이다. 차입 시 지정거래은행에 신고하지만, 10억원 초과 시 기획재정부에 신고한다. (차이점 : 개인이나 비영리법인의 비거주자로부터 '외화'차입은 한국은행신고이지만, 이 경우는 비거주자로부터 '원화'차입이라는 흔하지 않은 사례이므로 기재부 신고사항임)

【거주자의 비거주자에 대한 대출】

이는 금융기관의 대출이 아닌 일반인 거주자(개인이나 법인 등)가 비거주자에게 대출하는 경우로서 정상적인 거래라고 볼 수 없으므로 기본적으로 한국은행신고 사항이다. 그러나 한 가지 예외가 있다. 해외직접투자자가 현지법인에 대한 상환기간 1년 미만의 대출(금전대여, 대부) 시 지정거래 외국환은행에 신고하여야 한다. (해외직접투자는 원칙적으로 1년 이상 대부이어야 하는데 이에 미달할 경우 과거 한국은행신고였으나 최근 해외직접투자가 일반화되어서 하향 위탁되어 '지정거래외국환은행'신고로 변경됨 (개정내용으로 출제된 적이 있음)

【자본거래 (금전대차)】

거주자의 차입	외화	• 영리법인 : 지정거래 외국환은행 신고 • 비영리법인 및 개인 : (지정거래은행 경유하여)한국은행 신고
	원화	• 지정거래외국환은행(비거주자자유원계정, 10억원 이하)신고 • 10억원 초과 시 : (지정거래은행 경유하여)기획재정부 신고
거주자의 대출		한국은행 신고(다른 거주자의 보증/담보하는 경우와, 10억원 초과 시에는 비거주자가 한국은행에 신고한다 : 까다롭게 함)

빈출 **문제**

거주자와 비거주자 간의 원화대차거래에 대한 설명으로 옳지 않은 것은?

① 거주자가 비거주자자유원계정으로부터 차입할 경우 지정거래외국환은행에 신고하여야 한다.
② 상기 ①의 금액이 10억원을 초과할 경우에는 지정거래은행을 경유하여 한국은행에 신고하여야 한다.
③ 거주자가 비거주자에게 대출하고자 하는 경우에는 한국은행에 신고하여야 한다.
④ 상기 ③에서 10억원을 초과하는 경우에는 차입자인 비거주자가 직접 신고하여야 한다.

해설 규정 제7-15조(거주자의 원화자금차입) ① 제7-13조의 규정에 해당하는 경우를 제외하고 거주자가 비거주자로부터 원화자금을 차입하고자 하는 경우에는 지정거래외국환은행의 장에게 신고하여야 한다. 다만, 10억원(차입신고시점으로부터 과거 1년간의 누적차입금액을 포함한다)을 초과하여 차입하고자 하는 경우에는 지정거래외국환은행을 경유하여 기획재정부장관에게 신고하여야 한다.
② 거주자가 비거주자로부터 원화자금을 차입하는 경우에는 비거주자자유원계정에 예치된 내국지급수단에 한한다.

정답 | ②

【채무의 보증계약】

① "교포등에 대한 여신"이라 함은 국내에 본점을 둔 외국환은행의 해외지점 및 현지법인금융기관 등의 외국에 있는 거주자(시민권자와 일반해외여행자는 제외한다), 국민인비거주자 또는 국민인비거주자가 **전액** 출자하여 현지에 설립한 법인에 대한 여신을 말한다. 따라서 교포은행은 국내에 본점이 없으므로 해당하지 않는다.

② 1. 외국환은행해외지점 및 현지법인금융기관등의 외국에 있는 국민인거주자(일반여행자는 제외), 국민인비거주자 또는 '국민인비거주자가 **전액**출자하여 설립한 법인'에 대한 여신과 관련하여 다음 각목의 1에 해당하는 행위를 하는 경우

　　가. 당해 **여신을 받는 국민인비거주자가** 국내금융기관에 국내에 있는 재산(부동산 포함)을 담보로 제공하는 경우

　　나. **국내에 있는 거주자가** 국내에 있는 국내금융기관에 그 원리금상환의 보증 또는 담보(부동산 포함)를 제공하는 경우

　2. 외국환은행이 거주자로부터 보증 또는 담보를 제공받아 **미화 50만불을 초과하여 보증(담보관리승낙 포함)하는 경우에는 거주자가 한국은행총재에게 신고하여야 함**

　3. 내용변경 신고대상 : 담보종류, 상환방법, 대출금리, 기한연장 등

　　→ 차주 또는 보증인(담보제공자) 변경, 증액 등은 신규신고 대상임

빈출　문제

채무의 보증계약과 관련하여 교포등에 대한 여신의 설명으로 옳지 않은 것은?

① 교포등이란 영주권자, 해외파견·출장자, 유학생 등의 해외체재자를 칭하는 것으로 교포여신의 대상이 될 수 있다.

② 교포등이 현지여신을 받는 경우로서 반드시 국내은행의 해외점포나 교포은행으로부터 대출을 받아야 한다.

③ 차주 동일인 50만불까지는 지정거래외국환은행에 신고하여야 한다.

④ 국내보증이나 담보제공 없이 취급되는 해외여신은 교포등에 대한 여신에 해당하지 않는다.

해설 교포등에 대한 여신을 취급 가능한 금융기관은 국내 외국환은행의 해외지점 또는 그 현지법인 및 자회사, 손자회사 및 국내거주자가 해외금융업(보험업)을 위해 설립한 현지법인 및 자회사, 손자회사만이 가능하고 한국 내에 본사가 없는 외국은행들(교포은행 포함)은 교포여신을 취급할 수 없다.

정답 | ②

【대외지급수단, 채권 기타매매 및 용역계약에 따른 자본거래】

① 동 자본거래에 대한 '신고예외'와 '신고'에 대한 내용이다.

- 풀어쓰면, **대외지급수단의 매매**란 외국통화 매매의 경우 외국환업무 등록기관이 아니면 일반인등은 함부로 사고팔고 하지 말란 뜻이다(즉, 허가 없이 환전업무를 하면 안 된다. 과거 남대문시장에 가면 환전 영업하는 할머니들이 노상에 앉아계시는데 등록 없이 영업하는 것이므로 이 규정에 위배됨).

- **채권(받을 권리)의 매매**는, 예를 들어 수출업자가 수출물품에 대한 외화대금은 반드시 국내 회수해야 하는데(회수의무) 이 채권(받을 권리)을 신고 없이 비거주자에게 양도할 수 있느냐 하는 문제이다(해외의 채권추심 전문회사에 양도하는 경우 등을 말하는 것으로 일단 가능함).

- **'기타의 매매'는 해외 골프장(콘도 등) 회원권의 매매를 예를 들 수 있다. 외환전문역 1종 시험에서는 단골문제가 골프장 회원권의 매매임(외국환은행에 신고)**

나머지 **용역계약**에 따른 자본거래는 저자가 예를 들지 않으므로 출제가 되지 않고 있음

② 골프장회원권 매입은 **외국환은행에 신고하여야 한다.** (우리나라 골프인구가 폭발적인데 이것을 한국은행에 신고하면 한국은행의 업무가 마비될 것이다. 사실 골프인구가 너무 많아서 신고예외로 해 줄 시기가 올 듯 하지만 일단 외화의 유출(비싼 회원권, 그리고 골프라운딩을 위한 빈번한 출국으로 인한 해외 여행경비의 유출)이니 신고하게 하여 약간의 엄포(국세청의 자금조사 등)를 가하고자 **외국환은행신고로 한 것으로 보인다.**) 이 외국회원권을 거주자끼리(한국 사람끼리) 매매하는 경우에는 **매수자가 신고한다.** (항상 매수자가 관찰대상이고 매수자가 신고하면 매도자 이름이 나오므로 매도자는 간접적으로 보고되는 셈이다.) **회원권 가격이 10만불 초과 시 국세청/관세청에, 건당 5만불 초과 시 금융감독원에 (신고받은 은행이) 매매내역을 익월 10일까지 통보한다. (◀ 기출문제 지문)**

(강사의 상상은) 해외 회원권 매입하여 자주 해외 골프치러 나가는 사람은 (관세청에 의해) 인천공항 검색대에서 소지품 조사가 심해질 것이다(?)

③ 그러나 비거주자가 **국내**골프장 회원권을 매매하는 것은 (일단 국부유입이기 때문에) 신고예외이다. 우리나라 골프장관계자(거주자)가 외국인(비거주자)을 상대로 회원권을 팔고 사는 것(매매)은 신고예외이다. 즉, 은행실무자는 매매계약서를 '확인'(신고예외란 의미)만 하면 매매대금 송금을 취급할 수 있다. 이는 국부의 유입에 도움을 주기 때문이다.

④ 해외 골프장 회원권(또는 해외 헬스회원권 등)의 매매와 부동산 실물인 해외골프장의 매매는 전혀 다르게 규제한다. 따라서 부동산회원권 매매와 부동산거래 규제와 혼동하지 않아야 한다.

【거주자의 외국부동산·시설물 이용에 관한 권리(회원권 등) 취득】

1. 본 항목에 대하여 신고를 받은 외국환은행의 장은 건당 미화 5만불을 초과하는 경우에는 금융감독원장, 건당 미화 10만불을 초과하는 경우에는 국세청장 및 관세청장에게 익월 10일까지 회원권 등의 매매내용을 통보(전산통보)

2. (혼동하지 않아야 할 사항) 거주자가 외국에 있는 부동산 또는 이에 관한 물권·임차권 기타 이와 유사한 권리를 취득하고자 하는 경우에는 거주자의 외국부동산취득에 관한 규정(제9-38조 및 제9-39조)에 의거 외국환은행의 장 또는 한국은행총재의 신고수리 사항임

거주자의 해외 골프회원권 취득 시 신고등에 대한 내용으로 옳지 않은 것은?

① 외국환은행에 신고한다.

② 거주자가 다른 거주자로부터 취득할 경우 양도인이 신고한다.

③ 취득금액이 건당 미화 10만불 초과 시 국세청과 관세청에 통보된다.

④ 취득금액이 건당 미화 5만불 초과 시 금융감독원에 통보된다.

해설 해외 회원권을 이미 취득한 거주자로부터 다른 거주자가 취득하는 경우에는 신규취득자(양수인)가 외국환은행에 신고한다. 철저하게 매수자(취득자) 위주의 신고이다.

정답 | ②

국내외 골프회원권의 매매에 대한 설명으로 옳지 않은 것은?

① 거주자가 해외골프장의 회원권을 취득할 경우 외국환은행에 신고하여야 한다.

② 해외골프회원권을 보유한 거주자가 다른 거주자에게 양도 시 양수자가 외국환은행에 양수사실을 신고하여야 한다.

③ 회원권 취득금액이 건당 미화 5만불을 초과하면 국세청장 및 관세청장에게, 건당 미화 10만불을 초과하면 금융감독원장에게 통보한다.

④ 국내골프회원권을 매입한 비거주자는 거주자에게 재매각 시 신고예외 거래이다.

해설 회원권 취득금액이 건당 미화 10만불을 초과하면 국세청장 및 관세청장에게, 건당 미화 5만불을 초과하면 금융감독원장에게 통보한다. 거주자끼리의 양수도는 양도받은 양수인(신규취득자)이 외국환은행에 신고하여야 한다. 국내골프장회원권의 비거주자에 대한 매각으로 인한 외화유입은 매우 권장할 만하므로 신고예외이다. 즉, 비거주자의 국내골프회원권 매입/매각 자체에 제한을 둘 이유가 없다. 그러나 거주자의 해외골프회원권 구입은 외화유출과 잦은 골프외유로 여행수지에 부정적이므로 제한을 두지 않을 수 없을 것이다.

정답 | ③

【증권의 발행】

① 거주자의 해외증권발행과 비거주자의 국내증권발행으로 나뉜다.

거주자가 외국에서 외화증권을 발행하고자 하는 경우에는 미화 5천만불을 기준으로 지정거래은행 또는 기재부에 신고하여야 한다. (거주자의 차입규정과 같음) 그러나 거주자가 해외에서 원화표시증권의 발행하는 경우 무조건 기재부신고이다. **즉, 개인이나 비영리법인의 해외차입 시 신고처는 한국은행이지만 해외에서 증권발행의 경우에는 기재부임에 유의한다.**

②

거주자의 증권발행			비거주자의 증권발행		
발행장소	통화	신고여부	발행장소	통화	신고여부
국내	원화	적용대상 아님	국내	원화	기획재정부장관 신고
	외화	신고예외		외화	기획재정부장관 신고
외국	원화	기획재정부장관 신고	외국	원화	기획재정부장관 신고
	외화	외국환은행등에 신고 (거주자의 외화차입준용)		외화	적용대상 아님

거주자가 증권발행 시 반드시 지정거래 외국환은행에 신고가 포함되는 경우는?

① 국내에서 원화증권발행

② 해외에서 외화증권발행

③ 국내에서 원화증권발행

④ 해외에서 외화증권발행

> **해설** 국내에서 거주자가 원화/외화증권발행은 자본시장법이 관여하므로 외국환거래법이 관여하지 아니한다. 그러나 거주자가 영리법인인 경우, 발행금액 5천만불을 기준으로 그 이하는 지정거래외국환은행에 신고하고, 초과 시에는 기획재정부에 신고한다. 해외에서 원화증권발행은 흔한 사례가 아니므로 누구든지 금액무관하게 기획재정부 신고사항이다.
> 개인(비영리법인 포함)의 해외차입은 BOK신고이지만 개인(비영리법인 포함)의 해외증권발행은 기재부 신고이다.
>
> 정답 | ④

비거주자의 국내에서 증권발행 절차에 대한 설명으로 옳지 않은 것은?

① 증권발행신고서에 발행계획서를 첨부하여 기획재정부에 제출하여야 한다.

② 지정거래 외국환은행에 비거주자원화계정 또는 대외계정을 개설하여야 한다.

③ 납입을 완료한 경우 증권발행보고서 등에 의하여 기획재정부에 보고하여야 한다.

④ 주식예탁증서를 발행 시 예탁결제원 명의의 원화증권전용외화계정(발행자 명의도 부기함)을 개설하여야 한다.

> **해설** 지정거래 외국환은행에 원화표시증권 발행 시는 비거주자자유원계정, 외화표시증권 발행 시에는 대외계정을 개설하여야 한다. 이 원화표시증권을 '아리랑 본드'라고 한다. 비거주자가 다음에 해당하는 증권을 발행하고자 하는 경우에는 기획재정부장관에게 신고하여야 한다. 다만, 증권의 발행으로 조달한 자금은 신고 시 명기한 용도로 사용하여야 한다.
> • 비거주자가 국내에서 외화증권 또는 원화연계외화증권을 발행(외국에서 기발행된 외화증권을 증권시장에 상장하는 경우를 포함)하고자 하거나 원화증권을 발행하고자 하는 경우
> • 비거주자가 외국에서 원화증권 또는 원화연계외화증권을 발행하고자 하는 경우
>
> 정답 | ②

【증권의 취득】

① 여러분(거주자)은 국내증권사 HTS로 해외증권을 취득하는 것은 신고예외임은 상식이다. 아마 신고한 적이 없을 것이다. **외국계회사 임직원등이 (외국본사의) 우리사주를 취득하고 송금하면 신고예외임을 묻는 지문이 출제된다.**

거주자의 해외증권 취득에 대한 설명으로 옳지 않은 것은?

① 거주자가 금융투자업자를 통하여 외화증권을 취득하는 경우는 신고예외이다.

② 비상장증권 등의 사유로 위탁매매가 불가능할 경우 외국환은행에 신고 후 취득하여야 한다.

③ 국내기업이 사업활동과 관련하여 외국기업과의 거래관계의 유지 또는 원활화를 위하여 미화 5만불 이하의 당해 외국기업의 주식 또는 지분을 취득하는 경우는 신고예외이다.

④ 국내의 외국인투자기업의 종업원이 본사로부터 우리사주를 취득하는 경우는 신고예외이다.

> **해설** 비상장증권 등의 사유로 위탁매매가 불가능할 경우 한국은행총재에게 신고 후 취득하여야 한다.
>
> 정답 | ②

② 비거주자가 투자전용계정을 통하여 국내 원화증권을 취득하는 것은 신고예외이다. 그러나 비거주자가 거래소 거래가 아닌 비상장증권(지분증권, 채무증권의 구분)은 신고하여야 하며 증권의 성격에 따라 신고처(외국환은행 또는 한국은행)가 다르다. 은행원이 취급하기에 만만한 거래(은행원은 주식 정도는 취급상 어려움이 없을 것이다)는 외국환은행신고이지만 은행원이 취급하기 어려운 거래(주식을 제외한 비상장인 채권등의 증권의 취급)는 한국은행 신고사항이다.

수험생이 유의할 것은 이 규정이 '외국인직접투자법'에 의한 외국인의 국내주식 취득과는 다른 규정이라는 것이다.

외국인 국내투자법	비거주자의 증권 취득	신고처
외국인 투자촉진법	1억원 이상 and 지분 10% 이상	수탁은행 본점
외국환 거래법	1억원 미만 or 지분 10% 미만 취득(비상장, 비등록 주식(지분)취득신고)	외국환은행
	자본시장법에 의한 국내상장된 유가증권 투자 시, 외국인투자등록증(CIR : 금융감독원), 및 투자전용대외계정(투자전용비거주자원화계정) 사용, 외국인 비거주자는 금융감독원 투자등록 ID, 그러나 영주권자 및 외국인거주자의 투자등록은 선택사항임	신고예외
	주식이 아닌 채권등(예 : CB, BW 등) 취득 시	한국은행 신고

【비거주자의 비상장·비등록 주식(지분) 취득 및 처분(규정 제7-32조 제2항)】
1. 비거주자가 거주자로부터 국내법인의 비상장·비등록 내국통화표시 주식(지분)을 외국인투자촉진법에서 정한 출자목적물에 의해 취득하는 경우로서 외국인투자촉진법에서 정한 외국인투자에 해당하지 아니하는 경우(유의사항 : 외국인투자촉진법상의 비상장증권 취득과 외국환거래법상의 비상장증권 취득은 다른 내용임)
    1. **외국인투자촉진법**에서 정한 외국인투자에 **해당하지 아니하는 경우에 한하여** 본 항목을 적용함
        → 외국인투자촉진법에서 정한 외국인투자(동 시행령 제2조) : 투자금액이 1억원 이상(투자자가 2인 이상인 경우에는 1인당 1억원 이상)으로서,
        가. 의결권 있는 주식총수 또는 출자총액의 100분의 10 이상을 소유하는 경우
        나. 의결권 있는 주식총수 또는 출자총액의 100분의 10 미만이라도 당해 법인 또는 기업에 임원을 파견 또는 선임하는 경우
2. 국민인 비거주자인 경우에는 신고불요사항으로 본 항목 적용대상이 아니나, 본인이 요청하는 경우 신고 받을 수 있음

빈출 **문제**

외국환거래법령상 외국인 투자자의 국내 원화증권 투자에 대한 설명으로 옳지 않은 것은?

① 본인명의 투자전용계정을 통할 경우 대외송금이 자유롭다.
② 국민인 비거주자(영주권자)와 외국인거주자는 투자등록이 의무사항은 아니다.
③ 투자전용계정은 거래은행을 지정하여야 한다.
④ 외국인투자등록증 발급제도가 폐지되어 외국인(개인)은 여권번호로, 외국법인은 ISO가 부여한 법인식별 번호(LEI)로 투자할 수 있다.

해설 투자전용계정은 수 개의 외국환은행에 여러 개 개설할 수 있으므로 거래은행을 지정하지 않는다. 국민인 거주자(영주권자) 외국인 거주자(국내에서 근무하는 외국인노동자 등)는 투자전용계정이 아니더라도 (외국인투자등록 없이) 주식거래를 할 수 있다. 다만 이들이 추후 이 투자자금을 대외송금 시 자금의 원천을 확인받는 과정이 쉽지 않을 것에 대비하여 외국인투자등록을 하는 것이 편할 듯 하다. 법인식별번호 LEI란 Legal Entity Identifier의 약어이다.

정답 | ③

외국인투자촉진법상 외국인의 국내 비상장증권 취득에 대한 설명으로 옳지 않은 것은?

① 외국인투자는 투자금액이 1억원 이상으로, 외국인이 대한민국법인(설립 중인 법인을 포함) 또는 대한민국 국민이 경영하는 기업이 발행한 의결권 있는 주식총수나 출자총액의 100분의 10 이상을 소유하는 것이다.

② 외국인투자는 투자금액이 1억원 이상으로, 외국인이 대한민국법인 또는 대한민국 국민이 경영하는 기업의 주식 등을 소유하면서 그 법인이나 기업에 임원(이사, 대표이사, 업무집행을 하는 무한책임사원, 감사나 이에 준하는 자로서 경영상 중요의사결정에 참여할 수 있는 권한을 가진 자를 말한다)을 파견하거나 선임하는 것이다.

③ 외국인투자는 투자금액이 1억원 이상으로, 2명 이상의 외국인이 공동투자하는 경우에는 1명당 투자금액이 5천만원 이상이어야 한다.

④ 외국인소유의 국내 부동산도 출자목적물로 할 수 있다.

해설 외국인투자는 투자금액이 1억원 이상으로, 2명 이상의 외국인이 공동투자하는 경우에도 1명당 투자금액이 1억원 이상이어야 한다.

정답 | ③

【해외파생상품】

■ 기본서 교재의 해외파생상품 거래의 설명 중 "일본의 상품거래소법에 따라 장외에서 이루어지는 외국환 거래"는 이미 삭제되었으나 기본서가 수년간 반영하지 못하고 있다. 아래 내용 중 2의 일본 금융상품거래법이 개정 후 내용이다. (용어의 혼동에서 온 듯함) 아직 출제된 적은 없다.

금융투자업 규정 제1-3조 영 제5조 제6호에서 "금융위원회가 정하여 고시하는 거래"란 다음 각목의 어느 하나에 해당하는 거래를 말한다.
1. 대륙 간 거래소의 규정에 따라 장외에서 이루어지는 에너지거래
2. 일본 금융상품거래법에 따라 장외에서 이루어지는 외국환 거래 〈신설 2017. 5. 8.〉
3. 유럽연합의 금융상품시장지침에 따라 장외에서 이루어지는 외국환거래 〈신설 2018. 9. 3.〉
4. 영국 금융감독청의 업무행위감독기준에 따라 장외에서 이루어지는 외국환거래 〈신설 2019. 3. 20.〉

거주자인 토마토무역㈜는 자회사인 ㈜토마토패스의 주식을 기초자산으로 하는 Call Option 계약을 싱가포르 현지법인과 체결하고자 한다. 이에 대한 사전 신고처는?

① 신고예외

② 외국환은행의 장에게 신고

③ 한국은행총재에게 신고

④ 기획재정부장관에게 신고

해설 거주자 간 또는 거주자와 비거주자 간 파생상품거래로서 신고의 예외대상 (외국환 업무취급기관이 외국환업무로서 행하는 거래)이 아닌 경우에는 **한국은행총재에게 신고하여야 한다**. 따라서 은행의 외환담당자는 고객의 파생상품거래가 신고의 예외대상에 해당하는지 확인하고 신고가 필요한 경우 한국은행총재 앞 신고절차 등 적법절차를 안내하여야 한다.

※ **파생상품에 대한 한국은행총재에 신고(규정 제7-40조)**

가. 거주자 간 또는 거주자와 비거주자 간 파생상품 거래는 외국환업무취급 기관이 외국환업무로서 행하는 거래가 아니라면 한국은행총재에게 신고하여야 함

▶ 외국환업무취급기관이 외국환업무로서 행하는 파생상품거래라고 하더라도,

① 액면금액의 100분의 20 이상을 옵션프레미엄 등 선급수수료로 지급하는 거래

② 기체결된 파생상품거래를 변경·취소 및 종료할 경우 기체결된 파생상품거래 에서 발생한 손실을 새로운 파생상품거래의 가격에 반영하는 거래(기본서, 환리스크 p.142, 쉬어가는 코너, 「HRR 안돼요!」와 관련된 중요 규정이다)

③ 파생상품거래를 자금유출입·거주자의 비거주자에 대한 원화대출·거주자의 비거주자로부터의 자금조달 등의 거래에 있어 외국환거래법령에서 정한 신고등의 절차를 회피하기 위하여 행하는 경우에는 한국은행총재가 인정하는 **거래타당성 입증서류를 제출하여** 한국은행총재에게 신고하여야 한다.

정답 | ③

【해외 부동산 거래】

■ 해외부동산 취득 관련 신고수리기관

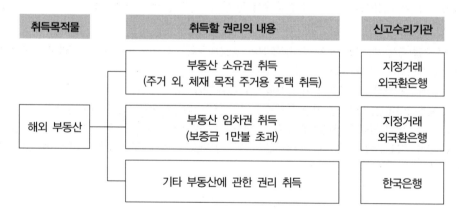

취득목적물	취득할 권리의 내용	신고수리기관
해외 부동산	부동산 소유권 취득 (주거 외, 체재 목적 주거용 주택 취득)	지정거래 외국환은행
	부동산 임차권 취득 (보증금 1만불 초과)	지정거래 외국환은행
	기타 부동산에 관한 권리 취득	한국은행

▶ 거주자의 해외부동산 취득에 대한 신고수리

1. 신고대상 부동산(권리 취득 포함)
   가. 거주자가 주거 이외의 목적으로 취득하는 부동산
      ※ 주거 이외 목적 부동산 예시 : 건물, 상가, 토지, 주택 등
   나. 거주자 본인 또는 거주자의 배우자가 해외에서 체재할 목적의 주거용주택
      ※ 체재 목적임을 입증할 수 있는 서류(해외장기체류비자 등) 1부
         다만, 부득이하게 입증서류를 제출하지 못할 경우 서약서 1부(주거용 주택 취득에 한함)
   다. 부동산 임차권(임차보증금이 미화 1만불 초과인 경우에 한함)
      ※ 부동산 임차보증금이 없거나 미화 1만불 이하의 임차권 취득인 경우에는 신고예외사항이며 이 경우
         무역외거래의 부동산 임차료항목으로 지급하여야 함
2. 신고인 : 거주자(외국인 거주자 및 영주권자 제외)
   가. 주거 이외 목적 부동산 : 당해 부동산 소유권을 취득하고자 하는 자
   나. 주거용 주택
      (1) 거주자가 본인 명의로 해외 주택을 취득하는 경우에는 본인이 신고하여야 함
      (2) 거주자가 '해외에 체재하는 배우자' 명의로 주거용 주택을 취득하고자 하는 경우, 거주자(취득자금
         보유자)가 지정거래외국환은행에 신고하여야 함
         ☞ 비거주자인 배우자 또는 자녀는 동 주택에서 실제 거주여부와 관계없이 신고인이 될 수 없음
      ※ 비거주자가 본인 명의로 해외 주택을 취득하고자 하는 경우에는 한국은행에 '대외지급수단 매매신고'
         를 하고 해당자금을 반출하여 취득(부동산취득신고 대상 아님)하여야 함
3. 부동산 취득명의인
   가. 주거 이외 목적 부동산 : 신고인 본인
   나. 주거용 주택 : 신고인 본인 또는 신고인의 배우자(비거주자 포함, 그러나 영주권·시민권자는 제외)

① 거주자의 해외부동산 매입이 **투자목적 또는 거주목적으로 구분** 신고수리한다.
② 투자대상 부동산의 목적물의 변경(당초 신고한 부동산과 다른 타 부동산으로 변경취득)은 내용변경 신
   고수리사항이 아니므로 타 부동산 취득인 신규 절차에 따라야 한다.

【해외부동산관련 사후관리 보고】

보고내용	보고기한
부동산 취득보고	최종송금 후 3개월 이내
부동산 보유보고	신고수리 후 2년마다(임차용 제외)
부동산 처분(변경)보고	처분(변경) 후 3월 이내
미이행 보고	사후관리 불이행 시 30일 이내 이행독촉, 독촉 후 60일 이내 미이행 시 금융감독원 보고

④ 일부 국가의 경우 외국인의 부동산 취득을 금지하는 경우가 있다. 이 경우 우리나라 거주자가 어쩔 수
   없이 **임차**를 하는 경우가 있기 때문에 부동산의 **취득에 준해서** 신고수리받아야 한다는 것에 유의한다
   (단, 임차보증금이 1만불 초과한 경우에 한함).
⑤ 주거용 부동산일 경우 은행에 신고수리하는 거주자 남편(기러기 아빠)일 경우, 부동산 취득자 명의는
   남편이 아닌 (외국에서 유학생 아들 뒷바라지 하는) 배우자(부인)의 명의로 부동산 등기를 할 수 있다.

부인이 거주자이든 비거주자이든 상관없다. 다만 부인이 영주권자이거나 시민권자일 경우 부인 명의로 할 수 없다는 것에 유의하여야 한다. 왜 그럴까? 만약 부부가 그 이후에 이혼을 한다면 주거형인 경우 반반 나누게 되고, 외국인 배우자는 한국으로 귀국할 가능성이 없어 추후 부동산 매각대금의 국내 회수 가능성이 없기 때문일 것이다. 즉 이혼자체가 국부의 유출이 되기 때문일 것이다. (우리나라 외국환거래법이 매우 치밀하기도 하다.)

⑥ 해외부동산이 거주용이 아닌 **투자용 부동산일 경우에는 배우자 명의로 취득할 수 없다.** 왜냐하면 주거용은 대개 법적으로 부부공동재산임을 법적으로 인정되지만 투자용은 부부간에도 별개 취급된다. (강사의 아파트도 부인 명의이지만 주거용이므로 별로 불안하지 않다.)

⑦ 부동산 취득 신고자인 남편이 부동산 취득대금을 송금할 경우 매도자인 외국인 Mr. Cheating 씨 구좌로 입금하지 아니하고 현지 부동산업자 또는 (현지 거주하는)배우자 명의로 송금가능하다. 즉 '제3자 지급 등'에 속하지만 신고예외이다. 왜냐하면 대금 지급 전에 등기이전 등의 확인이 필요하기에 부동산업자나 현지에 있는 배우자 구좌가 안전하기 때문이다.

빈출 **문제**

거주자의 해외부동산 취득 등에 대하여 한국은행 신고대상에 속하는 것은?

① 유학생활을 위한 주거용 주택 매입   ② 개인사업을 위한 사무실 취득
③ 개인의 여름휴가 전용 별장 취득   ④ 개인병원의 압류권 설정

해설 개인병원의 압류권 설정은 부동산 권리로서 사전에 한국은행 신고사항이다. (부동산 관련하여 압류권, 유치권, 근저당권 등은 국내법과 차이가 있을 수 있는 어려운 분쟁분야이므로 외국환은행이 아닌 한국은행 신고사항임을 눈치채야 한다.)

정답 | ④

거주자의 외국부동산에 대한 외국환은행의 취득 및 사후관리 절차에 대한 설명 중 옳지 않은 것은?

① 취득신고절차를 이행하기 전에 미화 5만불 범위 내에서 취득자금을 증빙미제출 송금 절차를 통해 지급 후 계약성립일로부터 1년 이내에 사후 신고절차를 이행할 수 있다.
② 부동산을 처분하거나 명의 변경한 경우 처분일 또는 명의변경일로부터 3개월 이내에 해외부동산처분(변경)보고서를 징구하여야 한다.
③ 신고수리일 기준으로 매년 부동산 계속 보유 사실 입증서류를 징구하여야 한다.
④ 사후관리 불이행 시 30일 이내에 이행을 독촉하여야 하며 독촉 후 60일 이내에도 불이행 시에는 금융감독원장에게 보고하여야 한다.

해설 ① 외국부동산을 취득하고자 하는 자가 신고 절차를 이행하기 전에 미화 5만불 범위 내에서 투자자금을 증빙미제출 송금 (10만불 한도) 절차에 따라 지급한 경우 계약 성립일로부터 1년 이내에 신고절차를 이행하여야 한다.
② 부동산을 처분하거나 명의 변경한 경우 처분일 또는 명의변경일로부터 3개월 이내에 해외부동산처분(변경)보고서를 징구하여야 한다(규정 제9-40조 제2항 참조).
③ 신고수리일 기준으로 2년마다 부동산 계속 보유 사실 입증서류를 징구하여야 한다.
④ 사후관리 불이행 시 30일 이내에 이행을 독촉하여야 하며 독촉 후 60일 이내에도 불이행 시에는 금융감독원장에게 보고하여야 한다.

정답 | ③

■ 사례출제대비

거주자 홍길동 씨는,

① 비거주자 James에게 2억원을 대여하면서

② 한국은행총재 앞 신고 없이 채무자 James 소유 미국 소재 부동산에 채권최고액 20만 달러 상당의 근저당권을 설정하였으나 해외부동산 담보권 취득신고를 누락하였다.

(거래당사자 유의사항)

• 해외부동산의 (소유권이 아닌) 담보권 등 부동산에 관한 권리를 취득할 때에는 한국은행총재 앞 사전 신고대상에 해당함에 유의해야 한다.

• 채무담보의 목적으로 근저당권을 설정한 것이므로 한국은행총재에게 사전에 신고할 필요가 있다. (근저당권은 법적으로 좀 어려운 내용이므로 한국은행 신고이다.)

【비거주자의 국내부동산 취득】

① 출제 내용이 다소 까다롭지만 기본에 충실하면 된다. 외국인이 국내 부동산투자는 전면 자유화이다. 단, 외국인의 국내부동산투자는 취득하는 때는 취득금액전액(100%)이 '해외로부터 유입된 자금('대외계정'에 예치된 자금도 유입된 자금으로 인정됨)'이어야 한다. (→ 외국환은행 신고사항) 만약 이미 해외에서 유입된 자금으로 국내주식투자 중에 용도 변경하여 부동산투자하면 BOK신고사항이다.

② 그러나 한국법을 잘 모르는 외국인은 '신고'하지 않고 부동산 매입하더라도 추후 BOK에 사후 신고 후 부동산 매각자금을 해외송금할 수 있다. (관련 내용 : 처분지급(한국은행신고) → 인정된 신고절차를 거치지 않고 취득한 부동산의 경우에는 사후적으로 한국은행신고로 대외송금이 가능하다.) 즉, 인정된 신고절차를 거치지 않고 취득한 부동산을 매각처분하여 대외 지급할 경우 사전에 한국은행신고를 받아야 송금할 수 있다.

③ 외국인의 국내부동산 취득자금이 해외에서 유입된 자금이 아닌(주식투자자금을 용도변경 하는 등) 경우는 한국은행에 신고사항임을 잘 숙지한다.

④ 거주자의 해외부동산 취득은 거래은행지정인 '신고수리'인데 반해 외국인의 국내부동산 취득은 한 단계 규제가 약한 (지정이 아닌) 외국환은행의 '신고' 사항이다. (외국인에게는 규제가 약하여 현재 외국인의 부동산매입이 사회문제인 듯하다.)

⑤ 비거주자의 국내부동산 취득 시 신고예외 : 국민인 비거주자의 취득, 비거주자의 주거용 임차, 상속, 유증

※ 기출사례 : 영주권자가 강남의 빌딩을 산다면? : 신고예외이다. 영주권자는 국민인비거주자이기 때문이다. (용어의 이해를 구하는 한 단계 높은 출제방식이다.) 신고예외인 이유는 무엇일까? 영주권자(국민인비거주자에 해당)는 우리 동포로 대개 한국에서 보내는 시간도 많으므로 내국인과 차별 없이 건물(아파트나 상가)을 사도록 허용하였다. 다만 이를 매각하여 해외로 송금하고자 한다면 한국은행신고로 '대외지급수단매매신고필증'을 받아서 외국환은행에 제출하면 당발송금 또는 휴대수출할 수 있다. 왜냐하면 애당초 취득신고가 없었기 때문이다.

┃ 출제 포인트 ┃ 위규사례로 보는 학습

(1) 1996년에 미국국적을 취득한 임꺽정 씨는 2001년 4월 20만달러를 국내로 송금하여 2억원 상당의 서울 소재 아파트를 구입하여 임대 운영함

(2) 2003년 10월에 동 아파트를 처분 후 처분대금을 미국으로 전액 송금하려고 했으나 부동산 취득시점에 미신고한 사실을 뒤늦게 인지함 (시민권자는 외국인이므로 원래 취득시점에 외국환은행에 신고했어야 함)

(3) 재외동포(영주권자, 시민권자 등) 중에서 외국국적을 취득한 비거주자(시민권자)가 외국국적 취득시점 이후에 취득한 부동산을 매각하여 해외 송금하고자 하는 경우에는 **재외동포 재산반출(규정 제4-7조) 절차에 따른 외화송금을 할 수 없음. 비거주자의 국내부동산 취득(규정 제9-39조 이하)에 해당하므로, 취득시점에 외국환은행의 장 또는 한국은행 신고절차를 이행하지 않았으면 제재기관의 행정처분 이후에 해외송금이 가능함**. 즉, 취득당시에 휴대자금 또는 외국으로부터의 송금된 자금으로 부동산을 구입할 경우에는 외국환은행신고(지정거래은행이 아님에 유의)사항이며, 그 외(일부 담보대출을 받는다던지 국내 주식투자자금을 부동산투자로 전환한다던지)의 경우에는 한국은행신고사항이다.

(4) 외환담당자는 재외동포 재산반출 신청을 받는 경우 신청인의 외국국적 취득시점을 확인하여야 함. 그러나 조상 땅 찾기 운동으로 상속을 받는 경우에는(외국국적 취득시점 이전의 권리이므로) 이 규정(재외동포 국내재산반출절차)이 적용된다.

비거주자의 국내부동산 권리취득 시 취득신고를 거쳐야 하는 경우는?

① 주거용 부동산 임차   ② 외국 시민권자의 부동산 취득
③ 외국 영주권자의 부동산 취득   ④ 비거주자의 상속 및 유증에 의한 취득

해설 외국 시민권자는 완전한 외국인이므로 반드시 외국환은행에 신고한다. 그래야만 추후 매각자금 대외송금과정이 원활하다. 비거주자가 상속 및 유증에 의한 취득은 민법상 당연한 것이므로 신고예외이다. 그러나 거주자가 비거주자에게 '증여'는 법적인 것이 아닌 국부유출이므로 한국은행에 신고하여야 한다.

정답 | ②

■ (위규사례) 비거주자의 국내부동산 취득 신고누락

미국 시민권자인 비거주자 제임스 김 씨는,

① 본인 명의로 상속받은 부동산을 처분한 뒤 매각대금으로 한국은행총재에게 신고 없이 국내의 주거용 부동산을 구입하였는데, (해외에서 유입된 자금이 아니므로 한국은행신고사항이다.)

② 이후 해당 부동산을 처분한 뒤 매각대금을 재외동포 재산반출 절차를 통해 미국으로 송금하려고 하던 중 취득 신고 누락 사실이 발각됨 → 국내부동산 취득 신고누락

(거래당사자 유의사항)

- 외국인 비거주자가 국내에 있는 부동산(부동산에 관한 권리 포함)을 상속(유증)받는 경우에는 취득 신고의 예외에 해당함
- 그러나 상속받은 부동산을 처분 후 국내 부동산을 취득하는 경우에는 한국은행총재에 신고해야 함에 유의(해외유입이 아니므로 한국은행 신고임)

(은행의 유의사항)

- 외국환거래법령상 비거주자인 경우 국내부동산 취득신고가 되어있는지 확인하고, 신고 사실이 없는 경우 신고 예외대상에 해당하는지 확인할 필요
- 부동산 취득자금을 해외에서 전액 반입하였는지(외국환은행에 신고함) 혹은 국내에서 일부조달하거나 보증금 있는 집을 취득하였는지(한국은행에 신고함)에 따라 외국환은행과 한국은행총재 중 어디에 신고해야 하는지 달라짐을 유의
- 미국시민권자(외국인)의 비거주자의 국내부동산 취득 후 매각대금의 지급 (규정 제9-43조)에 해당하므로 '재외동포재산반출' 규정(규정 제4-7조)을 적용할 수 없음

■ 내용파악 실제사례

문 제

비거주자의 국내부동산 취득 등에 대한 내용이다. 옳지 않은 것은?

> 미국의 유명 배우인 안젤리나 졸리의 아들 매덕스 씨는 서울 연희동 소재 Y대에 입학하고자 광화문 근처에 주거지를 정하고 전세로 입주하였다.

① 신고예외이다.
② 외국환은행에 신고하여야 한다.
③ 지정거래은행에 신고하여야 한다.
④ 한국은행에 신고하여야 한다.

해설 전세는 임차에 준하며 소유권 취득이 아니므로 신고예외이다.

정답 | ①

■ 외국인의 국내부동산 취득과 처분에 대한 사례

문 제

다음 내용에 대한 설명으로 옳지 않은 것은?

미국시민권자인 Bill 황 씨는 부친으로부터 ⓐ한국 내 부동산을 상속받은 후 이를 처분하고 주거용 부동산을 ⓑ구입하였다. 그 후 이 부동산을 처분한 후 ⓒ재외동포재산반출 절차를 통하여 처분대금을 해외송금하고자 ⓓ외국환은행을 대외송금 지급절차를 밟고자 한다.

① ⓐ의 경우 신고예외이다.
② ⓑ의 경우 외국환은행에 신고하여야 한다.
③ ⓒ의 경우 재외동포 재산반출 규정을 적용할 수 없다.
④ ⓓ의 경우 부동산 취득을 입증하는 서류를 제출하여야 한다.

해설 외국 시민권자는 완전한 외국인이므로 상속·유증에 의한 경우 국내부동산 취득은 신고예외이다. 외국인이므로 국내부동산 취득 시 신고하여야 하는데 이 경우 두 가지로 나뉜다. 해외에서 유입한 자금으로 취득 시에는 외국환은행 신고이지만 (상속받은 재산은 국내재산이므로) 이 상속자금으로 취득 시에는 한국은행에 신고하여야 한다. 그리고 시민권 취득 이후에 국내의 부동산 취득이므로 '재외동포 국내재산반출 규정(규정 제4-7조)'에 의한 대외송금은 불가하며, '비거주자의 국내부동산 취득 및 매각(규정 제9-42조, 제9-43조)'에 의하여 외국으로 송금할 수 있다.

정답 | ②

【외국기업 국내지사】

■ 비거주자가 국내에 지점 또는 사무소("국내지사"라 한다)를 설치하고자 하는 경우,
  * 자금의 융자, 해외금융알선 및 중개, 카드업무, 할부금융 등 은행업 이외의 금융관련업무와 증권, 보험관련업무를 하고자 하는 자는 **기획재정부장관에게 신고해야 함**
  * 국내지점·사무소의 구분
    지점 : 국내에서 수익을 발생시키는 영업활동을 수행
    사무소 : 업무연락, 시장조사, 연구개발활동 등 비영업적 기능만 수행
    가. 국내지점의 경우 : 외국인투자촉진법에 의한 "외국인투자에관한규정"상 **허용되지 아니하는 업종**
      예시) 정부행정, 교육기관, (신설)공공성격 관련업(방송업 등)
    나. 국내사무소의 경우 : 당해 사무소설치만으로 지점과 동일하게 업무를 영위할 수 있는 **알선업(유학알선업, 고용알선업 등은 설치할 수 없다.)**
      (※ 출제예상) 다음의 방법으로 영수한 자금은 영업기금으로 인정하지 아니함
      가. 지정거래외국환은행 이외의 은행을 통하여 자금을 영수한 경우
      나. 휴대수입한 자금인 경우
      다. 원화자금인 경우
      라. 송금처가 본사가 아닌 경우(다만, 본사를 대신하여 자금집중센터 등이 송금한 자금 제외)
      마. 자금용도가 영업기금에 해당되지 않는 경우(물품대금, 용역 대가, 법인세 등과 본사를 대신하여 경비 및 본사가 국내거주자와의 계약이행을 위하여 송금한 자금 등)

외국기업의 국내지사 설치에 대한 설명으로 옳지 않은 것은?

① 거래은행을 지정하여야 한다.

② 송금처가 본사를 대신하여 자금집중센터 등이 송금한 자금은 영업기금으로 인정할 수 없다.

③ 결산순이익금의 대외송금 시 당해 회계기간의 순이익금의 영업기금 도입액에 대한 비율이 100분의 100 이상이거나 순이익금이 1억원을 초과할 경우에는 공인회계사의 감사증명서를 제출받는다.

④ 사무소설치만으로 지점과 동일하게 업무를 영위할 수 있는 알선업은 할 수 없다.

정답 | ②

【기타자본거래】

① 3가지 형태의 거래(거주자 간의 외국통화표시 기타자본거래, 거주자와 비거주자 간의 기타 자본거래, 비거주자 간 내국통화표시 기타자본거래) 중에서 특히 '거주자와 비거주자 간'의 거래에 유의한다.

다음의 사례를 읽고 외국환거래규정상 거쳐야 할 신고등의 절차로 옳은 것은?

> 우리나라 부동산 개발업자인 'A개발(주)'는 제주도에 아파트 개발사업을 앞두고 중국의 투자자로부터 투자금을 받기로 투자계약을 체결하였다. 투자방식은 증권취득이 아닌 공동사업에 대한 계약상의 권리로 투자**조합**의 형태이며 사업기간은 총 5년으로 하고 개발사업수익은 50:50으로 약정하였다

① 수탁은행 기관의 장에게 신고　　　　② 외국환은행의 장에게 신고
③ 한국은행총재에게 신고　　　　　　　④ 기획재정부장관에게 신고

해설 (1) 한국은행총재에게 신고이다.

(2) 동 거래의 신고의무자가 투자를 받는 A개발(주)인가? 또는 중국의 투자자인가? 부터 따져야 한다. 일단 지문에서 외국환거래규정상이라고 했기 때문에 '외국인 투자촉진법'과 무관하여 중국의 투자자가 신고하는 주체가 아니므로 한국의 A개발(주)가 한국은행에 신고하여야 할 의무를 가진다.

(3) 지문에서 증권취득이 아닌 조합의 형태라고 했기 때문에 외국환은행이 이 조합 형태에 대한 국제법상의 지식이 없을 수 있기 때문에 한국은행신고사항이다.

(4) 외국환거래규정 제7 – 46조(신고 등)

② 거주자와 비거주자 간에 제1항(외국환은행에 신고) 및 제7 – 45조(신고예외)의 규정에 해당하는 경우를 제외하고 제7 – 44조(적용범위)에 해당하는 거래 또는 행위(※ 비거주자와 투자조합계약 체결등)를 하는 경우에는 당해 거주자가 한국은행총재에게 신고하여야 한다. (※ A개발(주)가 신고의무자임)

정답 | ③

의류제조업체인 토마토의류(주)는 베트남 소재 A사로부터 재봉기계를 30만 달러에 구입한 후 베트남 현지 거래업체 B사에 재봉기계를 임대하고 매월 임대료를 수취하고 있다. 신고사항은?

① 신고예외
② 외국환은행의 장에게 신고
③ 한국은행총재에게 신고
④ 기획재정부장관에게 신고

해설 외국환은행의 장에게 신고하여야 한다. 거주자와 비거주자 간의 계약 건당 3천만불 이하인 **부동산 이외의 물품 '임대차' 계약**은 외국환은행에 신고하여야 한다. 3천만불 초과 시에는 한국은행에 신고하여야 한다.

정답 | ②

규정 제7-44조(적용범위) ① 거주자와 비거주자 간의 다음 각호의1에 해당하는 거래 또는 행위를 함에 관하여는 이 관에서 정하는 바에 의한다.
  1. 거주자와 비거주자 간의 **임대차계약**(비거주자의 국내부동산 임차는 제외한다) · 담보 · 보증 · 보험(「보험업법」에 의한 보험사업자의 보험거래는 제외) · 조합 · 채무의 인수 · 화해 기타 이와 유사한 계약에 따른 채권의 발생등에 관한 거래

제7-46조(신고 등) ① 비거주자와 다음 각호의1에 해당하는 거래 또는 행위를 하고자 하는 거주자는 외국환은행의 장에게 신고하여야 한다.
  1. 거주자와 비거주자 간에 계약 건당 미화 3천만불 이하인 경우로서 부동산 이외의 물품임대차 계약을(소유권 이전하는 경우를 포함한다) 체결하는 경우
  2. 소유권 이전의 경우를 제외하고 국내의 외항운송업자와 비거주자 간의 선박이나 항공기를 임대차기간이 1년 이상인 조건으로 외국통화표시 임대차계약을 체결하는 경우

거주자 갑은 현금과 주식의 합계 1억원을 미국시민권자인 자녀 A에게 증여하였고 이후 관할세무서에 증여신고를 하였다. 외국환거래법상 신고사항은?

① 신고예외
② 외국환은행의 장에게 신고
③ 한국은행총재에게 신고
④ 기획재정부장관에게 신고

해설 한국은행총재에게 신고하여야 한다. 거주자(갑)의 비거주자(자녀 A)에 대한 증여(단, 상속, 유증은 제외함)는 한국은행 신고사항이다. 세법상 관할 세무서에 신고를 완료한 거래이더라도 외국환거래법상 신고 등을 요하는 경우 외국환거래법에 따른 신고기관에 신고하여야 한다.

정답 | ③

거주자와 비거주자 간의 기타자본거래에서 신고대상에 속하는 것은?

① 수출신용장의 해외양도
② 신용카드의 현금서비스 이용
③ 국내부동산의 임대차 계약의 체결
④ 물품의 유상임대차 계약의 체결

해설 거주자와 비거주자 간의 건당 미화 3천만불 이하의 경우로서, 부동산 이외의 물품임대차계약(소유권을 이전하는 경우를 포함)을 체결하는 경우에는 거주자가 외국환은행에 신고한다.

> 규정 제7-46조(신고 등) ① 비거주자와 다음 각호의 1에 해당하는 거래 또는 행위를 하고자 하는 거주자는 외국환은행의 장에게 신고하여야 한다.
> 1. 거주자와 비거주자 간에 계약 건당 미화 3천만불 이하인 경우로서 부동산 이외의 물품임대차 계약을(소유권 이전하는 경우를 포함한다) 체결하는 경우
> 2. 소유권 이전의 경우를 제외하고 국내의 외항운송업자와 비거주자 간의 선박이나 항공기를 임대차기간이 1년 이상인 조건으로 외국통화표시 임대차계약을 체결하는 경우

정답ㅣ ④

다음 중 거주자와 비거주자 간의 기타자본거래에서 신고예외는?

① 거주자의 통합자금관리
② 화해
③ 역외파생금융상품인 차액결제선물환거래
④ 해외에서의 학교 또는 병원의 설립 운영과 관련된 행위

해설 역외파생금융상품인 차액결제선물환거래(NDF거래)는 신고예외이다. 나머지는 모두 한국은행 신고사항이다.

정답ㅣ ③

【현지금융】

① 국내법인(거주자)의 해외소재 자회사 등이 해외차입 시 신용이 부족하여 국내의 모회사(국내법인)가 보증하는 형태가 주류를 이룬다. 보증도 국가 빚이 될 수 있으므로 국부의 유출을 사전 방지하는 측면에서 사후관리를 받아야 한다.

> 거주자 또는 현지법인등이 현지금융을 받고자 하는 경우에는 다음의 구분에 따라 사후보고하여야 함
> 이 경우 주채무계열 소속 기업체는 부득이한 경우를 제외하고 주채권은행을 현지금융 거래외국환은행으로 지정하여야 함
> 가. 거주자의 현지금융 : 당해 현지금융을 받는 거주자의 현지금융 지정거래외국환은행의 장에게 사후보고
> 나. 현지법인등의 현지금융 : 당해 현지법인등을 설치한 거주자의 현지금융 지정거래외국환은행의 장에게 사후보고
> 다. 거주자의 외화증권발행 방식에 의한 현지금융 : 거주자의 현지금융관련 지정거래외국환은행의 장에게 사후보고. 다만, 미화 5천만불을 초과하는 현지금융을 신규로 받고자 하는 경우에는 지정거래외국환은행을 경유하여 기획재정부 장관에게 신고하여야함

② 현지금융 수혜자와 현지금융에 대하여 지정거래은행에 신고자의무자를 잘 파악하여야 한다.

> ▶ 현지금융 수혜대상자
> 1. 거주자(개인 및 개인사업자 제외)
> 2. 거주자(개인 및 개인사업자 제외)의 해외지점(독립채산제 예외적용지점 제외)
> 3. 거주자(개인 및 개인사업자 제외)의 현지법인(현지법인이 50% 이상 출자한 자회사 포함) 현지법인이란 외국환거래규정에 의하여 신고등을 하여 설립한 외국에 있는 법인을 말한다.

차입주체	보증·담보제공	신고의무자	신고기관
거주자의 현지금융*	보증·담보제공이 없는 경우	당해 거주자	지정거래 외국환은행
	본인 혹은 외국환은행의 보증·담보제공		
	다른 거주자의 보증·담보제공	보증제공자	
현지법인등의 현지금융	보증·담보제공이 없는 경우	신고면제	
	외국환은행의 보증·담보	당해 거주자	지정거래 외국환은행
	당해 거주자 혹은 다른 거주자의 보증·담보제공	보증제공자	

※ 단, 거주자가 외회증권발행방식의 미화 5천만불 초과 현지금융을 받고자 하는 경우에는 기획재정부장관 신고사항

빈출 문제

다음 중 현지금융의 수혜대상자로 옳은 것은?

① 개인사업자가 설립한 현지법인
② 외항운송업자 및 원양어업자의 비독립채산제 해외지점
③ 국내 건설사 본사의 현지법인이 50% 이상 출자한 현지 자회사
④ 국내 반도체회사의 해외사무소

해설 ① 개인이나 개인사업자가 설립한 현지법인은 현지금융을 수혜할 수 없다.
② 외항운송업자(대한항공 등) 및 원양어업자(동원참치 등)의 비독립채산제 해외지점은 현지금융을 받을 수 없다. 이런 해외지점이 외화자금이 필요한 경우 국내 본사에 의존하라는 의미이다.
③ 국내건설사 본사의 현지법인이 50% 이상 출자한 현지 자회사는 현지금융수혜대상이다.
④ 국내 반도체회사의 해외사무소는 영업활동을 하지 않으므로 현지금융 자체가 필요 없다.

정답 | ③

예상 문제

현지금융에 대한 설명으로 옳지 않은 것은?

① 거주자는 국내 법인이어야 한다.
② 현지법인이 현지에서 자기신용으로 차입 시 신고예외이다.
③ 거주자가 해외직접투자 투자자본금을 충당하기 위한 현지차입도 현지금융 신고대상이다.
④ 현지법인등과 국내거주자 간의 인정된 경상거래에 따른 결제자금은 국내유입이 가능하다.

해설 국내기업인 거주자가 해외직접투자 투자자본금을 충당하기 위한 현지차입은 현지금융 신고대상이 아니며 거주자의 해외차입규정에 의하여 신고하여야 한다. 현지금융은 기본적으로 해외차입과 해외투자의 연결이므로 자본금 조달의 수단이 아니다.

정답 | ③

외국환거래규정에서는 아래 3가지 상황이 '현지금융'에 해당한다.

1) 국내거주자가 해외에 현지법인이나 지점도 없이 해외은행에 구좌만 있는 상황에서 외국은행 등(비거주자)에서 차입(또는 증권발행)하여 해외투자를 하는 경우

2) 해외현지법인이나 해외지점이 국내의 모기업, 계열사 · 다른 거주자(협력사 등) 또는 우리나라 외국환은행의 보증 · 담보를 받아 해외 외국은행 등(비거주자)에서 차입하여 해외투자를 하는 경우(그러므로 국내보증이 없는 현지법인과 해외지점의 자체신용에 의한 차입은 현지금융이 아님에 유의한다)

3) (우리나라)외국환은행의 역외차입자금을 현지법인 등에 역외대출하는 경우로 들 수 있다. 규정 제8-1조 제2항의 '역외금융대출'에 해당하는 것으로, 국내은행이 역외계정으로 회계처리한 경우 현지금융에 해당한다. 이는 순전히 회계처리상의 현지금융이다. 혼동하지 말아야 할 것은 거주자의 해외 증권발행(규정 제7-22조)에 의한 차입과 다르므로 구분하여야 한다. 왜냐하면 거주자의 증권발행에 의한 차입은 그 자금이 국내도입이 가능하지만 현지금융은 국내도입이 금지된 것에 차이가 있다. (다만, 현지금융에 의한 자금도 국내본사와의 무역거래 결제대금으로는 유입될 수 있는 예외가 있다. 이 규정 조문에서 '인정된 경상거래'라고 표현하였다.)

빈출 문제

다음 중 현지금융의 설명으로 옳지 않은 것은?

① 거주자가 다른 거주자의 보증으로 현지금융을 받고자 하는 경우에는 그 다른 거주자가 거주자의 지정거래외국환은행에 신고하여야 한다.

② 현지법인등이 현지금융을 받고자 하는 경우 외국환은행의 보증이 있는 경우에는 그 현지법인등을 설치한 거주자가 지정거래외국환은행의 장에게 신고하여야 한다.

③ 현지법인등이 거주자의 보증 등을 받지 아니하고 자체신용으로 현지금융을 받고자 하는 경우에는 현지법인이 지정거래외국환은행에 신고하여야 한다.

④ 현지금융을 받은 자 또는 현지금융 관련 보증 등을 제공한 자가 그 원금 및 이자와 부대비용을 국내에서 외국에 지급하고자 하는 경우에는 지정거래외국환은행을 통하여 송금하여야 한다.

해설 현지법인등이 거주자의 보증 없이 현지금융을 받는 경우에는 이 장에 의한 현지금융의 사후보고를 요하지 아니함. 다만, 해외지점과 다음에 해당하는 현지법인이 자기신용으로 차입받은 경우에는 현지금융 반기보고 시 포함하여 보고하여야 함
　　가. 거주자의 투자비율이 100분의 50 이상인 현지법인
　　나. 상기 현지법인이 100분의 50 이상 출자한 자회사
이 현지금융 규정은 외화자금의 국내유입은 없는데 비해(단, 예외로 해외투자에 대한 물품공급 경상거래의 대금은 국내로 유입가능) 차입금 상환책임은 보증 등을 제공한 국내거주자에게 있으므로 추후 국부유출의 가능성이 크기 때문에 이를 규제한다. 그리고 해외소재국가의 법적 통제를 받는 현지법인(비거주자)을 우리나라 외국환거래법으로 규제하기가

어려우므로 보증 등을 제공한 거주자를 대상으로 사후관리 의무를 부여한다. 즉, 외화자금을 차입한 현지법인을 규제하는 것이 아니라 차입금에 보증을 선 거주자를 규제하는 것이다. (이는 마치 외국환거래규정상 유학생경비 규제는 정작 돈을 소비한 유학생을 규제하는 것이 아닌 그 경비를 송금한 유학생 부 또는 모를 규제하는 논리와 같다.)

정답 | ③

【해외직접투자】

① 출제비중이 높은 분야이다. 해외직접투자는 (비교적 금액이 큰) 외화의 유출이기에 (과거 60~70년대에는) 외화도피수단으로 악용된 사례가 많아서 정책당국의 트라우마(?)가 있는 규정이다. 삼성전자가 미국에 반도체 파운드리 공장을 짓는 경우가 대표적인 해외직접투자이다. 대단한 외화유출이 될 것이다. 물론 공장 완성 후 배당금 등의 형태로 국내로 외화가 유입될 것이지만 그건 나중의 일이고 일단 '투자'란 항상 불확실성을 가진다. 엄청난 외화의 유출임에 틀림없을 것이다. 그러나 한국인이 증권사의 HTS로 통한 해외주식투자는 해외 '간접'투자에 해당한다.

빈출 문제

다음 중 외국환거래법시행령에서 정한 해외직접투자에 해당하지 않는 것은?

① 투자비율이 10% 미만이지만 임원을 파견하여 지속적인 경제관계를 수립하는 것
② 이미 투자한 외국법인에 대해 상환기간 1년 이상의 금전을 대여하는 것
③ 해외자원개발을 위한 조사자금이나 해외자원의 구매자금을 지급하는 것
④ 계약기간이 1년 이상인 원자재 또는 제품의 매매계약의 체결하는 것

해설 해외자원개발사업 또는 사회간접자본 개발사업을 위한 자금은 해외직접투자로 인정되지만 자원개발을 위한 '조사자금' 이나 해외자원의 '구매자금'은 해외직접투자로 인정되지 않는다. (◀ 빈출지문)

정답 | ③

■ 투자규모별 신고등 의무

보고기한	제출 보고서 명칭	투자금액 등	비고
투자 후 6개월	외화증권(채권)취득 보고 (법인설립보고 포함)	사전신고	
회계종료 후 5월	연간사업실적보고서	투자금액 300만불 초과 시 해당	부동산관련업(해외골프장운영 등)은 금액무관 의무제출
	현지법인투자현황표	투자금액 200만불 초과~300만불 이하 시 해당	투자금액 200만불 이하 시 보고서 제출면제
즉시	해외직접투자사업 청산 및 대부채권 회수보고서(금전대여의 경우 원리금 회수내용 포함) : 청산자금 영수 또는 원리금 회수 후 즉시		

(단골출제내용)【해외직접투자의 주요 사후관리보고서】

가. 외화증권(채권)취득보고서(법인 및 개인기업 설립보고서를 포함) : 투자금액납입 또는 대여자금 제공 후 **6개월 이내**. 다만 해외자원개발사업 및 사회간접자본개발사업으로서 법인형태가 아닌 투자의 경우에는 제출을 면제함

나. 송금(투자)보고서 : 송금 또는 투자 즉시(투자금액을 현지금융으로 현지에서 조달하는 경우 투자시점)

다. **연간사업실적 보고서(해외자원개발사업 및 사회간접자본개발사업으로서 법인 형태가 아닌 투자의 경우는 제외함) : 회계기간 종료 후 5개월 이내**

다만, 신고기관의 장은 부동산관련업 이외의 투자사업으로서 투자금액의 합계가 미화 200만불 이하인 경우에는 제출을 면제할 수 있으며, 미화 300만불 이하인 경우에는 현지법인 투자현황표로 갈음할 수 있음

라. 해외직접투자사업 청산 및 대부채권 회수보고서(금전대여의 경우 원리금회수내용 포함) : 청산자금 영수 또는 원리금 회수 후 **즉시**

마. 현지법인의 휴·폐업, 현지의 재난·재해 등의 불가피한 사유, 개인투자자의 시민권 또는 영주권 취득 등의 경우, 해당기간 중 사후관리를 중지하며 지정거래은행은 사후관리의무 면제 사실을 한국수출입은행장에게 보고하여야 한다.

빈출 **문제**

해외직접투자의 사후관리 보고서의 보고 기한으로 적절하지 않은 것은?

① 외화증권취득보고서 : 투자 후 6개월

② 연간사업실적보고서 : 회계 종료 후 3월

③ 대부채권회수보고서 : 즉시

④ 투자사업청산보고서 : 즉시

해설 연간사업실적보고서(해외자원개발사업 및 사회간접자본개발사업으로서 법인 형태가 아닌 투자의 경우 제외)는 회계기간 종료 후 5개월 이내에 제출하여야 한다. 단, 신고기관의 장은 부동산관련업 이외의 투자사업으로서 투자금액의 합계가 미화 200만불 이하인 경우에는 연간사업실적보고서 제출을 면제할 수 있으며, 미화 300만불 이하인 경우에는 현지법인 투자현황표로 갈음할 수 있다.

정답 | ②

다음 중 해외직접투자의 투자수단이 될 수 없는 것은?

① 대외채권   ② 산업시설인 기자재

③ 원화대출   ④ 해외법인 청산자금

해설 해외직접투자의 투자수단에는 지급수단(송금), 자본재(산업시설인 기계, 기자재, 기구, 부속품, 시운전용 원료 등), 산업재산권 등(특허권, 상표권 등), 현지법인의 이익유보금 및 자본잉여금, 해외법인(지점, 사무소 포함)의 청산 잔여재산, 대외채권, 주식 등이 가능하다.

정답 | ③

■ 해외직접투자 내용변경 신고 또는 보고

- **내용변경 신고대상** : 해외직접투자 유효기간 연장, 대부투자기한 연장, 대부투자 상환방법·금리변경 등의 경우에는 내용변경 보고가 아닌 내용변경 '신고'대상이다.

- **내용변경 보고대상** : (변경사유발생 후 5개월 이내에 당해 신고기관의 장에게 보고하여야 함)

  ※ 내용변경 사유 예시

  가. 투자자의 상호·대표자·소재지, 현지법인명·현지법인의 소재지 변경

  나. 현지법인의 자회사 또는 손자회사의 지분율이 변경된 경우

  다. 투자지분감액(※ 그러나 증액은 신규신고대상임), 투자지분양도, 현지법인의 자회사 및 손회사 설립·투자금액변경·청산 시

  ※ 다만, 투자자의 투자금 변동 없이 지분율이 변동한 경우에는 보고대상에서 제외함

빈출 문제

다음 중 해외직접투자의 내용변경 보고사항이 아닌 것은?

① 투자의 유효기간 연장

② 현지법인의 자회사 및 손회사 설립

③ 투자지분양도

④ 투자금액변경·청산 시

해설 유효기간 연장은 내용변경 신고사항이다.

정답 | ①

■ (해외직접투자)대부투자 및 증액투자

① 증액투자 : 기 설립 현지법인에 추가출자 시는 신규신고절차로 처리

② 대부투자 : 기 설립법인에 한하며 상환기간 1년 이상의 금전대여로 대부채권을 처리, 만약 1년 미만의 대부 시에는 해외직접투자 요건이 아닌 대부투자이므로 **지정거래은행에 금전대차로 신고 : 과거 한국은행 신고를 지정거래은행 신고로 개정함**

예상 문제

해외직접투자의 내용으로 적절하지 않은 것은?

① 기 설립한 현지법인에 대한 추가출자는 신규 신고절차에 의하여 처리한다.

② 1년 미만 대부투자는 해외직접투자요건이 아니므로 한국은행 신고사항이다.

③ 거주자 간의 지분양도 시 양수인은 즉시 신고하여야 한다.

④ 자회사란 기설립 현지법인이 10% 이상 출자 등으로 설립한 회사를 말한다.

해설 1년 미만 대부투자는 해외직접투자의 요건에 해당하지 아니한다. 따라서 거주자의 비거주자에 대한 대출(규정 제7-16조)로 취급하되 (법규 개정으로 한국은행 신고가 아닌) 지정거래외국환은행에 신고한다.

정답 | ②

【역외금융회사에 대한 해외직접투자】

① 역외금융회사(paper company)는 통상 역외펀드를 말한다. **경영에 참가하기 위한 목적으로** (투자, 대출, 보증 등 포함하여) 10% 이상 투자(해외직접투자 기준과 동일함)

② 룩셈부르크, 홍콩, 싱가포르, 바하마, 버뮤다, 말레이시아 라부안, 카리브해 케이먼군도 등이 대표적인 역외펀드(국내법이 아닌 현지의 법에 의거 탄생) 거점이라 할 수 있다. 국내 금융기관의 역외펀드 설립(계약형과 회사형 모두)은 **한국은행 신고사항**이다. (개인 및 개인사업자는 설립할 수 없다.)

③ 다만 ABS발행·선박 및 항공기 도입금융·Project Financing 관련 SPC, 제조업 및 금융·보험업을 위한 지주회사 등은 동 규정인 역외금융회사의 범위에서 **제외한다**.

• **'계약형태'란 어휘**

기본서에서 역외금융회사 또는 외국금융기관에 소속된 자금운용단위(펀드란 의미)에서 **계약 형태(※ 투자신탁의 형태를 말함)**에 해당하는 (개인 및 개인사업자를 제외한 거주자의) 펀드투자도 이 역외금융회사에 대한 해외직접투자에 해당한다는 표현이 나온다. 이는 역외금융회사(펀드임)의 형태는 '회사' 형태가 아닌 **'계약' 형태도 포함한다는 의미로서**, 펀드 수업한 수험생들은 펀드의 형태는 투자신탁형(계약형), 투자회사형의 두 가지로 구분되는 것을 이해할 것이다. 즉 역외금융회사란 사실상 펀드 형태이므로 어떤 형태이든 규제를 하겠다는 의미이다. 즉, 외국금융기관을 이용한 우회적인 펀드설립도 규제대상이다.

예상 문제

일반기업의 역외금융회사 설립 시 신고등의 방법으로 옳은 것은?

① 신고예외 ② 외국환은행 신고
③ 한국은행 신고 ④ 금융감독원 신고

해설 금융기관이 아닌 일반회사의 역외금융회사 설립은 한국은행 신고사항이다.

정답 | ③

【(비금융기관)국내기업의 해외지사】

① 금융기관의 해외지사는 별도규정인 '금융기관의 해외진출에 관한 규정'에 의한 금감원의 신고(수리)가 따로 있으므로 이 절은 비금융기관에 대한 규정이다. 과거 1988년 서울 올림픽 개최 이전, 즉 해외여행이 자유화되기 전에는 해외지사 설치는 엄청난 혜택이었다. 지사를 설치해서 회사 일을 핑계 삼아 해외로 들락거리면서 외화 낭비를 했기 때문이다.

② 그 당시는 공영방송 KBS의 뉴욕지사(여기서 말하는 해외지사에 해당) 특파원의 급여송금도 금액을 제한하였다. 그러나 이제 부자나라가 된 한국은 이러한 제한을 철폐하여(주재원 수에 따른 유지활동비 한도제한이 없이) 송금이 자유롭지만 여전히 과도한 외화유출을 방지하고자 입출금을 지정거래은행을 통하여야 한다. (금액 등이 국세청, 관세청 및 금융감독원에 통보되어 모니터링 된다.)

③ **해외지점**의 영업기금(설치비, 유지운영비, 영업활동을 위한 운영자금)은 '해외지사경비지급신고서'에

의하여 지정거래은행을 통하여 송금되어야 한다. 그러나 독립채산제 적용대상이 아닌 해외지점이나, 외항운송업자 및 원양어업자, 해외건설 및 용역사업자는 (영업기금이 아닌) 사무소경비지급인 설치비 및 유지활동비 형태로 지급해야 한다.

④ **해외사무소**의 설치비 지급은 지점과 동일서식인 '해외지사경비지급신고서'를 제출하여 설치비를 지급하여야 한다. 그러나 (지점경비 지급 시에는 신고사항이나) '유지활동비' 지급은 확인사항이므로 송금신청서에 의해 처리한다. (유지활동비란 주재원에 대한 급여등으로서 한도제한이 없다.)

⑤ 지정거래외국환은행의 장(한국은행총재 신고내역을 포함한다)은 신고인으로부터 영업활동보고서를 제출받은 후 본점앞 보고하여야 하며 본점은 매 익년도 8월 이내에 **한국수출입은행장앞 보고**하여야 함. 다만, 해외사무소와 독립채산제의 적용을 받지 않는 해외지점(비독립채산제)의 경우에는 한국수출입은행장앞 제출을 생략한다. 신고기관의 장은 휴·폐업, 소재불명 등의 경우에 그 사실을 입증할 수 있는 자료를 보관하고 한국수출입은행장에게 해외직접투자 사후관리의무면제보고서를 작성·제출하여야 한다.

빈출 | 문제

(비금융기관)해외지사 설치등에 대한 내용으로 옳지 않은 것은?

① 해외지사의 경비지급내역은 국세청과 관세청 및 금융감독원에 통보된다.

② 해외사무소의 유지활동비는 지급한도 제한이 없다.

③ 과거 1년간 외화획득실적이 30만불 이상인 자는 해외지점 설치자격이 있다.

④ 해외지사 폐쇄 시 즉시 지정거래은행에 폐쇄보고하여야 한다.

해설 30만불 이상은 해외사무소 설치자격이다. 지점 설치는 100만불 이상이다. 외화획득실적과 수출입실적은 다른 개념이다.

정답 | ③

---

① (금융기관이 아닌) 일반 국내기업의 해외지사가 (본업이 아닌) 부동산취득, 증권거래, 금전대여를 할 사유가 있는가? 그러나 파견직원용 사택(또는 영업용 점포)을 위한 부동산취득이나, 현지 나라의 법규상 증권매입을 해야 할 경우는 신고예외로 실행 가능하지만 그 외는 한국은행 신고수리 사항이다.

② 그리고 해외지사에서 번 돈을 국내송금하지 아니하고 현지에서 비용으로 쓸 수 있는가? 대한항공 싱가포르 지사가 현지 직원 인건비로 현지에서 번 돈을 지출시키는 것이 효율적이다. (국내항공사의 당해 연도 수입금의 30% 이내에서 직접 사용할 수 있다.)

예상 | 문제

해외지점의 영업활동 중 제한사항이 아닌 것은?

① 부동산 취득   ② 증권거래

③ 본사와의 경상거래   ④ 금전의 대여

해설 해외지점의 업무범위 중에서 부동산 취득, 증권관련 거래 및 금전대여는 예외사항을 제외하고는 모두 한국은행 '신고수리' 사항이다. 그러나 예를 들어 부동산 취득의 경우, 영업기금과 이익유보금액 범위 내에서 주재원의 주거용 부동산 취득은 업무용 부동산 거래는 신고할 필요가 없다.

정답 | ③

■ 영업기금이란 용어는 '비금융회사', 즉 제조업등의 지점(사무소가 아님)에 해당하는 용어이며, 해외지점 영업기금인 갑기금, 을기금은 일반 거주자인 법인이 아닌 **금융기관(외국환은행)'의 영업기금**을 일컫는 용어이므로 암기 시 혼동하지 않아야 한다.

【보고 · 검사 및 사후관리 · 제재】

① '특정금융정보법'상의 STR의 내용과 CTR(금액 1,000만원 이상, 단 100만원 이하의 원화송금 및 100만원 상당의 외국통화 매매는 제외함)
② 금융회사등의 고객주의(확인)의무(CDD) : 금융회사등에 1천만원 또는 미화 1만불 이상의 일회성금융 거래(전신송금은 1백만원, 카지노는 3백만원 이상, 다른 통화 포함)인 무통장입금(송금)외화송금, 환전, 자기앞수표, 보호예수 등 **계좌에 의하지 않는 거래 (※ 고객확인의무 위반 시 3천만원 이하 과태료 부과)**
③ 한국은행의 검사대상은 외국환중개회사(금융결제원), 외국환거래당사자, 금융기관(금융감독원과 공동 검사에 한함)

■ 사후관리 및 제재

　(1) 행정처분(경고) : 자본거래 위반금액 미화 5만불 이하, 지급등 · 지급등의 방법 · 지급수단등의 수출입위반 금액이 미화 1만불 이하는 경고 대상임

　(2) 과태료 : 법 제18조(자본거래신고위반)는 20억원, 법 제16조(지급등의 방법 신고위반)는 50억원 이하는 과태료를 부과하고 이 금액 초과 시 형법적용(1년 이하의 징역 또는 벌금)

예상 문제

외환거래 관련 제재등에 대한 설명으로 옳지 않은 것은?

① 20억원 이하의 자본거래 신고 위반 시 과태료 부과대상이다.

② 50억원 초과의 지급등의 방법 신고 위반 시 형벌적용대상이다.

③ 금융위원회(금융감독원장)와 관세청(세관장)은 과태료를 부과할 수 있는 기관이다.

④ 형벌적용은 국세청, 관세청, 검찰청, 경찰청, 법원 등에서 담당한다.

해설 국세청은 외환업무와 관련된 위탁사항이 없으므로 형벌적용을 담당할 수 없다.

정답 | ④

■ 과징금

　과징금은 개인이 아닌 외국환업무취급기관의 법령위반에 대하여 업무정지 등에 대신하여 금전(취득한 이익범위 내에서)으로 하는 벌칙이다. 왜냐하면 은행의 특정 지점을 업무정지시키면 결국 금융소비자가 불편을 겪어 피해보기 때문이다.

예상 문제

금융감독원의 행정처분 유형이 아닌 것은?

① 경고　　　　　　　　　　　　　② 1년(12개월)간 거래정지

③ 6개월 거래정지　　　　　　　　④ 고발 조치

해설 고발 조치는 사안이 중요하여 행정처분으로 해결할 수 없는 경우이다.

정답 | ④

【외국인 직접투자 제도】

① 외국인 직접투자 제도는 외국환거래법이 아닌 외국인투자촉진법임에 유의한다. 따라서 출제문항에서 **외국인이 국내주식을 취득(투자)할 경우, '외국환거래법'상의 주식 취득인지, '외국인투자촉진법'상의 주식 취득인지 구분하여야 한다.** 출자목적물은 뭐든 가능하다. 즉, 외국인 소유 국내 부동산도 투자 가능하다. (외국인 소유 '외국' 부동산은 당연 불가!)

기 출 문 제

외국인 직접투자 신고절차로 옳은 것은?

① 투자상담 → 투자자금도입 → 투자신고 → 법인설립등기 → 투자기업등록
② 투자상담 → 투자신고 → 투자자금 도입 → 법인설립등기 → 투자기업등록
③ 투자상담 → 투자신고 → 법인설립등기 → 투자자금 도입 → 투자기업등록
④ 투자상담 → 투자신고 → 투자자금 도입 → 투자기업등록 → 법인설립등기

해설 투자상담 → 투자신고 → 투자자금 도입 → 법인설립등기(사업자 등록) → 투자기업등록의 순이다.

정답 | ②

예상 문제

외국인투자촉진법상 외국인이 국내 직접투자 시 최저투자금액으로 옳은 것은?

① 1인당 5천만원 이상 투자할 수 있다.
② 1억원을 2인이 복수투자 시 각자 5천만원씩 투자 가능하다.
③ 2인 이상 공동 투자 시 각자 1억원 이상이어야 한다.
④ 10% 미만의 지분투자는 불가하다.

해설 2인 이상 공동 투자 시 각자 1억원 이상이어야 한다. 따라서 공동투자든 1인 투자든 관계없이 1인당 1억원 이상이어야 한다. 임원파견(또는 선임)을 할 수 있을 경우에는 지분비율이 10% 미만도 가능하다.

정답 | ③

---

② 외국환거래법이 아니므로 외국인투자 신고업무는 기획재정부가 아닌 산업통상자원부에서 관할한다. (참고로, 기본서의 12장 '대외무역법규'도 기재부가 아닌 산업통상자원부 소관사항이다.)

③ 외국인투자촉진법 상 (지정)거래은행이란 단어가 없다. '수탁기관의 장'으로 다르게 표시하며 이는 외국환은행(주로 본점)과 대한무역진흥공사(KOTRA)를 지칭한다. 사실상 거래은행지정과 유사하다. 하지만 투자신고와 등록과 말소인 경우에만 '수탁기관의 장(본사)'에 신고나 말소를 하지만 배당금 등의 대외송금은 외국환은행 영업점을 통하여 대외지금이 가능하다.

외국인투자 시 수탁은행이 아닌 일반 영업점에서 직접 처리할 수 없는 업무는?

① 투자신고
② 타발송금 투자자금의 매입환전
③ 배당금의 지급
④ 청산대금의 당발송금

해설 투자신고와 폐업으로 인한 등록말소는 수탁은행의 본점에서 취급한다.

정답 | ①

■ 외국인 직접투자의 출자목적물

외국인 소유 '국내' 부동산도 출자목적물이 될 수 있다.

외국인 국내직접 투자 시 투자목적물로 인정할 수 없는 것은?

① 대외계정의 자금
② 가축 종자 수목 등의 자본재
③ 국내주식으로부터 생긴 배당금
④ 국내의 원화차입금

해설 국내의 원화차입금인 경우 외화의 유입이 없으므로 외국인직접투자의 기본 취지에도 어긋난다. 국내주식의 배당금은 대외유출 없이 직접 투자목적물로 전환가능하다.

정답 | ④

■ 외국인 직접투자 과실등의 대외송금 보장

과실송금이 법으로 보장되어 있다. (외국환규제에 상관없이 한국정부가 투자금 반환은 약속하겠다는 의미 : 아래 외국환거래법 제62조4의 내용임)

거래법 제6조(외국환거래의 정지 등) ① 기획재정부장관은 천재지변, 전시·사변, 국내외 경제사정의 중대하고도 급격한 변동, 그 밖에 이에 준하는 사태가 발생하여 부득이 하다고 인정되는 경우에는 대통령령으로 정하는 바에 따라 다음 각호의 어느 하나에 해당하는 조치를 할 수 있다.

1. 이 법을 적용받는 지급 또는 수령, 거래의 전부 또는 일부에 대한 일시 정지
2. 지급수단 또는 귀금속을 한국은행·정부기관·외국환평형기금·금융회사등에 보관·예치 또는 매각하도록 하는 의무의 부과
3. 비거주자에 대한 채권을 보유하고 있는 거주자로 하여금 그 채권을 추심하여 국내로 회수하도록 하는 의무의 부과

② 기획재정부장관은 다음 각호의 어느 하나에 해당된다고 인정되는 경우에는 대통령령으로 정하는 바에 따라 자본거래를 하려는 자에게 허가를 받도록 하는 의무를 부과하거나, 자본거래를 하는 자에게 그 거래와 관련하여 취득하는 지급수단의 일부를 한국은행·외국환평형기금 또는 금융회사등에 예치하도록 하는 의무를 부과하는 조치를 할 수 있다.

1. 국제수지 및 국제금융상 심각한 어려움에 처하거나 처할 우려가 있는 경우
2. 대한민국과 외국 간의 자본 이동으로 통화정책, 환율정책, 그 밖의 거시경제정책을 수행하는 데에 심각한 지장을 주거나 줄 우려가 있는 경우

③ 제1항과 제2항에 따른 조치는 특별한 사유가 없으면 6개월의 범위에서 할 수 있으며, 그 조치 사유가 소멸된 경우에는 그 조치를 즉시 해제하여야 한다.

④ 제1항부터 제3항까지의 규정에 따른 조치는 「외국인투자 촉진법」 제2조 제1항 제4호에 따른 외국인투자에 대하여 적용하지 아니한다.

예상 문제

외국인직접투자의 업무 중 수탁은행 본점에서 취급하여야 하는 업무는?

① 투자자금의 국내도입

② 투자 배당금 대외지급

③ 외국인 투자지분의 양도

④ 주식 매각자금의 대외지급

해설 자금의 입출금은 영업점에서 취급하지만 외국인투자기업의 법적인 등록·양도·청산 업무는 수탁은행 본점 소관이다.

정답 | ③

【대외무역법규】

■ 용역 등의 이동으로 인한 수출

① 수출의 정의를 확인한다. ('수출실적'은 '외화획득실적'의 일부분임에 유의한다.)

② 수출의 정의, 수출실적 인정범위, 수출실적의 인정금액, 수출실적의 인정시점의 내용은 외전1종보다는 외전2종에서 더 중요한 내용이다. 외전1종 응시자는 기본적인 개념만 파악한다.

연습 문제

대외무역법상 용역의 수출에 해당하지 않는 것은?

① 용역의 국경을 넘은 이동에 의한 용역제공

② 비거주자의 국내에서의 소비에 의한 용역제공

③ 비거주자의 상업적 국내주재에 의한 용역제공

④ 거주자의 외국으로의 이동에 의한 용역제공

해설 (서비스무역에 대한 내용이다.)비거주자의 상업적 국내주재에 의한 제공은 용역의 수입이며, '거주자의 상업적 해외주재'에 의한 제공이 용역의 수출이다. (미국의 아이폰 수리업자가 한국 내에서 스마트폰을 수리하고 대가를 받는 경우가 '비거주자의 상업적 국내주재에 의한 제공'으로서 용역의 수입이다.)

① 국경을 넘는 이동에 의한 제공(외국인여행객이 한국에서 본국으로 전화를 하는 경우는 용역제공이며 통신료 수입은 용역수출에 해당)

② 비거주자의 국내에서의 소비에 의한 제공(중국인 환자가 한국에 입국하여 국내 의료기관에서 치료용역을 받는 경우 용역수출에 해당)

③ 비거주자의 상업적 국내주재에 의한 용역제공은 수입이다. (외국컨설팅업체의 한국 내 지사가 용역을 제공하는 경우는 외화가 유출되므로 용역수입) 따라서 역으로 우리나라의 컨설팅업체의 해외지사가 '거주자의 상업적 해외주재에 의한 제공'은 용역수출이 된다.

④ '거주자의 외국으로의 이동에 의한 제공'에 의한 예로, 가수 BTS가 미국에서 유료 공연한 경우는 용역수출에 해당한다. 역으로 노래 '2002'로 유명한 가수 앤마리(Anne-Marie)가 한국의 인천에서 공연을 하면 공연수입금이 (해외로) 지출되므로 용역의 수입이 된다. ('비거주자의 국내로 이동에 의한 제공'에 해당한다.)

정답 | ③

■ Incoterms 2020의 무역거래조건 11가지의 내용을 공부한 적이 없으면 FOB, CIF의 의미 파악이 힘들다. 2종 공부하는 수험생은 해당교재에서 익히기 바라며, 1종 수험생은 그냥 암기한다. (수출실적은 FOB기준, 수입실적은 CIF기준임을 묻는 출제가 있었다.)

예상	문제

대외무역법상 수출로 인정받을 수 있는 용역에 해당하는 것은?

① 특허권   ② 데이터베이스

③ 전자서적   ④ 영상물

해설 특허권은 용역의 범위에 속한다. 나머지 예는 전자적 형태의 무체물이다.

정답 | ①

■ 수출입 실적 인정 금액 및 시점

예상	문제

다음 중 수출실적 인정 대상이 아닌 것은?

① 외국인수수입   ② 내국신용장

③ 구매확인서   ④ 용역

해설 외국인도수출의 경우 외국환은행 입금액(위탁가공무역의 경우 가득액)으로 수출실적 인정금액이 산출된다. 그러나 외국인수수입은 수출실적이 아닌 수입실적에 해당한다.

정답 | ①

다음 중 수출실적 인정금액 산정방식 중 옳지 않은 것은?

① 중계무역 : 가득액(수출FOB－수입CIF가격)

② 외국인도수출 : 외국환은행 입금액(위탁가공무역의 경우 가득액)

③ 용역수출 : 거주자가 비거주자에게 용역을 제공한 후 대금청구서상의 금액

④ 내국신용장, 구매확인서 : 외국환은행의 결제액 또는 확인액

해설 용역수출의 수출실적 인정금액은 해당 용역 관련 실적 확인 및 증명발급기관이 외국환은행을 통해 입금 확인한 금액이다.

정답 | ③

■ 도표(수출입실적증명 발급 구분)를 확인한다.

【수출입실적증명 발급 구분】

구분	외국환은행	무역협회	KTNET	소프트웨어 산업협회
일반수출(통관)	은행업무상 필요시 가능	O	×	×
Local L/C, 구매확인서	O	×	O	×
용역	×	O	×	×
전자적무체물	×	O	×	O

※ 「관세청」은 수출입실적증명서 발급기관이 아님에 유의(◀ 기출문제임)

- 특정거래 형태의 수출입

  ① 연계무역, 중계무역, 외국인수수입, 이 중에서 외국인수수입(해외직접투자의 현물출자 방식도 이에 해당)과 외국인도수출의 내용을 숙지한다.

예상 문제

특정거래형태의 수출입거래의 외국인수수입과 관련성이 없는 것은?

① 위탁가공무역
② 해외건설 및 용역계약
③ 중계무역
④ 해외직접투자

해설 중계무역이란 수출할 것을 목적으로 하여 물품등을 수입하여 보세구역 및 보세구역외 장치의 허가를 받은 장소 또는 자유무역지역 이외의 **국내에 반입하지 아니하고** 수출하는 수출입을 말한다. (수출지는 제3국은 물론 동일 국가 내에서도 인정하고 있음) 지문은 수입을 물었기에 중계무역은 수출에 해당한다. 삼성전자가 해외직접투자로서 미국에 반도체 파운드리 공장을 설립하는 경우, 필요한 설비부품을 일본에서 구매하여 현지에 공급(외국인도수입)하는 경우가 해당된다.

정답 | ③

---

  ② 특히 '중계무역'에 대한 지문 비중이 높다. 우리나라 국제수지 중 상품수지에 중계무역이 차지하는 비중이 점차 커지고 있다. 예를 들어 삼성전자의 인도 공장에서 생산된 스마트폰을 유럽지역으로 수출하면 한국은행의 통계상 중계무역으로 분류한다.

예상 문제

특정거래형태의 수출입거래의 외국인도수출과 관련성이 없는 것은?

① 위탁가공무역
② 보세창고도 인도(BWD)
③ 중개무역
④ 해외사업종료 후 장비의 현지처분

해설 중개무역은 수출입거래의 당사자가 아니다. 수수료만 취한다.

정답 | ③

- 외화획득 및 구매확인서

예상 문제

다음 중 외화획득실적과 수출실적에 해당하는 것은?

① 외화를 받고 외항선박(항공기)에 선(기)용품을 공급하거나 급유하는 경우
② 외국인으로부터 외화를 받고 공장건설에 필요한 물품등을 국내에서 공급하는 경우
③ 외국인으로부터 외화를 받고 외화획득용 시설/기재를 외국인과 임대차계약을 맺은 국내업체에 인도하는 경우
④ 절충교역거래(off set)보완거래로 외국의 외화를 받고 국내제조 물품등을 국가기관에 공급하는 경우

해설 외국인으로부터 외화를 받고 외화획득용 시설/기재를 외국인과 임대차계약을 맺은 국내업체에 인도하는 경우는 '외화획득실적'은 물론 '수출실적'도 해당한다.

정답 | ③

■ 구매확인서

'구매확인서는 수출실적이 아닌 그보다 범위가 큰 외화획득실적을 인정한다'는 것을 숙지하고, Local L/C와의 차이점을 공부한다. 구매확인서 발급근거에서 구매확인서에 근거로 하여 또 구매확인서를 발급할 수 있다. 차수에 제한 없이 무한정 발급이 가능하다.

■ 플랜트수출, 원산지표시 및 벌칙

예상 문제

플랜트수출과 거리가 먼 것은?

① CIF 가격 미화 50만불 이상의 산업설비의 수출
② Turn-key Base
③ 해외건설촉진법
④ 제품환매(Buy-back)

해설 FOB 가격 미화 50만불 이상의 산업설비의 수출을 말한다. 플랜트수출은 일괄수주방식(turn-key base)의 수출로서 산업통상자원부의 해외건설촉진법상의 해외건설업자에 한해서 승인할 수 있다. 수출대금은 물품으로 받는 '제품바이백'인 연계무역과도 관계가 있다.

정답 | ①

■ 별도공고 및 고시

예상 문제

대외무역법상의 특별조치고시 내용에 해당하지 않는 것은?

① 킴벌리 프로세스 관련 다이아몬드 원석 무역
② 테러자금 조달 목적의 수출입
③ 소말리아를 도착항으로 하는 수출
④ 원산지표시의무

해설 대외무역법상의 특별조치는 원산지표시의무와는 무관하다. 『국제평화 및 안전유지 등 의무이행을 위한 무역에 관한 특별조치 고시』는 대외무역법에 의하여 국제평화와 안전유지 등의 의무이행을 위한 수출 · 수입에 관한 특별조치에 대한 사항을 규정함을 목적으로 한다. 이 고시에서 정한 수출입 제한 내용과 대외무역법에 의한 수출입공고와 전략물자 수출입고시의 제한 내용이 동시에 적용될 경우에는 이 고시와 수출입공고 및 전략물자 수출입고시 등의 제한내용이 모두 충족되어야만 수출 또는 수입할 수 있다. "킴벌리 프로세스(Kimberley Process)"라 함은 WTO에 가입한 국가들로 구성되어 다이아몬드원석의 수출입에 관한사항을 협의 · 조정하는 국제적인 협의체를 말한다. 따라서 "킴벌리 프로세스 증명서(Kimberley Process Certificate)"라 함은 킴벌리 프로세스 회원국이 다이아몬드 원석 수출신청에 대하여 확인된 수량의 품목들의 수출을 허가할 경우 발행하는 증명서를 말한다. (※ 다이아몬드 원석이 일부 테러국가에서 테러자금으로 사용되기 때문에 테러국가와의 다이아몬드원석 무역에 제재가 필요하다.)

※ 특별조치 대상국가 : 이라크, 소말리아, 콩고민주공화국, 수단공화국, 레바논, 리비아, 시리아, 중앙아프리카공화국, 예멘, 북한 등

정답 | ④

제3권 | 환리스크 관리 〔배점 20점〕

실제 시험장에서는 제3권 문제를 두 번째로 배치한다. 환리스크 분야는 단순 암기한 수험생과 환 구조를 이해한 수험생의 점수차가 큰 분야이며 문항수가 적으므로 과락의 위험이 크다. 따라서 이해 위주로 학습하여야 한다.

【외환거래】

① 1USD=1,185원처럼 표시되면 (우리나라입장에서) 자국통화표시법(직접표시법)이다. (만약 우리나라 달러 환율을 외국통화표시법으로 하면 1원=0.000843이다. 불편하기에 관행적으로 '자국통화표시법'으로 한다.) 그러나 유로 및 영국, 호주, 뉴질랜드는 외국통화표시법(간접표시법)이다.

② 유럽식표시법은 미국달러 1단위를 기준통화로 하고, 미국식표시법은 외국통화 한 단위당 기준통화로 하여 미국달러의 단위수로 환율을 표시한다. 예를 들어 호주달러는 1AUD에 해당하는 미화이므로 미국식 표시법에 해당한다.

■ 환율표기에 대한 보충설명

① 외환거래는 두 개 통화의 교환이므로 두 통화 간의 교환비율인 환율(exchange rate)을 가격으로 사용한다. 그런데 일반적인 상품과는 달리 환율은 교환되는 두 통화 중 어떤 통화를 기준으로 할 것인가에 따라 다르게 표시할 수 있다.

② 즉, 기준이 자국의 통화인지 상대방의 통화인지에 따라 두 가지 표시방법이 존재한다. 여기에서 외국통화 한 단위의 가치를 자국통화로 표시하는 방법을 직접표시법(direct quotation)이라 하고, 반대로 자국통화 한 단위의 가치를 외국통화로 표시하는 방법을 간접표시법(indirect quotation)이라고 한다. 예를 들어 우리나라에서 $1=₩1,100 또는 ¥100=₩1,000 등으로 환율을 표시하는 경우는 직접표시법에 해당된다. 이는 외국통화 한 단위($1, ¥100)를 기준으로 같은 가치를 나타내는 자국통화의 양(₩1,100, ₩1,000)을 표시하는 방법이다. 반대로 ₩1=$1/1,200 또는 ₩1=¥100/1,000 등으로 표시하는 경우는 간접표시법에 해당된다. 자국통화 한 단위(₩1)와 교환될 수 있는 외국통화의 양($1/1,100, ¥100/1,000)을 표시한 것이다. 이와 같이 직접표시법의 환율과 간접표시법의 환율은 서로 역수의 관계를 가진다. 또한 우리나라의 직접표시법은 미국 또는 일본의 입장에서는 간접표시법에 해당하고, 우리나라의 간접표시법은 미국 또는 일본의 입장에서는 직접표시법에 해당한다.

③ 한편, 국제금융시장에서는 이러한 기준과 관계없이 미국 달러화가 개입된 외환거래는 일반적으로 기축통화인 미국 달러화를 중심으로 환율을 표시한다. 미 달러화 한 단위를 기준으로 다른 통화의 가치를

표시하는 방법을 유럽식(European term)이라고 하며, 반대로 다른 통화 한 단위를 기준으로 미 달러화의 가치를 표시하는 방법을 미국식(American term)이라고 한다. 영국의 파운드화, 유로화, 호주 달러화 등은 미국식으로 표시되며, 그 밖의 통화의 경우에는 유럽식으로 표시되는 것이 외환시장의 오랜 관행이다. 예를 들어, 원화나 엔화는 ₩1,100/$, ¥100/$와 같이 유럽식으로 표시되며, 영국의 파운드화나 유로화는 $1.3455/£, $1.1205/€와 같이 미국식으로 표시된다.

빈출 **문제**

환율의 표시방법에 대한 설명으로 옳지 않은 것은?

① 유럽식 표시법은 외국통화 1단위를 기준통화로 하고 이에 해당하는 미국통화의 단위 수로 환율을 표시한다.
② 영국 또는 호주 통화의 미국식 표시법에 해당한다.
③ 우리나라의 환율 표시방법은 자국통화표시법이다.
④ 미국선물거래소의 통화선물거래에서는 외국통화 1단위를 기준통화로 하고 이에 해당하는 미국달러의 단위 수로 환율을 표시한다.

해설 유럽식 표시법은 미국달러 1단위를 기준통화로 하고 이에 해당하는 외국통화의 단위 수로 환율을 표시한다.

정답 | ①

기 출 문 제

A은행이 고시하는 유로/달러의 환율이 1.1810/30이고, 달러/엔 환율이 110.30/40인 경우, B기업이 달러를 대가로 1만유로와 백만엔을 살 수 있는 환율로 옳은 것은?

① 1.1810 − 110.30
② 1.1810 − 110.40
③ 1.1830 − 110.30
④ 1.1830 − 110.40

해설 B고객(calling party)이 달러를 매도하고 유로화를 매입한다. 유로화를 고객이 매입하므로 큰 숫자의 달러화 1.1830을 A은행(quoting party)에 지급한다. 달러화를 매도하고 엔화를 매입하면 110.30이다(적은 숫자).

정답 | ③

빈출 **문제**

오늘 거래한 외환거래의 결제일에 대한 설명으로 옳지 않은 것은?

① 당일물거래(value today)는 당일
② 현물환거래는 2영업일
③ 익일물(value tom)거래는 1영업일
④ 선물환거래는 3영업일 이후

해설 선물환거래는 2영업일 이후이다.

정답 | ④

■ 우리나라 환율 고시 방법

전(前) 영업일 09:00~15:30 사이 국내 장외시장(서울외국환중개, 한국자금중개)에서 금융기관 간 거래된 달러/원, 위안화(CNH)/원 거래를 환율별로 거래된 금액을 가중평균한 MAR(market average rate)을 산출하여 다음날 오전에 매매기준율로 고시한다. 그 외 통화(엔화나 유로화 등의 '이종통화')는 고시 당일 아침 8시 10분경 해외시장의 해당 환율을 감안하여 달러/원 환율(매매기준율)과 결합된 재정된 매매기준율을 고시한다. (상한가 · 하한가 제한 없음)

→ 그러나 한국거래소의 (4개) 통화선물은 상 · 하한가 있음

> 외국환거래규정 제1-2조 "매매기준율"이라 함은 최근 거래일의 오전 9시 00분부터 오후 3시 30분(대한민국 표준시 기준)까지 외국환중개회사를 통하여 거래가 이루어진 미화와 위안화(CNH)각각의 현물환매매 중 익익영업일 결제거래에서 형성되는 율과 그 거래량을 가중 평균하여 산출되는 시장평균환율을 말하며, "재정된 매매기준율"이라 함은 최근 주요 국제금융시장에서 형성된 미화와 위안화 이외의 통화와 미화와의 매매중간 율을 미화 매매기준율로 재정한 율을 말한다. 〈2024. 6. 28. 개정〉
> ※ 이 규정의 의미로 위안화(CNH)는 원화와 직접거래되므로 이종통화(재정되는 통화)가 아님을 알 수 있다.

■ 만기별 외환거래 명칭

거래일 (T)	표기법	결제일	외환거래 명칭
오늘	O/N	오늘 거래일(T)	당일물 거래
	TOM	1영업일(T+1)	익일물 거래
	SPOT	2영업일(T+2)	현물환 거래
	FWD	2영업일 이후	선물환 거래

기출문제

다음 중 원화대 외화의 환율산정 시 이종통화가 아닌 것은?

① CNH
② CNY
③ JPY
④ EUR

해설 달러/원과 위안화(CNH)/원의 환율은 우리나라 외환시장에서 직접거래되는 매매기준율로 고시된다. 따라서 재정환율인 이종통화와는 다르다. CHY는 중국의 국내용(역내환율)환율이며, CNH는 국외용(역외환율)이다.

정답 | ①

■ 외환시장

① 외환시장의 참가자(6개) 중, 중앙은행(한국은행)도 참가하여 스무딩오퍼레이션(미세조정)을 담당한다.

② 국내외환시장은 (장외시장이므로) 환율의 상하한가가 없다. 그러나 한국거래소의 4개 통화선물에는 상하한가가 있다.

③ 외환시장의 특징 : 범세계적인 시장, 24시간 시장, 장외시장(OTC), 미국달러 기준시장(그러나 교역대상국이 다양해지면서 이전과 달리 **미국달러가 개입되지 않는 유로/엔 등의 크로스(CROSS) 거래가 활발**)

■ 외환시장분석

① FOMC(연방공개시장 위원회) : FRB의 산하단체로서 미국의 통화 및 신용정책에 관한 최고결정기구 : 비공개로 개최되며 회의록은 1개월 후 공표한다. 월가의 fed watcher가 FRB 동향을 주목한다.

② 공급자관리지수(ISM지수)는 50을 기준으로 넘어서면 경기확장이다.

(예제)

① 오늘 A은행은 B은행과 5백만불, 선물환율 1,140원(계약환율)에 1개월 선물환 매입 계약하였다(A매입/B매도). 그리고 1개월 후 현물(spot)환율이 1,200원(결제환율)으로 결정되었다.

계산식 : (5백만불×60원)/1,200원＝250,000($)

따라서 차액 25만불을 A가 수취하고 B는 이를 지급한다. 즉 원화의 이동이 없이 달러화차액으로 결제한다(NDF＝non-deliverable forward).

② 만기환율(1,200원)이 왜 <u>만기일 전일 매매기준율</u>인가? fixing rate라고 한다. 만기 시 차액이 이동되므로 (이체준비의 시간적 여유도 있어야 하므로 만기일 전일 환율이어야 미리 정산금액을 산정할 수 있다.) spot 환율(1,200원)은 통상 2영업일 전에 정해져야 한다. 만기 2영업일 전에 거래된 시장평균환율은 익영업일(1영업일) 오전에 공시된다. <u>따라서 공시일 기준으로 1,200원은 '만기일 전일 매매기준율'이된다.</u>

■ NDF 보충설명

① 원－달러 NDF의 만기는 주로 정형화된 만기(1주일~3년)의 형태로 다양하게 존재하지만 이 중에서 1개월물이 가장 많이 거래되고 있다. 거래금액은 제한이 없으나 관행상 100만달러 단위로 거래되는 것이 일반적이다.

② 원－달러 NDF의 경우 결제환율(지정환율 : 'fixing rate'이라고 함)은 만기일 직전 영업일의 기준환율(MAR : Market Average Rate)을 적용하며, 전 영업일의 기준환율은 전전 영업일의 시장평균환율에 의해 결정된다(spot=T+2). 그리고 차액정산 시 교환되는 통화는 미국 달러화로 정하고 있다.

③ NDF 거래의 결제 시 매수자와 매도자가 결제하게 될 달러표시 결제금액은 [(지정환율－계약 시 선물환율)×계약금액/지정환율]로 계산된다. 매수자의 경우 지정환율이 계약환율보다 높다면 결제금액을 수취하게 되고, 지정환율이 계약환율보다 낮다면 결제금액을 지급하게 된다.

④ 예를 들어 A은행이 1개월 만기 원－달러 NDF를 1,000만 달러만큼 매수했다고 가정하자. 계약 시 선물환율은 1,020원/$이고 1달 후 <u>결제일 전일의 기준환율</u>, 즉 지정환율이 1,000원/$이라면, 결제금액은 [(1,000-1,020)×$1,000만/1,000]＝-200,000$이다. 지정환율이 계약환율보다 낮으므로 매수자인 A은행은 결제일에 $200,000을 지급하게 된다.

NDF 거래에 대한 설명으로 옳지 않은 것은?

① 차액정산제도이다.

② 거래일에 선물환율(계약환율)을 정한다.

③ 만기일에는 당일 매매기준율과 선물환율(계약환율)의 차액을 달러로 정산한다.

④ 해외에서 활발하게 거래되며 뉴욕의 NDF 종가가 다음날 국내 외환시장의 개장가에 영향을 미친다.

해설 만기일 '전일'의 매매기준율과 계약환율의 차액을 달러로 정산한다. 선물환거래의 만기 시 차액이 수수되어야 한다. 현물가격은 2영업일 후 인수되므로 만기 환율을 정하려면 만기일 2영업일 전에 '거래된' 현물가격의 가중평균환율(MAR)이어야 한다. 이 2영업일 전 거래환율은 그 다음날 매매기준율이 되므로, 이는 결국 만기일 '전일'의 매매기준율이 된다. 예를 들어 7월 25일이 만기라면 (2영업일 전에 해당하는) 7월 23일의 가중평균환율(MAR)이 7월 24일의 매매기준율로 고시되므로 7월 24일(만기일 전일)의 환율에 의한 정산차액이 7월 25일(만기일) value date로 이체된다.

정답 | ③

다음의 USD/KRW NDF 거래의 차액결제에 대한 설명으로 옳은 것은?

> 국내 A외국환은행은 싱가포르 소재 B은행과 1개월 만기 달러/원 NDF로 5백만불을 계약환율 @1,100원에 매수하였다. 동 거래의 1개월 만기일의 전일 매매기준율(결제환율)이 @1,000원이다.

① A외국환은행이 B은행에 50만불을 지급한다.

② A외국환은행이 B은행에 5억원을 지급한다.

③ B은행이 A외국환은행에 50만불을 지급한다.

④ B은행이 A외국환은행에 5억원을 지급한다.

해설 차액 100원×5백만불/1,000(지급 시 현물환율)=$500,000불을 A가 B에게 지급한다. 국내 A은행의 매수 후 환율이 하락하였으므로 A의 손실이므로 A가 B에게 차액 1불당 100원에 해당하는 외화를 지급하여야 한다.

정답 | ①

■ 환리스크의 유형 : 영업환리스크, 거래환리스크, 환산환리스크
   영업환리스크(회계장부에 잡을 수 없는 기간의 환율변동으로 인한 환손실 위험)의 의미가 주로 출제된다.

■ 환리스크관리 기법
   내부적 기법(상계, 리딩과 래깅, 통화포트폴리오), 외부적 기법(통화선도, 통화선물, 통화스왑, 통화옵션, 한국무역보험공의 환변동보험)

■ **환리스크의 3대 결정요소 : 오픈포지션 규모, 변동성, 보유기간**

환리스크의 내부적 및 외부적 관리기업에 대한 설명으로 옳은 것은?

① 리딩과 래깅, 통화포트폴리오는 외부적 관리기법이다.

② 외부적 관리기법은 원래의 포지션 방향과 반대방향의 손익구조를 갖도록 포지션을 취하는 전략이다.

③ 내부적 관리기법이 외부적 관리기법보다 비용이 더 크다.

④ 내부적 관리기법이 외부적 관리기법보다 항상 환리스크관리 효과면에서 우월하다.

해설 ① 리딩과 래깅, 통화포트폴리오는 내부적 관리기법이다.

③ 외부적 관리기법이 내부적 관리기법보다 비용이 더 크다.

④ 내부적 관리기법이 외부적 관리기법보다 항상 환리스크관리 효과면에서 우월하다고는 할 수 없다.

정답 | ②

선박을 건조하는 기성에 따라 매출을 인식하는 회계적인 거래로 확정할 때 환율과, 실제로 선박대금이 들어올 때 사이의 환율 변화에 따른 불확실성이 속하는 리스크의 유형은?

① 영업환리스크

② 환산환리스크

③ 거래환리스크

④ 회계환리스크

해설 예를 들어 매출채권으로 확정된 매출액 산정시점의 환율과 해당 매출채권이 회수되는 시점의 환율과의 차이를 거래환리스크에 속한다. 그러나 선박을 수주할 때(회계처리 없음)와 선박을 건조하는 기성에 따라 매출을 인식할 때 (회계처리 있음) 사이의 환율의 변화에 따른 불확실성은 '영업환리스크'에 속한다. 장부기장 여부에 따라 전혀 다름에 유의한다.

정답 | ③

김을 가공하여 일본으로 수출하는 국내 A기업은 차년도 사업계획 환율(엔/원 환율 : 10.00)을 기준으로 사업계획을 수립하였으나 해당 연도에 갑자기 엔/원 환율이 8.00으로 되었다. A기업이 직면한 환리스크의 유형에 해당하는 것은?

① 영업환리스크

② 환산환리스크

③ 거래환리스크

④ 회계환리스크

해설 통제할 수 없는 A회사의 재무제표 밖의 환율변동이다.

정답 | ①

[환리스크의 관리 실행방안]

■ (은행이 거래기업에 대한 환리스크관리에 대한 평가를 위한) 관리체계, 한도설정, 관리실태의 구분을 파악하여야 한다. 예를 들어 관리실태는 '계량지표로서 배점이 가장 크다'라는 표현 등에 유의해서 읽는다.

은행평가항목	세부 내용
관리체계	환리스크관리를 위한 기본인프라 구성이 얼마나 잘되어있는가를 평가한다. 관리체계는 규정제정 및 운영, 조직 및 업무분장, 전산시스템 구축수준, 담당인력의 전문화로 세분되어 있다.
한도설정	평가표상에서 차지하는 비중이 크지 않아 얼핏 보면 중요성이 떨어지는 항목으로 보일지 모르지만 외환차손이 기업경영에 결정적인 영향을 미칠 수 있으므로 회사사정에 적합한 한도를 설정한다. 한도설정은 외환리스크 한도설정, open position 한도 설정, 매매목적 파생상품거래 한도설정 등으로 세분된다.
관리실태	실제 적용 여부를 판가름하는 **계량지표로서 배점 비중이 가장 큰 부분이다.** 이에는 총 open position 비율, 외환차손익비율, 매매목적 파생상품거래 보유비율 등으로 세분된다.

빈출 문제

환리스크 관리에 대한 설명으로 옳은 것은?

① 금융기관과 기업의 환리스크 측정 기간은 대체로 동일하게 설정한다.

② 글로벌 경제가 불안정할수록 VaR의 측정값을 더욱 신뢰할 수 있다.

③ 외환거래가 빈번하여 외화의 유입과 유출이 동시에 발생하는 기업은 외환거래 정보관리에서 유입과 유출을 연결하지 않는 방식이 유리하다.

④ 총외환손실한도가 VaR의 값보다 작으면 환리스크가 목표대로 잘 관리되고 있다고 볼 수 있다.

해설 ① 금융기관과 기업의 환리스크 측정 기간은 다르게 설정한다. 금융기관은 여러 상품의 거래가 매 영업일에 빈번하고 투기적인 목적의 포지션 트레이딩 거래가 매 영업일에 활발하므로 상당한 리스크가 있다. 따라서 가능한 일별로 보유 포트폴리오에 대한 리스크가 필요하다. 이에 비하여 기업의 환리스크는 경상거래 등 영업행위로부터 파생된 부차적인 위험이므로 대체로 측정 기간이 장기이다.

② 글로벌 금융위기 등의 경우에는 극단적인 이론(extreme value theory) 등을 적용한 위기분석(stress test) 방법 등을 VaR분석과 병행하여 탄력적으로 대응하여야 한다.

③ 외환거래가 빈번하여 외화의 유입과 유출이 동시에 발생하는 기업은 자동 매칭에 의한 환리스크 관리가 중요하므로 외환거래 정보관리를 총괄하여 집계하는 것이 중요하다.

정답 | ④

■ VaR의 개요

다음 중 VaR 값에 대한 설명으로 옳은 것은?

> 환리스크관리 기간이 100일이고 신뢰수준이 95%에서 산출한 VaR가 10억원이다.

① 정상적 시장상황에서 100일 동안에 발생할 수 있는 손실이 10억원일 확률이 5%이다.
② 정상적 또는 비정상적인 시장상황에서 100일 동안에 발생할 수 있는 손실이 10억원일 확률이 95%이다.
③ 정상적 또는 비정상적인 시장상황에서 100일 동안에 발생할 수 있는 손실이 10억원을 초과할 수 있는 확률이 95%이다.
④ 정상적 시장상황에서 100일 동안에 발생할 수 있는 손실이 10억원을 초과할 수 있는 확률이 5%이다.

해설 VaR은 시장이 안정적이라는 가정하에서 최대 손실 예상액을 제시한다.

정답 | ④

■ 파생금융상품 기초
① 지금부터 6개월 후에 공장건설자금을 3개월간 차입하려는 사장님은 금리상승추세로 이자비용이 걱정된다. 그래서 금리상승을 헤지하기 위하여 장외 금리파생상품시장에서 6×9 FRA를 '매수'하였다. (3개월간 차입이므로 6×9로 표시함에 유의한다. : 9−6=3개월이다.)
② 3×6 FRA, 6×9 FRA, 9×12 FRA의 연속적 시리즈 계약 3개는 1년(12개월)에 4번 이자를 지급(또는 영수)하는 1년짜리 이자율스왑(IRS)과 같다. 1년이지만 FRA 계약은 4개가 아니라 3개이다. 이유는 최초 3개월 LIBOR은 이미 알 수 있기 때문에(미래가 아니기 때문에) 선물계약을 할 필요가 없다.

■ 선물환거래(보유비용 모형)
이 교재의 기초이면서 핵심부분이다. 이 분야를 이해하여야만 진도를 나갈 수 있다. 즉 뒤이어 나오는 스왑과 옵션을 잘 이해할 수 있다.

■ 보유비용
알루미늄의 보유편익(convenience yield)은 상품(commodity) 선물가격 결정 시 마이너스로 작용한다. 즉, 라면(commodity)을 현물로 집에 가지고 있는 사람과 라면을 6개월 선물환 매수한 사람 중 지진이라는 재난이 발생하면 누가 유리한가? 선물은 허상이지만 라면 현물을 집에 보유한 사람은 유사시 당장 끓여먹을 수 있으니 유리하다. 현물 보유자는 이러한 보유편익을 추가적으로 누리므로 (이런 편익이 없어서 불리한) 선물보유자의 선물가격을 그만큼 감면(마이너스 효과)해 준다.

※ 보유편익(convenience yield)

편의수익의 개념은 선물계약의 보유자가 아닌 현물 재고의 보유자에게 주어지는 일련의 비금전적 혜택을 말한다. 즉시 이용할 수 있는 상품의 재고를 보유하고 있는 사람은 예상치 못한 수요와 공급에 보다 탄력적으로 대응할 수 있게 됨으로써 편의수익을 얻게 된다. 예를 들어, 곡물시장에서 일시적인 공급부족현상으로 곡물가격이 급격히 상승하고 있다고 가정하자. 이러한 상황에서 곡물 중개상이 재고를 보유하고 있다면 그는 이러한 이익실현기회를 놓치지 않고 즉각적으로 재고를 판매함으로써 곡물가격상승에 따른 이익을 얻을 수 있을 것이다. 또한 가공업자의 경우라면 보유하고 있는 재고를 원료로 사용함으로써 조업을 단축하거나 생산계획에 차질을 빚지 않고 제품을 생산할 수 있을 뿐만 아니라 높은 가격에 제품을 판매할 수 있으므로 혜택을 보게 된다.

빈출 문제

상품선물의 보유비용(cost of carry)을 구성하는 요소가 아닌 것은?

① 배당금   ② 보험료

③ 이자비용   ④ 보유편익(convenience yield)

해설 배당금은 금융자산인 주식을 보유할 때 발생한다.

정답 | ①

■ 선물환 고시 방법

은행은 대고객 선물환율을 고시할 때 선물환 단일 가격(outright forward)보다는 spot과 스왑포인트로 구분해서 (이를 가감하도록) 표시하는 것이 일반적이다. 그 이유는 금리와 관련이 있는 스왑포인트는 일중에 변화가 거의 없지만 spot환율은 시시각각 변하기 때문이다.

■ 스왑포인트 산출 (아래 2, 3은 원리를 이해하여야 함. 출제빈도가 높음)

은행은 아래 3가지 방법으로 고객과의 선물환거래를 헤지한다. (은행은 고객과 거래 후 반대방향으로 hedge한다.)

1. 고객거래와 같은 만기일의 선물환을 다른 은행과 반대방향으로 거래한다.

2. 현물환으로 카바하면서 현금흐름의 불일치는 자금거래(차입과 대출)를 이용한다.

3. 현물환거래 + 외환스왑(F/X스왑 : B/S 또는 S/B 스왑거래)거래를 한다.

【출제 빈출분야】

달러/원 spot : 1,050.20/40, 원화 3개월 금리 : 0.90/2.90, 달러 3개월 금리 : 0.20/0.30인 경우를 가정해 보자.

① 고객으로부터 3개월 선물환 달러매수인 bid rate를 구해보자(은행의 선물환 매수).

은행입장에서는 이를 헤지하기 위하여 현물시장에서 반대방향의 거래를 한다. 즉 1,050.20에 달러매도/원화매수거래를 하여야 하므로 달러 차입(0.30%)과 원화대출(0.90%)의 3개월(90일로 가정)간 자금거래를 하는 것으로 가정한다.

상기 설명2, 현물환으로 카바하면서 현금흐름의 불일치는 자금거래(차입과 대출)를 이용한다.

② 아래 식에서 은행의 원화차입과 선물환율을 일치시키는 X 값이 선물환율이다. (← 항상 출제되므로 이해를 요함)

$$1,050.20 \times (1 + 0.90\% \times 90/365) = X(1 + 0.30\% \times 90/360)$$

이때 X값(선물환율)을 구하면 1,051.74이다. (이해가 어려운 수험생은 토마토패스 녹화에서 강사의 설명 참조)

③ 만약 스왑포인트를 구하고자 하는 경우라면 선물환율에서 현물환율을 차감하면 된다.

1,051.74 − 1,050.20 = 1.54로서, swap point(premium)는 154pips이다.

원화금리가 고금리이므로 스왑포인트가 프리미엄(premium)으로 나타난다.

따라서 은행이 고객에게 제시하는 선물환율 손익분기점은 1,050.20 + 1.542 = 1,051.742이다.

즉, 고객으로부터 달러 매입이므로 1,051.74 이하로 적용한다.

빈출 **문제**

현재 외환시장과 단기금융시장에서 다음과 같은 정보가 주어져 있다. 앞으로 만기가 3개월 남은 원 − 달러 통화선물의 이론가격은 달러당 얼마로 계산되는가? (약식으로 계산할 것)

• 현물환율 : $1 = ₩1,100	• 한국 3개월 이자율 : 연 1%	• 미국 3개월 이자율 : 연 2%

① 1,050.00원   ② 1,052.75원
③ 1,097.26원   ④ 1,102.75원

해설 1,100 × (1 + 0.01 × 1/4)/(1 + 0.02 × 1/4) = 1,097.26(선물환 가격)
또는, 약식으로 1,100(1% − 2%) × 3/12 = − 2.75원 스왑포인트(디스카운트)
1,100 − 2.75 = 1,097.25(원) 계산과정은 달라도 비슷한 값이 나온다. 1,097.26원이다.

정답 | ③

한국의 K항공은 보잉사로부터 비행기를 구입하고 1년 후 잔금 100만 달러를 지급하기로 하였다. 현재 원 − 달러 현물환율은 달러당 1,200원이고, 한국의 이자율은 연 3%, 미국의 이자율은 연 1%로 알려져 있다. K항공은 단기자금시장을 이용하여 환위험을 헤지하고자 한다. 이때 K항공이 1년 후 지불해야 하는 원화금액은 얼마인가? (근삿값임)

① 11억 7600만원   ② 12억 2300만원
③ 13억원   ④ 14억원

해설 1,200 × 1.03/1.01 = 1,223.76, 따라서 1백만불 × 1,223.76 = 1,223,762,376.
또는 약식으로 100만불 × 1,200 × (3% − 1%) = 2,400만원이므로,
현물가격 100만불 × 1,200 + 2,400만원 = 1,224,000,000으로 근삿값을 구할 수 있다.
균형시장에서 단기자금시장을 이용한 헤지결과는 이자율 평형이론의 결과와 동일하다.

정답 | ②

■ 선물환율 결정과정

※ 아래 문제는 금융투자3종 세트(펀드/증권/파생)에서도 다루는 내용이다.

문제

외환시장에 관한 정보가 다음과 같이 주어졌을 때, 3개월 선물환에 대한 다음 설명 중 옳지 않은 것은?

- 원/달러 현물환율 : 1,000원/$
- 원화 3개월 금리 : 2%(act/365)
- 달러화 3개월 금리 : 1%(act/360)
- 만기가 3개월(92일)인 원/달러 선물환율 : 1,005.00원/$

① 시장 선물환율은 이론 선물환율보다 고평가되어 있다.
② 시장 선물환율은 할증(premium) 상태이다.
③ 이론 선물환율은 약 1,002.47원/$이다.
④ 달러를 차입하고 이를 원화로 바꾸어 원화예금하고, 달러선물환을 매도하는 차익거래를 할 수 있다.

해설 시장 선물환율은 현물환율보다 높으므로 할증(premium) 상태이다.
이론 선물환율 = 1,000×(1+0.02×92/365)/(1+0.01×92/360) = 1,002.47,
시장 선물환율은 이론 선물환율보다 높기 때문에 고평가상태이다. 따라서 고평가된 선물환을 매도하고 현물환을 매수하는 차익거래를 실시한다. 즉, 원화를 (금리 2%) 차입하여 이를 현물 달러화를 매수(환율 1,000원)하여 1% 금리에 달러예금하고(달러 선물환매수 복제), 달러선물환을 매도하는 차익거래를 할 수 있다. (현물 매수 + 선물 매도 = 차익거래 발생)
이 부분이 기본서 3권(환리스크)의 p131의 자금거래와 외환 스왑의 비교의 설명에서 자금거래의 설명이다. 즉 차입과 예금을 통한 거래나 외환스왑이나 같은 결론이라는 설명이다.

정답 | ④

빈출 문제

다음은 외환시장 상황에서 은행이 고객에 대하여 적용할 3개월 선물환율 bid rate 산출과정의 설명이다. 옳지 않은 것은?

- 달러/원 현물환율 : 1,080.30/40
- 달러 3개월 금리 : 0.30/0.40
- 원화 3개월 금리 : 0.90/1.20

① swap point의 bid rate를 구하려면 spot rate는 1,080.30을 적용한다.
② 달러화의 차입을 가정하므로 미화금리는 0.40%를 적용한다.
③ 원화는 예치를 가정하므로 0.90%를 적용한다.
④ 동 거래의 swap point는 선물환 디스카운트에 해당한다.

해설 이 문제는 은행이 고객에게 적용할 선물환 bid rate를 M/M시장을 이용하여 구하는 과정을 묻는 것이다. 고객으로부터 달러화 선물을 매입(BID)할 경우, 은행은 (hedge하고자) 이를 현물시장에서 반대거래(매도)한다. 즉, (당장은 고객으로부터 달러를 받지 못한 상태이므로) 달러화를 3개월 동안 0.40%에 차입하여 시장에 1,080.30에 현물매각하고 이에 유입된 원화자금은 3개월 동안 0.90%에 예치한다. 그리고 FC인 달러금리보다 VC인 원화의 금리수준이 높으므로 스왑포인트는 premium이다.

정답 | ④

은행이 고객에게 제시한 아래의 자료에 대한 설명으로 옳은 것은?

> • USD/KRW 현물환율 : 1,050.30/50
> • USD/KRW 3MTH swap point : 200/280

① 미달러화 금리보다 원화금리가 저금리이다.

② swap point는 discount이다.

③ 고객이 3개월 선물환으로 미달러화를 은행에 매도 시 적용 환율은 1,052.30이다.

④ 상기 고시방법은 outright forward 고시방법이다.

해설 ① 미달러화 금리보다 원화금리가 고금리이다.

② swap point는 premium이다.

③ 고객이 3개월 선물환으로 미달러화를 은행에 매도 시 적용 환율은 1,052.30(= 1,050.30 + 2)이다.

④ outright forward 고시방법이 아닌 현물환과 스왑포인트로 나누어 고시하는 방법을 사용하였다.

정답 | ③

기 출 문 제

은행이 제시한 USD/KRW의 SPOT환율과 1개월 SWAP POINT가 다음과 같을 경우, 고객의 1개월 BUY & SELL 외환스왑 요청에 대한 은행의 적용환율로 옳은 것은? (단, 현물환율은 mid rate를 적용한다.)

> • USD/KRW SPOT : 1,140.50/90
> • 1 MTH SWAP POINT 80/120

	NEAR DATE	FAR DATE
①	1,140.70	1,139.90
②	1,140.70	1,139.50
③	1,140.70	1,141.50
④	1,140.70	1,141.90

해설 NEAR DATE인 SPOT환율은 1,140.50과 1,140.90의 중간환율(mid rate)인 1,140.70이다. FAR DATE인 선물환율은 1,140.70 + 0.80 = 1,141.500이 된다. (SWAP POINT의 왼쪽 숫자(80)가 오른쪽 숫자(120)보다 작은 경우 PREMIUM(+)이 된다. 즉, 은행입장에서 고객에게 보상되는 스왑포인트는 작은 숫자를 적용한다.)

→ 만약 현물을 mid rate 적용하지 않는다면, 고객의 spot buy이므로 1,140.90(near date)과 1141.70(far date)이 된다.

정답 | ③

예상 **문제**

은행이 제시한 USD/JPY의 SPOT환율과 1개월 SWAP POINT가 다음과 같을 경우, 고객의 1개월 SELL & BUY 외환스왑 요청에 대한 은행의 적용환율로 옳은 것은? (단, 현물환율은 mid rate를 적용한다.)

> • USD/JPY SPOT : 109.40/44 • 1 MTH SWAP POINT 21/20

	NEAR DATE	FAR DATE		NEAR DATE	FAR DATE
①	109.42	109.21	②	109.21	109.42
③	109.22	109.42	④	109.42	109.22

해설 NEAR DATE인 SPOT환율은 109.40과 109.44의 중간환율(mid rate)인 109.42이다. FAR DATE인 선물환율은 109.42 − 20 = 109.22가 된다. (SWAP POINT의 왼쪽 숫자(21)가 오른쪽 숫자(20)보다 큰 경우 DISCOUNT(−)가 된다. 즉, 은행 입장에서 유리한 숫자(20)를 적용한다.) 만약, 고객이 1개월 BUY & SELL 외환스왑을 요청할 시에는 NEAR DATE = 109.42, FAR DATE = 109.21이 적용되므로 정답은 ①이 된다.

정답 | ④

빈출 **문제**

다음 중 외환스왑(f/x swap)의 특징이 아닌 것은?

① 선물환가격의 창출
② 기존 외환거래의 만기일 연장
③ 기존 외환거래의 만기일 단축
④ 스왑가격 산출 시 대 고객 금리 적용

해설 외환스왑의 가격을 산정하기 위한 금리는 은행 간 금리이므로 기업이 외환스왑을 이용할 경우 상대적으로 유리하다. 또한 외환스왑거래 시 상대방에 대한 '신용위험을 최소화'할 수 있다.

정답 | ①

【선물】

기 출 문 제

통화선물환거래와 한국거래소의 통화선물거래에 대한 설명으로 옳지 않은 것은?

① 통화선물환거래는 거래상대방을 미리 알 수 있지만, 통화선물거래는 거래상대방을 거래 종료 후에도 알 수 없다.
② 통화선물환거래와 통화선물거래는 모두 만기에 실물인수도가 가능하다.
③ 중국위안화(CNH)선물거래는 국내 현물시장에서 거래되며 재정하지 않은 환율이다.
④ 통화선물환 거래는 만기 이전에 반대매매할 수 없지만 통화선물거래는 반대매매가 가능하다.

해설 장외거래인 통화선물환(통화선도환)거래와 통화선물거래는 모두 만기 이전에 반대매매가 가능하다. 달러/원, 위안화 (CNH)/원은 국내 외환시장(장외시장)에서 직접 거래되므로 해외의 환율과 재정할 필요가 없다. 예를 들어, 엔/원, 유로/ 원 등은 재정된 환율이다. 그리고 CNH(중국 역외 위안화, H는 홍콩의 뜻)와 CNY(중국 본토 역내 위안화)는 다르다. 우리 나라가 매매기준율로 고시하는 통화는 달러/원과 CNH/원의 두 가지 통화뿐이며, 나머지 통화(엔화, 유로화, 호주화 등등) 는 재정된 매매기준율이다.

정답 | ④

■ 표준화된 결제월(한국거래소의 통화선물)

① 한국거래소의 4개 통화선물 중 미국달러선물은 결제월이 20개이다. (1년 이내 12개, 1년 초과인 2년째와 3년째는 4개 분기(3, 6, 9, 12월물)가 두 번이므로 12+8=20개이다.)

② 최소호가단위(최소가격변동폭)로 거래할 수 있다. 미국달러선물거래의 최소호가 단위가 0.10원이다. (하지만 위안화는 0.01원임에 유의!) 이 최소가격변동폭에 대한 최소가격변동금액은 1,000원($10,000×0.10원)이다.

빈출 **문제**

다음 중 한국거래소의 통화선물 증거금에 대한 설명으로 옳지 않은 것은?

① 투자자가 거래를 위한 기본예탁금을 납입하면 이를 거래주문을 위한 위탁증거금(주문증거금 또는 개시증거금)으로 사용한다.

② 거래손실이 발생하여 위탁증거금이 유지증거금 수준 아래로 떨어져서 마진콜 통보받을 경우 투자자는 추가증거금을 불입하여 개시증거금 수준을 회복시켜야 한다.

③ 거래소 회원인 선물회사 등이 거래소에 결제이행보증금으로 적립하는 보증금을 거래증거금이라고 한다.

④ 투자자의 기본예탁금은 현금, 대용증권, 외화로 예탁할 수 있지만 위탁증거금은 현금으로만 충당할 수 있다.

해설 위탁증거금(주문증거금)의 예치수단은 현금 이외에 유가증권(대용증권), 외화로도 가능하다. 물론 일일 평가로 인한 손실 발생 시 인출하여야 하기 때문에 유가증권이나 외화로 100% 예치하는 것은 아니며 (거래소에서 정한) 일정비율은 현금으로 적립되어야 한다.

정답 I ④

투자자가 한국거래소의 달러통화선물을 1,200원에 1계약을 오늘 매수하였다. 오늘 장 마감 정산가격이 1,190원이고, 익일 마감 정산가격이 1,170원이었다면 다음 설명 중 옳지 않은 것은? (단, 기본예탁금 등은 무시하고, 계약당 개시증거금이 50만원이고, 유지증거금이 35만원으로 정해졌다고 가정한다.)

① 오늘 마감 평가손익은 100,000원 평가손실이다.

② 오늘 마감 후 추가증거금은 발생하지 않는다.

③ 익일 마감 후 투자관련 전체 손익은 300,000원 평가손실이다.

④ 익일 마감 후 발생한 추가증거금은 150,000원이다.

해설 ① 오늘 마감 평가손익은 100,000원 평가손실이다. 즉, 매수 후 환율이 하락하였으므로 (1,200-1,190)×10,000불=100,000 손실이다.

② 오늘 마감 후 추가증거금은 발생하지 않는다. 오늘은 100,000 손실이므로 투자자의 계정상 잔액은 500,000-100,000=400,000이므로 아직은 유지증거금 350,000을 초과한 상태이므로 추가증거금을 납입할 필요가 없다.

③ 익일 마감 후 투자 후 전체 손익은 300,000원 평가손실이다. 1,200-1,170=30원이므로 30×10,000불=300,000이 평가 손실이며 현재 잔액은 500,000-300,000=200,000이다. 이는 유지증거금 350,000을 밑돌고 있으므로 익일 다음날 오전 중에 추가증거금을 납입하지 않으면 반대매매 당한다. 이때 추가 증거금은 개시증거금(500,000) 수준으로 올려놓아야 하므로 500,000-200,000=300,000의 추가증거금이 필요하다.

④ 따라서 ③에서 설명한 익일 마감 후 발생한 추가증거금은 300,000원이다.

정답 I ④

■ 통화선물/달러선물 계약명세

① 한국거래소에서 4가지 통화선물상품이 거래된다. 특징은 코스피 선물과는 달리 (코스피 200선물은 차액 현금결제) 통화선물은 만기 시 실물인수도(실제로 외화/원화가 외화통장/원화통장에서 입출금)되는 특징을 가지고 있다.

② 10전의 최소가격변동폭(다만 위안화는 1전)이며 최소가격변동금액은 4가지 통화 모두 1,000원이다. 이 중 한국거래소에서 거래되는 위안화는 중국의 역외환율이므로 표기가 'CNH'이며 중국역내에서 거래되는 'CNY'가 아님에 유의한다. (◀ 기출문제)

③ 이 중 달러/원 거래만 상장결제월이 20개로서 제일 많다.

※ (한국거래소 달러선물 명세서)

거래대상	미국달러화(USD)
거래단위	US $10,000
결제월	분기월 중 12개, 그 밖의 월 중 8개
상장결제월	총 20개(1년 이내 매월, 1년 초과 매분기월 상장)
가격의표시	US $1당 원화
최소가격변동폭	0.10원
최소가격변동금액	1,000원(US $10,000×0.10원)
거래시간	09:00~15:45(단, 최종거래일 09:00~11:30)
최종거래일	결제월의 세 번째 월요일(공휴일인 경우 순차적으로 앞당김)
최종결제일	최종거래일로부터 기산하여 3일째 거래일
결제방법	인수도결제
가격제한폭	기준가격 대비 상하＋4.5%(거래소에서 수시로 조정가능)
단일가격경쟁거래	개장 시(08:30~09:00) 및 거래종료 시(15:35~15:45), 최종거래일 거래종료 시(11:20~11:30)

빈출 문제

한국거래소(KRX) 통화선물에 관한 다음 설명 중 옳지 않은 것은?

① KRX 달러선물의 1계약은 10,000달러로, 가격표시방법은 1달러당 원화로 표시된다.

② KRX 위안화선물의 1계약은 100,000위안으로, 가격표시방법은 1위안당 원화로 표시된다.

③ KRX 통화선물의 1 tick의 가치는 통화종류에 관계없이 모두 1,000원이다.

④ KRX 통화선물은 실물인수도 또는 현금결제 방식을 선택할 수 있다.

해설 KRX 통화선물은 모두 실물인수도(physical delivery settlement) 방식이다.

정답 | ④

선물환과 통화선물에 관한 설명으로 옳지 않은 것은?

① 선물환은 장외파생상품이고, 통화선물은 장내파생상품이다.

② 신용도가 높은 대기업이나 금융기관이 선물환을 이용하고, 선물환거래가 어려운 기업이나 개인은 통화선물을 이용한다.

③ 선물환의 경우 대부분 만기일에 실물인수도가 이루어지나, 통화선물의 경우 대부분 만기일 이전에 반대매매로 청산된다.

④ 우리나라의 한국거래소는 4개의 통화선물과 4개의 통화옵션 거래를 할 수 있다.

해설 우리나라 거래소는 4개의 통화선물과 1개의 미달러화/원화의 통화옵션 거래가 있다.

정답 | ④

(출제경향)

① 4가지 통화선물 모두 공통적으로 '최종 거래일'은 해당 월물의 3번째 월요일 오전 11시 30분이다. 그리고 이 최종거래일(이 날이 만약 공휴일이면 순차적으로 앞당김 : 즉 '앞 주의 금요일이 최종거래일이 된다'는 의미)로부터 기산하여 3번째 거래일(통상 수요일)이 실제 결제일(실물인수도일)이다.

② 개장 시, 매 거래종료 시 그리고 마지막 거래종료 시 10분 동안 '단일가격경쟁거래'를 한다('매 거래종료 시와 최종거래일 종료 시는 10분 동안 단일가로 체결된다'는 의미).

　① 계약단위, tick, tick value 용어의 의미를 익힌다.

　② 달러선물에서 1 tick은 10전(0.1원)이며, tick value는 1,000원이다. (1계약 10,000$ × 10전 = 1,000원)

한국거래소에서 거래되는 엔선물 1계약을 100엔당 1,100원에, 유로선물 2계약을 1유로당 1,300원에 매도한 투자자가 일주일 후 엔선물은 100엔당 1,150원에, 유로선물은 1유로당 1,250원에 반대매매를 통해 포지션을 청산하였다. 이 투자자의 손익은 얼마로 계산되는가? (증거금등의 거래비용은 없는 것으로 가정하자)

① 50만원 이익　　　　　　　　　② 50만원 손실

③ 150만원 이익　　　　　　　　　④ 150만원 손실

해설 엔선물 : 1,000,000 × 1계약 × (1,100 − 1,150)/100 = −500,000
　　　유로선물 : 10,000 × 2계약 × (1,300 − 1,250) = 1,000,000
　　　따라서 투자자는 50만원의 이익을 얻는다.

정답 | ①

【스왑의 개요/스왑의 유래】

parallel loan과 back to back loan의 특징을 알아본다(문제풀이로 연습해야 함).

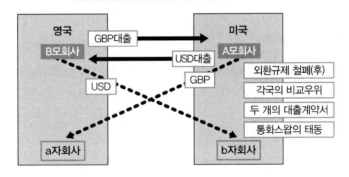

■ 스왑시장에서의 은행의 역할
  advisory(신용위험과 시장위험 부담 없음), interdediary(신용위험 부담 있음, 시장위험 부담 없음),
  market maker(신용위험과 시장위험을 부담함, swap book 운영)의 차이점을 숙지한다.

스왑시장 참가자	역할	시장위험	신용위험
기업	최종수요자	○	○
은행	Advisory(자문역)	×	×
	Intermediary(중개인)	×	○
	Market Maker(가격제시자)	○	○
브로커	은행 간 거래중개자	×	×

스왑시장의 참가자에 대한 설명으로 옳은 것은?

① 은행이 스왑시장에서 advisory 역할을 하면 신용위험을 부담한다.

② 은행이 스왑시장에서 intermediary 역할을 하면 시장위험을 부담한다.

③ 은행이 스왑시장에서 swap book을 가지고 market maker 역할을 하면 시장위험을 부담한다.

④ 스왑브로커는 본인의 계정(book)을 보유하고 은행 간 스왑거래를 중개한다.

> **해설** ① 은행이 스왑시장에서 advisory 역할을 하면 신용위험과 시장위험을 부담하지 않는다.
> ② 은행이 스왑시장에서 intermediary 역할을 하면 신용위험을 부담하고 시장위험은 부담하지 않는다.
> ④ 스왑브로커는 본인의 계정(book)을 보유하지 않고 은행 간 스왑거래를 중개한다.
>
> 정답 | ③

스왑거래인 parellel loan과 back to back loan의 설명으로 옳은 것은?

① 두 거래는 모두 파생상품거래이므로 재무상태표에 기록되지 않고 각주로 부기한다.

② parellel loan은 한 개의 대출계약서를 가진다.

③ back to back loan은 parellel loan보다 신용위험을 줄일 수 있다.

④ back to back loan은 모회사끼리 대출계약을 체결하지만 대출은 각 모회사가 상대방의 자회사에 대출한다.

> **해설** ① 두 거래는 모두 loan(대출)거래이므로 재무상태표에 각각 따로 나타난다.
> ② parellel loan은 서로 다른 계약이므로 두 개의 대출계약서를 가진다.
> ④ back to back loan은 모회사끼리 대출계약을 체결하여 각자 자신의 자회사에 대출한다.
>
> 정답 | ③

■ 아리랑 본드

외국인(비거주자, ADB 아시아개발은행)이 우리나라에 와서 기재부에 신고한 후 원화표시 채권을 발행(차입)하고서 이를 통화스왑(원화를 외화로 교환, 만기 때 재교환하면 환율변동리스크 없음)하여 외화로 교환하여 해외로 유출해 나갔다. 이렇게 비거주자가 한국에서 발행한 원화표시 채권을 발행할 경우 이 채권을 '아리랑 본드'라고 한다. (만약 원화가 아닌 외화로 발행했다면 '김치본드'라고 한다. 외국인의 국내증권발행은 금액과 무관하게 기획재정부 신고사항이다.)

【USD/KRW CRS 명세표】

구분	내용
거래대상	달러/원 통화스왑(USD/KRW) 달러화 변동금리(6개월 LIBO)와 교환되는 원화고정금리
거래형태	• CRS Receive : 원화고정금리 수취(달러화 변동금리 지급) • CRS Pay : 원화고정금리 지급(달러화 변동금리 수취)
가격고시	USD 6LIBO 기준으로 6개월마다 교환되는 원화고정금리 고시 • Offer Rate : 원화고정금리 수취/달러화 변동금리 지급 • BID Rate : 원화고정금리 지급/달러화 변동금리 수취 (※ 가격표시방법은 환율 bid/offer의 반대인 offer/bid로 고시한다.)

구분	내용
원금교환	• 스왑의 개시시점과 종료시점에 원금교환 (단 초기원금교환은 선택사항임) • 두 시점의 적용환율은 '동일'하며 거래시점의 '현물환율'을 적용
이자교환	• 이자지급주기 : 6개월 단위(Semi-annual) • 이자계산방식 　– 달러화 : 달러화원금×달러화 이자율×Actual Days/360 　– 원화 : 달러화원금×환율×원화이자율×Actual Days/365 　– 달러, 원화의 이자를 각각 지급과 수령(netting 하지 않음)

■ ADB는 왜 아리랑 본드를 발행하고 달러/원 통화스왑을 했을까? 답 : 통화를 스왑으로 달러를 조달하니 (외국에서 그냥 달러를 차입하는 것보다) 조달비용이 싸기 때문에(0.10% 절약) 발행하였다가 답이다.

■ 베이시스 통화스왑

　① 일단 베이시스 통화스왑이란 서로 다른 두 통화의 변동금리/변동금리의 교환이다.

　② 달러/원 통화스왑의 가격(즉 원화고정금리의 결정)을 산출하려면 두 통화의 basis스왑 가격과 원화 이자율스왑(IRS)의 가격을 알아야 산출할 수 있다!! (토마토패스 강의 참조)

연습 문제

3년 만기 달러/엔 BASIS 통화스왑이 −8/−11이고, 3년 만기 엔화 이자율스왑이 1.31/1.18인 경우, 3년 만기 달러/엔 통화스왑(CRS) 가격은? (단, 중간율 mid rate를 적용하지 아니한다.)

① 1.23/1.07　　　　　　　　　② 1.39/1.29

③ 1.20/1.10　　　　　　　　　④ 1.42/1.32

해설 통화스왑가격이란 달러변동금리에 대한 엔화고정금리를 말한다.

1.31 − 0.08 = 1.23, 그리고 1.18 − 0.11 = 1.07 (→ 8bp는 0.08, 11bp는 0.11임을 나타낸다.)

따라서 정답은 ① 1.23/1.07이다.

※ 통화스왑은 '금리'이므로 '환율'인 외환매매의 bid(낮은 가격)/offer(높은 가격)의 위치와는 다르게 반대로 표시(offer(높은 금리 = Receive)/bid(낮은 금리 = Pay))하는 것이 관행이다. 즉, 1.18/1.31이 아닌 1.31/1.18로 고시한다.

정답 | ①

【보충설명】
• 통화스왑(CRS)의 가격(엔화의 고정금리)을 구하는 문항이다. 통화스왑은 달러/엔의 IRS(이자율스왑)과 달러와 엔화의 변동금리 스왑(이를 BASIS 스왑이라고 한다.)을 이용하여 간접적으로 구한다는 내용이다. BASIS 스왑의 가격이 왜 마이너스인 −0.08, −0.11로 표시되는지 이해를 하여야 한다. 이는 달러화의 변동금리와 엔화의 변동금리의 교환 시 일본의 <u>Country risk를 마이너스(−0.08 offer, −0.11 bid)로 반영하기 때문이다. (◀ 시험출제 시 지문으로 나옴)</u> 다시 말하면 일본인이 만약 1년 동안 미국인으로부터 미국의 변동금리채권을 인수하고 일본의 변동금리(JPY Libo)채권을 미국인에게 인도한다면 (1년 동안 채권을 서로 바꾸어 보유하는 경우임) 금리도 그대로 이동하는가? 절대 아니다. 즉 일본인이 미국채권을 받아서 그기에 나오는 달러화 변동금리(LIBO)를 미국인에게 준다면 미국인은 일본엔화표시채권에서 발생하는 금리(JPY Libo)에서 −0.08 또는 −0.11만큼 덜 지급한다.

- 상기 예로 설명하면, 만약 은행이 고객으로부터 통화스왑금리를 수취('엔화고정금리를 receive한다'는 표현을 쓴다.)할 경우의 금리(offer금리＝Receive금리)를 구하고자 한다. 고객으로부터 고정금리를 받으면 은행은 (헤지하고자) 이를 엔화IRS시장에서 엔화변동금리와 교환한다. 은행도 자금시장에서는 calling party이므로 당연히 시장에서 높은 고정금리를 지급하여야 한다. (offer＝1.31에서 출발) 이때 받은 엔화표시 변동금리(JPY Libo)를 달러/엔 BASIS시장에서 JPY Libo－0.08만큼 지급하고 달러 LIBO를 수취한다. (－0.11, －0.08을 고시한 BASIS스왑의 상대방이 quoting party이므로 －0.11을 적용할 수 없다.) 이때 수취한 달러 LIBO를 고객에게 지급한다(hedge 완료). 결론적으로 은행의 입장에서 고객에게 통화스왑금리(offer금리)를 얼마를 적용할 수 있는가? 이자율스왑에서 1.31 지급과 BASIS스왑에서 －0.08만큼 덜 지급하므로 NETTING하면 1.31－0.08＝1.23% 이상의 금리를 고객으로부터 수취하여야한다. (마진은 감안 안함)

기본서 내용파악 문제

아래 자료는 현재 스왑시장의 가격이다. A은행이 B고객에게 3년만기 달러/엔 SWAP Receive 거래 시 이를 헤지하기 위한 A은행의 BASIS SWAP 거래에 해당하는 것은?

- 3년 만기 달러/엔 베이시스 통화스왑 : －6/－12
- 3년 만기 엔화 이자율스왑 : 1.20/1.18

① JPY 변동금리－1.20%를 수취하고 미화 LIBO를 지급한다.
② JPY 변동금리－1.18%를 지급하고 미화 LIBO를 수취한다.
③ JPY 변동금리－0.06%를 지급하고 미화 LIBO를 수취한다.
④ JPY 변동금리－0.12%를 수취하고 미화 LIBO를 지급한다.

해설 A은행은 B고객으로부터 엔화고정금리를 수취(Receive)＋USD LIBO 지급거래를 할 경우 (Receive 거래에 해당함＝엔화 offer rate) 수취할 엔화고정금리를 산출하는 문제이다.
(1) 이 거래의 헤지를 위하여 A은행은 외환시장에서는 calling party 입장에서 3년 엔화이자율 스왑시장에서 고정금리(1.20%) pay＋JPY 변동금리를 수취한다.
(2) 그리고 3년 베이시스 통화스왑 시장에서 JPY 변동금리－0.06% 지급＋USD LIBO 금리 수취의 거래를 한다.
(3) 이 거래의 전체적인 금리 CASH FLOW를 확인해 보자. 이 경우 A은행의 Receive 가격(엔의 고정금리)＝1.20－0.06 ＝1.14이 손익분기점에 해당하는 금리이므로 이보다 높은 금리를 B고객에게 수취(offer rate=Receive)하여야 한다.

정답 | ③

- 'country risk' 개념
  ① 기본서 '쉬어가는 코너'는 반드시 읽어야 한다. country risk는 우리나라 국가 신용의 척도인 CDS와 관련 있다. 금융투자협회의 파생상품투자전문인력 교재에도 잘 설명되어 있다.
  ② 저자가 하고 싶은 말이 무엇일까? **우리나라는 country risk상 국제시장에서 달러화를 LIBO＋0으로 빌릴 수 없다('가산금리가 있다'는 뜻).** 이는 곧 basis swap에서 마이너스 부호가 나타나는 이유이다. (상기 기본서 내용파악 문제에서 －7/－11에서 마이너스 표시 사유임)

③ 우리나라의 경우 통화스왑의 가격은 COUNTRY RISK가 반영되어 무위험자산인 대한민국 국고채 금리보다 낮은 상황이 지속되고 있다. 예를 들어 우리나라 국내에서의 3년 이자율 스왑(원화 고정금리대 원화CD금리)의 가격(원화고정금리)이 2%라면, 달러/원화의 3년 통화스왑의 가격(원화고정금리)은 이보다 낮은 1%대를 유지하는 것이 일반적인 시장가격이다. 즉 우리나라 통화가 기축통화가 아니므로 달러와 교환할 경우(달러와 원화 통화스왑을 할 경우) 우리나라의 통화가치가 상대적으로 저평가된다. 즉 원화금리가 낮아진다.

■ 통화스왑 가격산출 원리
① 매우 중요한 개념이다. 예를 들면 달러/원 통화스왑의 가격을 산출하려면 우선 **두 통화의 basis swap(변동/변동금리) 가격과 우리나라 원화의 이자율스왑(IRS) 가격을 결합하면 통화스왑가격(흔히 CRS 가격)을 산출할 수 있다.** (시험대비 그냥 암기만 해도 무방함. 토마토패스 강의에서 설명)
② **원화고정금리인 CRS 가격은 우리나라 country risk를 감안하기 때문에 무위험자산인 우리나라 국고 채금리보다 낮은 상황이 지속되고 있다.** (이 지문자체를 암기)

예상 **문제**

스왑가격(swap price)의 일반적인 의미로 가장 옳은 것은?

① 스왑거래에서 고정금리와 교환되는 변동금리를 말한다.
② 스왑거래에서 변동금리와 교환되는 고정금리를 말한다.
③ 스왑거래의 초기에 지급하는 up-fron fee를 말한다.
④ 변동금리에 가산되는 스프레드를 말한다.

해설 스왑가격 또는 스왑레이트란 특정 변동금리와 교환되는 고정금리를 말한다.

정답 | ②

빈출 **문제**

USD/KRW 통화스왑의 메커니즘 설명으로 옳지 않은 것은?

① 베이시스 통화스왑가격과 원화 이자율스왑 가격을 알면 원화 고정금리/달러 변동금리의 통화스왑 가격을 알수 있다.
② 통화스왑가격과 달러 이자율스왑 가격을 알면 원화고정금리/달러고정금리의 통화스왑가격을 산출할 수 있다.
③ 우리나라 country risk상 원화고정금리 통화스왑가격이 우리나라 국고채금리보다 높은 상황이 지속되는 경향이 있다.
④ 통화스왑을 중개하는 브로커 회사들은 통화스왑가격에서 이자율스왑 가격을 뺀 베이시스통화스왑의 스프레드를 참고용으로 고시한다.

해설 우리나라 country risk상 원화고정금리 통화스왑가격이 우리나라 국고채금리보다 낮은 상황이 지속되는 경향이 있다.

정답 | ③

■ 통화스왑 가격고시

다음은 A은행이 B기업에 제시한 통화스왑과 이자율 스왑가격이다. 이에 대한 설명으로 옳지 않은 것은?

SEMI/ACT 365 USD/KRW 1.70/1.68	QUART/ACT 365 KRW/KRW 3.20/3.18

① SEMI/ACT 365 표시는 달러화 6개월 LIBOR와 원화고정금리의 교환에 대한 이자계산 시 '원화는 1년을 365일 기준으로, 달러화는 360일을 기준으로 실제경과일수로 계산한다'는 의미로서 통화스왑의 가격표시이다.

② 3.20/3.18은 이자율 스왑의 가격표시로서 원금을 교환하지 아니한다.

③ QUART/ACT 365란 '3개월마다 실제 경과일수만큼 달러화에 대한 이자를 계산한다'는 뜻이다.

④ 1.68은 원화고정금리로서 A은행이 B기업으로부터 미화 변동금리를 수취하고 원화고정금리를 지급(Pay)하는 가격이다.

> **해설** 이자율스왑 시 QUART/ACT 365란 '3개월마다 실제 경과일수만큼 원화에 대한 이자를 계산한다'는 의미이다.

정답 | ③

A기업은 3년 전에 1억 달러를 10년 만기로 USD 6M LIBOR + 80bp에 차입한 후 이를 1,300원에 매각하여 현재까지 원화로 운용하는 중이다. 그러나 현재 시장 분위기가 달러 강세(환율 상승)가 예상되어 B은행과 차입만기까지 7년 통화스왑으로 환율과 금리 리스크를 헤지하고자 한다. A기업과 B은행의 통화스왑 거래에 대한 설명으로 옳지 않은 것은? (B은행의 A기업에 대한 가산금리는 무시하며, 현재 외화자금시장 가격은 다음과 같다.)

- 달러/원 7년 CRS 가격 : 1.80/1.70
- 달러/원 SPOT : 1,200원

① B은행은 A기업과 CRS receive 1.80%를 적용한다.

② conversion factor를 무시하면 A기업은 2.60%로 원화차입효과로 전환된다.

③ A기업과 B은행은 현물환율(spot)은 1,200원을 적용하여 초기에 원금교환한다.

④ 통화스왑의 만기환율은 선도환율이 아닌 초기에 교환한 현물환율과 같다.

> **해설** 이 문제는 통화스왑의 핵심적 내용이므로 암기가 아닌 이해가 필요하다. 그림을 그려서 CASH FLOW를 이해하여야 한다. 초기에는 1억 달러와 이에 상당하는 원화의 교환이 없다. 왜냐하면 A기업은 이미 3년 전에 1억 달러 외화를 현물로 모두 매각 후 원화로 운용 중이기 때문이다. 따라서 통화스왑에서 초기원금교환은 선택사항이지만 만기 원금교환은 필수사항이다. A기업이 스왑으로 인한 (원화)차입자금의 조달비용은 1.80 + 80bp = 2.60%로 변한다. (conversion factor 무시란 표현이 필요) A기업은 7년 후 통화스왑 만기 시 환율 1,200원에 해당하는 원화를 B은행에 지급하고 1억불을 수취하여 차입금을 상환한다.

정답 | ③

【CRS PAY, CRS RECEIVE의 구분】

receive/pay의 사례는 외우는 것이 아니라 이해하여야 한다. (파생상품투자전문인력 시험에서도 이 문항 오답율이 제일 높다.) 그러나 일단 이해하면 그리 깊은 지식은 아니란 것을 깨닫게 된다.

예상 문제

국내의 달러/원 통화스왑(CRS)가격의 Receive에 대한 설명으로 옳지 않은 것은?

① 국내은행이 해외에서 외화차입이 어려운 경우, 외국은행 국내지점과 통화스왑으로 외화자금을 조달할 경우 국내은행은 CRS receive를 한다.

② 국내고객으로부터 원화 보험료를 수취한 보험회사 등 기관투자자가 해외투자를 할 경우 CRS receive를 한다.

③ 국내 조선사 및 중공업체 등이 수주물량에 대한 장기 선물환 매도를 국내은행과 체결할 경우, 국내은행은 이에 대한 헤지로 외국은행 국내지점과 CRS receive 한다.

④ 외화조달이 쉬운 외국인이 달러차입과 원화운용의 차익거래를 할 때 CRS가격을 receive한다.

해설 외국인이 달러차입과 원화운용의 차익거래를 할 때(외국인의 '통화스왑을 이용한 재정거래'를 할 경우), 즉 외국은행 국내지점은 본사에서 달러 공급받아 국내은행과 Sell&Buy방향의 통화스왑 시 원화고정금리를 국내은행에 pay한다(CRS Pay). 외국은행 국내지점의 경우, 본사에서 외화를 본지점차입하여 국내은행과 교환(통화스왑)하여 외화이자를 수취하고 원화이자(CRS가격이라고 함)를 PAY한다. 외국은행은 CRS로 수취한 원화원금을 우리나라 국채 등에 투자하여 수취하는 원화금리와 CRS-PAY의 원화금리의 차이의 수익을 취득한다.

정답 | ④

■ 원화 고정금리 receive 통화스왑(달러화 원금 현물환 Buy&선물환 Sell 방향)의 3가지의 상황

① 글로벌 금융위기로 국내은행이 해외에서 외화차입이 어려운 경우, 국내은행은 외국은행 국내지점과 B/S방향의 통화스왑으로 외화자금을 조달할 경우, 외국은행으로부터 원화고정금리를 receive한다. (미화원금수취/원화원금지급이므로 원화에 대한 이자를 당연히 국내은행이 receive한다. 물론 외국은행 국내지점입장에서는 pay이다.) 따라서 항상 주체(주어)가 누구인지에 따라 receive와 pay의 표현이 달라짐에 유의한다.

② 보험회사 등 기관투자자가 해외투자를 할 경우, B/S 통화스왑(ASSET스왑)하여 외화를 확보한다. 이 외화로 해외투자를 하고 통화스왑 기간 중에는 스왑상대방으로부터 원화 고정금리를 receive한다. (한 번 더 강조하면, 달러/원 통화스왑 시 pay, receive란 원화의 금리의 방향을 지칭한다. 달러화 금리가 아님에 유의한다.)

③ (환율하락위험에 대비한) 국내 조선사 및 중공업체 등의 수주물량의 장기 선물환 매도를 받아주는 국내은행은 외국은행과 B/S 통화스왑(원화 고정금리 receive스왑)을 통한 spot 헤지를 한다. 부연 설명하면, 국내은행은 조선사 등의 고객물량을 헤지하고자 통상 현물 Buy/선물 Sell 통화스왑으로 조달한 외화로 현물환시장에서 매도를 헤지한다(국내은행은 선물매수＋현물매도＝squared). 이 B/S 통화스왑으로 국내은행은 CRS 상대방인 외국은행 국내지점으로부터 원화고정금리를 receive한다.

■ 통화스왑과 외환스왑의 비교

　① 항상 출제되므로 유사점과 차이점은 반드시 알아둔다. 외환스왑은 주로 1년 이내, 통화스왑은 주로
　　 1년 초과의 장기거래이다. 외환스왑은 near date의 현물환과 far date의 선물환의 환율이 다르지만
　　 (두 통화의 금리가 다를 경우), 통화스왑은 환율이 같다.

빈출　문제

수입기업 A사는 3개월 후 수입결제대금에 대한 환율상승에 대비하여 선물환 매수계약을 체결하였다. 그러나 1개월이 지난 현재, 거래처가 조기 결제를 요구하여 2영업일 이내에 결제하기로 하였다. 이 자금흐름의 불일치를 해결하기 위하여 외환스왑을 할 경우 옳은 것은?

① 현물환 매수+선물환 매도　　　　　　　② 현물환 매수+선물환 매수

③ 현물환 매도+선물환 매수　　　　　　　④ 현물환 매도+선물환 매도

해설 현재 이미 선물환 매수상태이므로 이 선물환을 정리하기 위해 반대매매인 선물환 매도를 하고 현물환으로 매수하여 수입대금을 결제한다. 즉 현물환 매수+선물환 매도의 스왑거래를 한다.

정답 | ①

---

　② 최근에는 near date의 현물가격과 far date의 선물가격을 구체적으로 묻는 문제가 출제되었다.

내용파악 문제

아래와 같은 외환시장 상황에서 은행(quoting party)이 고객에게 제시할 수 있는 1개월 외환스왑 BID Rate를 구하면? (단, 현물환율은 중간율로 하고 은행마진율은 없는 것으로 가정)

• 달러/엔 현물환율 : 109.40/44	• 1MTH swap point : −21/−20

해설 NEAR DATE 현물환율은 중간율이므로 109.42이다. 그리고 1개월간 거래이므로 스왑포인트를 차감한다. 외환스왑의 Bid rate 기준은 Far date로서 은행의 buy이므로 은행입장에서는 spot sell and forward buy에 해당한다. 따라서 은행의 입장에서 큰 숫자를 차감해서 고객에게 지급하므로 Far date는 109.42 − 0.21 = 109.21이다.

※ 만약 제시문에서 중간율이란 표현이 없다면? 은행의 Sell & Buy는 높은 환율(109.44)로 near date Sell 하고 far date Buy(109.44 − 21 = 109.23)한다.

정답 | near date sell at 109.42, far date buy at 109.21.

■ '비핵심통화 채권+달러 채권 스왑' 급증 … 서브프라임 타개책 활용(기본서 교재의 한경신문 기사)

　미국이나 유럽 일본 등 메이저 국제 금융시장이 아닌 중남미 터키 호주 등 주변부 시장에서 채권을 발행한 뒤 이를 달러화 채권으로 스와프하는 방식으로 외화자금을 조달하는 사례가 크게 늘고 있다. 서브프라임 모기지(비우량 주택담보대출) 사태 이후 얼어붙은 국제금융시장 상황을 타개하기 위한 방편 중 하나로 조금이나마 외자 도입비용을 낮추고(1) 조달시장을 다변화(2)하겠다는 것이다.

　금융계에 따르면 수출입은행은 지난 5일 멕시코에서 만기 10년짜리 10억페소 규모의 채권을 발행했다. 금리는 고정금리로 연 8.61%로 정해졌다. 수출입은행은 스와프시장을 통해 이 채권을 만기 10년짜리

미화 9,200만달러 규모의 채권으로 바꿨다. 바꾼 달러화 채권의 금리 조건은 리보(런던은행간 금리)에 58.5bp(1bp=0.01%)를 얹는 것이다(3). 수출입은행은 이 같은 기법을 활용해 20~30bp를 아낄 수 있었다고 설명한다(1). 미국이나 유로시장에서 바로(4) 달러화 채권을 발행할 경우 리보에 80~90bp의 스프레드(가산금리)를 얹어줘야 하는데 통화 및 금리 스왑를 통해 이를 대폭 낮췄다는 얘기이다. 이 은행은 지난달에는 터키시장에서 현지 통화인 리라화를 베이스로 채권을 발행한 뒤 달러화 채권으로 교환하기도 하였다.

산업은행은 지난해 2월부터 브라질 헤알화로 자금을 조달한 뒤 이를 달러로 바꾸는 거래를 여러 차례 하였다. 시중은행 중에서는 신한은행이 지난 5월 호주에서 캥거루본드(5)(외국회사가 호주에서 발행하는 호주달러표시채권)를 발행한 것과 같은 맥락이다. 당시 3년 만기 4억호주달러 규모의 채권을 발행한 뒤 이를 같은 만기의 미국 달러채권으로 교환한 것이다. 이를 통해 리보에 23bp를 더한 비교적 양호한 수준에서 자금을 조달했다.

- **■ 상기내용 설명**
  (1) 직접차입보다 간접차입＋통화스왑을 활용하면 저금리 차입이 가능하다.
  (2) 미국시장에서 달러차입이 어려워서 대안으로 다른 시장에서 다른 통화를 차입하여 통화스왑으로 달러로 사용하는 기법을 이용하였다. 조달시장의 다변화라고 볼 수 있다.
  (3) 통화스왑으로 인한 조달비용이 LIBO＋58bp였다. 직접차입 시는 LIBO＋80~90bp이므로 이를 대신한 통화스왑으로 20~30bp의 조달비용을 절약하였다.
  (4) 직접조달 시에는 LIBO＋80~90bp이므로 통화스왑으로 조달보다 차입비용이 비싼 편이다.
  (5) 호주에서 외국인(호주인이 아닌 비거주자)이 호주표시통화를 발행하는 경우 이 외국채를 캥거루본드라고 한다.

- **■ 통화스왑의 사례**

기본서 내용파악 문제

그리스 선박회사로부터 선박수주를 받은 울산 소재 H중공업은 3년 후 지급받을 선박건조대금에 대한 환율변동 위험을 헤지하고자 국내 토마토 은행과 선물환(FORWARD) 거래를 하였다. 이때 H중공업에 제시할 선물환율을 산출하기 위한 토마토은행의 CRS 헤지거래의 설명으로 옳지 않은 것은? (단, Plain vanilla swap 가정함)

① CRS통화스왑거래의 방향은 BUY/SELL 방향의 스왑거래를 한다.
② 3년 통화스왑 시장가격이 1.20/1.15일 경우 1.15가 적용된다.
③ CRS 상대방에게 외화LIBO를 지급하고 원화고정금리를 수취한다.
④ CRS의 외화LIBO금리 리스크를 헤지하기 위하여 달러고정금리 수취＋달러 변동금리 지급의 이자율스왑(IRS) 거래를 추가로 실시한다.

> **해설** 토마토은행은 국내외환시장에서 (선물환이 아닌) 현물환 '매도'거래를 하여야 한다. 프레인바닐라(표준)스왑이란 미국 달러화에 대한 변동금리(통상적으로 LIBO)와 원화 고정금리를 교환하는 기본적인 통화 스왑(plain vanilla CRS) 거래를 의미한다. 우선 H중공업 입장에서는 (3년 후) 미래의 달러화 유입에 대한 환율하락 리스크 헤지를 위하여 은행과 선물환

'매도'계약을 하여야 한다. 따라서 **토마토 외국환은행의 입장에서는** 선물환 매수(H중공업 입장은 선물환 매도)이므로 이를 헤지하기 위하여 현물환 '매도'를 취한다(선물환 LONG POSITION + 현물환 spot SHORT POSITION = SQUARED POSITION). 즉, 토마토은행은 CRS로 조달한 외화(달러spot BUY/ forward SELL SWAP방향의 CRS)를 국내외환시장에서 현물환으로 '매도'하고 이때 유입된 원화를 CRS 상대방에게 지급한다. 토마토은행의 입장에서는 3년 동안 원화고정금리(1.15%)를 수취하는 CRS Receive가 되며, LIBO를 지급한다. 그러나 이 LIBO가 변동금리이므로 이를 추가로 헤지하기 위하여서는 달러표시의 고정금리지급+변동 금리(LIBO)수취의 달러 이자율 스왑(IRS)을 별도로 체결하면 H중공업에 대한 3년 만기 달러/원 선물환율을 산출할 수 있다. 즉 달러금리고정, 원화금리 고정이므로 이 두 통화의 금리차로 선물환율을 산출할 수 있다. 결론적으로 CRS의 외화LIBO금리 리스크를 헤지하기 위하여 달러고정금리 지급+달러 변동금리 수취의 이자율스왑(IRS) 거래를 추가로 실시한다. (내용이 어려우므로 토마토패스 강의에서 설명)

정답 | ④

■ 보유한 자산의 환리스크 헤지를 위한 것을 자산스왑(asset swap)이라고 하며, 보유한 부채의 환리스크 헤지를 위한 경우 부채스왑(liability swap)이라고 한다.

【외화자산 운용과 관련되는 환 및 금리리스크 관리】

ABC사는 현재 미국달러를 보유하고 있다. EUR/USD 통화스왑하여 EUR bond에 5년 동안 투자하는 것과, USD 표시 5년만기 FRN에 직접 매입 투자하는 것을 비교한 설명으로 옳은 것은?

- EUR bond : 만기 5년, 연율 2%
- USD FRN : 만기 5년, USD 6M LIBO+0.4%
- EUR/USD : 통화스왑가격 EUR 2%, 6M LIBOR+0.6%
- EUR/USD : 현물환율 1.2500

① 직접 USD FRN에 투자하는 것이 유리하다.
② EUR Bond 매입 전에 현물환율이 1.2600으로 변경되면 투자수익율이 좋아진다.
③ EUR/USD 스왑하여 EUR Bond를 매입하는 것이 직접 USD FRN을 매입하는 것보다 수익률이 0.2%만큼 유리하다.
④ ABC사는 스왑거래를 택할 경우 스왑거래 초기에 스왑 상대방에게 EUR을 지급하고 USD를 수취한다.

해설 EUR Bond의 (수취)금리가 2%로서 EUR/USD스왑의 EUR(지급)금리 2%와 동일하므로 결국 스왑하여 투자하면 0.6% - 0.4%의 차이만큼 수익율이 향상된다.

정답 | ③

【옵션】

행사가격이 1,200원/$, 만기가 1개월인 원 – 달러 콜옵션의 가격이 10원이고, 동일한 행사가격과 만기를 가진 풋옵션이 5원에 거래되고 있다. 현재 기초자산 가격은 1,205원/$이다. 콜옵션과 풋옵션의 시간가치의 합은 얼마인가?

① 0원

② 5원

③ 10원

④ 15원

해설 콜옵션의 현재 내재가치(1,205 – 1,200)는 5원이므로, 콜옵션 가격(premium) 10원에서 내재가치를 차감하면 시간가치 5원이다. 풋옵션은 현재 행사가격보다 기초자산 가격이 높으므로 내재가치는 제로(내재가치는 마이너스란 없다.)이므로 풋옵션 가격(5)은 모두 시간가치(5)이다. 두 옵션의 시간가치를 합하면 10원이다.

정답 | ③

【옵션을 처음 접하는 수험생 필독】

아래 내용으로 옵션의 원리를 이해해 보자. 은행권 수험생은 증권사와 달리 옵션실무를 접할 기회가 없으므로 옵션내용이 무척 어렵다고 한다. 아래는 은행계나 취준생 등 옵션을 처음 접하는 수험생을 위한 설명이다. (대개 콜옵션 구조는 이해가 빠른 데 비해 풋옵션의 이해가 느린 듯해서 예시를 PUT 옵션으로 함)

1. 서론

① 2024년 2월 현재 우리나라의 수출업자인 토마토패스(주)가 앞으로 3개월 후 100만달러의 수출대금을 수취하는 경우를 가정해 보자. 이 수출업자는 장차 환율이 하락할 경우 결제받을 원화대금(네고대금, 은행의 매입외환)이 감소할 것을 걱정하여 달러화에 대한 풋옵션을 매수하기로 결정했다. 즉 선물환 매도 대신, (달러를) 매도할 수 있는 권리(right)를 매수한다. (풋옵션 매수) 3개월 후 수출대금 입금 시 put옵션을 행사할 것인지 아닌지는 '그때 가서 환율(spot)을 보고 결정한다'는 뜻이다. (달러를 미리 정해진 가격에 팔 권리만 사고 이 권리의 행사여부는 만기에 결정한다.)

② 현재, 현물(spot)환율은 1,200원이다. 이 수출업자는 (헤지를 안한다면) 3개월 후 환율이 1,200원/$ 이하 시 현재보다 결제받을 수출대금의 원화표시금액이 감소하여 손실이 발생하고, 1,200원/$ 이상이면 그만큼 이익이 발생한다.

③ 현재 선물환 가격은 3개월 선물환율이 1,195원/$이다. (스왑 포인트가 discount 500)

④ 3개월 후의 환율을 알 수 없기에 환리스크 헤지를 위하여 수출업자는 선물환(1,195원) 대신 (한국거래소에서 거래되는 달러 풋옵션(3개월 후 만기)은 계약당 $10,000이므로) 총 100계약의 put옵션을 매수하기로 했다. 물론 한국거래소 대신 은행의 장외통화옵션거래도 있다.

⑤ 그러나 3개월 후의 풋옵션의 행사가격(3개월 만기 시 팔 수 있는 가격)을 어찌 정할 것인가? (3가지 상황이 있다. 수출업자는 행사가격을 ATM, OTM, ITM에서 선택하는 것이다.)

2. 본론

(1) 거래결과를 살펴보자. 먼저 PUT옵션 행사가격을 ATM으로 선택한 경우이다.

상황1) 그가 행사가격(1,200원/$)과 현물가격이 같은 등가격(ATM=1,200) 풋옵션을 매수한 경우를 가정해 보자. 현재 등가격 옵션가격(premium)은 계약당 10원에 거래되고 있다(현물가격=행사가격=1,200원=등가격(ATM)). 이 경우 내재가치는 없고(0) 시간가치는 10원이라는 표현을 쓴다.

→ 만약 3개월 후 현물환율이 현재 수준인 1,200원/$을 유지할 경우 달러당 10원의 손실이 발생한다. 결국 1,200-10=1,190원에 수출가격이 결정된다.

→ 만약 1,100원/$으로 폭락한 경우 현물(수출대금)에서의 손실이 풋옵션에서의 이익(환율이 내려도 여전히 1,200원 행사가격에 팔 수 있는 권리인 PUT옵션을 매입한 상태이므로)과 서로 상쇄되어 전체손실은 10원으로 고정된다. 즉 1,200원 행사가격-10원=1,190원에 수출가격이 결정된다.

→ 만약 반대로, 만기 시 원-달러 환율이 1,250원/$으로 상승하게 되면 (**1,200원 행사가격 PUT옵션을 행사할 이유가 없으므로 행사 포기한다.**) 옵션에서의 손실은 옵션프리미엄 10원으로 고정되는 반면 현물포지션(유입될 백만불 수출대금)에서 이익이 증가(1,250-1,200=50원)하므로 전체적으로는 40원의 이익을 얻을 수 있다. (만약 만기 spot이 1,250원이라면 50원 상승과 비용 10원을 차감한 40원/$의 이익이 생긴다.) 즉 수출가격은 1,240원이 되어 선물환율(1,195원)보다 훨씬 유리하다.

(2) PUT옵션 행사가격을 OTM으로 선택한 경우를 살펴보자.

행사가격이 1,200원/$인 ATM옵션을 사용하는 대신 행사가격이 1,190원/$인 외가격(OTM) 옵션을 사용하면, 현물보다 10원 불리한 행사가격이므로 옵션프리미엄 가격이 하락한다. (상기 ATM 10원보다 낮을 것이다.) 즉, 옵션거래에 대한 비용을 줄이는 것이다(옵션프리미엄=내재가치 0+시간가치 5원 가정=5원). 예를 들어 만기 환율이 1,195원인 경우 put옵션 권리를 행사할 필요가 없으므로 1,195-옵션비용 5원=1,190원에 환전한 셈이 된다. 만약 만기환율이 1,160원인 경우 옵션을 행사(1,190원)하여 1,190-5=1,185원에 환전하는 셈이 된다.

(3) PUT옵션 행사가격이 높은 ITM으로 선택한 경우를 살펴보자.

예를 들어, 1,210원, 당연히 수출업자는 이 높은 가격으로 정하고 싶을 것이다. 하지만 세상에 공짜점심은 없다. KIKO의 원인이다. 하지만 ITM은 옵션프리미엄이 비싸므로 (행사가격 1,210원은 1,200원보다 10원 높으므로 옵션가격은 내재가치 10원+시간가치 5원 가정=15원) 비용은 증가하게된다. 예를 들어, 만기환율이 하락하여 1,180원이 되었다면 어떤 결과인가? 당연히 1,210원에 행사를 하여 기쁘지만 옵션비용이 너무 크다. 1,210원-15=1,195원에 수출대금을 회수한 셈이 된다.

(4) 여러분은 OTM, ATM, ITM 중 어느 것을 선택할 것인가를 잘 생각해 봐야 한다.

실무상 옵션은 외가격(OTM)을 선택한다. 투자자들은 구태여 높은 옵션가격을 지불할 생각이 없으므로 ITM을 선택하지 않는다. 개미투자자들은 거의 외가격(로또 당첨되는 기분으로 그냥 싼 옵션을 매수)거래를 한다.

문제

현재 외환시장에서 3개월 선물환 시장가격이 1,250원에 거래되고 있다. 동일 만기의 Call option 행사가격이 1,230원이고, Put option 행사가격이 1,240원인 경우, 이 콜옵션과 풋옵션의 내재가치는 각각 얼마인가?

① -20원/-10원

② -20원/10원

③ 20원/10원

④ 20원/0원

해설 선물환 시장가격 1,250원은 콜옵션 행사가격 1,230원보다 높으므로 콜옵션은 행사할 가치가 있으므로 내재가치가 20원이다. 풋옵션은 현재 시장가격 1,250원보다 낮은 행사가격 1,240원이어서 내재가치가 없는 0이다. 내재가치는 음수(마이너스)가 있을 수 없다.

정답 | ④

현재 행사가격이 1,200원/$, 만기가 1개월인 원/달러 콜옵션이 60원에, 동일한 행사가격과 만기를 가진 원/달러 풋옵션은 5원에 거래되고 있다. 기초자산인 원/달러 1개월 선물환율이 달러당 1,245원/$이라고 할 때 콜옵션과 풋옵션의 내재가치의 합은 얼마인가?

① 45원

② 50원

③ 60원

④ 65원

해설 현재 선물환율이 행사가격보다 높으므로 콜옵션의 내재가치는 1,245 - 1,200 = 45원이 되며, 풋옵션의 내재가치는 0이 된다. (45 + 0 = 45)

정답 | ①

- 옵션의 가치상태

  - **옵션프리미엄의 결정요소**
    - 가. 옵션계약의 내용(옵션거래자가 결정) : 만기일, 행사가격
    - 나. 옵션의 기초자산(시장에서 주어진 요소) : 현물환율, 환율변동성, 스왑포인트

통화옵션프리미엄의 결정요소 5가지 중 거래자가 결정하는 요소 2가지는 행사가격과 만기일이다. 옵션은 변동성을 거래하는 것이므로 변동성이 매우 중요하다. 과거변동성, 시장변동성, (옵션시장에서 거래하는 옵션프리미엄 시세에서 역산해서 산출하는) **내재변동성**(implied volatility)을 이해한다.

문제

만기일까지 환율변동성이 확대되고 환율이 상승할 것으로 예상할 때 적절한 전략으로서, 현재의 시장변동성이 낮다고 판단할 때 적절한 옵션전략은?

① CALL 매입

② CALL 매도

③ PUT 매입

④ PUT 매도

해설 현재시장변동성이 낮으면 일반적으로 옵션가격은 싸다. 그러므로 일단 매입을 선택하며, 향후 환율이 상승할 것이 예상되므로 CALL을 선택한다. 따라서 CALL옵션의 매입을 한다.

정답 | ①

다음의 통화옵션의 프리미엄 결정요소 중 옵션거래자가 결정할 수 있는 요소는?

① 현물환율　　　　　　　　　　　　② 환율변동성

③ 스왑포인트　　　　　　　　　　　④ 만기일

해설 옵션거래자가 결정할 수 있는 것은 행사가격과 만기일이다. 시장에서 주어지는 요소는 현물환율, 스왑포인트 및 환율변동성이다.

정답 | ④

■ 옵션전략

빈출 문제

3개월 후 500만달러의 수입대금을 지급해야 하는 수입업자가 원 – 달러 통화옵션을 이용하여 환리스크를 헤지하고자 할 때 가장 적절한 전략은?

① 달러 콜옵션 매도　　　　　　　　② 달러 콜옵션 매수

③ 달러 풋옵션 매수　　　　　　　　④ 달러 풋옵션 매도

해설 달러 콜옵션 매수이다. 원 – 달러 환율이 상승하면 지급해야 할 원화금액이 증가하여 손실을 보게 되므로 원 – 달러 콜옵션을 매수해야 한다.

정답 | ②

■ 옵션 스프레드 전략

① 스프레드(spread)전략은 기본서 저자의 표현으로는 '쫀쫀한 전략'이다. 옵션프리미엄을 적게 지불하려면 손익도 제한적일 수밖에 없다.

② 강세 스프레드전략(불콜 스프레드전략)과 약세 스프레드전략(베어풋 스프레드전략)에 대한 설명이다.

빈출 문제

통화옵션의 강세 스프레드전략(bull spread)에 대한 설명으로 옳지 않은 것은?

① 콜 강세 스프레드전략은 같은 수량으로 낮은 행사가격의 콜옵션을 매수하고 높은 행사가격의 콜옵션을 매도하는 전략이다.

② 풋 강세 스프레드전략은 같은 수량으로 낮은 행사가격의 풋옵션을 매수하고 높은 행사가격의 풋옵션을 매도하는 전략이다.

③ 콜 강세 스프레드전략은 초기에 프리미엄의 순지출(비용)이 발생하고, 풋 강세 스프레드전략은 초기에 프리미엄의 순유입(수익)이 생긴다.

④ 기초자산 가격이 큰 폭으로 상승할 가능성이 높을 것으로 예상하는 경우에 유용한 전략이다.

해설 옵션의 스프레드전략은 제한된 이익과 제한된 손실의 범위이다. 강세(불, bull) 스프레드전략은 시장의 가격이 상승할 가능성은 크지만 상승폭은 제한적일 것으로 예상할 경우의 전략이다. 약세(베어, bear) 스프레드전략은 시장의 가격이 하락할 가능성은 크지만 하락폭은 제한적일 것으로 예상할 경우의 전략이다. 기본서 p.251 하단의 불풋 스프레드전략(bull put spread)이란 시장가격의 상승(bull)을 예상하는 투자자는 call이 아닌 put으로도 전략을 짤 수 있다는 내용이다. 즉,

높은 행사가격의 put을 매도하고(높은 가격의 프리미엄 유입) 낮은 행사가격의 put을 매수(낮은 가격의 프리미엄의 유출)할 경우(스프레드거래), 시장가격이 상승하면 순 프리미엄 수입만큼 이익이 된다는 의미이다.

정답 | ④

통화옵션의 스프레드전략에 대한 설명으로 옳지 않은 것은?

① 콜 강세 스프레드전략은 같은 수량으로 낮은 행사가격의 콜옵션을 매수하고 높은 행사가격의 콜옵션을 매도하는 전략이다.

② 베어풋스프레드(bear put spread)는 초기에 옵션프리미엄을 지급한다.

③ 콜 약세 스프레드전략은 같은 수량으로 낮은 행사가격의 콜옵션을 매도하고 높은 행사가격의 콜옵션을 매수하는 전략이다.

④ 풋 약세 스프레드전략은 같은 수량으로 낮은 행사가격의 풋옵션을 매수하고 높은 행사가격의 풋옵션을 매도하는 전략이다.

해설 풋 약세 스프레드전략은 같은 수량으로 낮은 행사가격의 풋옵션을 매도하고 높은 행사가격의 풋옵션을 매수하는 전략이다. 시장이 약세(bear)로 간다고 예상하면 당연히 풋을 사야 한다. 그러나 스프레드전략은 저자의 표현대로 쫀쫀한 전략(p.247)이므로 욕심을 내지 않아야 한다. 따라서 풋 매수와 동시에 좀 낮은 가격의 풋을 매도하여 수수료를 절약한다.

정답 | ④

■ 레이쇼 버티컬 스프레드

스프레드전략을 구사할 경우 행사가격이 다른 두 개의 콜옵션끼리(또는 풋옵션끼리)의 비율(ratio : 레이쇼)을 다르게 하여 옵션수수료를 줄이기도 한다. 예를 들어 bull/call spread전략 시, 낮은 행사가격의 call 옵션을 매수(프리미엄이 높다)하고 높은 행사가격의 call 옵션을 매도(프리미엄이 낮다)할 경우 그 매입/매도의 비율을 1:2 등으로 하는 것이 레이쇼버티컬 스프레드전략이다. 이 전략의 옵션수수료가 순액으로 볼 때 순지급인지 순수입인지 또는 zero cost인지는 따져봐야 알 수 있다.

빈출 **문제**

행사가격 1,060원에 통화 콜옵션을 1계약 매입하고 동시에 행사가격 1,070원 통화 콜옵션 2개를 매도한 스프레드전략에 대한 설명으로 옳지 않은 것은?

① 콜 레이쇼 버티칼 스프레드(call ratio vertical spread)전략이다.

② 환율이 1,070원 이상 상승할 경우 기울기는 마이너스가 되어 수익이 감소된다.

③ 거래 초기에 옵션프리미엄의 수입이 발생한다.

④ 만기환율이 1,070원일 경우 최대이익이 발생한다.

해설 이 전략은 거래 초기에 옵션프리미엄을 지급할지 수취할지가 불확실하다. 왜냐하면 옵션프리미엄이 비싼 콜옵션 1배수를 사고, 이보다 옵션프리미엄이 싼 2배수(ratio란 표현)를 팔기 때문에 순 옵션프리미엄 크기를 알 수 없다.

정답 | ③

■ 정액수수옵션(디지털옵션)

내가격 여부만 묻는 경우이므로 내가격 크기는 의미 없다.

일반적인 옵션의 수익은 만기일 당일에 기초자산가격이 행사가격대비 얼마나 올랐느냐 혹은 떨어졌느냐에 따라 결정된다. 예를 들어, 콜옵션은 기초자산가격이 오르면 오를수록 수익이 더 커지게 된다. 이에 비해 디지털옵션의 손익구조는 옵션이 만기일에 내가격 상태이면 사전에 약정한 금액이 지급되고 그렇지 않으면 아무것도 지급하지 않는 형태이다. 그러므로 디지털옵션은 만기일에 얼마만큼의 내가격 상태에 있는가는 의미가 없고, 내가격 상태인가 아닌가만이 의미가 있게 되는 것이다.

예상 **문제**

행사가격 1,070원 표준형 통화 콜옵션과 1,070원 디지털 통화 콜옵션의 설명으로 옳지 않은 것은?

① 만기 환율이 1,060원인 경우 두 옵션은 내재가치가 없다.
② 만기 환율이 1,070원 이상에서 더욱 상승할수록 표준형 콜옵션의 내재가치는 상승한다.
③ 만기 환율이 1,070원 이상에서 더욱 상승할수록 디지털 콜옵션의 내재가치는 하락한다.
④ 표준형 콜옵션의 기울기와 디지털 콜옵션의 기울기는 다르다.

해설 만기 환율이 상승할수록 표준형 콜옵션의 내재가치는 상승하지만 디지털 콜옵션은 1,070원 행사가격 이상에서는 내재가치가 일정하다. (디지털 콜옵션의 경우 행사가격 이상에서는 기울기가 일정하다라는 표현을 쓴다.)

정답 | ③

■ 배리어 옵션

① Knock-Out과 Knock-In의 개념을 이해하여여 한다. 언론에 오르는 키코사태 분쟁의 이론적 배경이다. KIKO는 Knock-In, Knock-Out의 줄임말이다.

빈출 **문제**

통화옵션의 기초자산인 선물환율이 1,070원이고 옵션 만기일에 환율이 상승할 것으로 예상한다. 강력한 지지선인 1,050원 내외에서 한국은행의 시장개입이 예상되는 등 달러강세를 예상한다. 이때 활용 가능한 유로피언 배리어 옵션으로 가장 적당한 것은?

① 행사가격 1,040원 down&in(배리어 1,070)달러 콜옵션 매수
② 행사가격 1,070원 down&out(배리어 1,040)달러 콜옵션 매수
③ 행사가격 1,040원 up&out(배리어 1,070)달러 콜옵션 매수
④ 행사가격 1,070원 up&in(배리어 1,040)달러 콜옵션 매수

해설 1,070원 down&out(배리어 1,040)달러 콜옵션 매수이다. 1,050원에서 강력한 지지를 받으므로 1,040원에 도달하지 않는다고 생각하면, 즉 환율이 내려가더라도(down) 무효화(out)되는 수준의 환율(1,040원)에 도달할 가능성이 없다면(한국은행의 개입) 일반 옵션보다는 배리어 옵션이 수수료 면에서 유리하다. 옵션 행사가격(1,070원)은 현재의 현물가격 1,070원과 동일(ATM)하게 하면 옵션수수료가 낮다.

정답 | ②

통화의 배리어 옵션(barrier option)에 대한 설명으로 옳지 않은 것은?

① 거래개시 때 표준형전략이지만 환율이 배리어에 도달하면 옵션이 무효화되는 것을 녹아웃 옵션(knock-out option)이라고 한다.

② 녹인(knock-in option) 배리어 옵션은 환율이 배리어에 도달하면 옵션의 효력이 비로소 발생한다.

③ 유로피언 배리어 녹아웃 옵션은 환율이 옵션기간 중에 배리어에 한 번이라도 도달하면 옵션은 더 이상 유효하지 않게 된다.

④ 1,070원 행사가격의 표준형 달러 콜옵션을 매입하는 것보다 1,070 down&out(유로피언 배리어 1,040)달러 콜옵션을 매수하면 옵션프리미엄을 줄일 수 있다.

해설 아메리칸 배리어 옵션은 환율이 옵션기간 중에 배리어에 한 번이라도 도달하면 옵션은 더 이상 유효하지 않게 된다. 만기일에만 배리어에 도달여부를 관찰하는 것이 유로피언 배리어이다.

정답 | ③

■ 장외통화 옵션전략

① 배리어 콜옵션이 표준형 유로피언 콜옵션보다 저렴한 이유는 같은 행사가격과 배리어의 녹아웃 콜옵션과 녹인 콜옵션을 합하면 같은 행사가격의 표준형 유로피언 콜옵션이 되기 때문이다.

② 통화 선물환(Forward)은 거래비용이 없는 데 비해, 옵션은 옵션premium이 있다. 선물환 거래의 대체재로 옵션을 합성하여 활용하려면 이 옵션premium이 지출되지 않도록(zero cost) 한다.

③ 등가격 콜옵션 매입+등가격 풋옵션 매도＝합성 선물환 매입
등가격 콜옵션 매도+등가격 풋옵션 매입＝합성 선물환 매도

④ 우리나라 기업들은 콜옵션을 매입할 때 지급하는 옵션프리미엄을 부담스러워 한다. 따라서 zero-cost 옵션전략으로 옵션프리미엄을 지급하지 않는다.

합성선물환에 대한 설명으로 옳지 않은 것은?

① 등가격 콜옵션 매도+등가격 풋옵션 매입＝합성선물환 매입이다.

② 장외통화옵션은 합성선물환을 변형하여 매입하고 매도하는 행사가격을 다르게 할 수 있다.

③ 풋-콜 패리티식을 활용하여 통화옵션을 결합하면 제로코스트로 합성선물환을 도출할 수 있다.

④ 매입 및 매도하는 옵션의 비율을 다르게 하면서 이색옵션을 추가하여 다양한 전략을 만들 수 있다.

정답 | ①

1) 각종 장외통화옵션 전략(레인지 포워드 전략, 타겟포워드 전략, 프로핏테이킹 포워드 전략, 시걸 부산갈매기 전략, 배리어 포워드전략, 녹아웃포워드전략)이 소개된다. 독자의 편의를 위하여 모든 사례의 숫자는 한 가지로 통일하였다. 즉, 정상 선물환 환율은 (설명의 편의를 위하여 기본서에서는) 모두 1,070원으로 통일하였다. 따라서 위의 어떤 옵션 전략이든 이 정상 선물환 환율(1,070원)보다 유리한 가격으로 합성선물환(옵션의 합성) 환율을 유도하는 전략이다.

2) 다만, 기본서가 KIKO 사례에서 정상선물환 환율을 950원으로 수정한다. 그 이유는 2008년 리만브라더스 사태 이전의 상황 때의 환율이기 때문이다.

예상 **문제**

통화 선물환의 대체수단으로 통화 합성선물환 전략에 대한 설명으로 옳지 않은 것은?

① 수출상은 선물환매도 대신 콜매도＋풋매수의 합성으로 합성선물환 매도포지션을 구축할 수 있다.
② 수입상은 선물환매수 대신 콜매수＋풋매도의 합성으로 합성선물환 매수포지션을 구축할 수 있다.
③ 합성선물환 구성 시 콜옵션과 풋옵션의 각각의 만기와 행사가격을 동일하게 하지 않을 수도 있다.
④ 합성선물환 구성 시 옵션프리미엄의 순 지급이 발생하지 않는 ZERO－COST 전략을 취할 수 있다.

해설 합성선물환거래는 Call option과 Put option의 행사가격을 동일하게 하는 것이 기본이지만, range forward 등의 전략을 취할 경우 일정범위 내에서 외가격 Call option의 행사가격과 외가격 Put option의 행사가격이 서로 다른 행사가격으로 구성할 수도 있다. 그러나 두 옵션의 만기는 동일하여야 한다.

정답 l ③

■ 레인지 포워드 전략

옵션합성전략의 가장 기본이 되는 전략이므로 반드시 의미를 이해하여야 한다. 이 옵션전략은 정상 선물환율을 거래하기보다는 (약간의 리스크를 감수한다면) 좀 더 유리한 가격의 선물환 환율을 합성할 수 있기 때문이다. 그러나 합성선물환(＝옵션의 합성)도 분명 리스크가 있다는 것을 염두에 둔다. 예를 들어, 과거 우리나라 무역업자들이 KIKO가 선물환의 대체재라고 생각하여 KIKO 거래를 하였지만 엄청난 손실을 입었다.

예상 **문제**

다음 조건에서 수입상은 미래의 달러표시 수입어음 결제를 위하여 레인지 포워드 전략으로 환리스크 헤지를 하고자 한다. 이에 대한 설명으로 옳은 것은?

> 통화선물가격이 1,070원인 경우, 1,080원 call option과 1,060원 put option의 프리미엄이 같다.

① 외가격 1,080원 call option을 매도하고 외가격 1,060원 put option을 매수한다.
② 만기 환율이 1,055원인 경우 call option을 행사하여 수입어음을 결제한다.
③ 만기 환율이 1,090원인 경우 put option을 행사하여 수입어음을 결제한다.
④ 만기 환율이 1,065원인 경우 옵션을 행사하지 아니한다.

해설 ① 외가격 1,080원 call option을 매수하고 외가격 1,060원 put option을 매도하여 수입업자의 range forward 전략을 구성한다.
② 만기 환율이 1,055원인 경우, 매도한 1,060원 행사가격의 put option의 달러를 1,060원에 인수하여 수입어음을 결제한다.
③ 만기 환율이 1,090원인 경우 1,080 행사가격의 call option을 행사하여 수입어음을 결제한다. 이 경우 통화선물가격 1,070원보다 불리한 가격으로 결제하는 셈이 된다. (그러나 수입업자가 애당초 감당할 수 있는 일정 range 범위 내에서 헤지목적을 달성하였다고 본다.)

---

④ 만기 환율이 1,065원인 경우에는 매수한 call option을 행사하지 않으며, 또한 매도한 put option도 행사당하지 아니한다. 따라서 수입상은 (옵션거래가 아닌) 거래은행에서 현물가격 1,065원에 달러를 매입하여 결제한다.

정답 | ④

빈출 **문제**

다음 중 수입업자의 레인지 포워드 전략에 속하는 것은? (단, 숫자는 행사가격)

① 1,400원 콜매수＋1,300원 풋매도

② 1,400원 콜매도＋1,300원 풋매수

③ 1,300원 콜매수＋1,400원 풋매도

④ 1,300원 콜매도＋1,400원 풋매도

해설 수입업자의 예를 들어보자. 정상선물환가격이 1,350원인 경우, 1,400원 행사가격(OTM)의 call옵션을 매수하고, 1,300원 행사가격(OTM)의 put옵션을 매도하여 제로 코스트화하였다. 가장 나쁜 시나리오는 옵션만기환율이 1,400원 초과하여 상승할 경우 수입업자는 call옵션을 행사하여 정상선물환가격 1,350원보다 비싼 가격에 수입대금을 결제하는 경우이다.

정답 | ①

■ 타겟포워드 전략

① 거래자의 과도한 욕심이 나타날 수 있는 전략이다. 수출업자의 경우 정상선물환(1,070원)보다 도대체 얼마나 높게 달러를 팔고 싶은가? 그 욕심이 과할수록 리스크는 커진다. 그래서 그 욕심이 KIKO 사태를 가져온 것이다. (타겟포워드 전략이 KIKO의 첫 단초임에 유의할 것)

예상 **문제**

다음 조건에서 수출상은 미래의 달러표시 수출대금 유입에 대하여 타겟 포워드 전략으로 환리스크 헤지를 하고자한다. 이에 대한 설명으로 옳지 않은 것은?

> 통화선물가격이 1,070원인 경우, 1,080원 put option 1개는 1,080원 call option 2개와 zero-cost가 된다.

① 수출상은 1,080원 put option 매수와 1,080원 call option 2개 매도의 전략을 취한다.

② 만기 환율이 1,075원일 경우 1,080원에 수출대금을 회수하게 된다.

③ 만기 환율이 1,090원인 경우 1,070원에 수출대금을 회수하게 된다.

④ 만기 환율이 1,065원인 경우 옵션을 행사하지 아니한다.

해설 ① 수출상은 정상선물환가격보다 10원 높은 1,080원이 타겟이므로 타겟포워드 전략인 1,080원 put option 1개 매수와 1,080원 call option 2개를 매도하여 옵션프리미엄 제로(zero-cost)화의 전략을 취한다.

② 만기 환율이 1,075원일 경우 1,080원 put option을 행사하여 1,080원에 수출대금을 회수하게 된다.

③ 만기 환율이 1,090원인 경우 put은 행사하지 못하고, 오히려 1,080원에 상대방으로부터 call option을 행사 당하게 된다. 1:2의 비율이므로 수출(1개)보다 오버된 call option의 1개에 대한 10원(1,090원－1,080원)의 손실이 발생한다. 결국 1,080원에서 10원을 차감한 1,070원에 수출대금을 회수하게 된다. 다시 설명하면, 수출대금(1개)을 call 1개, 1,080원에 회수하고, 추가된 call 1개는 시장에서 매입(1,090원)하여 1,080원에 의무를 이행하므로 10원의 손실이 발생한다. 즉 1,080－10＝1,070원에 수출대금을 회수한 셈이 된다.

④ 만기 환율이 1,065원인 경우 1,080원 put option을 행사한다.

정답 | ④

■ 프로핏테이킹 포워드 전략

이 전략은 기본서 제2권(외국환거래실무)에도 소개한 '인핸스드 포워드(enhanced forward) 전략을 말한다. 예를 들어 수출상은 정상선물환가격이 1,070원인 경우, 외가격 1,055원 put option 매도＋내가격 1,080원 put option 매수＋외가격 1,080원 call option 매도의 전략을 취한다.

예상 **문제**

외환시장에서 특정만기의 선물환가격이 1,250원일 때, 수출기업이 향후 유입될 수출대금을 이보다 높은 1,280원에 매도를 하고자 옵션의 합성선물환 거래를 하고자 한다. 은행과 상의한 결과 Zero cost를 위하여 1,280원의 동일 행사가격의 put 매수＋call 매도와 1,230원 행사가격의 put 매도의 전략(프로핏 테이킹 전략)을 권하였다. 만기환율 상황이 다음과 같을 때 옳지 않은 것은?

① 만기일 환율이 1,250원인 경우, 1,280원에 수출대금을 회수한다.
② 만기일 환율이 1,290원인 경우, 1,280원에 수출대금을 회수한다.
③ 만기일 환율이 1,300원인 경우, 1,280원에 수출대금을 회수한다.
④ 만기일 환율이 1,200원인 경우, 1,280원에 수출대금을 회수한다.

해설 만기일 현물환율이 1,200원인 경우 1,250원에 수출대금을 회수한다.
1,280원 put옵션 매수＋1,230원 put옵션 매도－profit taking 50원이므로 1,200＋50＝1,250원에 수출대금을 회수한 결론이 된다. (실제로 두 가지 거래이다. 즉 거래소 등을 통한 옵션거래에서 50원 수익, 그리고 수출대금 유입 시 거래은행에서 현물환율 1,200원에 네고환전한다.) 다시 설명하면 put옵션을 매수＋매도로 50원 차액 수익이 있으나 환율이 급격히 하락 시, 즉 현물환이 과도하게 하락할 경우 이 50원의 profit-taking의 보상이 있더라도 이 프로핏테이킹 전략은 매우 위험하다.

정답 | ④

■ 시걸(seagull) 옵션

갈매기(시걸) 옵션전략이다. 등가격(ATM)이 출현하는 특징이 있다.

예상 **문제**

다음 조건에서 수입상은 미래의 달러표시 수입대금 결제에 대하여 seagull 전략으로 환리스크 헤지를 하고자 한다. 이에 대한 설명으로 옳지 않은 것은?

> 통화선물가격이 1,070원인 경우, 1,080원 call option과 1,060원 put option, 그리고 등가격 옵션을 동 seagull 전략으로 합성 시 zero-cost가 가능하다고 가정한다.

① 1,070원 ATM call option 매입＋1,060원 OTM put option 매도＋1,080원 OTM call option 매도로 구성한다.
② 만기 환율이 1,055원인 경우 1,060원에 수입대금을 결제할 수 있다.
③ 만기 환율이 1,062원인 경우 1,062원에 수입대금을 결제할 수 있다.
④ 만기 환율이 1,082원인 경우 1,080원에 수입대금을 결제할 수 있다.

■ 키코(KIKO)거래

이 부분은 어렵게 출제되지 않는다. Strip, 관찰WINDOW 등의 용어만 익히면 된다.

① 키코거래의 첫 단초는 타겟 포워드(target forward)이다. (환율에 대한 욕심이 화를 부른 케이스이다.)

② 스트립(strip)이란? : 기업이 일정 기간에 매월 같은 만기일에 같은 금액을 같은 환율로 헤지하려고 하는 경우, 예를 들면 12개의 같은 조건인 옵션전략을 하나의 패키지로 거래하는 것이다. 예를 들어 수출기업이 1년 동안 매월 특정 만기일에 일정금액을 같은 환율로 한꺼번에 12개 만기의 패키지로 거래하는 스트립을 가미한 스트립 녹아웃 타겟 포워드(strip KO target forward)를 거래하였다. 그런데 이 전략은 <u>만기일까지 모든 영업일</u>에 녹아웃 여부를 관찰하는 'anytime KO' 조건이다. 이 전략의 단점은 만기일 이전에 환율이 한번이라도 배리어에 도달하면 down & out(아메리칸 배리어)옵션이 소멸되므로 남은 여러 만기월에 대한 헤지가 불가능하다.

③ WINDOW란? : 상기 스트립 녹아웃 타겟 포워드(strip KO target forward) 전략의 단점을 보완하기 위하여 최종만기일 이전에 배리어에 도달하더라도 해당 관찰기관의 옵션만 소멸시킨다. 즉, 1년의 12달을 계약기간으로 하더라도 매월 한 달씩(한 개의 'WINDOW'라고 표현)에 해당하는 관찰기간의 옵션만 소멸시키고 나머지 월은 그대로 유효하여 또 다시 관찰기간(WINDOW)별 배리어 도달 여부를 관찰한다.

【환거래계약 : Correspondent Arrangement】

빈출 문제

환거래체결 요청은행에 대한 체결여부 결정의 설명으로 옳지 않은 것은?

① 환거래계약 체결업무는 은행의 정책에 따라 세부 운용기준이 상이할 수 있다.

② 신용등급 검토결과 적정하고 요청은행이 속한 국가가 FATF 회원국인 경우 체결가능하다.

③ 신용등급 검토결과 적정하나 요청은행 국가가 FATF 회원국이 아닌 경우 체결을 거절한다.

④ OFAC의 SDN에 속할 경우 체결할 수 없다.

해설 신용등급 검토결과 적정하나 요청은행 국가가 FATF 회원국이 아니고 OFAC-SDN에 해당하지 않을 경우 AML 질의서를 통해 심사 후 적정 시 계약 체결이 가능하다. 신용등급 검토결과 적정하고 FATF(Financial Action Task Force : 자금세탁방지기구) 회원국 아닐지라도 미국 재무부 산하기구인 OFAC(Office of Foreign Asset Control)의 SDN(Specially Designated Nationals)에 해당되지 않을 경우 AML(Anti-Money Laundering) 질의서를 통해 심사 후 적정하다고 판단되면 계약을 체결한다.

정답 | ③

【외화자금관리】

기 출 문 제

다음 중 은행의 외화자금 조달 수단의 성격과 거리가 먼 것은?

① 외화예금

② 매입외환

③ Credit line

④ 한국은행 외화수탁금

해설 (조달수단과 운용수단의 차이를 학습)

매입외환은 은행의 운용수단이다. 은행의 외화자금 운용수단에는 외국통화, 외화예치금, 외화대출, 은행 간 외화대출금 그리고 매입외환 등이 있다. 매입외환은 은행이 국내수출기업이 수출대금을 조기에 회수할 수 있도록 자금을 지원하는 계정과목으로서, 주로 수출기업이 발행한 수출환어음을 은행이 매입하는 형태(NEGO)로 자금지원이 이루어진다.

정답 | ②

■ 외화유동성리스크 관리(은행업 감독규정)

• 제63조의2(외화 유동성커버리지비율)

① 외국환업무취급기관은 외화자산과 외화부채에 대하여 향후 30일간 순현금유출액에 대한 고유동
성자산의 비율(이하 외화 유동성커버리지비율이라 한다.)을 100분의 80 이상으로 유지하여야 한
다. 다만, 직전 반기 종료일 현재 외화부채 규모가 5억달러 미만이고 총부채 대비 외화부채 비중이
100분의 5 미만인 경우에는 그러하지 아니하다.

• 제64조(유동성위험관리)

① 제63조의2 제1항 단서에 따라 외화 유동성커버리지비율이 적용되지 않는 외국환업무취급기관은
외화자산 및 외화부채를 각각 잔존만기별로 구분 관리하고 다음에 정하는 비율을 유지하여야 한다.

1. 잔존만기 3개월 이내 부채에 대한 잔존만기 3개월 이내 자산의 비율 : 100분의 85 이상

2. 외화자산 및 부채의 만기 불일치비율

가. 삭제

나. 잔존만기 1개월 이내의 경우에는 부채가 자산을 초과하는 비율 100분의 10 이내

■ (외화자산·부채 잔존만기 분류)

외화자산 및 부채를 잔존만기별로 다음과 같이 6단계로 분류한다.

가. 1개월 이내

나. 1개월 초과 3개월 이내

다. 3개월 초과 6개월 이내

라. 6개월 초과 1년 이내

마. 1년 초과 3년 이내

바. 3년 초과

■ 외신관리

SWIFT 관련문항은 주로 송금관련이므로, 메시지 타이프 MT103(고객송금지시서), MT110(수표발행
통지), MT 700(화환신용장 개설) 등의 용도가 무엇인지 묻는 문제가 자주 출제된다.

SWIFT 메시지 타입은 세 자릿수로 구성되어 있다.
(수험대비 아래의 주요한 것들을 암기한다.)

- MT 103 : 고객송금 지급지시서
- MT 110 : 수표발행 통지
- MT 202 : 금융회사 간 자금이체
- MT 700, MT 701 : 화환신용장 개설
- MT 950 : statement(balance, 입출금내역서)

■ 외국환 대사(Reconcilement)

미달환 발생원인 4가지 중 한 가지가 출제된다. 미달환을 정리하는 우리나라의 환대사 담당자 입장에서 외화타점예치는 자산계정(Nostro a/c)이지만 그 계좌를 보유한 상대방 은행 입장에서는 부채계정(Vostro a/c)이므로 각자 입장에서 차변, 대변이 서로 반대임에 유의한다. 이는 마치 나의 은행예금이 나의 자산이지만 은행입장은 고객(나)의 예금은 부채(예수금)인 것과 같다.

기 출 문 제

외국환대사 절차가 올바른 순서로 나타낸 것은?

① 전일자의 거래내역 원장 생성 → 거래내역 확인 → 예치환은행에서 statement를 받아 actual 계정 생성 → 미달환명세표(pending list) 작성

② 예치환은행에서 statement를 받아 actual계정 생성 → 미달환명세표(pending list) 작성 → 거래내역 확인 → 전일자의 거래내역 원장 생성

③ 전일자의 거래내역 원장 생성 → 예치환은행에서 statement를 받아 actual계정 생성 → 거래내역 확인 → 미달환명세표(pending list) 작성

④ 전일자의 거래내역 원장 생성 → 예치환은행에서 statement를 받아 actual계정 생성 → 미달환명세표(pending list) 작성 → 거래내역 확인

[해설] 한국은 국내은행의 당방계정(Nostro A/C)이 있는 미국의 환거래은행과 시차가 있으므로(한국시간이 하루 빠름) 거래내역을 대사(reconcile)하기 위해서는 동일날짜끼리 비교하여야 한다. 우리나라 은행의 전일자의 계정(shadow a/c)과 오늘 아침에 전송 받은 MT950 원계정(Actual A/C)의 statement을 비교하여야 한다. (물론 두 계정의 날짜(value date)는 같다.) 두 계정 간의 차이를 분석하는 거래내역 확인과정이 환대사이다. 차이가 있는 거래금액은 미달환명세표로 작성하여 그 원인을 밝힌다. 즉, 전일자의 거래내역 원장 생성 → 예치환은행에서 statement를 받아 actual계정 생성 → 거래내역 확인 → 미달환명세표(pending list) 작성 순으로 한다.

정답 l ③

빈출 문제

당방은행이 고객의 해외송금 요청에 따라 선방은행계좌로 자금을 입금하였으나, 선방은행이 관련 지급지시서 (P/O : payment order)를 받지 못해 당행의 예치금계좌에서 차감하지 않음에 따라 발생하는 미달환의 유형은?

① 선방은행 차기, 당방은행 미대기

② 선방은행 대기, 당방은행 미차기

③ 당방은행 차기, 선방은행 미대기

④ 당방은행 대기, 선방은행 미차기

[해설] 이 사례는 국내외국환은행을 통한 국내송금인의 당발송금요청이 해외 환거래은행에 전달되지 않아서 해외 송금수취인에게 송금액이 전달되지 못한 예이다. 당방은행(We)은 고객의 해외송금을 위해 (나의 자산계정) shadow A/C상 계정에서 대금의 차감(대기 : we credited = 자산의 감소)을 하였으나(but), 선방은행(they)이 지급지시서를 (어떤 이유로) 받지 못해서 국내외국환은행의 계정(선방은행 입장에서 부채계정)에서 자금을 빼가지 않음(They didn't debit = 부채의 감소인 '차기'하지 않음)에 해당한다. 'We credited, but they didn't debit'에 해당한다.
(한글표현과 영어표현을 동시에 익혀둘 것)

정답 l ④

선방은행(예치환거래은행)이 당방은행계정에서 수입대금, 원리금 상환대금, 각종 수수료를 이미 차감하였으나, 선방은행으로부터 차기통지서를 받지 못한 경우에 해당하는 미달환 형태는?

① They debited but we didn't credit
② They credited but we didn't debit
③ We debited but they didn't credit
④ We credited but they didn't debit

해설 선방은행이 당방은행의 계정(actual a/c)에서 차기(debit), 즉 부채의 감소로 표기하면서 대금을 인출했으나 당방은행은 이 사실을 몰라서 당방의 자산계정인 shadow a/c에서 자산의 감소인 대기(credit)를 하지 못한 상태이다. 즉 미달환이 발생한 상태이다. 부채계정의 차기(debit)는 부채의 감소이며, 자산계정의 대기(credit)는 자산의 감소이다. They debited but we didn't credit에 해당한다.

정답 | ①

■ 외화계산

환포지션의 overbought/oversold의 내용이다. 이 부분은 기본서 제2권, 제4장 외국환거래, '2. 환포지션 발생 거래유형' 연계하여 학습하여야 한다. 수출입거래의 내용을 외울 것이 아니라 왜 bought(=long position)인지 또는 sold(=short position)인지를 이해하여야 한다. 오답률이 높은 부분으로 현역이라도 수출입거래 경험이 없는 수험생은 약간 불리하다. 예를 들어 'less charge 징수'란 sold position이 발생하는 수출입거래상의 용어로서 비실무자에게는 생소하다.

기 출 문 제

외국환은행의 환포지션 업무에 대한 설명으로 옳은 것은?

① 매입초과 포지션인 경우 환율하락 시 환차익이 생긴다.
② 영업점에서 매입초과 포지션을 보유한 경우 본부로부터 외화를 받고, 그 대가로 원화를 전금보낸다.
③ 환포지션은 동일한 통화 간에도 발생한다.
④ Cash position이란 Actual 포지션 중에서 추심이 완료되지 않은 환 포지션을 제외한 포지션으로서, 외국통화 계정과 외화타점예치금 계정은 이에 속한다.

당발송금에 대한 설명으로 옳지 않은 것은?

① 당발송금 중, 해외학교기관 등의 등록금과 축의금 또는 국제시험 응시료, 도서구입비의 지급으로 송금수표 (D/D)를 이용하기도 한다.

② 전신송금(T/T) 시에는 송금취결과 동시에 송금지시서가 지급은행에 전달되므로 매도외환 계정을 거치지 않고 바로 외화타점예치금계정으로 처리한다.

③ 송금의뢰인에게 퇴결대금을 원화로 지급 시 적용되는 환율은 송금 당시 적용했던 대고객 환율이다.

④ 전문발신 전이면 해당 내용이 수정되고 전문발신 후이면 조건변경으로 처리한다.

해설 송금의뢰인에게 퇴결대금을 원화로 지급 시 적용되는 환율은 (환율이 시시각각 변동되므로) 퇴결대금지급 당시의 대고객 전신환매입률(TTB)이다.

정답 | ③

■ 소액해외송금업자

① 소액해외송금업자는 거래외국환은행을 지정하지 아니하므로 외국환은행을 통하여 외국통화를 매입 또는 매도할 수 있다.

② 소액해외송금업무와 관련된 약관의 내용을 시행 예정일 45일 전까지 금융감독원에 제출하여야 한다.

③ 이행보증금은 해당 소액해외송금업자에게 외국으로 지급요청을 하였으나 지급요청이 수행되지 아니한 고객들의 경우 공시일로부터 6개월 이내에 이행보증금의 지급을 신청하여야 하며, 해당 기간에 이행보증금의 지급을 신청하지 아니하는 경우에는 해당 소액해외송금업자가 예탁한 이행보증금을 배분받을 수 없다. 이 이행보증금은 영업 개시일로부터 그 다음 월의 말일까지 3억원 이상으로 한다.

④ 소액해외송금업자는 지급등의 내역을 매월별 익월 10일까지 외환정보집중기관을 통하여 금융정보 분석원, 국세청장, 관세청장, 금융감독원장에게 통보하여야 한다.

【소액해외송금업자 관련 주요 규정내용】

(요건) 자기자본 10억원 이상, 자기자본 대비 부채비율이 100분의 200 이내일 것, 외환정보집중기관의 전산망 연결, 3억원 이상의 이행보증금

거래규정 제3-4조(소액해외송금업자의 의무) ⑤ 이 조에 따른 지급의 경우에는 지정거래외국환은행을 통하여 지급하도록 하는 제4-3조 제3항(거래외국환은행의 지정), 제4-4조 제1항 제3호(비거주자의 국내소득의 지급) 및 같은 조 제2항(연간 5만불 이내 무증빙 송금은 지정거래은행을 통하여야 함), 제4-5조(해외여행경비 지급절차)의 규정은 **적용하지 아니할 수 있다.**

소액해외송금업자의 송금업무취급에 대한 설명으로 옳은 것은?

① 송금업무를 수행하기 위해 지정거래외국환은행을 통하여 외국통화를 매매하여야 한다.

② 해외송금 시 외국환거래규정상의 해외여행경비 규정을 적용받는다.

③ 비거주자에 대한 5만불 무증빙 송금한도 규정을 적용받는다.

④ 국내의 지급인 및 수령인별 지급등의 내역을 5년간 보관하여야 한다.

해설 ① 소액해외송금업자는 환전영업자와는 다르게 '지정거래외국환은행' 제도가 없으므로 '외국환은행'을 통하여 매입 또는 매도할 수 있다.

② 해외송금 시 외국환거래규정상의 해외여행경비 규정을 적용받지 아니한다.

③ 비거주자에 대한 5만불 무증빙 송금한도 규정을 적용받지 아니한다.

④ 국내의 지급인 및 수령인별 지급등의 내역을 5년간 보관하여야 한다.

정답 | ④

기 출 문 제

외국환은행의 해외 타발송금에 대한 업무처리의 설명으로 옳지 않은 것은?

① 타발송금 지시서상 수취인 계좌번호가 일치하더라도 수취인명이 상이한 경우에는 반드시 송금은행에 조건변경 (Amend)을 요청한다.

② 외국인 또는 비거주자가 외국으로부터 수령한 대외지급수단을 내국지급수단을 대가로 매입할 때 처분목적을 알 수 없는 경우에는 해외재산반입자금으로 간주하여 매입 가능하다.

③ 10만불 이내의 국민인거주자의 외화차입자금관련 타발송금이라도 신고절차를 생략하고 지정거래외국환은행에 서 지급할 수 있다.

④ 해외로부터 타발송금 P/O가 도착하면 외화타점예치금계정에서 차기함과 동시에 미결제외환계정에 대기하였다 가 송금수취인에게 통지 후 수취인 계좌입금처리하여 미결제외환계정을 정리한다.

해설 건당 영수금액이 미화 5천불 초과 10만불 이내의 거주자(외국인거주자 제외)의 외화자금차입인 경우 신고절차를 생략하고 지정거래외국환은행에서 지급할 수 있다. 다만 취득경위 입증서류를 제출하는 경우에는 신고절차를 거쳐야 한다. 취득경위 입증서류 없는 10만불 초과 타발송금에 대한 수취인이 국민인 거주자인 경우 '영수확인서'를 받고 '이전거래'로 간주하여 매입할 수 있다. 다만 수취인의 소재불명으로 인하여 **송금된 날로부터 3영업일 이내에 영수 사유를 알 수 없는** 경우에는 다음 영업일 이후에 영수확인서를 받지 않고 '이전거래'로 간주하여 매입이 가능하다. 해외로부터 타발송금 P/O 가 도착하면 외화타점예치금계정에서 차기함과 동시에 미지급외환계정에 대기하였다가 송금수취인에게 통지 후 계좌입 금처리하여 미지급외환계정을 정리한다.

※ (경과계정인) 미결제외환계정은 자산계정이며 (경과계정인) 미지급외환계정은 부채계정이다.

정답 | ④

다음 중 외국환은행의 수출대금영수 시 처리방법으로서 수출계약서등의 확인서류가 필요한 무통관 수출에 해당하는 것이 아닌 것은?

① 중계무역

② 외국인도수출

③ 국내인도수출

④ 위탁판매수출

해설 ① 중계무역, ② 외국인도수출, ③ 국내인도수출은 국내의 세관등의 관세선을 통과하지 않는 (무통관) 수출이다. '국내인도수출'이란, 외국인으로부터 외화를 받고 외화획득용 시설/기재를 외국인과 임대차계약을 맺은 국내업체에 인도하는 경우로서 이는 외화획득실적은 물론 수출실적으로도 인정된다. "위탁판매수출"이란 물품등을 무환으로 수출하여 해당 물품이 판매된 범위 안에서 대금을 결제하는 계약에 의한 수출을 말한다.

정답 | ④

다음 (A)에 해당하는 자는?

(A)에게 실수요증빙서류 없이 미화 1만불 범위 내에서 해외여행경비조로 매각하는 경우에는 최근 입국일 이후 환전사실이 있는지 여부를 확인하여야 하며, 매각 시 여권에 매각사실을 표시하여야 한다. (단, 1백만원 이하 상당하는 외국통화매각시는 기재 생략 가능)

① 국민인 거주자

② 외국인 거주자

③ 국민인 비거주자

④ 외국인 비거주자

해설 미화 1만불 이하의 금액만을 휴대수출하기 위하여 외국환은행이 외국인 거주자에게 매각하는 경우에 한하여 여권에 매각사실을 표시(단, 1백만원 상당 이하 외국통화를 매각한 경우는 제외)하여야 하며, 이 경우 휴대수출 또는 해외송금할 수 있다. 여행경비 명목은 거주자에게만 해당한다. 이 중에서 국민인 거주자에게는 한도가 없이 지급 가능하다. 그러나 외국인 거주자에게는 1만불 이내에서 여행경비 명목으로 지급할 수 있으며, 1만불 초과 시는 한국은행의 대외지급수단매매신고필증이 필요하다.

정답 | ②

다음 중 환전 영업자의 업무범위에 대한 설명으로 옳지 않은 것은?

① 환전영업자는 외국통화의 매매와 예치를 위한 거래외국환은행을 지정하여야 한다.

② 매입한 여행자수표에 대한 재환전 시에는 외국통화로만 재환전 해줄 수 있다.

③ 환전장부를 전산으로 관리하는 업자의 경우 미화 4천불까지 증빙 없이 매입이나 매도가 가능하다.

④ 비거주자에게는 입국일에 무관하게 체류기간 중 대외지급수단을 매각한 실적범위 내에서 재환전 해줄 수 있다.

해설 비거주자가 최근 입국일 이후 당해 체류기간 중 대외지급수단을 매각한 실적범위 내에서 재환전 해줄 수 있다. 그리고 환전영업자는 여행자수표를 매입할 수는 있지만 매도할 수 없다.

정답 | ④

■ **외국환거래규정 제2-29조(환전영업자의 업무)**

① 환전영업자는 환전일자, 매각자(매입자)의 성명 및 주민등록번호 · 여권번호 등 인적사항, 환전금액, 적용환율, 거래내용을 환전장부에 기록하여야 하며, 매 반기별로 다음 달 10일까지 환전장부(전자문서를 포함한다)의 사본을 **관세청장에게 제출하여야 한다.**

② 환전영업자는 다음 각호의 1에서 정하는 바에 의하여 거주자 또는 비거주자로부터 내국지급수단을 대가로 **외국통화 및 여행자수표를 매입할 수 있다.**

   1. 외국통화등을 매입하는 경우에는 외국환매각신청서를 제출받아 주민등록증, 여권, 사업자등록증, 납세번호증 등 실명확인증표에 의하여 인적사항을 확인하여야 한다. 다만, 환전영업자가 자동동전교환기를 설치하여 외국통화를 매입하는 경우에는 그러하지 아니하다.

   2. 외국통화등을 매입하는 경우에는 당해 외국통화등의 취득이 신고등의 대상인지 여부를 확인(동일자, 동일인 기준 미화 2만불을 초과하는 경우에 한함)하여야 하며, 외국환매각신청서 사본을 익월 10일 이내에 국세청장 및 관세청장에게 통보하여야 한다. 다만, 동일자에 동일인으로부터 미화 1만불 이하의 외국통화등을 매입하는 경우에는 그러하지 아니하다.

   3. 외국인거주자 또는 비거주자로부터 외국통화등을 매입하는 경우에는 1회에 한하여 외국환매입증명서를 발행 · 교부하여야 한다. 다만, 환전영업자가 자동동전교환기를 설치하여 외국통화를 매입하는 경우에는 그러하지 아니하다.

③ 환전영업자는 다음 각호의 1에 해당하는 경우에 한하여 재환전할 수 있다.

   1. **비거주자가 최근 입국일 이후** 당해 체류기간 중 외국환업무취급기관 또는 환전영업자에게 내국지급수단을 대가로 대외지급수단을 매각한 실적범위 내에서 재환전하는 경우

   2. 비거주자 및 외국인거주자가 당해 환전영업자의 카지노에서 획득한 금액 또는 미사용한 금액에 대하여 재환전하는 경우

④ 제3항에 따라 비거주자 및 외국인거주자로부터 재환전신청을 받은 환전영업자는 재환전신청서, 외국환매입증명서 및 여권을 제출받아야 한다.

⑤ 제2항 내지 제4항에도 불구하고 **환전영업자는 동일자 · 동일인 기준 미화 2천불(단, 환전장부 전산관리 업자의 경우 미화 4천불) 이하의 외국통화등을 외국환매각신청서 및 외국환매입증명서 없이 매입하거나 매각할 수 있다.**

■ 여행자수표(T/C)

① 고객은 여행자수표는 정액수표이다. 따라서 고객은 금액을 기재할 수 없으며, 은행직원 면전에서 holder's sign을 하도록 한다.

② 만약 수표양단에 모두 서명하였거나 서명 없이 백지상태에서 여행자 수표를 분실할 경우 재발행이나 환금을 받을 수 없으며, 여행자수표판매회사는 이에 대해 아무런 책임이 없음을 반드시 고객에게 안내하여야 한다.

③ 구매자용 구매신청서사본은 여행자수표 분실 시 재발행 근거서류가 되므로 여행자수표와 분리하여 보관하도록 고객에게 안내한다.

④ 단체여행경비를 지급하는 여행사 직원이 내점하는 경우에는 내점고객에게 반드시 실제사용자가 holder's sign란에 사인을 하고 사용할 수 있도록 안내한다.

⑤ 우리나라 외국환은행들이 외화 여행자 수표 판매를 사실상 중지하였다.

⑥ 외국인거주자 또는 비거주자가 재환전을 하는 경우 '외국환 매입증명서'를 받는다. 외국인거주자와 비거주자가 재환전 증빙 없이 미화 1만불을 초과하여 여행자수표를 은행에서 구매하는 경우에는 '대외지급수단매매신고서'를 받는다. 여행자수표의 매도사유 검토내용과 유의사항은 외국통화 매도 시와 동일하다.

(언론보도자료) '여행자수표' 신용카드에 밀렸다 ··· 2020년 6월부터 판매 중단

한때는 해외여행의 필수품으로 꼽히던 여행자수표가 한국에서 사라지게 됐다.
20일 은행업계에 따르면 국민·신한·우리·하나 등 각 시중은행들은 다음달 30일부터 여행자수표의 판매를 중지한다. 판매중지는 유일하게 남은 여행지수표 사업자인 이메리칸익스프레스(이멕스)의 요청 때문이다. 시중은행 관계자는 "아멕스사가 한국에서 여행자수표 사업을 중단하기로 했다"고 설명했다.

빈출 **문제**

외국환은행의 여행자수표 취급업무에 대한 설명으로 옳은 것은?

① 여행자수표 판매 시 은행직원 면전에서 counter's sign을 하도록 한다.

② 서명 없이 백지상태에서 여행자 수표를 분실할 경우 '재발행 받을 수 있다'고 고객에게 안내하여야 한다.

③ 구매자용 구매신청서 사본은 여행자수표와 함께 보관하도록 고객에게 안내한다.

④ 외국인거주자 또는 비거주자가 재환전을 하는 경우 재환전 증빙 없이 미화 1만불을 초과하여 구매하는 경우에는 (한국은행의) '대외지급수단매매신고서'를 받는다.

해설 ① 여행자수표 판매 시 은행직원 면전에서 고객이 Holder's Sign을 하도록 한다.
② 서명 없이 백지상태에서 여행자 수표를 분실할 경우 '재발행이나 환금을 받을 수 없다'고 고객에게 안내하여야 한다.
③ 구매자용 구매신청서 사본은 여행자수표 분실 시 재발행 근거서류가 되므로 여행자수표와 분리하여 보관하도록 고객에게 안내한다.
④ 외국인거주자 또는 비거주자가 재환전을 하는 경우 '외국환 매입증명서'를 받는다. 외국인거주자와 비거주자가 재환전 증빙 없이 미화 1만불을 초과하여 여행자수표를 은행에서 구매하는 경우에는 '대외지급수단매매신고서'를 받는다. 여행자수표의 매도사유 검토내용과 유의할 사항은 외국통화 매도 시 검토내용과 동일하다.

정답 | ④

■ 외화수표

① 선일자로 표시된 외화수표는 매입할 수 없다.

② 비거주자가 외국환신고(확인)필증 없이 휴대한 미화 2만불 상당 초과의 외화수표를 매입 또는 추심하는 경우에는 한국은행의 신고에 의한 '대외지급수단매매신고필증'을 징구하여야 한다.

③ 외화수표의 유효기간은 국내은행의 매입일이 아니라 (해외의) 지급은행에 제시되는 일자를 기준으로 한다. 따라서 매입 시 수표가 현지로 특송되는 기간을 감안하여야 한다.

④ 미국 상법상 수표발행인은 수표 앞면 위·변조 시 지급일로부터 1년 이내, 뒷면 배서 위조 시 지급일로부터 3년 이내에 부도처리할 수 있다.

외화수표 부도사유			
Not sufficient fund	잔액 부족	Lost and stolen	분실 또는 도난
Stop payment	지급 정지	Signature forged	서명 위조
Stale date	유효기일 경과	Forged endorsement	배서 위조
*Refer to maker	계약 불이행	Endorsement missing	배서 불비
Sent wrong	제3은행으로 추심	Post date	선일자 발행
Account closed	계좌 해지	Signature Irregular	서명 불비

빈출 문제

외국환은행의 외화수표에 대한 매입(추심)업무처리 절차의 설명으로 옳은 것은?

① 환거래은행이 아닌 은행이 발행한 은행수표는 수표상의 서명을 확인할 수 없으므로 업무처리 시 개인수표에 준하여 취급한다.

② 비거주자가 외국환신고(확인)필증 없이 휴대한 미화 2만불 상당 초과의 외화수표를 매입 또는 추심하는 경우에는 영수확인서를 징구하여야 한다.

③ 외화수표의 유효기간은 국내은행에서의 수표 매입일자를 기준으로 산정한다.

④ 미국 상법상 수표발행인은 수표 앞면 위·변조 시 지급일로부터 3년 이내, 뒷면 배서 위조 시 지급일로부터 1년 이내에 부도 처리할 수 있다.

해설 ② 비거주자가 외국환신고(확인)필증 없이 휴대한 미화 2만불 상당 초과의 외화수표를 매입 또는 추심하는 경우에는 한국은행의 신고에 의한 대외지급수단매매신고필증을 징구하여야 한다. 주의할 것은 영수확인서는 '국민인 거주자(국내법인 포함)'에게 타발송금된 무증빙 10만불 초과의 송금 수취의 경우에 징구하는 것으로 실물로 제시되는 수표와는 관련이 없다.

③ 외화수표의 유효기간은 국내은행의 매입일이 아니라 (해외의) 지급은행에 제시되는 일자를 기준으로 한다. 따라서 매입 시 수표가 현지로 특송되는 기간을 감안하여야 한다. 외화수표 실물을 송부하는 과정에서 분실 등에 대비하여 반드시 수표실물을 복사하여 사본을 보관하여야 한다. 외화수표는 유효기간 내 지급은행에 도착해야 하므로 우편일수를 감안하여 거래하여야 하고, 유효기일 이내에 수표가 지급은행에 제시되었더라도 지급은행에 따라 제시기일경과여부를 판단하는 기준이 상이할 수 있다. (사례 : 유효기일 당일 지급은행은 수표 수령 후 만기일 7영업일 전 수표가 도착하지 않았다는 이유로 '유효기일 경과 (Stale Date)' 부도 통보함)

④ 미국 상법상 수표발행인은 수표 앞면 위·변조 시 지급일로부터 1년 이내, 뒷면 배서 위조 시 지급일로부터 3년 이내에 부도처리할 수 있다.

정답 | ①

【국제금융과 국제금융시장】

금융당국은 Money Market 규제를 통해 간접적으로 Capital Market에 영향을 미치고 있다.

• 발행시장(Primary Market) : CB, DR발행
• 유통시장(Secondary Market) : 기발행 FRN의 매입 및 매각 등

예상 문제

다음 중 중장기 자본시장(capital market)에 대한 설명으로 옳지 않은 것은?

① 중장기 자본시장은 만기 1년 이상의 금융시장으로서 만기 1년 이내의 단기금융시장에 대응되는 개념이다.

② 단기금융시장은 일반은행 주도하에 주로 간접금융 형태인 반면, 중장기 자본시장은 증권회사나 투자은행 등이 참여하며 금융중개보다는 직접금융에 중점을 둔다.

③ 미국 FRB 등의 금융통화당국은 capital market에 직접적인 영향을 끼쳐서 간접적으로 단기금융시장에 영향을 미치게 한다.

④ 은행의 외화자금실에서는 외환시장과 단기금융시장을 같이 취급할 정도로 단기금융시장과 외환시장은 상호 밀접한 관계에 놓여있다.

해설 미국 FRB 등의 금융통화당국은 단기금융시장(money market)에 대한 규제를 통하여 간접적으로 중장기 자본시장 (capital market)에 영향을 미치게 한다. 또한 중장기 자본시장은 크게 차관단 대출시장과 국제채 시장으로 나누어진다.

정답 | ③

[환율연동상품]

예상 문제

은행의 환율연동 상품에 대한 설명으로 옳지 않은 것은?

① 정기예금과 환율파생상품이 연계된 것으로 상승형, 하락형, 범위형으로 나눈다.

② 범위형은 환율이 정해진 범위 내에 있을 때 금리혜택을 받을 수 있다.

③ 환율이 정기예금과 연동되어서 정기예금의 원금이 보장되지 않을 수도 있다.

④ 정기예금의 이자수익을 통화옵션 프리미엄으로 지급하고 여기서 발생하는 수익을 지급되는 대표적인 상품이 통화옵션부 정기예금이다.

해설 정기예금과 연동되어 정기예금 이자만 투자하므로 원금은 보장되면서 환율변동에 따라 수익을 금리형태로 지급한다.

정답 | ③

■ 제2권의 저자의 서술이 제3권(환리스크)의 저자의 서술과 다르기 때문에 옵션을 처음 접하는 수험생은 다소 어렵게 느껴질 듯하다. 예를 들어 기본서 제3권(환리스크)에서 저자는 '달러/원 call 옵션을 매수하다.'라고 표현하지만, 제2권(외환거래실무)의 저자는 USD call KRW put으로 설명한다. 이 두 표현은 옵션을 처음 대하는 수험생이 다른 내용으로 착각할 수 있지만 동일한 표현이다.

■ 외화보험상품
이 금융상품들이 과거 은행이 판매에 거의 실패한 상품들이고 현재도 외화보험상품의 불완전 판매가 많다. (주요 표현 : 달러 연금보험은 외화의 가치가 떨어지면 **환차손이 가능한 상품이다.**)

외화보험상품 중 외화연금보험에 대한 설명으로 옳지 않은 것은?

① 「보험가입＋환율, 금리」 이익으로 인한 외화증식이 목적이다.

② 주로 장기계약으로 주로 비과세 대상이다.

③ 중도 해지 시 원금손실을 가져올 수도 있다.

④ 보험상품이므로 외화가치가 떨어지더라도 환차손을 입지 않는다.

해설 외화보험은 보험료와 (만기 시 지급하는) 보험금을 모두 외화로 처리하는 상품이다. 그중 외화연금보험은 「보험가입＋환율, 금리」 이익으로 인한 외화 증식이 목적이며, 주로 장기계약으로 비과세 대상이다(10년 후부터 비과세). 특히, 달러연금보험은 장기간 확정고정금리를 제시하며 외화예금보다 높은 금리를 제공하는 확정형 금리상품이다. 단, 중도 해지 시 원금 손실을 가져올 수 있으며, 외화가치가 떨어지면 환차손을 입을 수 있다.

정답 | ④

【해외펀드상품】

펀드투자권유자문인력을 공부한 수험생은 매우 쉽게 접근할 수 있다. 그러나 기본서 교재가 우리나라 자본시장법이 나오기 전의 용어를 사용하므로 다소 혼동이 있다. 즉 현 자본시장법상의 용어와 차이가 있음에 유의한다.

구분	채권형펀드	주식형 펀드	혼합형 펀드	MMF
투자유가증권	주로 채권	주로 주식	채권형/주식형 분류할 수 없음	채권 및 유동성자산
채권편입비중	자산 총액의 60% 이상	채권편입 있음	채권혼합형 최고편입비율<50%	주로 단기채권
주식편입비중	주식편입 없음	자산총액의 60% 이상	주식혼합형 최고편입비율>50% or 최고편입비율=50%	주식편입 없음

- 수익증권과 뮤추얼 펀드의 비교를 예를 들어보자. 펀드자격증을 공부한 수험생은 '투자신탁'과 '투자회사(paper company)'의 차이점을 공부하였다. 이 교재는 투자신탁의 발행증권을 '수익증권'으로 설명하고, '투자회사'를 뮤추얼 펀드로 표현하면서 발행증권을 '주식'으로 설명한다.

【용어해설】

용어해설의 내용 중 스프레드거래, 외국채, 커버드콜전략, 탑다운투자방식 등이 출제되었다. 도표(ELS펀드 상품별 결정방식)상 4개 상품의 차이점은 자주 출제된다.

채권의 표시통화국 이외의 지역의 국가에서 국제적인 인수단의 인수를 통하여 발행되는 채권은?

① 유로채
② 국제채
③ 외평채
④ 하이브리드채

> **해설** 채권의 <u>표시통화국 이외</u>의 지역에서 국제적인 인수단(비거주자)의 인수를 통하여 발행되어 국제적으로 판매되는 채권을 EURO BOND라고 하며, 비거주자가 표시통화국 내에서 <u>표시통화국의 통화로</u> 그 나라의 국내채와 비슷한 절차를 거쳐 발행되고 판매되는 채권을 외국채라고 한다. 우리나라의 경우 아리랑 본드가 외국채이다.
>
> 정답 | ①

구분	녹아웃형	디지털형	불스프레드형	리버스컨버터벌형
구조	주가지수가 만기 전에 한 번이라도 목표지수에 도달하거나 초과하면 확정된 수익을 지급하고, 그렇지 않은 경우 만기시점의 주가지수 상승률의 일정 비율을 지급	만기 때 주가지수가 설정일보다 높거나 같으면 미리 설정된 수익율을 지급	만기 때 미리 정해놓은 주가지수 상승구간에서 상승률에 따라 일정비율을 수익으로 얻고, 구간 이상의 주가 상승 시에는 수익의 상한을 두도록 설계한 것	주가가 미리 정해놓은 주가지수 이하일 경우가 아니라면 일정비율 하락해도 미리 제시한 수익율을 지급
대상 고객	주가지수의 등락이 크지 않은 박스권 장세를 예상하는 고객에게 적합	주가지수 상승을 예상하는 고객에게 적합	주가지수가 꾸준히 상승할 것으로 예상하나 주가 하락 시에도 대비하고 싶은 고객에게 적합	주가하락을 예상하는 고객에게 적합

다음 ELS펀드 상품별 워런트 유형의 설명과 관련된 것은?

> 주가가 미리 정해놓은 주가지수 이하일 경우가 아니라면 일정비율 하락해도 미리 제시한 수익률을 지급하는 것으로 주가하락을 예상하는 고객에게 적합하다.

① 녹아웃형
② 디지털형
③ 불스프레드형
④ 리버스컨버터블형

> **해설** 이 전략은 기초자산이 큰 폭의 하락이 없으면 안정적인 수익을 얻을 수 있는 구조이다. 예를 들어 '향후 3개월간 삼성전자의 주가가 하락하더라도 30% 이상으로만 하락하지 않으면 연 5%를 지급한다.'는 형태이다. 리버스컨버터블(Reverse Convertible)형에 대한 설명이다. 이 용어의 유래는 전환사채(Convertible Bond)의 반대상황(Reverse)에서 연유한다. 즉 전환사채는 주가가 오를수록 (채권을 주식으로 전환을 하면) 높은 수익을 얻지만, 이와 반대로(reverse) 주가가 하락할 경우에도 일정한 수익을 보장해 주는 상품이라는 뜻에서 나온 용어(Reverse Convertible)이다.
>
> 정답 | ④

내재가치의 의미	스프레드의 의미
어떤 자산의 잠재적 가치	특정 증권의 매수호가와 매도호가의 차이
어떤 자산을 보유함으로써 발생할 미래의 현금흐름을 고려하여 평가한 기대현가	만기일 등 조건이 다른 선물계약 간의 가격 차이
기업의 자산 상태나 수익성 등에 의해 평가된 주식의 가치	고정수익증권 간의 수익률 차이
옵션의 행사가격과 기초자산의 시장가격의 차이	기초상품은 동일하지만 행사가격이나 만기일이 다른 콜 또는 풋옵션의 가격차이
–	외환시장에서 매입률과 매도율의 차이
	완전히 동일한 상품에 대한 두 시장 간의 가격 차이

예상 문제

금융상품 스프레드의 정의에 해당하지 않는 것은?

① 특정증권의 매수호가와 매도호가의 차이

② 만기일 등 조건이 다른 선물계약 간의 가격 차이

③ 외환시장에서 매입률과 매도율의 차이

④ 통화의 현물환율과 선물환율의 차이

해설 통화의 현물환과 선물환의 차이를 베이시스(basis), swap point라고 한다.

정답 | ④

【외국환 회계】

• 일반회계와는 달리 외환손익계산서는 작성하지 않는다.

• 외국통화 계정은 외화현찰만을 처리하며, 수표나 우편환증서 등 현금화가 가능한 증권은 제외한다.

• 환율의 개입

• 외환손익의 복합성(이자와 수수료)과 원화계리

• 국제간 거래상 특이한 계정체계(경과계정과 결제계정의 구분)

• 거주성의 구분에 따른 대내외 자산/부채의 구분

예상 문제

원계정(Actual A/C)에 대한 투영계정(Shadow A/C)에 해당하는 것은?

① Nostro A/C

② Vostro A/C

③ Their A/C

④ 선방계정

해설 국내외국환은행이 해외 환거래은행에 개설한 자행 명의의 환결제계정을 당방계정(Our A/C, Nostro A/C)이라고 한다. 이는 원계정(Actual a/c)에 대한 투영계정(Shadow a/c)으로 '외화타점예치금' 계정이 대표적인 과목이다. 이는 마치 자신의 예금계정(Our A/C, Nostro A/C)이 자기 입장에서는 자산이지만 상대방인 은행(해외환거래은행) 입장에서는 부채인 예수금 계정(Their A/C, Vostro A/C)이다.

정답 | ①

구분	경과계정	거래 사례
자산계정	매입외환	외화수표 추심전매입, 수출환어음 추심전매입
	미결제외환	수출환어음 매입대금부족입금분(less, 미입금분), 내국신용장대금미결제
부채계정	매도외환	당발송금, 외화송금수표(D/D) 발행, 여행자수표(T/C) 판매
	미지급외환	타발송금, 외화수표추심대금입금

빈출 **문제**

외국환 회계상 거래발생에 대한 계정과목이 적절하지 않은 것은?

① 수출환어음 추심 전 매입－매입외환

② 외화수표 추심 전 매입－매입외환

③ 전신환(T/T)에 의한 당발송금－매도외환

④ 외화수표 추심대금입금－미지급외환

해설 전신송금인 경우에는 송금취결과 동시에 SWIFT상으로 빠르게 송금지시서(P/O : Payment Order)가 지급은행에 전달되므로 '매도외환'의 경과계정을 거치지 아니하고 바로 결제계정인 '외화타점예치금' 계정으로 처리한다.

정답 | ③

다음 중 경과계정이면서 동시에 자산계정에 속한 것은?

① 매도외환, 외환본지점

② 매도외환, 미지급외환

③ 외화미지급금, 외환선수수익

④ 매입외환, 미결제외환

해설 매입외환(Bills bought), 미결제외환(Bills Unsettled)은 경과계정이면서 동시에 자산계정이다. 외화본지점계정은 잔액이 차변과 대변에 나타날 수 있는 양변계정으로 차변잔액일 경우 자산계정, 대변잔액일 경우 부채계정과목이다. 특히 국외본지점계정은 다시 갑계정(Special A/C)과 을계정(Ordinary A/C)으로 구분된다.

정답 | ④

■ 매입외환

① 매입외환은 수출업무의 가장 중심적인 거래이고 무역거래를 이해하기 위한 기초이므로 계정의 성격을 이해하여야 한다.

② 환가료(exchange commission) : 매입한 수출환어음의 추심 소요기간 동안 매입은행이 외화자금을 부담함에 따라 징수하는 이자(interest)를 말한다. 이러한 자금비용 보상적 성격의 이자성격의 수수료 과목에는 수입환어음결제이자, 수출환어음 매입이자(환가료), '내국신용장 판매대금추심의뢰서 매입이자' 등이다.

빈출 **문제**

다음 중 자금부담비용 보상적인 성격의 수수료 계정과목은?

① L/G보증료

② 외화현찰수수료

③ 외화대체료

④ 환가료

해설 ① L/G보증료 → 신용위험부담 보상적 수수료

② 외화현찰수수료 → 취급수수료(정률)적 성격

③ 외화대체료 → 취급수수료(정률)적 성격

정답 | ④

■ 내국수입유산스

다음의 설명에 해당하는 계정과목은?

Banker's Usance 방식 기한부 신용장 거래 시 수출업자는 인수 및 할인은행을 통하여 일람출급(At Sight)으로 수출대금을 지급받으며, 수입업자는 수입물품을 먼저 인도받고 기한부 기간 동안 수입대금 결제를 유예받은 후 어음 만기일에 동 수입대금을 결제하게 되는데, 이 경우 기한부 기간 동안의 신용공여자가 신용장 개설은행 또는 다른 외국환은행 등인 경우 사용하는 계정과목이다.

① 미결제외환   ② 미지급외환
③ 내국수입유산스   ④ 리파이넌스

해설 자행이 개설한 banker's usance 방식의 기한부 수입신용장의 조건에 따라 동 수입대금을 자행이 직접 결제하거나, 해외의 다른 은행에 결제를 위탁하여 개설신청인에 대한 신용공여를 처리하는 (자산)계정과목이 내국수입유산스 계정이다. 개설은행의 신용이든 해외은행의 신용이든 회계처리는 (난내) 내국수입유산스 계정으로 통합회계처리하여야 한다.

정답 | ③

〔Banker's Usance의 ACDC〕

• 신용장 개설은행이 지정한 인수은행이 기한부(Usance)기간 동안 신용을 공여할 경우, 인수은행은 수출상이 발행한 기한부 환어음을 인수 및 할인하여 수출상에게 일람불(At sight)로 (수출상의 매입은행을 통해) 어음상 표시금액 전액을 지급한 후, 개설은행에 이 사실을 통보할 경우 그 인수 수수료와 선이자를 청구하는 데 이 비용을 ACDC(Acceptance Commission & Discount Charge)라고 한다. 물론 이 수수료는 궁극적으로 수입상이 부담하여야 하므로 신용장개설은행의 입장에서는 자산계정인 「미결제외환」 계정으로 처리 후 수입상이 결제할 경우 이 계정은 소멸한다.

• 인수은행이 기한부 어음의 부담 이자 계산 시 적용되는 기준금리는 LIBO 금리산출이 중단되어 대체금리를 적용한다. 대체되는 기준금리의 명칭은 다음과 같다.

통화	대체금리	용어의 의미
USD	텀소프르(TERM SOFR)	Secured Overnight Financing Rate
EUR	유리보(EURIBOR)	Euro Interbank Offered Rate
JPY	타이보(TIBOR)	Tokyo Interbank Offered Rate
GBP	텀소니아(TERM SONIA)	Sterling Overnight Index Average
CHF	Deposit Rate	예금금리(Deposit Rate)

Banker's usance에서 발생하는 환어음 인수은행에 대한 ACDC 산정 시 적용되는 대체금리로서 미국달러화 표시금리는?

① TERM SOFR
② TERM SONIA
③ EURIBOR
④ TIBOR

해설 미국 달러화이므로, ACDC 금액산출은 환어음인수금액×(TERM SOFR+가산금리)×인수(할인)일수/360이다.
EURIBOR 또는 TERM SONIA일 경우 이자일수 계산 시 365를 적용한다.

정답 | ①

외국환은행의 국외본지점계정의 구분으로 옳지 않은 것은?

① 영업자금 – 갑계정
② 창업비 – 갑계정
③ 본지점간 차입 – 을계정
④ 운영자금 – 을계정

해설 을계정(ordinary account)은 무역 및 무역 외 거래와 관련하여 본지점 간의 경상거래와, 본지점 간의 자금대여 또는 차입에 대하여 처리하는 계정과목이다.

※ 국외본지점계정 : 외국환은행의 국내영업점과 국외영업점 간의 대차거래를 처리하는 계정과목으로 갑계정(Special Account)과 을계정(Ordinary Account)으로 구분된다.

1. 갑계정(Special Account) : 본지점 간 비교적 장기의 자금 조달 및 운용 필요가 발생하는 경우의 계정과목으로 유동화가 어려운 자본금성격의 거래항목이다. 영업자금, 창업비, 영업소설치자금, 운영자금 및 비용에 충당하기 위한 자금이 이에 해당한다.

2. 을계정(Ordinary Account) : 갑계정으로 분류되지 않는 단기운용자산 및 부채의 본지점 간 거래 시 처리하는 계정과목으로, 무역 및 무역외거래와 관련하여 본지점 간 경상거래, 본지점 간 자금 대여 또는 차입거래가 해당한다.

정답 | ④

외화지급보증대지급금 계정의 성격으로 거리가 먼 것은?

① 고객에 대한 구상채권을 처리하는 계정이다.
② 실질적으로 대출과 동일한 성격을 갖고 있다.
③ 미확정외화지급보증이 확정채무로 변경된 경우이다.
④ 일반적으로 대고객에 대한 대지급액을 확정하기 위한 계정과목이다.

해설 대지급액을 확정하기 위하여 전신환매도율에 의한 원화지급보증대지급금 계정에 기표처리한다.

정답 | ④

다음 설명에 해당하는 외화차입금의 형태는?

> 일람불 수입신용장 개설 후 결제 시 외국환은행의 외화타점예치금계정의 잔액이 부족할 경우 차월(overdraft) 방식이 아닌 단기신용을 공여받아 결제자금을 조달하는 형태의 차입방식이다. 이에는 인수금융방식과 선지급금융방식으로 구분한다.

① 메일크레디트   ② 리파이넌스
③ 외화콜머니   ④ 인수

해설 리파이넌스에 대한 설명이다. 인수금융(acceptance financing)은 일람불조건(at sight)의 신용장에 의한 거래 시 결제대금 지급을 어음인수형식으로 일정기간 지원해주는 방식이다. 선지급금융방식(advance financing)은 수출업자가 외국환은행의 예치환거래은행에 신용장에 의한 일람불 환어음을 제시하면 동 예치환은행이 대금을 지급하고 외국환은행 명의의 당방계정에서 차기하여 대금을 상환받는 방식이다.

정답 l ②

■ 난외계정과목

채무상태	계정과목	Sub A/C
주채무 미확정 (우발채무)	미확정 외화지급보증	수입신용장 발행, 외화표시내국신용장발행, 차관외화보증, 수출선수금환급보증 (A/P Guarantee), 보증신용장(Standby L/C), 기타 보증서 발행
주채무 확정 (확정채무)	확정 외화지급보증	수입물품선취보증(L/G), 인수(Acceptance), 수입팩토링인수, 차관인수
기타		배서어음, 외화약정, 외화대손상각채권

난외계정으로서 미확정외화지급보증 계정과목이 아닌 것은?

① 수입신용장발행   ② 외화표시 내국신용장발행
③ 차관외화보증   ④ 인수

해설 인수(Acceptance)는 확정채무이다. 수입화물선취보증(L/G)도 확정채무이다.

정답 l ④

■ 인수(acceptance)

기한부(USANCE) 수입신용장은 다시 Shipper's Usance 방식과 Banker's Usance 방식으로 구분되며, 수입신용장 발행 후 수입환어음 '인수' 시 각각의 **계정처리가 상이함에 유의하여야 한다**.

(1) Shipper's Usance 방식 기한부 수입신용장 개설 후 수입환어음 인수 시 : 인수(확정외화지급보증－ **난외계정**)

(2) Banker's Usance 방식 기한부 수입신용장 개설 후 수입환어음 인수 시 : 내국수입유산스 처리 : 난외계정은 삭제하고 내국수입유산스(자산－**난내 계정**)로 회계처리한다.

다음 중 (난외)계정처리의 사례의 계정과목이 옳지 않은 것은?

	거래발생 사례	(난외)계정과목
①	외국환은행이 외화로 표시된 신용장을 발행함에 따라 부담하게 되는 우발채무의 발생 시	수입신용장 발행
②	Banker's Usance 방식 기한부 수입신용장 개설 후 해외인수은행으로부터 수입환어음 인수통보(A/A) 시	인수
③	외국환은행이 외화어음을 양도하면서 동 어음에 배서함에 따른 소구권으로 인한 우발채무 처리 시	배서어음
④	수입화물이 선적서류보다 먼저 도착한 경우 외국환은행의 L/G 발급 시	수입물품선취보증

해설 Banker's Usance 방식 기한부 수입신용장 개설 후 수입환어음 인수 시 난외계정은 삭제하고(◀기출지문) 금융기관의 자금부담(대출)인 자산계정(내국수입유산스)으로 처리한다.

정답 | ②

기한부(usance) 수입신용장의 형태별 설명으로 옳지 않은 것은?

① Shipper's usance - 난외계정으로 처리한다.
② Banker's usance - 내국수입유산스 계정으로 처리한다.
③ Shipper's usance - 선적서류 도착 시 신용장개설은행이 환어음을 인수한다.
④ Banker's usance - 지정된 인수은행이 수출상에게 일람불(at sight)로 지급한다.

해설 Shipper's usance는 수출상이 신용장개설은행의 (조건부)대금지급보증을 믿고 수입상에 제공하는 신용공여이다. 따라서 선적서류가 도착하는 경우 수입상은 환어음을 인수하고 (동시에 신용장개설은행은 난외계정인 「인수(확정외화지급보증)」으로 회계처리함) 수출상이 제공하는 신용기간 경과 후인 만기일에 수입대금을 결제한다. 물론 만기에 수입상이 대금결제를 못할 경우 신용장개설은행이 대지급할 책임이 있다.

정답 | ③

■ 수수료 구분(취급수수료/신용위험부담 보상/자금부담비용 보상)

외국환거래 관련 발생이자 및 수수료		
취급수수료적 성격의 수수료	정액수수료	수출신용장 통지 수수료, 수출신용장양도수수료, 수입화물선취보증서(L/G)발급수수료, 수입결제하자수수료
	정률수수료	당(타)발추심수수료, 내국신용장취급수수료, D/A · D/P타추심 어음 결제시 추심수수료, 외화대체료, 외화현찰수수료
신용위험부담 보상적 성격의 수수료	신용장개설수수료, 수입환어음 인수수수료, 외화표시지급보증수수료, 수출신용장확인수수료, 수입화물선취보증료(L/G보증료)	
자금부담비용 보상적 성격의 이자	수입환어음 결제이자, 수출환어음 매입이자(환가료), 내국신용장 판매대금추심의뢰서매입 이자	

외국환업무 취급과정에서 징수하는 수수료 항목 중 정액수수료가 아닌 것은?

① 수출신용장 양도 수수료　　　　　　　② 외화대체료
③ 수출실적증명 발급수수료　　　　　　　④ 수입결제하자 수수료

해설 외화대체료는 정률로 적용한다. 거래은행에서 매매(포지션거래)하지 아니하고 타 은행으로 이체하는 거래이므로 금액에
비례하여 수수료를 적용하여 은행의 외환매매익의 기회상실을 보상받는 개념이다.

정답 | ②

■ 환포지션 발생 거래 유형

(1) 환포지션의 방향(long, short)은 고객의 입장이 아니라 은행의 입장에서 판단하여야 한다. 또한 기본서의 서술은 외화가 원화와의 거래가 있음을 전제로 하고 있다. 예를 들어 교재의 '기타 거래' 중 '외화예금 지급'이 왜 매입초과(overbought position)인지 이해하여야 한다. 외화예금을 (은행이) 고객에게 외화로 지급하면 포지션 발생이 없다(왜냐하면 고객의 예수금을 반환하는 것이므로 은행의 환율 리스크는 없다). 그러나 외화를 원화를 지급하면(즉 외화를 은행이 매입하여 환리스크가 발생하면) 은행의 bought position(long position)이 된다.

(2) Over bought position, Over-sold position이라는 용어에 오해가 없어야 한다. 은행입장에서 외화가 증가(상대통화인 원화는 감소)하면 long position, bought-position 또는 over-bought position이라고 칭한다.

(ㄱ) 수출환어음 추심 전 매입 : 수출상이 선적서류와 환어음을 제시하면 매입은행이 외화를 매입(bought position)하고 원화를 지급한다.

(ㄴ) Less charge 징수 : 수출환어음 추심 전 매입 시, 은행은 고객에게 일정금액을 지급하였으나 신용장 개설은행에서 추가적인 비용을 차감한 금액만 매입은행의 해외외화타점예치금 계정에 입금시켜주는 경우, 동 차감당한 미입금액(Less charge)을 미결제외환(Bills unsettled)계정의 외화자산계정으로 처리 후 고객이 원화로 갚을 경우, sold position이 발생한다. (만약 고객이 만약 외화로 갚는다면 이 less charge에 포지션 발생은 없다. 기본서상의 환포지션 설명은 외화/원화거래의 환전을 가정한 것임을 염두에 두어야 한다.)

(ㄷ) 외화예금지급 : 고객이 외화예금을 원화로 인출하는 경우 은행이 그만큼 외화를 사들인 결과이므로 외화 bought position이 발생한다.

(ㄹ) 여행자수표 판매 : 은행이 보유하고 있는 외화표시 여행자수표(T/C)를 고객에게 원화를 대가로 판매(매각)하는 경우 sold position이 발생한다.

(ㅁ) 매입외환 부도대금 자기자금결제 : 은행이 수출환어음을 추심 전 매입하고 추후 입금을 예정대체하였으나, 결제은행(L/C개설은행 등)의 지급거절로 상환받지 못할 경우 경과계정인 매입외환계정으로 처리한 후 수출상에게 구상권을 행사한다. 그러나 수출상의 파산으로 회수하지 못할 경우 미상환 금액을 대손비용 처리하면(은행의 자기자금 결제) 외환 sold position이 발생한다.

(ㅂ) 수입대지급처리 : 수입상이 자금부족 등의 이유로 신용장개설은행이 매입은행에 대신 지급하는 경우 대지급만큼 외화가 부족하므로 sold position이 된다. 은행은 수입상에게 sold position 만큼의 원화로 구상권을 가진다.

빈출 문제

다음의 외국환업무 취급내용 중 환포지션 발생 방향이 다른 하나는?

① 수출환어음 추심후 매입대금 지급   ② 외화예금지급
③ 외화수표대금 지급   ④ 여행자수표 판매

해설 여행자수표(T/C) 판매는 매도 초과 포지션(over sold position)이다.

정답 | ④

[외국환업무의 컴프라이언스 업무]

■ 외국환업무의 등록

외국환업무에 2년 이상 종사한 경력이 있는 자 또는 기획재정부장관이 정하는 교육(한국금융연수원 교육 등)을 이수한 자를 영업소별로 2명 이상 확보할 것

■ 외화자금차입 및 증권발행

① 외국환은행이 비거주자로부터 미화 5천만불 초과의 외화자금을 상환기간(거치기간을 포함) 1년 초과의 조건으로 차입(외화증권발행 포함)하고자 하는 경우에는 기획재정부장관에게 신고하여야 한다.
② 제1항의 경우를 제외하고 외국환은행이 외화자금을 차입(외화증권발행 포함) 시 신고를 요하지 아니한다.

■ 문서의 보관과 보존

외국환은행은 신고대상 건은 신고일로부터 2년간 보존하고 지정거래외국환은행 등록대상은 지정취소 시까지 보관하며, 영수확인서와 지급신청서는 5년간 보존하여야 한다.

■ 외국환거래의 비밀보장

이 법에 따른 허가 · 인가 · 등록 · 신고 · 보고 · 통보 · 중개(仲介) · 중계(中繼) · 집중(集中) · 교환 등의 업무에 종사하는 사람은 그 업무와 관련하여 알게 된 정보를 「금융실명거래 및 비밀보장에 관한 법률」 제4조에서 정하는 경우(← 법원의 제출명령 또는 법관이 발부한 영장에 따른 거래정보등의 제공 등)를 제외하고는 이 법에서 정하는 용도가 아닌 용도로 사용하거나 다른 사람에게 누설하여서는 아니 된다.

거래법 제10조(업무상의 의무) ① 외국환업무취급기관등(전문외국환업무취급업자 및 외국환중개회사 포함)은 그 고객과 이 법을 적용받는 거래를 할 때에는 고객의 거래나 **지급 또는 수령이 이 법에 따른 허가를 받았거나 신고를 한 것인지를 '확인'**하여야 한다. 다만, 외국환수급 안정과 대외거래 원활화를 위하여 기획재정부장관이 정하여 고시하는 경우에는 그러하지 아니하다.

② 외국환업무취급기관등은 외국환업무와 관련하여 부당한 이익을 얻거나 제3자에게 부당한 이익을 얻게 할 목적으로 다음 각호의 어느 하나에 해당하는 행위를 하여서는 아니 된다.

1. 외국환의 <u>시세를 변동 또는 고정시키는 행위</u>
2. 다른 외국환업무취급기관, 전문외국환업무취급업자 및 외국환중개회사와 같은 시기에 같은 가격 또는 약정수치로 거래할 것을 사전에 <u>서로 모의한 후 거래하여 외국환의 시세에 부당한 영향을 주거나 영향을 줄 우려가 있는 행위</u>
3. 풍문을 유포하거나 거짓으로 계책을 꾸미는 등의 방법으로 외국환의 수요·공급 상황이나 그 가격에 대하여 타인에게 잘못된 판단이나 오해를 유발함으로써 외국환의 시세에 부당한 영향을 주거나 영향을 줄 우려가 있는 행위

제29조(벌칙) ① **'확인'하지 아니한 경우 1년 이하의 징역 또는 1억원 이하의 벌금에 처한다. (→ 은행외환실무자가 유의해야 할 조항임)**

■ 포괄금융금액(미화 2억 달러 미만)

(무역금융 융자금의 구분) ① 무역금융은 자금용도에 따라 구분하여 취급("용도별 금융"이라 한다)하거나 자금용도의 구분 없이 일괄하여 취급("포괄금융"이라 한다)할 수 있다.

② **용도별금융**은 다음 각호와 같이 구분하여 취급하여야 한다.

1. 생산자금 : 국내에서 수출용 완제품 또는 원자재를 제조·가공·개발하거나 용역을 수출(외국인에게 대한 국내에서의 용역 수출 포함)하기 위해 소요되는 자금
2. 원자재자금 : 수출용 원자재를 해외로부터 수입하거나 내국신용장에 따라 구매하는 데 소요되는 자금
3. 완제품자금 : 국내에서 생산된 수출용 완제품을 내국신용장에 따라 구매하는 데 소요되는 자금

③ **포괄금융**은 전년도(1월 1일부터 12월 31일까지를 기준으로 한다.) 또는 <u>과거 1년간 수출실적이 미화 2억달러 미만인 업체에 대하여 취급할 수 있다.</u>

기 출 문 제

다음 중 무역금융 융자대상자가 아닌 것은?

① 지급인도조건의 수출계약자에 대한 국내 원자재 공급자
② 내국신용장에 의해 수출용 완제품의 국내공급자
③ 중계무역방식으로 수출하고자 하는 수출업자
④ 해외에서 수입한 원자재를 가공하여 완제품형태로 수출하고자 하는 자

해설 중계무역은 국내가공이 없으므로 자금을 지원할 이유가 없다.

> ■ 한국은행 금융중개지원대출관련 무역금융지원 프로그램 운용세칙
>
> 제5조(융자대상) ① 무역금융은 다음 각호의 어느 하나에 해당하는 자에 대하여 취급한다.
> 1. 수출신용장 또는 지급인도(D/P)와 인수인도(D/A) 조건 및 그 밖의 수출관계계약서에 따라 물품(「대외무역법」에서 정하는 전자적 형태의 무체물을 포함), 건설 및 용역을 수출하거나 국내 공급하고자 하는 자
> 2. 내국신용장 또는 「대외무역법」에 따른 외화획득용원료, 물품등 구매확인서에 따라 수출용 완제품 또는 원자재를 공급(수탁가공 포함)하고자 하는 자

예상 문제

내국신용장의 조건에 대한 설명으로 옳지 않은 것은?

① 개설은행은 외국환은행이며 차수 제한 없이 발행 가능하다.

② 대상 물품에 대한 수입관세는 환급될 수 있으며 부가세는 영세율을 적용할 수 있다.

③ 내국신용장의 표시통화는 원화(매매기준율환산한 외화금액 부기 가능) 또는 외화로 할 수 있다.

④ 외화획득용 원료와 물품 구입 시 발행 가능하다.

해설 '외화획득용'은 '수출용'보다 큰 범위이다. 내국신용장은 외화획득의 한 분야인 수출에 기여하는 '수출용' 원자재 및 '수출용' 완제품 거래에 한하여 발급 가능하다.

정답 ㅣ ④

내국신용장의 개설조건에 대한 설명으로 옳지 않은 것은?

① 유효기일은 물품의 인도기일에 최장 10일을 가산한 기일 이내일 것

② 서류제시기간은 물품수령증명서 발급일로부터 최장 5영업일 범위에서 책정된 것일 것

③ 판매대금추심의뢰서 형식은 개설은행을 지급인으로 하고 개설은행을 지급장소로 하며 일람출급식일 것

④ 원화표시 물품대금에 외화로 환산한 외화금액을 부기할 경우 판매대금추심의뢰서 매입일 현재의 매매기준율을 적용할 것

해설 판매대금추심의뢰서 형식은 개설의뢰인(APPLICANT)을 지급인으로 하고 개설은행을 지급장소로 하며 일람출급식(AT SIGHT)이어야 한다. 대가가 아닌 대외적인 무역거래 시에는 통상 신용장상의 대금지급의무자로 개설은행을 지급인으로 하지만 내국신용장은 개설의뢰인을 지급인으로 함에 유의한다.

정답 ㅣ ③

【외국환업무 관련 주요사례】

예상 문제

외국환은행이 비거주자로부터 내국지급수단을 대가로 외국환을 매입하는 경우의 설명으로 옳지 않은 것은?

① 미화 2만불 이하인 경우(동일자, 동일인, 동일점포를 기준, 2회 이상 매입 시 합산금액임)에는 제출서류 징구를 면제할 수 있다.

② 외국으로부터 송금 또는 휴대반입한 대외지급수단을 내국지급수단을 대가로 매입하는 경우로서 처분목적을 알 수 없는 경우 "이전거래"로 간주하여 매입 가능하다.

③ 외국통화를 매입하는 경우에는 외국환매입증명서 · 영수증 · 계산서 중 하나를 매입 입증서류로 1회에 한하여 발급한다.

④ 비거주자가 외국환신고(확인)필증을 제출하지 아니하고 휴대하고 있던 2만불 초과의 대외지급수단의 매입을 의뢰하는 경우 당해 매입을 의뢰하는 자가 한국은행총재에게 대외지급수단매매 신고를 하여야 한다.

해설 비거주자가 외국으로부터 송금 또는 휴대반입한 대외지급수단을 내국지급수단을 대가로 매입하는 경우로서 처분목적을 알 수 없는 경우 "해외재산반입자금"으로 간주하여 매입 가능하다. 타발송금이나 휴대반입한 외화에 대한 '취득사유'를 외국인에게 묻는다는 것은 난센스이다. 외국인이 외화를 국내로 반입하는 것은 당연하지 않은가? 그러나 외국인에게 이 외화를 처분해서 생긴 원화를 어떤 용도를 쓸 지를 묻는 '처분사유(원화로 환전한다는 의미)'는 물을 수 있다. 반대로 국민인 거주자인 경우에는 외화의 '취득사유'를 물을 수 있으며 취득사유를 알 수 없는 경우 이전거래(증여의 의미)로 간주한다. 비거주자로부터 국내에서 내국지급수단을 대가로 (지폐 등의 실물통화인) 외국환을 매입하는 경우 (외화자금출처를 모르므로) 외국환신고(확인)필증을 받아야 한다(2만불 이하는 면제 가능). 다만, 비거주자의 대외계정 및 비거주자 외화신탁계정 인출 또는 타발송금방식에 의하여 영수한 외국환(실물통화가 아닌 경우)을 매입하는 경우는 예금자가 외국환신고(확인)필증을 소유하고 있지 않으므로 제출을 받을 수 없다. (또한 자금출처가 명확하므로 필증이 필요도 없다.) 해외 타발송금의 외국환을 매입하는 경우에는 1회에 한하여 외국환매입증명서 · 영수증 · 계산서 등 매입을 증명할 수 있는 서류 1부를 발행 · 교부하여야 한다.

정답 ┃ ②

■ 해외여행경비 지급절차

【단체해외여행(연수)경비】

1. 여행업자를 통한 단체해외여행경비의 지급은 1인의 해외여행경비도 가능함
2. 여행업자는 단체해외여행경비를 **외국환은행**을 통하여 외국의 숙박업자나 여행사 등에게 지급하거나 휴대수출하여 외국에서 지급할 수 있음
3. 여행업자가 단체해외여행경비를 환전하는 경우 환전금액은 단체해외여행자별 필요외화소요경비 범위 내이어야 하며 외국인거주자에 한하여 해당 해외여행자별 여권에 환전한 사실과 금액을 표시하여야 함
   → 외국인거주자의 외국통화 환전신청금액이 1백만원 상당 이하인 경우 여권기재를 생략할 수 있음
4. 제출서류에는 단체해외여행자의 성명 및 생년월일이 명시되어야 함

외국환은행의 단체해외연수경비 지급에 대한 설명으로 옳지 않은 것은?

① 거래외국환은행을 지정하지 아니한다.

② 환전금액은 단체해외연수자별 필요외화소요경비 범위 내이어야 하며 외국인거주자에 한하여 해당 해외연수자 별 여권에 환전한 사실과 금액을 표시하여야 한다.

③ 여행사 명의로만 지급이 가능하고 경비범위 내에서 지급한도에 제한이 없지만 여행자별 개별환전은 안 된다.

④ 송금은 불가하고 휴대반출이 가능하며 미화 1만불 초과하여 휴대출국 시에는 외국환신고(확인)필증을 교부한다.

> **해설** 교육기관 등이 단체해외연수경비를 환전하는 경우 환전금액은 단체해외연수자별 필요외화소요경비 범위 내이어야 하며, 외국인거주자에 한하여 해당 해외연수자별 여권에 환전한 사실과 금액을 표시하여야 한다. 단, 외국인거주자의 외국통화 환전신청금액이 1백만원 상당 이하인 경우 여권기재를 생략할 수 있다. 숙박비관련 계약금 지불 등의 당발송금은 물론, 휴대반출이 가능하며, 미화 1만불 초과하여 휴대출국 시에는 환전은행이 외국환신고(확인)필증을 여행사 등에 교부한다. 환전 시 제출서류 중 소요경비명세에는 여행자명, 생년월일이 표시된 실명번호와 금액 등이 표시되어야 한다.
>
> 정답 ┃ ④

■ 법인명의의 일반해외여행경비

→ 법인소속 해외여행자를 위한 법인명의의 일반해외여행경비 지급

1. 법인명의로 환전한 일반해외여행경비는 당해 법인 소속의 일반해외여행자가 휴대수출하여 지급하거나, 법인카드로 지급할 수 있음

   ☞ 미화 1만불 상당액을 초과하여 휴대수출하고자 하는 경우에는 관할세관의 장에게 신고하여야 함

2. 제출서류(외국의 여행업자, 숙박업자, 운수업자가 발행한 해외여행경비임을 입증하는 서류)를 징구한 경우에 한하여 법인명의로 송금할 수 있음

3. 외국인거주자에 한하여 해당 해외여행자별 여권에 환전한 사실과 금액을 표시하여야 함(단, 1백만원 상당 이하 외국통화를 매각한 경우는 제외)

4. 본 항목에 의거 일반해외여행경비를 매각한 외국환은행의 장은 **외국환신고(확인)필증을 발행하지 아니함**

다음 중 외국환은행의 당발송금의 취급에 대한 설명으로 옳지 않은 것은?

① 관련증빙(INVOICE, 계약서 등) 확인을 철저히 하고 송금금액에 상관없이 실명확인 및 고객확인(주소, 연락처, 외화송금거래목적·사유 등)이 필요하다.

② 송금인 정보 중 고객번호와 실명번호는 수정이 불가능하다.

③ 국가코드는 지급은행 기준이 아닌 송금수취인을 기준으로 하여야 한다.

④ 전문발신 전이면 내용을 수정하고 전문발신 후면 조건변경으로 처리한다.

> **해설** (송금을 받는) 국가코드는 지급은행을 기준으로 하여야 하므로 수취인 기준이 아니다.
>
> 정답 ┃ ③

■ 외화수표

선일자 수표(수표발행일이 창구제시일 이후인 경우) 통상 부도 처리, 창구제시일이 제시기간 이내인지 확인해야 한다.

【수표별 유효기간】

국고수표		은행수표	개인수표
미국	캐나다		
1년	유효기간 없음	발행일로부터 6개월	

연습 **문제**

다음 중 외국환은행의 외화수표의 취급에 대한 설명으로 옳지 않은 것은?

① 미국과 캐나다의 국고수표의 유효기간은 발행일로부터 1년이다.

② 프랑스지역 수표(USD, EUR) 배서 시 '업체명＋대표자명＋대표자서명'이 필수이다.

③ 수표는 유효기간 내에 지급제시은행에 도착해야 하므로 우편일수를 감안하여 거래하여야 한다.

④ 이종통화수표의 경우 외화수표 중계은행이 아닌 매입(추심)의뢰인이 직접 확인한 지급은행 주소로 실물을 송부해야 한다.

해설 미국의 국고수표의 유효기간은 1년이며, 캐나다의 국고수표는 유효기간이 없다. 그리고 수표면에 유효기간이 표시된 경우에는 그에 따르고, 별도의 표시가 없는 경우에는 은행수표와 개인수표의 경우에 통상 발행일로부터 6개월로 본다.

정답 | ①

빈출 **문제**

외국환은행의 외화수표관련 설명에 대한 설명으로 적절하지 않은 것은?

① 환거래은행이 아닌 은행이 발행한 은행수표는 업무처리 시 개인수표에 준하여 취급한다.

② 개인수표의 발행자 서명에 'For and on behalf of' 다음에 기업명이 기재된 경우도 있다.

③ Money order의 발행자는 은행의 예금계좌를 가진 자가 발행할 수 있다.

④ 외화수표는 지정수취인(Pay to the order of~)으로부터 매입 또는 추심신청을 받아야 한다.

해설 Money order란 수표발행 신청인이 수표금액에 해당하는 금액과 수수료를 내고 은행 또는 발행회사에 지불하면 수표를 발행하여 준다. 은행에 발행인의 계좌유무에 무관하게 발행된다.

※ 개인수표의 특징

ⓐ 수표앞면에 발행인(기업이나 개인)의 이름이나 주소 등의 표시가 있다.

ⓑ 발행자 성명은 육필이나 타이핑하는 경우가 많다.

ⓒ 발행자 서명에 'For and on behalf of' 기업명으로 되어있는 경우가 있다.

정답 | ③

다음 중 외국환은행의 타발송금의 취급에 대한 설명으로 옳지 않은 것은?

① 타발송금 도착 시 수취인에게 즉시 통지하여 환율변동에 따른 고객의 손실 등으로 민원이 발생하지 않도록 한다.

② 타발송금 정리 시에는 정당한 수취인 여부를 확인하고 지급지시서의 수취인명과 계좌의 예금주명이 일치한다면 수취인 앞으로 지급한다.

③ 타발송금 정리 시 수취인의 요청이 있는 경우에는 외화대체거래를 통한 당발송금을 할 수 있다.

④ 타발송금은 SWIFT 코드는 MT 103상에 나타난 59번 필드에 명시된 계좌에 입금하여야 한다.

해설 수취인의 요청이 있더라도 지급지시서상의 명시된 계좌에 입금하지 않고 외화대체거래를 통한 당발송금 또는 외국통화 매도 등을 하는 경우에는 법적 분쟁 시 지급지시서에 따르지 않은 은행이 책임을 질 수 있다.

정답 | ③

■ 수출환어음 매입 및 추심

외국환은행의 수출환어음 매입업무에 대한 설명으로 옳은 것은?

① 선적서류 체크 시 수출신고필증 일자는 B/L 발급일자 이후이어야 한다.

② B/L상 수하인(consignee)란에 'to order'인 경우 매입은행이 배서하여야 한다.

③ 보험서류는 Assured(Insured)에 기재된 자(수혜자)가 배서하므로 매입은행의 배서는 불필요하다.

④ 해외양도신용장인 경우 선적서류 발송지(Mail to)를 개설은행으로 하여야 한다.

해설 ① 선적서류 체크상 수출신고필증 일자는 B/L발급일자(선적일자)보다 앞서야 한다. (수출신고필증일자≤선적일자≤매입(추심일자))

② B/L상의 수하인(Consignee)란에 "To order(지시식)" 또는 "To order of shipper(기명지시식)"인 경우 매입은행이 아닌 Shipper가 배서한다. 즉, 물품의 소유권을 (수입자에게) 양도하는 수출자(대개 shipper에 해당)의 서명이 필요한 경우로서 (사실상 선적서류의 전달만을 매개하는) 매입은행이 개입할 이유가 없다.

③ 보험서류는 Assured(Insured)에 기재된 자(수혜자 = 피보험자)가 배서하므로 매입은행의 배서는 불필요하다. 운송 도중 물품파손 등에 대비하여 수입국의 수입자를 피보험자(The Assured)로 하여 보험이 가입되므로 물품을 판매 시 이 보험수혜자의 지위도 양도해야 하므로 배서는 당연히 서류상의 피보험자(수혜자)만이 할 수 있는 권리이다.

④ 매입서류 중 해외양도신용장인 경우, 제1수익자(first beneficiary = 신용장개설 시 원래 수익자 = 수출상)가 해외의 제3자에게 생산 등을 맡기기 위하여 신용장을 양도하는 경우가 있다. 양도받은 제2수익자는 선적서류등을 (신용장개설은행이 아닌) 제1수익자가 거래하는 양도은행으로 보내야 한다. 이때 제1수익자는 제2수익자가 보내온 환어음과 상업송장을 제1수익자가 작성한 것으로 교체할 권리를 가진다. 양도은행 담당자는 해당선적서류를 개설은행이 아닌 양도은행으로 송부하라는 문구를 언급하여야 한다. 수출매입(추심)신청서 작성 시 서류발송 은행명에 양도은행을 정확히 기재하지 아니하여 (제2수익자가) 신용장개설은행으로 잘못 발송하는 경우가 발생하지 않도록 한다. (UCP600의 제38조, 양도가능신용장의 내용이므로 참고 바람)

정답 | ③

기본　문제

무신용장방식 수출환어음 매입서류 중 수출계약서로 인정 가능한 서류가 아닌 것은?

① OFFER SHEET(물품매도확약서)

② COMMERCIAL INVOICE(상업송장)

③ PROFORMA INVOICE(견적송장)

④ SALES(PURCHASES) CONTRACT(구매계약서)

해설 상업송장은 수출자가 수입자에게 제시하는 대금청구서의 역할을 하는 것이다. 인정 가능한 계약서가 아님에 유의한다.

정답 I ②

■ 신용장개설 시 특수조건부 확인

예상　문제

외국환은행의 수입신용장 개설 시 특수조건부 내용으로 옳지 않은 것은?

① 선급금지급(Red-Clause) 조건인 경우 선급금 해당분에 대한 지급보증은 동일인 여신한도에 포함되지 않는다.

② Stale B/L 허용조건은 L/G 발급 후 선적서류 장기미도래 시 만기일 산정이 어렵고 결제대금이 미적립된 상태에서 수입업체 지급불능 시 손실 가능성이 있다.

③ 항공화물 운송장(AWB) 수리조건인 경우, 선적서류 제시기간을 항공화물운송장 발행일로부터 5일 이내로 제한한다.

④ Charter Party B/L 허용조건인 경우 용선계약에 의해 용선료 지체 시 선주가 적재화물 처분이 가능하므로 취급에 신중을 기하여야 한다.

해설 신용장 개설 시 선급금지급(Red-Clause) 조건인 경우 선급금 해당분에 대한 지급보증은 (수입자의) 동일여신한도에 포함하여야 한다.

　① 신용장 개설 시 수출상에 대한 선급금 지급조건으로 발행(Red-Clause L/C)하는 경우, (수출국의) 신용장매입은행이 신용장의 일부 금액을 물품 선적 전에 수출상에게 지급하도록 허용한다. 예를 들어 수출상이 영세하여 물품구입이나 가공비용이 없어서 수출물품을 생산하지 못할 경우에 수입상이 수출국의 네고은행에 자금을 선제공하도록 한다. 그러나 물품의 선적 전에 수출상의 파산 등으로 선급금 회수에 문제가 생길 경우 신용장개설은행은 수출국의 은행에 대금 지급의무가 발생한다. 따라서 신용장개설의뢰인 (수입상)에게 이를 구상하여야 할 것이다. 즉, 선급금만큼 수입상에 대한 (신용공여로 해석하여) <u>동일인 여신한도관리</u>를 하여야 한다.

　② Stale B/L이란 기간경과 선하증권으로서, 신용장 거래 시 '선적서류 제시기간'이 '경과'한 B/L이다. 일반적으로 수입국에 선적물품이 도착하기 전에 B/L이 도착하여야 물품을 회수할 수 있으므로 이 서류 제시기간은 상당히 중요한 개념이다. 그러나 Stale B/L을 허용하여 선적서류가 아직 도달 못한 상태에서 물품은 수입국 세관에 이미 도착한 경우 수입상은 물품 부패 등을 방지하기 위하여 은행의 신용(L/G발행 요청)을 빌려서 B/L 없이 운송회사로부터 물품을 회수한다. 이 경우 수입상의 부도 등으로 회수상의 문제가 발생할 수 있으므로 신용장개설은행은 수입적립금 등을 받아놓아야 한다. 신용장 조건상 서류제시기간을 경과한 B/L도 수용하면 신용장개설은행에 선적서류가 언제 도착할지 모른 상태이고 만약 장기 미도래 시 (외상수입인 경우) 어음 만기일 산정이 어렵고 또한 수입상의 결제대금이 미적립된 상태에서 수입업체 부도 시 개설은행의 손실 가능성이 크다.

　③ 선박운송이 아닌 항공운송일 경우 운송기간이 매우 짧고 대금결제 전에 수입상이 수입물품을 쉽게 통관시킬 수 있다. (화물운송장에 표시된 수하인은 AWB카피본으로 물품을 인수받을 수 있다. 즉, AWB는 유통 불가능한 영수증에 지나지 않음) 따라서 최대한 선적서류가 빨리(항공기보다 빠르게?) 신용장개설은행에 도착하게 하여야 한다. 신용장 조건

상 B/L을 항공화물 운송장(AWB)으로 정하는 경우, <u>수출상의 선적서류 제시기간을 항공화물운송장 발행일로부터 5일 이내로 제한한다.</u>

④ Charter Party B/L이란 선주로부터 선박을 빌린 용선인(charter)이 발행하는 선하증권이다. 선주가 아닌 용선인이 발행한 B/L은 취급상 주의를 요한다. 왜냐하면 용선인이 선박 임차료(용선료)를 선주에게 지급하지 못할 경우 선박은 물론 선박에 실린 물품마저 압류당하는 경우가 있기에 신용장 개설 은행입장에서는 손실 가능성이 있다.

정답 | ①

■ 중계무역

고객(중계무역업자)의 수출신용장에 기초하여 외국환은행이 수입신용장을 개설해주는 것이므로 수입 결제보다 수출대금이 먼저 회수될 경우에는 수입신용장 대금결제를 우선적으로 충당하여 채권보전에 만전을 기하여야 한다. 중계무역업자는 수입한 물품의 공급자와 그 수입가격을 자신의 수출대상자가 알 수 없도록 B/L을 교체하고자 할 경우에 외국환은행은 채권보전에 유의하여야 한다. switch B/L을 발급하고자 하는 운송업자는 원래 B/L을 회수한 후 새로운 B/L로 발급해 주므로(switch) 이때 원래 은행이 보유하는 B/L은 수입대금결제를 받은 후 고객에게 교부하여야 한다.

예상 **문제**

외국환은행의 중계무역관련 업무처리방식으로 옳지 못한 것은?

① 수출대금의 영수가 수입대금 지급보다 선행하는 경우에는 수입대금 결제자금으로 충당한다.
② 수입신용장 개설조건은 원칙적으로 유산스(Usance) 결제방식으로 하여야 한다.
③ 수입신용장은 매입은행 이외의 수하인(consignee)을 지정하는 경우에 채권보전에 철저하여야 한다.
④ switch B/L발급 시 도착한 수입선적서류 결제 후에 원 B/L을 교부하여야 한다.

해설 수입신용장 개설조건은 원칙적으로 Sight 결제방식으로 하여 수출금 회수 시 즉시 수입결제대금에 충당되도록 한다.

정답 | ②

■ 외화표시지급보증서(Standby L/C)

예상 **문제**

원유, 고철, 귀금속 비철금속을 취급하는 외국의 SELLER들이 물품거래 시 우리나라의 수입업자에게 요구하는 서류로, 비교적 거래금액이 크고 현금화가 용이한 광물의 거래 시 사용되는 외화지급보증서의 명칭은?

① Warranty Guarantee ② URDG758
③ BCL ④ ISP 98

해설 외국환은행의 고객의 수입품목이 재생에너지, 비료, 철강류(고철, 철도레일), 광물류(알루미늄, 아연 등)인 경우에 가장 빈번하게 적용되는 외화지급보증서는 BCL(Bank Comfort Letter)이다.

정답 | ③

【외국환거래관련 위규사례】

해외직접투자와 외국인직접투자 시 주요점검사항에 대한 설명으로 가장 적절하지 않은 것은?

① 해외직접투자의 경우, 해외이주 수속 중이거나 영주권 취득을 목적으로 하는 투자가 아니어야 한다.

② 해외직접투자와 외국인직접투자는 원칙적으로 사전신고가 원칙이다.

③ 해외직접투자의 거래은행 지정순서는 주채권은행 > 여신최다은행 > 주거래은행이다.

④ 해외직접투자로서 기설립한 현지법인에 대한 1년 미만 금전대여 시 한국은행에 신고하여야 한다.

> **해설** 규정 제9-5조(해외직접투자의 신고 등) ① 거주자(해외이주 수속중이거나 영주 등을 취득할 목적으로 지급하고자 하는 개인 또는 개인사업자는 제외)가 해외직접투자(증액투자 포함)를 하고자 하는 경우에는 다음 각호의 1에서 정하는 외국환은행의 장에게 신고하여야 한다. 다만, 이미 투자한 외국법인이 자체이익유보금 또는 자본잉여금으로 증액투자하는 경우에는 사후에 보고할 수 있으며, 누적 투자금액이 미화 50만불 이내에서의 투자의 경우에는 투자금의 지급이 있은 날로부터 1개월 이내에 사후보고할 수 있다.
> 1. 주채무계열 소속 기업체인 경우에는 당해 기업의 주채권은행
> 2. 거주자가 주채무계열 소속 기업체가 아닌 경우에는 여신최다은행
> 3. 제1호 내지 제2호에 해당하지 않는 거주자의 경우 거주자가 지정하는 은행
>
> 규정 제7-16조(거주자의 비거주자에 대한 대출) ① 외국 법인에 투자한 거주자가 해당 외국법인에 대하여 상환기간을 1년 미만으로 하여 금전을 대여하는 경우에는 <u>지정거래외국환은행</u>의 장에게 신고하여야 한다.
>
> **정답 | ④**

■ 거주자의 해외부동산 취득

> 규정 제9-39조 ② 제1항의 규정(신고예외)에 해당하는 경우를 제외하고 거주자가 다음 각호의 1에 해당하는 외국에 있는 부동산 또는 이에 관한 권리를 취득하고자 하는 경우에는 부동산취득신고(수리)서를 작성하여 지정거래외국환은행의 장에게 신고하여 수리를 받아야 한다.
> 1. 거주자가 주거 이외의 목적으로 외국에 있는 부동산을 취득하는 경우
> 2. 거주자 본인 또는 거주자의 배우자가 **해외에서 체재할 목적으로** 주거용 주택을 취득하는 경우(거주자의 배우자 명의의 취득을 포함)
> 3. 외국에 있는 부동산을 임차하는 경우(임차보증금이 미화 1만불 초과인 경우로 한한다.)

(1) 부동산 사후관리 보고서

　　가. 해외부동산 취득보고서 : 부동산 취득자금 송금 후 3월 이내 (다만, 분할송금시 최종 취득자금 송금 후 3월 이내)

　　나. 해외부동산처분(변경)보고서 : 부동산 처분 또는 명의변경 후 3월 이내 (다만, 3월 이내에 처분 대금을 수령하는 경우에는 수령하는 시점)

　　다. 부동산의 계속 보유사실 입증서류(부동산 등기부 등본 등) : 신고수리일 기준 2년마다 제출

　　☞ 외국에 있는 부동산을 임차하는 경우 보고서 '다' 제외

■ 금전대차

(1) '거주자가 비거주자로부터 원화자금을 차입한다'는 의미(일반적인 거래가 아님)

    ① 비거주자의 원화자금은 국내은행의 '비거주자자유원계정'에 있으므로 이 계정에서 거주자가 차입 가능함(지정거래은행 신고)

    ② 10억원 초과의 차입 시는 기재부 신고사항이다. 거주자는 국내금융기관에서 원화차입을 하는 것이 정상인데 '한국인이 (금융기관이 아닌) 외국인(비거주자)로부터 원화차입을 한다'는 것은 일반적인 거래는 아니다.

빈출 | 문제

거주자 개인이 비거주자로부터 50만불 상당의 외화자금을 차입할 경우의 신고등에 해당하는 것은?

① 신고예외

② 외국환은행에 신고수리

③ 지정거래은행을 경유하여 한국은행에 신고

④ 지정거래은행을 경유하여 기획재정부에 신고

해설 규정 제7-14조(거주자의 외화자금차입) ① 거주자가 비거주자로부터 외화자금을 차입(외화증권 및 원화연계외화증권 발행을 포함)하고자 하는 경우에는 지정거래외국환은행의 장에게 신고하여야 한다. 다만, 미화 5천만불(차입신고시점으로부터 과거 1년간의 누적차입금액을 포함)을 초과하여 차입하고자 하는 경우에는 지정거래외국환은행을 경유하여 기획재정부장관에게 신고하여야 한다.

⑤ 개인 및 비영리법인이 비거주자로부터 외화자금을 차입하고자 하는 경우에는 지정거래외국환은행을 경유하여 한국은행총재에게 신고하여야 한다. 다만, 비영리법인의 현지 사용목적 현지차입의 경우에는 지정거래 외국환은행의 장에게 거래가 있었던 날로부터 1개월 이내에 거래사실을 보고하여야 한다.

정답 | ③

■ 비거주자에 대한 대출

제7-16조(거주자의 비거주자에 대한 대출) ① 제7-13조에 규정된 경우(신고예외)를 제외하고 영 제8조(해외직접투자) 제1항 제1호부터 제3호까지의 규정에 따라 외국 법인에 투자한 거주자가 해당 외국법인에 대하여 상환기간을 1년 미만으로 하여 금전을 대여하는 경우에는 **지정거래외국환은행의 장에게 신고**하여야 한다. (※ 해외직접투자관련 대출/대부임에 유의)

② 제7-13조와 제1항에 규정된 경우를 제외하고 **거주자가 비거주자에게 대출을 하고자 하는 경우(제2장에서 외국환업무취급기관의 외국환업무로서 허용된 경우 제외)에는 한국은행총재에게 신고하여야 한다.** 다만, 이 항에 의한 신고사항 중 다른 거주자의 보증 또는 담보를 제공받아 대출하는 경우 및 10억원을 초과하는 원화자금을 대출하고자 하는 경우에는 대출을 받고자 하는 비거주자가 신고하여야 한다.

외국환은행의 비거주자 등에 대한 대출의 설명으로 옳지 않은 것은?

① 비거주자에 대한 외화대출은 원칙상 제한이 없으나 다른 거주자의 담보제공이나 보증이 있는 경우에는 해당 비거주자가 한국은행에 신고한다.

② 외국인 거주자도 원화대출을 받을 수 있으나 해외송금 시에는 지정거래은행에 신고한다.

③ 비거주자에게 300억원 초과(동일인 기준) 원화대출 시에는 비거주자가 한국은행에 신고한다.

④ 비거주자에 대한 10억원(동일인 기준) 이하의 원화대출은 신고예외이다.

해설 외국인 거주자도 원화대출을 받을 수 있으나 해외송금 시에는 한국은행에 신고한다. 이 빈출문제는 규정 제2-6조(대출)의 외국환은행이 행하는 영업상의 대출이다. 따라서 규정 제7-16(거주자의 비거주자에 대한 대출)과 혼동해서는 안 된다.

정답 | ②

다음의 거주자와 비거주자 간의 원화금전대차에 대한 설명으로 옳지 않은 것은?

> 중소기업인 ㈜토마토패스는 운전자금조달을 위하여 202×년 12월 비거주자인 미국교포 A씨의 국내은행에 예치된 원화 계정에서 20억원을 차입하였다.

① 거주자가 지정거래은행을 경유하여 한국은행에 신고하여야 한다.

② 미국교포의 원화계정은 비거주자자유원계정이어야 한다.

③ 거주자인 차입자는 원리금상환을 위한 거래은행을 지정하여야 한다.

④ 차입자금은 차입신고시 명기한 사용용도로만 사용되어야 하며 사용용도의 변경이 필요한 경우에는 지정거래외 국환은행의 장에게 변경신고를 하여야 한다.

해설 이 문제는 다음 규정과 관련 내용이다.
규정 제7-15조(거주자의 원화차입) ① 거주자가 비거주자로부터 원화자금을 차입하고자 하는 경우에는 지정거래외국환 은행의 장에게 신고하여야 한다. 다만, 10억원(차입신고시점으로부터 과거 1년간의 누적차입금액을 포함한다.)을 초과 하여 차입하고자 하는 경우에는 지정거래외국환은행을 경유하여 기획재정부장관에게 신고하여야 한다.
② 거주자가 비거주자로부터 원화자금을 차입하는 경우에는 비거주자자유원계정에 예치된 내국지급수단에 한한다. (금 융기관이 아닌) 거주자의 외화차입과 원화차입과 외화차입은 신고절차가 다름에 유의한다.
  1. 차입자는 원리금을 상환할 지정거래외국환은행을 통하여 지급하여야 함
  2. 원화자금차입 신고를 하는 자는 차입신고시에 차입자금의 사용용도를 명기하여 신고하여야 함
  3. 차입자금은 차입신고시 명기한 사용용도로만 사용되어야 하며 사용용도의 변경이 필요한 경우에는 지정거래외국 환은행의 장에게 변경신고하여야 함
  4. 원화자금을 차입하고자 하는 자는 대주명의 비거주자자유원계정을 통해서만 차입하여야 함
  5. 차주별 차입금액(차입신고시점으로부터 과거 1년간의 누적차입금액을 포함)이 10억원을 초과하는 경우에는 지정 거래외국환은행을 경유하여 기획재정부장관에게 신고하여야 함

정답 | ①

거주자의 외국부동산취득 또는 비거주자의 국내부동산취득 절차 중 신고예외가 아닌 것으로만 묶은 것은?

> 가. 해외유학생이 거주목적으로 외국부동산의 소유권을 취득하는 경우
> 나. 외국인비거주자가 상속 또는 유증으로 국내부동산을 취득하는 경우
> 다. 미국영주권자(국민인 비거주자)가 국내 부동산을 취득하는 경우
> 라. 거주자가 비거주자로부터 증여를 받아 외국부동산을 취득하는 경우

① 가
② 가, 나,
③ 가, 나, 다
④ 가, 나, 다, 라

해설 해외체재자 및 해외유학생은 본인 거주목적으로 외국부동산을 임차권을 취득하는 경우에는 신고예외이지만(단, 임차보증금이 있는 경우에는 임차보증금이 1만불 이하인 조건임) 부동산 소유권을 취득하고자 하면 신고하여야 한다.

정답 | ①

【검사 및 제재】

외국환거래법시행령 제40조(벌칙 등) ① 법 제29조(벌칙 : 1년 이하의 징역 또는 1억원 이하의 벌금 대상) 제1항 제3호에서 "대통령령으로 정하는 금액"이란 다음 각호의 금액을 말한다.

1. 법 제16조(지급 또는 수령의 방법의 신고) 위반의 경우 : 50억원 초과
2. 법 제18조(자본거래의 신고등) 위반의 경우 : 20억원 초과

법 위반 사항	위반 금액	제재내용
제16조(지급등의 방법) 위반 시	50억원 초과	초과 시 (과태료가 아닌) 벌칙대상임
제18조(자본거래) 위반 시	20억원 초과	

빈출 **문제**

외국환거래법 위반 시 제재기준에 대한 설명으로 적절하지 않은 것은?

① 외국환은행이 위반 시 업무정지 또는 과징금 부과
② 지급등의 방법 위반 시 50억원 초과 시 형벌적용
③ 자본거래 신고 위반금액이 25억원 이하는 과태료 부과
④ 형벌적용은 징역형 또는 벌금형으로 처벌

해설 자본거래 신고위반 금액이 20억원 이하는 과태료 처분이며, 20억원 초과 시는 형벌적용대상이다.
외국환거래법시행령 제40조(벌칙 등) ① 법 제29조(벌칙 : 1년 이하의 징역 또는 1억원 이하의 벌금 대상)
  1. 법 제16조(지급등의 방법의 신고)위반의 경우 : 50억원
  2. 법 제18조(자본거래의 신고등)위반의 경우 : 20억원
  ▶ 외국환업무취급기관에 대한 업무제한이나 정지에 갈음하여 과징금을 부과할 수 있다.

정답 | ③

다음 중 신고 등의 절차를 위반한 경우로서 행정처분(경고)에 해당하는 위반금액이 잘못 표시된 것은?

① 자본거래 위반금액 : 미화 5만불 이하

② 지급등의 위반금액 : 미화 1만불 이하

③ 지급등의 방법 위반금액 : 미화 2만불 이하

④ 지급수단등의 수출입 위반금액 : 미화 1만불 이하

해설 지급등, 지급등의 방법, 지급수단의 수출입 위반금액이 미화 2만불 이내인 경우는 경고 대상이며, 자본거래는 미화 5만불 이하가 경고 대상이다.

정답 | ③

■ 거주자와 비거주자의 구분

다음 중 거주자에 해당하는 자는?

① 외국에 있는 국내법인등의 영업소

② 외국에 있는 국제기구에서 근무하고 있는 대한민국 국민

③ 대한민국 재외공관

④ 거주자이었던 외국인으로서 출국하여 외국에서 3개월 이상 체재 중인 자

해설 대한민국 재외공관은 거주자로 구분한다.

정답 | ③

최종모의고사 1회

외환관리실무 (01~35번)

01 다음 중 외국환은행의 지정대상이 아닌 것은?

① 해외이주비의 지급
② 단체해외여행경비의 지급
③ 환전영업자와의 거래
④ 해외체재비의 지급

02 외국환은행의 신고수리사항인 경우 신고서 접수 후 처리기간으로 옳은 것은?

① 즉시 처리
② 2영업일 이내 처리
③ 3영업일 이내 처리
④ 7영업일 이내 처리

03 외국환거래규정상 사전지급이 가능한 것은?

① 해외이주비의 지급
② 재외동포국내재산의 반출
③ 외국에서 영화제작 경비
④ 유학생 경비

04 다음 중 환전지급과 대외 송금이 모두 가능한 거래는?

① 외국인의 국내투자과실
② 거주자의 해외직접투자의 지급수단
③ 비거주자의 매각실적 범위 내 재환전
④ 외국인거주자의 무증빙 5만불 이내 국내소득

05 다음 중 거주성이 나머지 3개와 다른 하나는?

① 한국에서 인도네시아 현지에 투자하여 설치한 영업소

② 국내 입국 후 경상북도 경산에서 취업한지 1개월째인 태국인

③ 국제기구인 IOC에 파견되어 나가 있는 한국인

④ 국내 주둔 미합중국군대의 군속

06 외국환거래규정상 해외유학생에 대한 요건이다. (   )의 내용이 순서대로 옳은 것은?

> ■ 해외유학생의 정의
>
> 다음의 어느 하나에 해당하는 자로서 외국의 교육기관 · 연구기관 또는 연수기관에서 (A) 이상의
> 기간에 걸쳐 수학하거나 학문 · 기술을 연구 또는 연수할 목적으로 외국에 체재하는 자
> ① 영주권자가 아닌 국민 또는 국내 거주기간 (B) 이상인 외국인인 경우
> ② "①"에 해당되지 않은 자로서, 학비를 지급하는 부 또는 모가 (C)가 아닌 국민인 거주자인 경우

① 6월－5년－영주권자   ② 2년－5년－시민권자

③ 6월－3년－시민권자   ④ 2년－5년－비거주자

07 소액해외송금업자의 등록 등에 대한 설명으로 옳지 않은 것은?

① 금융감독원을 경유하여 기획재정부에 등록

② 자기자본은 20억원 이상

③ 해외여행경비규정의 적용 배제

④ 거래건당 미화 5천불 이하로 연간누계 미화 5만불 이내로 지급등이 가능

08 외국환거래규정상 '교포등에 대한 여신'에 대한 설명으로 옳지 않은 것은?

① 해외유학생, 영주권자, 출장자 그리고 해외체재자는 대상자에 해당한다.

② 국내은행의 해외지점이나 현지법인은 동 여신을 취급할 수 있다.

③ 국민인비거주자가 50% 이상 출자하여 현지에 설립한 법인도 여신대상이다.

④ 실대출금액이 아닌 국내에서 보증 · 담보제공액이 50만불 초과 시 한국은행에 신고하여야 한다.

09 거주자의 연간 10만불 증빙미제출송금 거래 중 연간 10만불을 초과하여 송금할 수 있는 거래로만 묶은 것은?

가. 소액경상대가인 물품대금	나. 생활비, 경조사비
다. 비영리단체의 구호자금	라. 종교단체의 선교 자금

① 가, 나
② 나, 다
③ 다, 라
④ 가, 라

10 외국환은행의 영수확인서 징구에 대한 설명으로 옳지 않은 것은?

① 국내법인도 징구대상에 속한다.
② 영수사유의 원인거래가 신고대상임에도 당초 신고의무를 이행하지 아니한 거래의 자금을 영수한 경우에는 영수확인서를 징구하고 지급하여야 한다.
③ 외국으로부터 송금된 미화 10만불 초과(동일자, 동일인, 동일점포를 기준, 2회 이상 매입 시 합산한 금액임)의 대외지급수단을 매입하는 경우로서 취득경위를 입증하는 서류를 제출하지 않은 경우에 한한다.
④ 수취인의 소재불명으로 인하여 송금된 날로부터 3영업일 이내에 영수사유를 알 수 없는 경우에는 익영업일 이후 영수확인서 징구를 생략하고 "이전거래"로 간주하여 매입 가능하다.

11 무역거래에서 (물품의 영수 전에) 사전송금방식 수입 시 대응수입 이행의무가 발생하는 기준 금액은?

① 1만불 초과
② 2만불 초과
③ 5만불 초과
④ 10만불 초과

12 다음 중 거주자의 신고 예외 거래가 아닌 것은?

① 일반해외여행자가 외국항로 여객기 내 물품구입대금을 외화현찰로 지급하는 경우
② 기술훈련을 위하여 해외파견 나가는 해외체재자가 대외지급수단을 휴대수출하여 지급하는 경우
③ 국내무역회사 사장이 수입대금결제를 위하여 1만불 초과한 외화통화로 휴대하고 베트남으로 출국하는 경우
④ 일반해외여행자가 외국에서 신용카드로 ATM기기에서 외국통화를 인출하는 경우

13 다음 중 '신고예외'에 해당하지 않는 것은?

① 거주자인 당사자가 비거주자인 제3자로부터 영수하는 경우

② 거주자인 당사자가 비거주자 간 권리양수한 제3자에게 지급하는 경우

③ 제3자인 거주자가 비거주자인 당사자로부터 영수하는 경우

④ 제3자인 거주자가 비거주자인 당사자에게 지급하는 경우

14 거래대금 상계처리 시 '신고 예외'에 해당하는 것은?

① 중계무역 ② 위탁가공무역

③ 클레임대전 ④ 용역대가

15 지급수단등의 수출입 시 신고 예외가 아닌 것은?

① 5만불 상당 기념화폐

② 원화당좌수표

③ 미화 2만불 상당의 원화표시 여행자수표

④ 국제수익증권

16 외국환은행의 비거주자에 대한 원화대출에 대한 설명으로 옳지 않은 것은?

① 외국환은행별로 각각 한도 10억원 이내이면 신고예외이다.

② 거주자의 보증 또는 담보제공을 받아 대출하는 경우에는 당해 비거주자가 한국은행총재에게 신고하여야 한다.

③ 국민인 비거주자는 금액에 관계없이 신고예외사항이다.

④ 대출금액은 비거주자자유원계정에 예치가능하다.

17 외국인의 국내 원화증권투자자의 식별수단의 설명으로 옳지 않은 것은?

① 투자등록을 하지 않은 외국인(개인)은 여권번호로 식별한다.

② 투자등록을 하지 않은 외국법인등은 ISO가 부여한 LEI로 식별한다.

③ 외국인투자등록증 발급제도는 현재 폐지되었다.

④ 기발급 외국인투자등록증(IRC)은 유효하지 아니하다.

18 외국환은행의 외국통화 취급 시 '외국환신고(확인)필증' 발급 사유에 해당하는 것을 모두 고르면?

> ⓐ 미화 1만불 초과의 해외유학경비를 위한 여행자수표 매각 시
> ⓑ 대외계정의 미화 1만불 초과 인출 시
> ⓒ 단체해외여행경비의 지급 시
> ⓓ 실수요증빙이 있는 치료비의 지급 시
> ⓔ 실수증빙이 없는 일반해외여행경비 지급 시

① ⓐ, ⓑ

② ⓐ, ⓑ, ⓒ

③ ⓐ, ⓑ, ⓒ, ⓓ

④ ⓐ, ⓑ, ⓒ, ⓓ, ⓔ

19 거주자의 해외골프회원권 취득 시 신고는 어디에 해야 하는가?

① 신고예외

② 세관장에게 신고

③ 외국환은행에 신고

④ 한국은행총재에게 신고

20 다음 예금계정 간 국내이체에 대한 설명으로 옳지 않은 것은?

① 대외계정(예금주 ; A) → 비거주자 자유원계정(예금주 ; A) : 본인명의 제한 없음(다른 명의 간 이동불가)

② 대외계정(예금주 ; A) → 비거주자원화계정(예금주 ; B) : 제한 없음(국내에서 쓰기 위한 자금으로 간주)

③ 비거주자 자유원계정(예금주 ; A) → 투자전용비거주자원화계정(예금주 ; A) : 본인명의 제한 없음

④ 대외계정(예금주 ; A) → 거주자계정(예금주 ; B) : 예금주(A)의 송금사유 확인

21 다음의 파생상품 거래 중 외국환거래법령상 거래제한이 가장 많은 것은?

① Historical Rate Rollover 거래

② 거주자의 신용위험 파생상품 거래

③ 거주자의 농산물 · 광산물의 거래

④ NDF거래

22 증권의 발행에 대한 설명으로 옳지 않은 것은?

① 거주자가 국내에서 발행한 외화증권을 비거주자가 사모로 취득하는 경우에 지정외국환은행의 장 등에게 신고하여야 한다.

② 거주자가 외국에서 원화증권을 발행하고자 하는 경우에는 지정거래은행에 신고하여야 한다.

③ 비거주자가 국내에서 외화증권 또는 원화증권(원화연계외화증권 포함)을 발행하고자 하는 경우 기획재정부장관에게 신고하여야 한다.

④ 비거주자가 외국에서 원화증권(원화연계외화증권 포함)을 발행하고자 하는 경우 기획재정부장관에게 신고하여야 한다.

23 거주자의 해외예금에 대한 설명으로 옳지 않은 것은?

① 지정거래은행은 연간누계 미화 1만불 초과 송금 시 국세청과 금융감독원에 통보하여야 한다.

② 대외채권을 국내로 회수하지 아니하고 해외에서 직접 입금할 경우 입금일로부터 30일 이내에 해외입금보고서를 지정거래은행의 장에게 제출하여야 한다.

③ 외국항로에 취항하고 있는 국내의 항공 또는 선박회사의 해외예금은 예치한도에 제한이 없다.

④ 해외금융계좌에 해당연도 매월 말일 중 어느 하나라도 보유계좌 잔액이 10억원을 초과하는 경우 납세지 관할 세무서에 신고하여야 한다.

24 비거주자의 국내부동산 취득 시 취득신고를 하여야 하는 경우는?

① 거주용 임차권 취득   ② 외국영주권자의 취득
③ 상속에 의한 취득   ④ 증여에 의한 취득

25 해외지점의 영업활동 제한사항으로 한국은행신고수리 사항이 아닌 것은?

① 부동산 취득   ② 금전의 대여
③ 증권거래   ④ 영업기금 수령

26 거주자의 외국 부동산 취득과 처분에 대한 설명으로 옳지 않은 것은?

① 해외부동산 매매계약이 확정되기 전에 지정거래외국환은행의 장으로부터 내신고 수리를 받은 경우에는 취득 예정금액의 100분의 10 이내에서 외국부동산 취득대금을 지급할 수 있지만 분할지급은 허용되지 아니한다.

② 주거 이외 목적으로 부동산을 취득하는 경우 또는 거주자 본인(배우자 포함)이 해외에서 체재할 목적으로 주택을 취득하는 경우, 임차 보증금이 미화 1만불을 초과하는 부동산 임대차의 경우에는 지정거래외국환은행에 신고하여야 한다.

③ 비거주자인 배우자 또는 자녀는 동 주택에서 실제 거주할 경우 신고인이 될 수 있다.

④ 취득 신고절차를 이행하기 전에 미화 5만불 범위 내에서 취득자금을 증빙서류미제출 송금절차에 따라 지급하였거나 휴대하여 직접 지급한 경우 계약성립일로부터 1년 이내에 사후 신고처리할 수 있다.

27 다음 사례에 대한 설명으로 외국환거래법령상 옳지 않은 것은?

> 미국 시민권자인 미국 변호사 우영우 씨는 미국에서 송금한 금액(5억원 상당의 외화)과 국내은행에서 주택담보대출(4억원)을 받은 금액으로 9억원 상당의 서울 근교인 일산지역 아파트를 구입하였다.

① 미국에서 타발송금된 취득자금을 대외계정에 예치할 수 있다.

② 동 부동산취득 관련하여 외국환은행에 신고하여야 한다.

③ 동 부동산을 한국인 친구에게 증여할 경우에는 신고예외이다.

④ 동 부동산을 처분 시 재외동포 재산반출 규정에 의한 반출을 적용할 수 없다.

28 일반기업의 역외금융회사의 설립 시 신고해 해당하는 것은?

① 외국환은행 신고수리   ② 한국은행총재 신고
③ 한국은행총재 허가   ④ 기획재정부장관 허가

29 다음 중 현지금융의 수혜대상자가 될 수 있는 자는?

① 개인사업자의 해외영업소
② 국내법인의 독립채산제가 적용되지 않는 해외지사
③ 국내영리법인이 50% 이상 출자한 해외지점
④ 국내영리법인의 해외사무소

30 다음 중 해외직접투자 내용의 설명으로 옳지 않은 것은?

① 해외직접투자금액을 증액하는 경우는 최초 해외직접투자 신규절차를 가져야 한다.

② 투자자의 상호 · 대표자 · 소재지, 현지법인명 · 현지법인의 소재지 변경은 변경사유가 발생한 후 3개월 이내에 당해 신고기관의 장에게 보고하여야 한다.

③ 해외직접투자 유효기간 연장, 대부투자기한 연장, 대부투자 상환 방법 · 금리변경 등의 경우에는 내용변경 보고가 아닌 내용변경 신고대상이다.

④ 기 설립한 법인에 대하여 1년 미만의 대부투자일 경우에는 한국은행에 신고하여야 한다.

31 외국인투자촉진법상 직접투자에 대한 외국환은행의 업무취급의 설명으로 적절하지 않은 것은?

① 투자신고 취급기관은 대한무역진흥공사(KOTRA) 또는 외국환은행 본점이다.

② 투자재원은 타발송금은 물론 대외계정예치자금은 가능하지만 휴대수입자금은 인정할 수 없다.

③ 투자금액이 1억원 이상으로, 2인 이상 복수투자인 경우에도 1인당 1억원 이상이어야 한다.

④ 주식 등의 전부를 국내 법인이나 대한민국 국민에게 양도한 경우는 등록말소 사유가 된다.

32 외국기업 국내지사의 영업기금으로 인정되는 경우는?

① 지정거래은행이 아닌 은행을 통한 자금　　② 휴대수입한 자금

③ 원화자금　　④ 본사 대신 자금집중센터를 통해 송금된 자금

33 다음 중 외국인직접투자의 제한업종 중 부분허용 업종은?

① 지상파 방송업(TV)　　② 라디오방송업

③ 원자력발전업　　④ 핵연료가공업

34 특정거래형태의 수출입거래의 외국인수수입과 관련성이 없는 것은?

① 위탁가공무역　　② 해외직접투자

③ 중계무역　　④ 해외건설용역계약

35 대외무역법상 타 법령에서 해당물품의 수출입을 제한하는 경우의 요건 등 절차를 간소화하고자 하는 고시에 해당하는 것은?

① 수출입공고

② 통합공고

③ 원산지표시의무

④ 테러자금조달 목적의 수출입금지를 위한 특별조치

외국환거래실무　(36~60번)

---

36 국제 간 환거래계약에 대한 설명으로 옳지 않은 것은?

① 외국환은행이 상대은행에 개설한 예금을 당방계정이라 하고, 외국환은행에 상대은행이 개설한 예금을 선방계정이라고 한다.

② 선방계정이란 실제계정(Actual a/c)이며, 당방계정이란 선방계정의 투영계정(Shadow a/c)으로 이론상 두 계정은 일치하여야 한다.

③ 상대은행에 자기명의의 예금계좌를 개설하지 않아도 환거래계약을 체결할 수 있다.

④ 신용등급 검토 결과 적정하고 FATF 회원국이 아닐지라도 OFAC의 SDN에 해당되는 경우, AML 질의서를 통해 심사 후 적정하다고 판단되면 계약을 체결할 수 있다.

---

37 은행의 외화자금관리에 대한 설명으로 옳지 않은 것은?

① 외화유동성비율 관리는 잔존만기 3개월 이하 외화부채에 대한 3개월 이하 외화자산의 비율로 단기 외화유동성을 평가하는 지표로서 지도비율은 80% 이상이다.

② 만기불일치비율 관리는 잔존만기 1개월 이내에 도래하는 부채가 자산을 초과하는 비율이 10%를 넘지 않아야 한다.

③ 중장기 외화자금조달비율 관리는 상환기간 1년 이상인 외화대출의 재원은 상환기간 1년 이상의 자금으로 조달하여야 한다.

④ 유동성 위기상황계획 중 비상조달계획은 최소 연 1회 이상 비상조달계획을 갱신하여 이사회의 승인을 얻어야 한다.

38 다음 중 은행의 외화자금 조달 수단의 성격과 거리가 먼 것은?

① 콜머니

② 국제채 발행

③ 매입외환

④ 한국은행 외화수탁금

39 외화자산과 외화부채의 약정 만기에 따라 만기 사다리의 만기구간에 약정원금의 현금흐름을 배분하고 유동성 갭(만기구간별 배분자산에서 부채를 차감한 금액)과 유동성 갭 비율(유동성갭/자산)을 산출하는 방식은?

① 정태적 유동성 갭

② 동태적 유동성 갭

③ 유동성 시나리오별 유동성 갭

④ 고객행동 시나리오 유동성 갭

40 선방은행이 수출환어음매입 결제대금을 당방은행계좌로 입금하였으나 관련참조번호나 금액이 상이하여 당방은행이 외화타점예치계정에 차기하지 못한 경우에 해당하는 것은?

① They debited but we didn't credit.

② They credited but we didn't debit.

③ We debited but they didn't credit.

④ We credited but they didn't debit.

41 소액해외송금업자 등록 등에 대한 설명과 거리가 먼 것은?

① 설립 시 금융감독원을 경유하여 기획재정부에 등록한다.

② 자기자본 10억원 이상이며 자기자본대비 부채총액비율이 200% 이내이어야 한다.

③ 외국환업무 2년 이상 경력자 2명 이상을 확보하여야 한다.

④ 기본적으로 5억원 이상의 이행보증금 또는 보증보험을 필요로 한다.

42 외국환은행의 외화예금 업무취급에 대한 설명으로 옳은 것은?

① 외화예금거래는 외국환거래규정에 따르므로 금융기관별 기본약관은 동일하다.

② 외화정기예금의 자동갱신은 계약기간이 7일 이상 6개월 이내로서 예금주가 신청한 경우에 한한다.

③ 해외이주자계정은 재외동포의 재산반출을 위한 계좌로 사용할 수 없다.

④ 해외이주자계정은 개설인의 다른 외화예금계정은 통합하여 계리하여야 한다.

43 거주자(외국인거주자 제외)의 타발송금에 대한 외국환은행의 취급설명으로 옳지 않은 것은?

① 타발송금 지급시 취득사유를 확인하고 필요시 증빙서류를 받아야 한다.

② 외화표시 타발송금을 원화로 지급 시 대고객전신환매입율을 적용한다.

③ 타발송금이 거래건당 5천불 초과 10만불 이내이고 연간 수령 누계금액이 10만불 이내인 외화자금 차입인 경우 신고절차를 생략하고 거래은행 지정 없이 외국환은행에서 지급할 수 있다.

④ 무통관수출에 해당하는 중계무역, 외국인도수출 또는 국내인도수출로 인한 타발송금은 수출계약서 등을 확인하여야 한다.

44 외국환은행이 비거주자로부터 내국지급수단을 대가로 외국환을 매입하는 경우에 대한 설명으로 옳지 않은 것은?

① 미화 2만불 이하인 경우(동일자, 동일인, 동일점포를 기준으로 하여 2회 이상 매입하는 경우에는 이를 합산한 금액임)에는 제출서류 징구를 면제할 수 있다.

② 외국으로부터 송금 또는 휴대반입한 대외지급수단을 환전하는 경우 그 대외지급수단의 취득사유를 알 수 없는 경우 "해외재산반입자금" 거래로 간주하여 매입 가능하다.

③ 타발송금된 외국환을 매입하는 경우에는 1회에 한하여 외국환매입증명서 · 영수증 · 계산서 등 매입을 증명할 수 있는 서류 1부를 발행 · 교부하여야 한다.

④ 비거주자가 외국환신고(확인)필증을 제출하지 아니하고 휴대하고 있던 2만불 초과의 대외지급수단의 매입을 의뢰하는 경우 당해 매입을 의뢰하는 자가 한국은행총재에게 대외지급수단매매 신고를 하여야 한다.

45 외국환은행의 외화수표에 대한 매입(추심)업무처리 절차의 설명으로 옳은 것은?

① 수표상에 통화가 $로만 표시되어 있는 수표는 미국통화로 본다.

② 비거주자가 외국환신고(확인)필증 없이 휴대한 미화 2만불 상당 초과의 외화수표를 매입 또는 추심하는 경우에는 영수확인서를 징구하여야 한다.

③ 미국 상법상 수표발행인은 수표 앞면 위 · 변조 시 지급일로부터 3년 이내, 뒷면 배서 위조 시 지급일로부터 1년 이내에 부도처리할 수 있다.

④ 환거래은행이 아닌 은행이 발행한 수표는 업무처리 시 개인수표에 준하여 취급한다.

46 다음 중 국내외국환은행의 추심 전 매입이 가능한 외화수표는?

① 미 재무성 국고수표

② 일본 소절수

③ "Negotiable only in the U.S. and Possessions"로 기재된 U.S. postal money order

④ 캐나다에서 발행된 USD postal money order

47 외국환은행이 고객으로부터 제출받은 서류 중 확인 후 다시 반환하는 서류는?

① 용역계약서

② 비거주자의 2만불 초과 취득경위 입증서류

③ 해외유학경비지급 입증서류

④ 현지금융신고서류

48 국내 삼성전자㈜에서 근무 중인 미국인 스미스 씨는 2023년 1월 중 2주일 동안 일본여행을 하고자 여행경비 미화 7천불을 A은행 인천공항지점에서 환전하고 출국하였다. 귀국 3개월 후 또 다시 중국여행을 하고자 인천공항에서 여행경비를 환전할 경우 환전 가능한 최대금액은 얼마인가?

① 미화 3천불

② 미화 5천불

③ 미화 1만불

④ 본인의 국내소득 범위 내

49 통화옵션의 합성상품인 레인지포워드 전략의 설명과 거리가 먼 것은?

① COMBO, RISK REVERSAL 또는 CYLINDER이라고도 한다.

② ZERO COST 전략인 경우 전략설정의 비용이 없다.

③ 환율의 방향성에 대한 강한 예측이나 범위 내에서 환율변동을 감내할 수 있는 경우에 유용하다.

④ 수입업체의 경우 외가격 USD Put 매수와 외가격 USD Call 매도로 구성한다.

50 은행의 대고객 해외펀드 투자상담 시 유의사항으로 옳지 않은 것은?

① 예금자보호대상이 아님을 설명한다.

② 은행은 판매회사이며 투자에 대한 책임은 고객에게 있음을 설명한다.

③ 환율변동에 대한 리스크 발생가능성을 설명한다.

④ 국내펀드와는 달리 최소한의 예상수익률을 알려주어야 한다.

51 다음 용어에 대한 설명 중 옳지 않은 것은?

① 채권의 표시통화국 이외의 지역에서 국제적인 인수단의 인수를 통하여 발행되는 채권을 유로채라고 한다.

② 외국채(Foreign Bond)란 외국의 차입자가 특정 국가의 자본시장에서 그 나라의 표시통화로 발행하는 채권이다.

③ ELD는 자산운용사의 ELF와 마찬가지로 상장도 가능하며, 유가증권의 형태로 발행된다.

④ 커버드콜전략(covered call strategy)은 주식매입 + 콜옵션 매도의 형태로서, 주식형 펀드의 투자전략의 일종이며 약세장이나 보합장에서 효과적인 전략을 말한다.

52 다음 중 스프레드의 정의가 아닌 것은?

① 외환시장에서 선물환율과 현물환율의 차이

② 특정증권의 매수호가와 매도호가의 차이

③ 기초상품은 동일하지만 행사가격이나 만기가 다른 콜옵션의 가격차이

④ 만기일 등 조건이 다른 선물계약간의 가격차이

53 다음 중 해외펀드상품에 대한 설명으로 옳지 않은 것은?

① SICAV펀드는 개방형 증권투자회사이다.

② 뮤추얼펀드는 수익증권과 달리 일반사무수탁회사를 둘 필요가 없다.

③ 채권형 펀드는 펀드의 60% 이상을 채권에 투자한다.

④ 해외펀드와 해외투자펀드는 설립상 준거법이 다르다.

54 다음 중 외국환회계의 예정대체일 제도와 거리가 먼 것은?

① 전신송금　　　　　　　　　② 외화송금수표 발행

③ 우편송금　　　　　　　　　④ 수출환어음 매입

55 다음 중 외화계정과목의 성격이 다른 하나는?

① 외화미수금　　　　　　　　② 외화선수수익

③ 외환선급비용　　　　　　　④ 외화가지급금

56 외국환은행의 업무 중 환포지션 발생의 방향이 다른 하나는?

① 외화예금 지급 ② 여행자수표 판매
③ 수입어음 결제 ④ LESS CHARGE 징수

57 다음 중 외화계정과목의 설명으로 옳지 않은 것은?

① 외화본지점 : 양변계정으로 차변잔액일 경우 자산계정, 대변잔액일 경우 부채계정 과목이다.
② 내국수입유산스 : 외국환은행이 자행이 개설한 Shipper's Usance 방식 기한부 수입신용장의 조건에 따라 직접 결제하는 경우 신용공여를 처리하는 계정과목이다.
③ 외화지급보증대지급금 : 외환관련여신 대지급 과목이지만, 일반적으로 대지급실행 당일의 전신환매도율을 적용하여 원화로 환산하여 대지급 금액이 확정된 원화지급보증 대지급금계정에 기표처리되기도 하는 자산계정이다.
④ 외화별단예금 : 일종의 경과계정으로 부채계정인 외화예수금의 세(細)과목에 속한다.

58 내국신용장(Local L/C) 개설에 대한 설명으로 옳지 않은 것은?

① 개설은 전자무역 기반시설을 이용한 전자무역문서교환방식이어야 한다.
② 대금 결제를 위한 환어음제도는 폐지되었다.
③ 판매대금추심의뢰서의 형식은 개설은행을 지급인 및 지급장소로 하는 일람출급식이어야 한다.
④ 신용장 유효기일은 물품의 인도기일에 최장 10일을 가산한 기일 이내이어야 한다.

59 국내 비영리법인이 비거주자로부터 미화 30만불 상당의 외화자금 차입 시 신고 등의 절차로 옳은 것은?

① 신고예외
② 지정거래외국환은행을 경유하여 금융감독원에 신고
③ 지정거래외국환은행을 경유하여 한국은행에 신고
④ 외국환은행을 경유하여 기획재정부에 신고

60 외국환거래법 위반 시 제재기준에 대한 설명으로 옳지 않은 것은?

① 지급등의 방법 신고위반금액이 50억원 초과 시 형사처벌대상이다.

② 자본거래 신고위반 금액이 20억원 이하 시 과태료 대상이다.

③ 미화 2만불 이내 자본거래위반 시 경고대상이다.

④ 일반당사자가 아닌 외국환업무취급기간의 법령 위반 시 금융위원회(금융감독원)가 과징금을 부과할 수 있다.

환리스크관리 (61~80번)

61 A기업이 B은행에 GBP/USD환율과 USD/JPY의 양방향 환율고시를 요청하였다. B은행은 GBP/USD = 1.2475/85로 고시하고 USD/JPY = 130.50/60으로 고시하였다. A기업이 100만 달러를 대가로 GBP를 매입하고 1억 JPY를 대가로 달러를 매입하고자 할 경우 B은행이 적용할 환율은?

	GBP/USD	USD/JPY
①	1.2485	130.60
②	1.2475	130.50
③	1.2485	130.50
④	1.2475	130.60

62 다음 설명 중 옳은 것은?

① EUR/USD = 1.0940에서는 big figure가 40이다.

② 외환거래에서 환율에 대한 indicative price와 firm price는 동의어로 통용된다.

③ 은행 간 환율에서 먼저 환율고시를 요청하는 은행이 calling party이고, 이에 응하여 환율을 제시하는 은행이 quoting party이다.

④ USD/CAD의 현물환거래의 결제일은 T+2 영업일이다.

63 국제외환시장의 설명으로 옳지 않은 것은?

① 외환시장은 장내거래보다 장외거래가 더 활성화되어 있다.

② 교역상대국이 다양해지면서 미국달러를 포함하지 않는 유로/엔화 등의 CROSS거래가 활발하다.

③ 외환시장은 추상적 시장이기보다는 구체적 시장의 성격을 많이 가지고 있다.

④ 외환브로커는 은행과 은행 사이의 외환거래를 중개하여 외환거래에서 발생하는 비용을 줄인다.

64 다음은 환리스크의 종류에 대한 설명이다. (   )에 들어갈 리스크의 종류는?

> • (A)리스크 : 예를 들어, 아베노믹스의 결과 달러/엔 환율상승으로 엔/원 환율이 9.00과 같이 크게
> 하락하여 우리나라 수출경쟁력을 떨어지게 하는 리스크이다.
> • (B)리스크 : 외국통화표시 자금의 차입 시점과 결제시점 사이의 환율변동으로 인해 자국통화의 결
> 제금액이 변동하는 리스크이다.

① A－영업환, B－환산환　　　　　② A－환산환, B－거래환

③ A－거래환, B－영업환　　　　　④ A－영업환, B－거래환

65 다음 중 2영업일과 3영업일까지의 외환스왑에 해당하는 것은?

① O/N SWAP　　　　　② T/N SWAP

③ S/N SWAP　　　　　④ T/S SWAP

66 선물거래와 선도거래에 대한 설명으로 옳은 것은?

① 선물거래의 경우 계약의 대부분이 만기일에 실물인수도가 이루어진다.

② 모든 선도거래자는 소정의 증거금 적립의무가 있다.

③ 유지증거금은 개시증거금의 약 1.5배 내외에서 설정한다.

④ 대부분의 선물계약은 가격제한폭이 있다.

67 다음 국내외환시장 시세에 의해 quoting party인 은행이 대고객에게 적용할 1개월 선물환 BID RATE를 구할 경우에 이용되는 환율과 달러금리, 원화금리를 순서대로 적절한 것은?

- 달러/원 spot : 1,120.70 – 1,121.00
- 달러화 1개월 금리 : 2.50/3.50
- 원화 1개월 금리 : 3.20/4.10

① 1,120.70, 2.50, 4.10
② 1,120.70, 3.50, 3.20
③ 1,121.00, 3.50, 3.20
④ 1,121.00, 2.50, 4.10

68 은행이 수입상인 A고객에게 아래와 같이 환율을 제시한 경우, A고객이 3개월 후 결제할 외화수입 USANCE대금에 대한 헤지를 위해 적용될 수 있는 3개월 선물 환율은?

- 달러/원 현물환율 : 1,130.30/40
- 달러/원 3개월 swap point : 250/300

① 1,127.30
② 1,132.80
③ 1,133.30
④ 1,133.40

69 다음 중 은행 간 국내외환시장의 현물환거래와 직접적인 관계가 있는 환율은?

① 매매기준율
② 재정된 매매기준율
③ 전신환 매매율
④ 현찰매매율

70 다음 중 환리스크의 내부적 기법에 속하는 것은?

① 선도환거래
② 선물거래
③ 통화포트폴리오전략
④ 환변동보험

71 Quoting party의 제시환율이 다음과 같을 경우 3개월 외환스왑의 Bid rate를 구하면? (단, SPOT 환율은 중간률을 사용할 것)

> • USD/JPY SPOT : 109.40/44
> • 3 MTH swap point : 21/20

	Near date	Far date
①	109.42	109.21
②	109.42	109.22
③	109.21	109.42
④	109.22	109.42

72 국내 K은행은 5년 만기 미국달러표시 고정금리에 의한 차입을 하고자 한다. 그러나 이러한 직접 차입보다는 국제시장에서 상대적으로 유리한 조건인 유로화표시 5년 고정금리채권을 발행한 후 미국달러와 5년 통화스왑거래를 하여 달러차입의 효과를 가지려고 한다. 다음 중 K은행의 5년 통화스왑거래의 금리표시로 적절한 것은?

① 달러화 고정금리 지급 + 유로화 고정금리 수취
② 달러화 변동금리 수취 + 유로화 변동금리 지급
③ 달러화 변동금리 지급 + 유로화 고정금리 수취
④ 달러화 고정금리 수취 + 유로화 변동금리 지급

73 다음은 A은행이 B고객에게 제시한 3년 만기 스왑의 가격표시이다. 이에 대한 설명 중 옳지 않은 것은?

SEMI/ACT365 USD/KRW	QUART/ACT365 KRW/KRW
1.71/1.695	2.20/2.185

① 이자율스왑의 이자교환주기는 분기이다.
② 1.71은 A은행이 B고객에게 미화고정금리를 수취하고 원화변동금리를 지급하는 가격으로 통화스왑 'pay'라 한다.
③ 2.20/2.185는 이자율스왑의 가격이다.
④ 통화스왑의 이자교환주기는 반기이다.

74 스왑시장 참가자로서의 은행의 역할 중 시장위험을 부담하는 경우는?

① Advisory
③ Market Maker
② Intermediary
④ Broker

75 국내 A은행이 고정금리를 지급하는 달러채권에 투자하고 있으나 향후 달러/원 환율변동과 금리변동에 대한 위험을 헤지하고자 한다. 환리스크와 금리리스크를 모두 헤지할 수 있는 통화스왑의 금리조건은?

① 달러고정금리 지급, 원화고정금리 수취
② 달러고정금리 수취, 원화고정금리 지급
③ 달러변동금리 지급, 원화고정금리 수취
④ 달러변동금리 수취, 원화고정금리 지급

76 만기일까지 환율변동성이 확대되고 환율이 하락할 것으로 예상하고, 현재의 시장변동성이 낮다고 판단할 때 적절한 전략은?

① Call 매입
③ Call 매도
② Put 매입
④ Put 매도

77 수입기업의 3개월 후의 수입대금 결제를 위하여 배리어 포워드전략을 사용한다. 3개월 만기환율예상치가 다음과 같은 시나리오인 경우 만기 시 수입기업의 결제환율을 A, B, C, D 순서대로 고르면?

만기환율예상치(시나리오)	1,030원	1,050원	1,083원	1,090원
행사가격 1,060원 녹아웃 (배리어 1,085원) 콜옵션 매입				
행사가격 1,060 녹인 (배리어 1,045원) 풋옵션 매도				
만기 시 수입기업의 달러결제환율	(A)	(B)	(C)	(D)

① 1,060원 − 1,050원 − 1,060원 − 1,090원
② 1,030원 − 1,060원 − 1,060원 − 1,090원
③ 1,060원 − 1,050원 − 1,083원 − 1,090원
④ 1,030원 − 1,060원 − 1,060원 − 1,083원

78 환율변동에 대한 베어풋스프레드(Bear Put Spread) 전략의 설명으로 옳지 않은 것은?

① 초기에 옵션 수수료가 지출된다.

② 낮은 행사가격의 풋옵션 매도+높은 행사가격의 풋옵션 매수의 구조이다.

③ 만기일에 제한된 손실과 제한된 최대이익을 실현한다.

④ 환율 상승 시에는 옵션수수료를 차감한 일정한 수익을 취할 수 있다.

79 현재 외환시장에서 3개월 선물환 시장가격이 1,250원에 거래되고 있다. 동일 만기의 Call option 행사가격이 1,230원이고, Put option 행사가격이 1,240원인 경우 이 콜옵션과 풋옵션의 내재가치의 합은 얼마인가?

① 0원   ② 10원

③ 20원   ④ 30원

80 다음 중 3개의 행사가격과 4개 구간의 만기손익구조를 가지는 옵션전략은?

① 레인지(RANGE) 포워드 전략

② 타겟(TARGET) 포워드 전략

③ 프로핏 테이킹(PROFIT TAKING) 포워드 전략

④ 시걸(SEAGULL) 전략

최종모의고사 2회

외환관리실무 (01~35번)

01 외국환의 물적대상에 대한 설명으로 옳지 않은 것은?

① 금(gold)은 외국환에 속하지 아니한다.

② 대외지급수단인 선불전자지급수단은 외국환규정상 반드시 이용사의 실시 명의로 발행되어야 한다.

③ 액면으로 초과하는 금화는 주화에서 제외된다.

④ 외국통화로 표시된 CD와 ABS는 대외지급수단으로 분류된다.

02 우리나라 외국환거래법령등의 거주성 등에 대한 설명 중 옳지 않은 것은?

① 외국인등록증은 순수 외국인에게만 발급하며 국내체류(90일 초과) 비자를 가진 외국인사업자나 외국인 취업자에게 발행하며 거주자로 분류한다.

② 해외유학이나 단순체류목적으로 출국한 자가 2년 미만의 체재일 경우 거주자로 분류한다.

③ 국내기업의 해외현지법인이나 해외지사는 거주자로 분류한다.

④ 국내 소재하는 외국법인은 거주자로 분류한다.

03 외국환거래법령상 거주성이 다른 하나는?

① 영국에서 3년째 유학 중인 대한민국 국민인 김사랑 씨

② 대한민국 입국 후 현재 2개월째 직장을 찾는 중인 일본인 마에다 씨

③ 원어민교수로 입국 후 1주일째 부산소재 대학교에서 재직 중인 프랑스인 에밀졸라 씨

④ 미국소재 UN 본부에서 1년째 파견근무 중인 대한민국 국민인 성춘향 씨

04 다음 중 해당 외국환 거래의 신고기관이 나머지 세 개와 다른 하나는?

① 미화 50만불 초과의 교포등에 대한 여신

② 개인사업자의 해외차입

③ 금융기관이 아닌 영리법인의 비거주자에 대한 대출

④ 해외직접투자자가 투자한 현지법인에 대한 상환기간 1년 미만의 대출

05 외국환업무의 처리기간 및 유효기간의 설명으로 옳지 않은 것은?

① 신고업무에 대한 처리기간은 2영업일 이내이다.

② 신고수리업무의 처리기간은 7영업일 이내이다.

③ 해외이주예정자는 해외이주비 지급 후 1년 이내에 이주 국가에서 발급된 영주권 등을 취득하였음을 입증하는 서류를 제출하여야 한다.

④ 해외이주자와 해외이주예정자는 해외이주신고확인서 발급일로부터 3년 이내에 해외이주비 지급이 가능하다.

06 국내 어학원 원어민 교수로 취업하게 된 교수 몽블랑 씨는 본인의 주거비 등의 사용목적으로 100만 유로를 국내외국환은행의 대외계정에 입금하였다. 외국환은행의 취급절차의 설명으로 옳지 않은 것은?

① 타발송금된 금액을 대외계정 입금 시 취득사유를 확인하여야 한다.

② 동 대외계정의 외화를 원화로 환전할 경우 처분사유를 확인하여야 한다.

③ 처분사유를 알 수 없는 경우에는 해외재산반입자금으로 간주하여 외화를 매입할 수 있다.

④ 외국환을 매입하는 경우에는 1회에 한하여 외국환매입증명서 · 영수증 · 계산서 등 매입을 증명할 수 있는 서류 1부를 발행 · 교부하여야 하며 동 거래에 대한 별도의 신고절차는 필요하지 않다.

07 외국환의 사전(개산)지급에 대한 설명으로 옳지 않은 것은?

① 외국에서 영화, 음반, 방송물 및 광고물 등을 제작하거나 전시회 개최에 필요한 경비를 지급하는 경우 사전지급이 가능하다.

② 해외여행경비, 해외이주비 및 재외동포의 국내재산반출은 사전(개산)지급할 수 없다.

③ 지급신청서 우측 상단에 "사전지급"임을 표시하여야 한다.

④ 지급신청일로부터 30일 이내에 지급금액을 증빙하는 서류 등을 징구하여 정산하여야 하며 그 지급금액의 10% 이내에서 정산의무를 면제할 수 있다.

08 거주자(외국인 제외)의 증빙서류미제출 지급등에 대한 설명으로 옳지 않은 것은?

① 건당 5천불 초과 연간 10만불 한도 내에서 소액경상대가 지급 또는 소액자본거래의 영수가 가능하다.

② 건당 영수금액이 5천불 초과 10만불 미만이고 연간 영수금액이 10만불을 초과하지 않는 것으로서 지정거래은행을 통하여 영수할 경우 증빙서류 미제출이 가능하다.

③ 종교단체 등은 연간 누계 10만불 초과하여 선교 및 포교자금을 무증빙으로 해외송금할 수 있다.

④ 전년도 수입실적 5천만불 이상인 기업에 한하여 송금방식 수입대금을 계약서 등 증빙서류 제출 없이 대외송금할 수 있다.

09 국내 스타트업 기업에서 근무 중인 프랑스인 봉주르 씨는 2024년 1월 중 1주일 동안 일본여행을 하고자 여행경비 미화 6천불을 A은행 인천공항지점에서 환전하고 출국하였다. 귀국 4개월 후 또다시 대만여행을 하고자 인천공항에서 여행경비를 환전할 경우 환전 가능한 최대금액은 얼마인가?

① 미화 4천불   ② 미화 5천불

③ 미화 1만불   ④ 본인의 국내소득 범위 내

10 '재외동포의 국내재산 반출절차' 규정상의 반출대상 재산이 아닌 것은?

① 외국국적 취득 이후에 취득한 국내부동산의 매각 자금

② 본인명의 예금 및 신탁재산의 원금 및 이자

③ 본인명의 부동산의 전·월세의 임대보증금 등

④ 반출월로부터 과거 3개월간의 본인명의 국내보수 소득 보전금 등

11 다음 중 국세청과 금융감독원에 동시 통보대상 지급거래가 아닌 것은?

① 증빙서류미제출에 의한 지급   ② 일반해외여행경비의 지급

③ 해외이주비 지급   ④ 해외유학경비의 지급

12 다음 중 신고예외에 해당하는 상계 거래의 설명으로 옳지 않은 것은?

① 연계무역, 위탁가공무역 및 중계무역에 의하여 수출대금과 관련 수입대금을 상계하고자 하는 경우

② 물품의 수출입대금과 당해 수출입거래에 직접 수반되는 중개 또는 대리점 수수료 등을 상계하고자 하는 경우

③ 외국항로에 취항하는 국내의 항공 또는 선박회사가 외국에서 취득하는 외국항로의 항공임 또는 선박임과 경상운항경비를 상계하거나 그 상계한 잔액을 지급 또는 수령하는 경우

④ 일방의 금액이 미화 5천불 이하의 소액 상계인 경우

13 다음의 '제3자 지급등의 방법' 중 신고예외 대상이 아닌 것은?

① 거주자인 당사자가 비거주자인 제3자로부터 수령하는 경우

② 제3자인 거주자가 비거주자인 당사자로부터 수령하는 경우

③ 거주자인 당사자가 권리 양수한 제3자에게 지급하는 경우

④ 제3자인 거주자가 비거주자인 당사자에게 지급하는 경우

14 지급수단 등의 수출입 시 세관에 대한 신고예외가 아닌 것은?

① 미화 5만불 상당의 기념화폐의 수출

② 은행을 통하지 아니하는 거래(외국환신고확인필증 휴대)의 10만불 상당 휴대수출

③ 국제수익증권 또는 본사주식의 수출입

④ 미화 2만불 상당의 원화자기앞수표의 수입

15 외국환은행의 원화 대출 중 신고대상은?

① 이태원에서 수제 햄버거 자영업을 하는 미국인 트럼프 씨가 20억원의 원화대출을 받는 경우

② 부산에서 일식 자영업을 하는 재일교포 손 마시요시 씨가 20억원의 원화대출을 받는 경우

③ 미국 영주권자인 한국계 알렉스 김이 20억원의 원화대출을 받는 경우

④ 미국에서 사업을 하는 미국 시민권자인 제임스본드 씨가 담보 없이 20억원의 원화대출을 받는 경우

16 국내 유명 교육출판업체는 사내복지 차원에서 직원들의 해외휴가를 지원하기 위해 회사 명의로 필리핀 세부 소재 콘도회원권을 취득하고자 한다. 외국환거래규정상 누구에게 보고하여야 하는가?

① 신고예외
② 외국환은행의 장
③ 관세청장
④ 한국은행총재

17 다음은 '제3자 지급등'에 관한 설명이다. 한국은행총재 신고사항을 모두 고르면?

> 가. 국내기업 A사는 미국기업 B사로부터 미화 10만불 상당의 물품을 수입하고, 계약서에 명시된 계좌 명의인 현지 중국기업 C사 앞으로 물품대금을 송금하고자 한다.
> 나. 한국인 기러기 아빠 D가 주거용 해외부동산 취득대금을 매도인 E가 아닌 현지 부동산 중개업자 F에게 송금하고자 한다.
> 다. 개인 법무사인 G고객은 중국본토 투자자에게 제주도 토지구매에 대한 시장정보를 제공하고 계약서에 명시된 대로 홍콩의 에이전트로부터 용역 대금을 수령하고자 한다.

① 가
② 가, 나
③ 나, 다
④ 가, 나, 다

18 국내 A비영리법인이 외국 현지에서 사용목적으로 해외에서 미화 100만불 상당의 외화자금을 조달하고자 한다. A비영리법인이 외화자금을 조달관련 신고(보고)처로 옳은 것은?

① 외국환은행의 장
② 지정거래 외국환은행의 장
③ 한국은행총재
④ 기획재정부장관

19 다음 예금계정 간 이체에 대한 자금이동표시 중 지급절차상 제한이 있는 경우는?

① 거주자계정(예금주 ; A) → 거주자계정(예금주 ; B)
② 대외계정(예금주 ; A) → 대외계정(예금주 ; B)
③ 비거주자원화계정(예금주 ; A) → 대외계정(예금주 ; A)
④ 대외계정(예금주 ; A) → 비거주자자유원계정(예금주 ; A)

20 외국환거래규정상의 '교포등에 대한 여신'에 대한 설명으로 옳지 않은 것은?

① 영주권자와 시민권자는 차주가 될 수 있다.

② 국내의 보증이나 담보 제공이 없는 경우는 이 규정에 해당하지 않는다.

③ 현지교포들이 설립한 금융기관에서의 여신은 해당하지 아니한다.

④ 국내에서 담보 제공받은 금액이 50만불 초과 시 한국은행 신고사항이다.

21 외국은행 서울지점의 한국인 직원이 미국 본사의 우리사주를 취득하고자 취득자금을 해외송금할 경우 신고처는?

① 신고예외   ② 외국환은행의 장에게 신고

③ 지정거래외국환은행의 장에게 신고   ④ 한국은행총재에게 신고

22 다음 중 거주자와 비거주자 간의 거래에 대한 설명으로 옳지 않은 것은?

① 거주자가 국내외 부동산 · 시설물 등의 이용 · 사용과 관련된 회원권을 비거주자에게 매각하고 동 매각자금을 외국환은행을 통하여 국내로 회수하는 경우에는 신고예외이다.

② 거주자가 비거주자에게 매각한 국내의 부동산 · 시설물 등의 이용 · 사용과 관련된 회원권 등을 비거주자로부터 재매입하는 경우에는 외국환은행의 장에게 신고하여야 한다.

③ 신고예외를 제외하고 거주자가 거주자 또는 비거주자와 외국의 부동산 · 시설물 등의 이용 · 사용 또는 이에 관한 권리의 취득에 따른 회원권의 매입거래를 하고자 하는 경우에는 외국환은행의 장에게 신고하여야 한다.

④ 외국환은행의 장은 거주자의 해외골프회원권 취득금액이 건당 미화 10만불을 초과하는 경우 국세청장 및 관세청장에게, 건당 미화 5만불을 초과하는 경우 금융감독원장에게 회원권 등의 매매내용을 익월 10일까지 통보하여야 한다.

23 다음 중 외국인투자자의 국내 원화증권 투자절차에 대한 설명으로 옳지 않은 것은?

① 외국인투자자에는 외국인 비거주자, 해외영주권자인 재외국민, 외국인 거주자가 포함된다.

② 국민인 비거주자(영주권자)와 외국인거주자도 여권번호를 식별수단으로 하여 투자할 수 있다.

③ 외국인 투자자의 국내 원화증권 투자는 본인 명의 투자전용 대외계정, 투자전용 비거주자원화계정을 통하여야 한다.

④ 외국인 투자자의 투자전용계정은 한 개의 지정거래외국환은행에서 개설할 수 있다.

24 거주자의 외국부동산 취득 신고를 수리한 외국환은행의 사후관리 절차에 대한 설명 중 옳지 않은 것은?

① 부동산 취득대금송금 후 3개월 이내에 부동산취득보고서를 징구하여야 한다.

② 부동산을 처분하거나 명의 변경한 경우 처분일 또는 명의 변경일로부터 3개월 이내에 해외부동산 처분(변경)보고서를 징구하여야 한다.

③ 신고수리일 기준으로 매년 부동산 계속 보유 사실 입증서류를 징구하여야 한다.

④ 사후관리 불이행 시 30일 이내에 이행을 독촉하여야 하며 독촉 후 60일 이내에도 불이행 시에는 금융감독원장에게 보고하여야 한다.

25 중국인 판빙빙 씨가 서울 소재 부동산을 취득하고자 한다. 이에 관한 설명으로 옳지 않은 것은?

① 거주용으로 국내에 있는 부동산을 임차하는 경우는 신고예외이다.

② 중국으로부터 휴대수입 또는 송금(대외계정에 예치된 자금을 포함)된 자금으로 취득하는 경우 지정거래은행에 신고하여야 한다.

③ 판빙빙 씨가 국내에서 주식에 투자 중인 자금으로 부동산을 취득하는 경우는 한국은행의 신고사항이다.

④ 판빙빙 씨가 거주자로부터 증여에 의한 취득 시에는 한국은행에 신고하여야 한다.

26 다음 중 외국기업 국내지사 설치에 대한 설명으로 옳지 않은 것은?

① 보험 관련 업무를 하고자 하는 자는 한국은행총재 신고 대상이다.

② 거래외국환은행 지정 대상이다.

③ 본사를 대신하여 자금집중센터를 통한 송금자금도 영업기금으로 인정한다.

④ 설치만으로 지점과 동일하게 업무를 영위할 수 있는 알선업은 할 수 없다.

27 다음 중 현지금융의 수혜대상자로 옳은 것은?

① 개인사업자가 설립한 현지법인

② 복합운송주선업자 및 원양어업자의 비독립채산제 해외지점

③ 국내 건설회사 본사의 현지법인이 50% 이상 출자한 현지 자회사

④ 국내법인인 제조회사의 해외사무소

28 다음 중 외국환거래법시행령에서 정한 해외직접투자에 해당하지 않는 것은?

① 투자비율이 10% 미만이지만 계약기간 1년 이상인 원자재 또는 제품의 매매계약을 체결하는 경우

② 투자비율이 10% 미만이지만 임원을 파견하여 지속적인 경제관계를 수립하는 경우

③ 이미 투자한 외국법인에 대해 상환기간 1년 이상의 금전을 대여하는 경우

④ 해외자원개발을 위한 조사자금이나 해외자원의 구매자금을 지급하는 경우

29 해외직접투자에 대한 외국환은행의 사후관리업무와 관련한 설명이 잘못된 것은?

① 취급내역 보고는 은행의 본부보고 → 수출입은행 → 기획재정부의 순서로 보고된다.

② 투자자가 현물출자 시에는 동 보고서와 수출신고필증을 첨부받는다.

③ 투자한 현지법인이 폐업한 경우에도 사후관리는 종결할 수 없다.

④ 투자자가 이행독촉일로부터 60일 이내까지 의무불이행 시 금융감독원에 보고한다.

30 개인이나 개인사업자를 제외한 거주자의 역외금융회사 설립 시 신고 등의 방법으로 옳은 것은?

① 지정거래외국환은행 신고　　　② 기획재정부 신고수리

③ 한국은행 신고　　　　　　　　④ 수출입은행에 신고

31 다음 중 국내 기업의 해외사무소 설치와 관련한 내용으로 옳지 않은 것은?

① 해외사무소 설치는 거래외국환은행 지정 대상이다.

② 해외사무소에 영업기금을 지급할 수 없다.

③ 과거 1년간 외화획득 실적이 100만불 이상이어야 해외사무소를 설치할 수 있다.

④ 해외사무소의 유지활동비 지급한도는 제한이 없다.

32 다음의 사례를 읽고 외국환거래규정상 거쳐야 할 신고 등의 절차로 옳은 것은?

> 우리나라 부동산 개발업자인 'A개발(주)'는 제주도에 아파트 개발사업을 앞두고 중국의 투자자로부터 투자금을 받기로 투자계약을 체결하였다. 투자방식은 공동사업에 대한 계약상의 권리로 투자조합의 형태이며 사업기간은 총 5년으로 하고 개발사업수익은 50:50으로 약정하였다.

① 외국환은행의 장에게 신고　　　② 산업통상자원부장관에게 신고

③ 한국은행총재에게 신고　　　　　④ 기획재정부장관에게 신고

33 외국환법령 위반에 대한 제재에 대한 설명으로 옳지 않은 것은?

① 20억원 이하의 자본거래 신고위반 시 과태료 부과대상이다

② 50억원 이하의 지급등의 방법 신고위반 시 과태료 부과대상이다

③ 미화 5만불 이하의 자본거래 위반 시 단순경고처분 대상이다

④ 2만불 이하의 지급등의 방법, 지급등의 수출입 위반에 대하여 경고 대상이다.

34 거주자인 부친이 미국시민권자인 아들에게 일부재산을 사전 증여할 경우 외국환거래법령상의 신고 등의 방법은?

① 국세청에 신고   ② 외국환은행에 신고

③ 한국은행에 신고   ④ 기획재정부에 신고

35 특정 거래 형태의 수출입거래의 '외국인수수입'과 관련성이 없는 것은?

① 원/부자재를 외국에서 구매하여 해외 현지 공장에 투입하는 경우

② 해외건설사업에 필요한 중장비를 외국에서 임대차 계약하는 경우

③ 외국에서 발생하는 무역거래에 대한 중개를 하는 경우

④ 해외직접투자에 필요한 시설재를 외국에서 구입하는 경우

외국환거래실무   (36~60번)

36 다음은 일반적인 환거래계약 체결에 대한 설명이다. 이 중 옳지 않은 것은?

① 예치환거래계약은 무예치환거래계약 절차를 우선적으로 수행한 후 추가적인 절차에 따라 계약을 체결한다.

② 무예치환거래 계약 시 요청은행에 대한 요주의 리스트 필터링을 실시하고 Test Key 또는 SWIFT Key 교환만으로 계약이 가능하다.

③ 대리지불계좌(Payable–through Account)와 관련하여 환거래 요청은행이 자신의 고객에 대해 고객확인의무를 수행하여야 한다.

④ 환거래요청은행의 신용등급 검토결과는 적정하나 FATF 회원국이 아닐 지라도 OFAC–SDN에 해당할 경우에는 AML 질의서를 통한 적정성 판단 후 체결 가능하다.

37 다음 중 SWITF를 통한 외신관리에 대한 설명으로 옳지 않은 것은?

① SWITF의 장점은 보안성이 우수하고 신속한 전송이 가능하며, Telex에 비해 비용이 저렴하다.

② SWITF를 이용하는 경우 전문내용의 표준화로 내용파악이 용이할 뿐만 아니라 전문분류 등이 시스템적으로 자동 처리된다.

③ SWIFT 전신문의 Category는 MT의 첫째 자릿수를 말하며 MT700은 여행자 수표발행을 말하며 MT705는 신용장 사전통지를 말한다.

④ 수표발행은행이 수표지급은행에 수표가 발행되었다는 사실을 통지할 경우 MT110을 사용한다.

38 다음 중 외화자금 조달에 대한 설명으로 옳지 않은 것은?

① 코레스은행의 Credit Line 활용을 통한 조달의 경우 조달비용과 운용에 따른 수익성, Credit Line 사용의 용이성 등을 고려하여야 한다.

② 단기 외화자금 중 외화콜 자금의 만기는 90일 이내이나 O/N, T/N, S/N 등 1 일물 거래가 대부분이다.

③ 중장기 외화자금조달을 위한 외화채권은 일반적으로 국제채로서 이는 외국채와 유로채로 구분되며, 이 중 유로채란 표시통화국 이외의 지역에서 발행되는 채권을 말한다.

④ 한국은행 외화수탁금은 외국환은행이 한국은행에 예치한 자금으로 일반 외화예금과 구분하여 관리한다.

39 다음 중 은행의 외화유동성 리스크 관리에 대한 설명으로 옳지 않은 것은?

① 외화유동성커버리지비율(외화LCR)은 향후 90일간 외화 순현금유출액에 대비하여 외화고유동성자산 보유비율을 85% 이상 유지하여야 한다.

② 잔존만기 1개월 이내의 만기불일치비율은 총외화자산 대비하여 부채가 자산을 초과하는 비율이 10% 이내이어야 한다.

③ 잔존만기 3개월 이내 부채에 대한 잔존만기 3개월 이내 자산비율(외화유동성비율)은 85% 이상이어야 한다.

④ 상환기간이 1년 이상인 외화대출은 100% 이상을 상환기간이 1년 초과인 외화자금으로 조달해야 한다.

40 SWIFT Message Type별 메시지 내용에 대한 설명으로 옳지 않은 것은?

① MT103 : 고객송금 지급지시서   ② MT202 : 금융회사 간 자금이체

③ MT701 : 화환신용장 개설   ④ MT950 : 대금추심(COLLECTIONS)

41 외국환대사 절차의 올바른 순서를 나타낸 것은?

① 전일자의 거래내역 원장 생성 → 거래내역 확인 → 예치환은행에서 statement를 받아 actual 계정 생성 → 미달환명세표(pending list) 작성

② 예치환은행에서 statement를 받아 actual 계정 생성 → 전일자의 거래내역 원장 생성 → 거래내역 확인 → 미달환명세표(pending list) 작성

③ 전일자의 거래내역 원장 생성 → 예치환은행에서 statement를 받아 actual 계정 생성 → 거래내역 확인 → 미달환명세표(pending list) 작성

④ 전일자의 거래내역 원장 생성 → 예치환은행에서 statement를 받아 actual 계정 생성 → 미달환명세표(pending list) 작성 → 거래내역 확인

42 당방은행이 일람출급 수출환어음이나 외화수표를 매입하여 그 대금을 고객에게 지급하고 예정대체일에 외화타점예치계정에서 차기하였으나, 선방은행으로부터 대금이 입금되지 아니한 경우에 해당하는 것은?

① They debited but we didn't credit.

② They credited but we didn't debit.

③ We debited but they didn't credit.

④ We credited but they didn't debit.

43 외국통화 매입 시 위조지폐를 발견한 외국환은행의 업무처리에 대한 설명으로 옳지 않은 것은?

① 위폐 발견 시 업무처리는 위폐발견 → 위폐실물 회수 → 경찰서 신고 → 위폐발견 보고 순이며 고객으로부터 이를 회수한 후 위·변조 외국통화보관증을 고객에게 교부한다.

② 위폐를 신고하지 않고 사용 시 형법상 '위조통화 취득 후 지정행사죄'로 처벌된다는 점을 고객에게 설명하고 위폐를 회수한다.

③ 위 변조된 화폐인 줄 알면서도 이를 사용하면 5년 이하의 징역 또는 1억원 이하의 벌금에 처해짐을 설명한다.

④ 위·변조 통화실물을 절대로 복사해서는 안 되며 원본을 관할 경찰서에 인도하고 인수증을 받는다.

44 다음 중 환포지션에 대한 설명으로 옳은 것은?

① 원화를 대가로 매매한 외국환의 매도액과 매입액의 차이를 의미하며 동일한 통화 간에는 발생되지 않는다.

② Cash 포지션은 종합포지션에서 선물매매분을 제외한 포지션으로 현물환 중 아직 추심이 완료되지 않아 자금화되지 않은 포지션을 포함한다.

③ 국내은행이 Over Bought Position을 유지하고 있을 때 환율이 상승(원화가치 하락)하면 은행은 손실을 보게 된다.

④ 국내은행 영업점에서 포지션이 Over Sold Position인 경우 본부로 외화를 전금하고 그 대가로 원화를 받는다.

45 다음 중 대외계정에의 예치와 처분 등에 대한 설명으로 옳지 않은 것은?

① 대외계정으로 개설이 가능한 외화예금은 외화당좌예금, 외화보통예금, 외화정기예금과 외화정기 적금에 한한다.

② 외국인 또는 국민인 비거주자에게 내국지급수단을 대가로 대외계정을 처분하는 경우 당해 외국환 의 처분 목적을 알 수 없는 경우에는 '해외자산 반입'으로 간주하여 처분이 가능하다.

③ 개인사업자인 외국인거주자가 개인사업자 자격으로 외화예금 거래를 할 때 대외계정으로 개설하여 야 한다.

④ 외국환신고(확인)필증 없이 2만불 이하 외국통화 또는 외화표시 여행자수표를 예치하고자 하는 경우 에는 연간 미화 5만불 범위 내에서만 예치가 가능하다.

46 외화예금 업무처리에 대한 설명으로 옳지 않은 것은?

① 만기일을 월 단위로 정한 경우 마지막 달에 입금일에 해당하는 날이 없는 경우에는 그 달의 마지막 날을 만기일로 한다.

② HKD, ZAR, NZD의 이자금액 산정을 위한 예치 일수 계산 시에 연간일수는 360일로 한다.

③ 미국달러화 현금으로 외화예금 입금 시 외화수수료를 면제한 경우, 입금일로부터 7일 이내에 원화 를 대가로 출금하는 경우에는 대고객 현찰매입률을 적용한다.

④ 외화정기예금의 자동갱신은 계약기간이 7일 이상 6개월 이내로서 예금주가 신청한 경우에 한한다.

47 다음 중 거래외국환은행을 지정하여야 할 거래에 속하지 않은 것은?

① 거주자의 연간 10만불 이내 증빙미제출 지급

② 재외동포 국내재산 반출

③ 비거주자의 국내증권투자

④ 거주자의 연간 10만불 이하 외화차입금 영수

48 소액해외송금업자에 대한 설명으로 옳지 않은 것은?

① 소액해외송금업무만 운영하는 경우 자기자본 10억원 이상, 한국은행 전산망 연결, 사후관리용 전산설비와 전문인력, 외국환업무 2년 이상 경력자 2명 이상 확보하여야 한다.

② 소액해외송금업무를 등록하고자 하는 자는 금융감독원장을 경유하여 기획재정부장관에게 등록을 신청하여야 한다.

③ 건당 지급 및 수령한도는 각각 건당 5천불로 하며, 동일인당 연간 지급 및 수령한도는 각각 미화 5만불로 한다.

④ 거래내역을 기록하고 3년간 보관하여야 하며 금융감독원장이 요구할 경우 이를 제출해야 한다.

49 '영수확인서' 징구제도에 대한 외국환은행의 취급 설명으로 옳지 않은 것은?

① 비거주자와 외국인거주자는 대상이 아니며 국민인 거주자에 한해 적용된다.

② 외국으로부터 10만불 초과한 타발송금으로서 취득경위 입증서류를 제출하지 아니한 경우에 적용한다.

③ 수취인 소재불명 시 송금된 날로부터 3영업일 이내에 영수사유를 알 수 없는 경우에는 다음 영업일 이후에 영수확인서를 받지 않고 이전거래로 간주하여 매입이 가능하다.

④ 영수사유의 원인거래가 신고대상인 것으로 확인된 경우에는 일단 영수확인서를 징구한 후에 법규 위반사실에 대한 적정조치를 취한다.

50 외국환은행의 해외 타발송금에 대한 업무처리의 설명으로 옳지 않은 것은?

① 정부·지방자치단체, 환전영업자 또는 소액해외송금업자가 수령하는 경우 취득입증서류 생략이 가능하다.

② 외국인 또는 비거주자가 외국으로부터 수령한 대외지급수단을 내국지급수단을 대가로 매입할 때 처분목적이나 처분사유를 알 수 없는 경우에는 해외재산반입자금으로 간주하여 매입 가능하다.

③ 무증빙 10만불 이내의 타발송금이라도 거주자의 외화차입자금인 경우에는 반드시 신고절차를 거친 후 지급한다.

④ 거주자(외국인 거주자 제외)인 수취인 소재불명 시 영수확인서를 받지 않고 이전거래로 간주하여 매입할 수 있다.

51 다음 중 외국환은행의 외화수표 취급 시 유의사항에 대한 설명으로 옳지 않은 것은?

① 외화수표의 배서가 수표 앞면의 pay to the order of~ 다음에 기재된 수취인명과 일치하는지 여부를 반드시 확인한다.

② 미국상법상 수표발행인은 뒷면 배서의 위조를 사유로 지급일로부터 3년 이내에는 언제든지 부도처리가 가능하다.

③ 추심 전 매입한 외화수표가 대외 발송일로부터 60일 내에 입금되지 않는 경우에는 부도등록을 하여야 한다.

④ 외화수표 부도 시 추심은행이 청구한 부도 관련 비용은 본부에서 해당 영업점으로 전금 처리하고 영업점은 고객에게 동 수수료를 받아서 정리한다.

52 다음 중 중장기 자본시장(capital market)에 대한 설명으로 옳지 않은 것은?

① 중장기 자본시장은 만기 1년 이상의 금융시장으로서 만기 1년 이내의 단기금융시장에 대응되는 개념이다.

② 중장기 자본시장은 투자은행 등이 참여하며 금융중개보다는 직접금융에 중점을 둔다.

③ 미국 FRB 등의 금융통화당국은 capital market에 직접적인 영향을 끼쳐서 간접적으로 단기금융시장에 영향을 미치게 한다.

④ 중장기 자본시장은 크게 차관단 대출시장과 국제채시장으로 나눌 수 있다.

53 금융상품 스프레드의 정의에 해당하지 않는 것은?

① 특정증권의 매수호가와 매도호가의 차이

② 만기일 등 조건이 다른 선물계약 간의 가격 차이

③ 외환시장에서 매입률과 매도율의 차이

④ 통화의 현물환율과 선물환율의 차이

54 외화보험상품 중 외화연금보험에 대한 설명으로 옳지 않은 것은?

① 「보험가입＋환율, 금리」 이익으로 인한 외화증식이 목적이다.

② 주로 장기계약으로 비과세 대상이다.

③ 중도 해지 시 원금손실을 가져올 수도 있다.

④ 보험상품이므로 외환시장에서 외화가치가 떨어지더라도 환차손은 입지 않는다.

55 다음 중 만기 때 미리 정해놓은 주가지수 상승구간에서 상승률에 따라 일정비율을 수익으로 얻고, 구간 이상의 주가 상승 시에는 수익의 상한을 두도록 설계한 것에 해당하는 ELS 펀드의 유형은 무엇인가?

① 넉아웃형   ② 디지털형

③ 불스프레드형   ④ 리버스컨버터블형

56 Banker's Usance 방식 기한부 수입신용장 개설 후 인수은행의 인수 및 지급통보 시 재무제표의 난내 계정의 자산 계정으로 회계처리하는 계정과목은?

① 내국수입유산스   ② 외화수입보증금

③ 수입화물선취보증   ④ 수입신용장발행

57 다음 중 은행의 신용위험부담에 대한 보상적 성격에 해당하는 것은?

① 외화대체료

② 수출환어음 환가료

③ 수입환어음 인수수수료

④ 내국신용장 판매대금추심의뢰서 매입이자

58 다음 중 은행의 매입초과포지션에 해당하는 항목을 모두 고르면? (단, 모든 거래는 외화/원화의 포지션거래를 수반한다.)

(ㄱ) 수출환어음 추심 후 매입	(ㄴ) Less charge 징수
(ㄷ) 외화예금 만기지급	(ㄹ) 여행자수표 판매
(ㅁ) 수입어음결제	(ㅂ) 당발송금

① (ㄱ)
② (ㄱ), (ㄷ)
③ (ㄴ), (ㄹ)
④ (ㄹ), (ㅁ), (ㅂ)

59 다음 중 외국환은행의 수출환어음 매입업무에 대한 설명으로 옳은 것은?

① 선적서류 체크상, 수출신고필증 일자는 B/L 발급일자 이후이어야 한다.
② B/L상 수하인(Consignee)란에 "To order"인 경우 매입은행이 배서하여야 한다.
③ 보험서류는 Assured(Insured)에 기재된 자(수혜자)가 배서하므로 매입은행의 배서는 불필요하다.
④ 해외양도신용장인 경우 선적서류발송지(Mail to)를 개설은행으로 하여야 한다.

60 원칙적으로 신고를 요하지 아니하는 지급등의 방법에 해당하는 것은?

① 상계 또는 상호계산
② 기재부장관이 정하는 기간을 초과하는 지급등
③ 수출입대금의 지급등
④ 외국환은행을 통하지 아니하는 지급등

61 환율의 표시방법에 대한 설명으로 옳지 않은 것은?

① 우리나라의 환율 표시방법은 자국통화표시방법이다.

② 영국과 호주의 환율 표시방법은 외국통화표시방법이다.

③ 미국식 표시법은 외국통화 1단위를 기준통화로 하고 이에 해당하는 미국달러의 단위 수로 환율을 표시한다.

④ 미국선물거래소(CME)의 통화선물거래에서는 유럽식 표시법을 사용한다.

62 A은행이 고시하는 대고객 유로/달러의 환율이 1.1350/60이고, 달러/엔 환율이 115.30/40인 경우, A은행의 고객이 미달러화를 대가로 1만유로와 백만엔을 매입할 경우 적용되는 환율로 옳은 것은?

① 1.1350 − 115.30

② 1.1350 − 115.40

③ 1.1360 − 115.40

④ 1.1360 − 115.30

63 다음 중 국내외환시장에서의 환율하락 요인이 될 수 있는 것은?

① 외국인 국내투자가의 배당금의 해외송금

② 개인의 미국주식투자의 증대

③ 무역수지 적자폭의 확대

④ 외국인의 국내주식의 대량 매수

64 외환리스크관리를 위한 VaR에 대한 설명으로 옳지 않은 것은?

① VaR는 외환시장이 안정적이라는 가정하에서 산출되며, 외환위기 등에 처한 경우 Stress Test 등을 병행하여 탄력적으로 대응한다.

② 95% 신뢰구간의 외환손실가능 측정액인 경우 실제 외환손실액이 측정액을 초과할 확률은 5%로 해석한다.

③ 수출입기업의 환리스크 측정기간은 금융회사에 비해 비교적 단기로 설정한다.

④ 오픈포지션 규모, 변동성의 크기, 보유기간 등은 환리스크의 크기를 결정한다.

65 국내외 외환시장의 현물환거래에 대한 설명으로 옳은 것은?

① 현물환거래의 경우 국내외환시장은 거래시간이 정해져 있지만 국제외환시장은 공휴일을 제외하고
　는 24시간 거래된다.

② 국내외환시장과 국제외환시장에서 현물환거래의 일일 최대변동 폭이 정해져 있다.

③ 국내외환시장의 현물환거래는 장외거래를 주로 하므로 중개회사를 거치지 아니한다.

④ 국내외환시장과 국제외환시장의 현물환거래는 통상 10만불 단위로 거래된다.

66 외환 리스크의 종류 중 아래사항에 해당하는 외환 리스크는?

> 국내 조선사들이 선박을 수주할 때(회계처리하지 않음)와 선박을 건조하는 기성에 따라 매출을 인식할
> 때 사이의 환율에 대한 불확실성을 말한다.

① 환산환리스크　　　　　　　② 영업환리스크

③ 거래환리스크　　　　　　　④ 경제환리스크

67 아래와 같은 외환시장에서 은행이 고객에 제시할 6개월 선물환율 offered rate 산출과정을 F/X 및
M/M을 이용한 설명으로 옳지 않은 것은?

> • 달러/원 현물환율 : 1,200.30/50
> • 원화 6개월 금리 : 1.10/1.20
> • 달러 6개월 금리 : 0.30/0.40

① 은행은 현물환율인 1,200.30에 달러화를 매입한다.

② 적용할 원화 6개월 금리는 1.20%이다.

③ 적용할 외화 6개월 금리는 0.30%이다.

④ 선물환율이 현물환율 보다 높다.

68 현재 국내외환시장의 시세가 아래와 같다. A은행의 고객이 3개월 달러/원 SELL&BUY 스왑을 원할 경우 적용될 환율로 옳은 것은? (단, 은행의 마진은 무시한다.)

> • 달러/원 SPOT : 1,150.50 − 70
> • 3MTH SWAP POINT : 150/250

	Near date	Far date
①	1,150.501	152.00
②	1,150.501	153.00
③	1,150.701	153.20
④	1,150.701	149.20

69 다음 설명은 장외통화옵션 전략 중 어느 것에 해당되는가?

> 이 전략은 선물환율보다 유리하게 계약하기 위하여 합성선물환에서 매입 및 매도하는 비율을 1:1이 아닌 1:2 등으로 만든 제로코스트 전략으로서, 과다 헤지가 될 위험이 있다. KIKO 거래의 단초가 되기도 한 전략이다.

① barrier forward
③ target forward

② seagull
④ range forward

70 다음 중 한국거래소의 통화선물(futures)의 주요 특징으로 옳지 않은 것은?

① 표준화된 선물계약을 기준으로 거래가 이루어지므로 거래방식을 변경할 수 없다.
② 거래의 체결 후에도 체결상대방을 알 수 없다.
③ 만기 시 실물인수도 대신 당사자 간의 합의에 의해 현금결제(cash settlement)도 가능하다.
④ 중국위안화는 중국의 역내환율(CNY)이 아닌 중국의 역외환율(CNH)이 거래된다.

71 다음 중 한국거래소에서 거래되는 미국달러선물의 계약명세에 대한 설명으로 옳지 않은 것은?

① 미국달러선물의 거래단위는 USD 10,000이다.

② 미국달러선물의 최소가격 변동폭은 10전이다.

③ 미국달러선물의 거래종료 시 복수가격경쟁거래방식에 의한다.

④ 미국달러선물의 결제방법은 실물인수도 방식이다.

72 A 기업은 3개월 후에 결제할 수입대금에 대한 환율상승 위험을 헤지하기 위하여 한국거래소에서 3개월 통화선물을 매수를 하였다. 거래 이후 2개월이 지난 현재 시점에서 자금결제를 예정보다 한 달 앞당겨 결제하기로 한 경우에 취할 거래는?

① 현물환 매수

② 1개월 선물환 매도

③ 1개월 USD/KRW sell&buy swap

④ 1개월 USD/KRW buy&sell swap

73 다음 중 외환스왑(FX 스왑)과 통화스왑(CRS)에 대한 설명으로 옳지 않은 것은?

① 일반적으로 외환스왑은 단기간의 거래이며 통화스왑은 1년 이상의 장기거래이다.

② 외환스왑은 초기 원금교환이 있으나, 통화스왑의 초기 원금교환은 거래자 간의 선택사항이다.

③ 외환스왑은 초기 및 만기의 환율이 동일할 수 없지만 통화스왑은 초기와 만기의 환율이 동일하다.

④ 외환스왑은 스왑기간 중 금리의 교환이 없는 대신 만기 환율로 조정된다.

74 어느 국내 외국환은행이 현재 변동금리를 지급하는 달러 채권에 투자하고 있다. 만일 이 은행이 달러/원 환리스크 및 달러/원의 금리리스크를 모두 헤지하려고 하는 경우 적절한 달러/원 통화스왑은 어느 것인가?

① 달러 고정금리 수취, 원화 고정금리 지급 통화스왑

② 달러 고정금리 지급, 원화 고정금리 수취 통화스왑

③ 달러 변동금리 수취, 원화 고정금리 지급 통화스왑

④ 달러 변동금리 지급, 원화 고정금리 수취 통화스왑

75 국내의 달러/원 통화스왑(CRS)가격의 Receive와 Pay에 대한 설명으로 옳지 않은 것은?

① 국내의 보험회사가 외화로 해외투자를 할 경우 CRS Receive한다.

② 외국은행 서울지점이 본사에서 차입한 외화를 이용하여 원화운용 차익거래를 할 경우 CRS Pay한다.

③ 코로나19 팬데믹의 영향으로 국제금융시장의 외화유동성 부족 시 국내금융기관은 CRS로 외화를 조달할 경우 CRS Pay한다.

④ 외화차입을 한 국내의 여신전문회사는 원화운용을 위하여 CRS 가격을 Pay한다.

76 2년 전에 5년 만기로 미화 1억불을 차입한 국내 금융사가 향후 3년간 달러/원 환율상승과 달러 금리 상승 위험을 헤지하려고 할 때 가장 적절한 방법은 무엇인가?

① 달러/원 선물환   ② 달러/원 Buy/Sell 스왑

③ 달러/원 통화스왑   ④ 달러/원 통화옵션

77 ABC사는 현재 미국달러를 보유하고 있다. 아래의 외환시장상황에서 ABC사 입장에서 EUR/USD 통화스왑(CRS)하여 EUR bond에 5년 동안 투자하는 것과, USD표시 5년 만기 FRN에 직접 매입 투자하는 것을 비교한 설명으로 옳은 것은?

> • EUR BOND : 만기 5년, 연율 2% 고정금리
> • USD FRN : 만기 5년, USD 6M LIBO+0.3%
> • EUR/USD CRS가격 : 유로, 2%, USD 6M LIBOR+0.5%
> • EUR/USD : 현물환율 1.2100

① 직접 USD FRN에 투자하는 것이 유리하다.

② EUR Bond 매입 전에 현물환율이 1.2300으로 변경되면 보다 유리한 환율로 스왑이 가능하다.

③ EUR/USD 스왑하여 EUR Bond를 매입하는 것이 직접 USD FRN을 매입하는 것보다 수익률이 0.2% 만큼 유리하다.

④ 스왑거래로 투자할 경우 스왑거래 초기에 스왑 상대방에게 EUR을 지급하고 USD를 수취한다.

78 다음 각국의 외국채 중 그 표현이 옳지 않은 것은?

① 미국 – 양키본드 ② 일본 – 사무라이본드

③ 영국 – 불독본드 ④ 한국 – 김치본드

79 다음에서 설명하는 통화옵션은 어느 것인가?

> 만기일까지 환율변동성이 확대되고 환율이 상승할 것으로 예상할 때 적절한 투기목적의 전략으로, 특히 현재의 시장변동성이 낮다고 판단할 때 적절한 전략이다.

① 콜옵션 매입 ② 콜옵션 매도

③ 풋옵션 매입 ④ 풋옵션 매도

80 A기업은 수입대금 결제를 위하여 3개월 선물환을 거래하는 대신 아래와 같이 옵션의 합성전략의 녹아웃 포워드전략을 구사하고자 한다(zero – cost 가정). 다음 설명 중 옳지 않은 것은?

> • 3개월 시장 선물환율 : 1,240원
> • 행사가격 1,210 녹아웃(유로피안 배리어 : 1,280원) Call 옵션 매수
> • 행사가격 1,210 녹아웃(유로피안 배리어 : 1,280원) Put 옵션 매도

① 만기 환율이 1,200원인 경우 1,210원에 수입대금을 결제한다.

② 만기 환율이 1,270원이 경우 콜옵션을 행사하여 1,210원에 결제한다.

③ 만기 환율이 1,290원인 경우 1,280원에 수입대금을 결제한다.

④ 만기일 환율이 녹아웃 배리어까지 큰 폭으로 상승하지만 않으면 거래일의 시장 선물환율보다 유리한 환율로 환리스크 관리를 할 수 있는 전략이다.

최종모의고사 3회

01 다음 중 기획재정부의 업무가 아닌 것은?

① 외환정책의 수립 및 집행

② 외국환평형기금의 운용 및 관리

③ 외화자금 및 외국환의 보유와 운용

④ 관세청장에 대한 권한의 위임

02 외국환은행의 장이 위탁 받은 업무수행에 관한 업무처리의 기준 및 절차에 대한 설명으로 옳지 않은 것은?

① 외국환은행의 장의 신고 업무에 대한 처리기간은 2영업일 이내이다.

② 외국환은행의 장의 신고수리 업무에 대한 처리기간은 7영업일 이내이다.

③ 외국환은행의 장의 신고(수리) 업무상 서류의 보완·보정에 소요되는 기간은 처리기간에 산입하지 아니한다.

④ 신고서의 '유효기간'이라 함은 신고인이 신고(수리) 내용에 따라 당해 구비서류 제출을 완료하여야 하는 기간을 말한다.

03 다음 중 '신고수리'에 속하지 아니한 것은?

① 개인의 원화표시 해외 증권발행

② 거주자의 해외부동산의 취득

③ 금융기관이 해외지점을 설치하는 경우

④ 해외지점의 영업활동의 제한

04 다음 중 거래외국환은행을 지정하여야 하는 거래로만 구성된 것은?

> ⓐ 국민인 거주자의 소지목적 환전
> ⓑ 국민인 거주자의 일반해외여행경비를 위한 환전
> ⓒ 단체해외여행경비의 환전
> ⓓ 국민인 거주재(개인)의 해외차입
> ⓔ 외국인거주자와 비거주자의 무증빙 5만불 한도의 대외계정 예치

① ⓐ, ⓓ   ② ⓐ, ⓔ

③ ⓑ, ⓒ   ④ ⓓ, ⓔ

05 비거주자인 미국인 토마스 씨는 국내은행에서 무담보 자기신용으로 100억원의 대출을 받고자 할 경우 신고처는?

① 신고 예외   ② 외국환은행 신고

③ 한국은행에 신고   ④ 기획재정부에 신고

06 외국환신고(확인)필증 발행에 대한 설명으로 옳지 않은 것은?

① 1만불 초과의 대외계정 인출할 경우에 발행한다.

② 외국인급여소득, 영화 제작비. 운항경비 등으로 1만불 초과 휴대출국할 경우에 발행한다.

③ 해외유학경비의 휴대출국을 위한 환전은 1만불 초과 시에 발행한다.

④ 거주자와 비거주자의 1만불 초과 휴대 입국 시 세관이 발행한다.

07 외국환은행의 외국환 거래에 대한 설명으로 옳지 않은 것은?

① 외국인거주자에게 1만불 이내 일반해외여행경비 지급이 가능하다.

② 매각실적이 없는 비거주자에게 미화 1만불 범위 내에서 재환전 가능하다.

③ 외국인거주자의 급여소득 지정거래은행을 통한 무증빙 10만불 한도의 대외송금이 가능하다.

④ 국민인거주자의 건당 5천불 초과 연간누계 10만불 이내 무증빙 해외차입이 가능하다.

08 외국환거래규정상 '교포등에 대한 여신'의 대상자가 아닌 자는?

① 해외유학생

② 해외취업 상태인 영주권자

③ 국민인 비거주자가 전액 출자하여 현지에 설립한 법인

④ 국내 법인의 해외지사에 근무 중인 시민권자

09 거주자(외국인 거주자 제외)의 증빙미제출송금 거래 중 연간 10만불을 초과하여 송금할 수 있는 거래를 모두 고르면?

가. 소액경상대가인 물품대금	나. 외국정부나 국제기구의 의연금
다. 비영리단체의 구호자금	라. 종교단체의 선교 자금

① 가, 나, 다　　　　　　　　　　② 나, 다

③ 나, 다, 라　　　　　　　　　　④ 가, 라

10 외국환은행의 외국인거주자에 대한 외국환 매각이 아닌 것은?

① 국내 보수 · 소득, 투자과실 등 규정에 정한 대외지급을 위한 매각의 경우

② 외화 현찰을 소지할 목적으로 매각하는 경우

③ 해외여행경비의 용도로 미화 1만불 이내로 매각하는 경우

④ 자본거래 투자수익 등 규정에 의거 대외지급이 인정된 자금의 매각인 경우

11 해외이주비 등에 대한 설명으로 옳지 않은 것은?

① 외국의 영주권, 시민권, 비이민투자비자, 은퇴비자에 해당하는 영주권 등을 취득하려는 자는 해외이주예정자이다.

② 해외이주자 및 해외이주예정자는 해외여행경비를 지급할 수 없다.

③ 해외이주예정자의 이주비 지급기한은 해외이주신고확인서 발급일로부터 3년 이내이다.

④ 해외이주예정자의 제출서류에는 주민등록등본이 포함된다.

12 다음 사례에 대한 외국환거래규정상 사전 신고등의 절차로 옳은 것은?

> 거주자 (주)토마토 통상은 필리핀 소재 A사로부터 공사를 수주 받아 이를 국내의 B회사에게 하청을
> 주고 B회사는 이를 중국 소재 C회사에 재하청을 주었는데, B회사가 도산하자 C회사에 공사대금 미화
> 10만불을 직접 지급하였다.

① 신고예외   ② 외국환은행의 장에게 신고

③ 한국은행총재에게 신고   ④ 기획재정부장관에게 신고

13 다음 사례에 대한 외국환거래규정상 '지급등의 방법'상의 위규에 해당하는 것은?

> 거주자 김투자 씨는 해외부동산 취득신고수리를 받은 후, 베트남 소재 토지를 현지인으로부터 10만달
> 러에 매입하고 일부금액인 3만달러를 송금하였으나, 잔금 7만달러를 현지에서 현지통화로 직접 지급하
> 였다.

① 상호계산

② 제3자 지급

③ 기획재정부장관이 정하는 기간

④ 외국환은행을 통하지 아니하는 거래

14 기재부장관이 정하는 기간을 초과하는 지급등의 방법상 한국은행 신고사항이 아닌 것은? (계약건당 수출입대금은 모두 5만불 초과를 가정한다.)

① 본 지사 간의 수출거래로서 D/A방식에 의한 물품의 선적 후 3년을 초과하는 경우

② 본 지사 간의 수출거래로서 수출대금을 선적 전에 영수하고자 하는 경우

③ 내수용으로 30일 초과 연지급 수입한 금을 가공 후 재수출하는 경우

④ 본지사간이 아닌 수출거래로서 수출대금을 물품의 선적 전 1년을 초과하여 영수하는 경우(다만 선박, 철도차량, 항공기, 대외무역법에 의한 산업설비의 경우는 제외)

15 지급수단등의 수출입에 대한 규정에서 적용대상이 아닌 것은?

① 외화현찰   ② 원화현찰

③ 귀금속(금, 금제품)   ④ 여행자수표

16 외환거래의 외국환거래법령상 설명으로 옳은 것은?

① 외국영주권자인 재외동포의 국내재산 반출금액은 일정한도가 있다.

② 비거주자의 국내에서 원화표시 증권발행은 자본시장법상 금융위원회 신고사항이다.

③ 교포등에 대한 여신은 금액에 무관하게 한국은행 신고사항이다.

④ 영리법인의 5천만불 초과 해외차입은 기획재정부 신고사항이다.

17 지급수단등의 수출입에 대한 내용으로 신고예외가 아닌 것은?

① 거주자가 미화 5만불 상당의 기념용 외국통화를 수입하는 경우

② 수출대금의 회수를 위한 외화수표를 국제우편수단을 통해 수령하는 경우

③ 거주자가 미화 1만불을 초과하는 원화표시 자기앞수표를 휴대수입하는 경우

④ 인정된 거래에 따른 대외지급을 위하여 송금수표를 수출하는 경우

18 다음 중 환전영업자의 등록과 업무에 대한 설명으로 옳지 않은 것은?

① 환전영업자의 등록 관할은 관세청이다.

② 환전영업자는 거래외국환은행을 지정하여야 한다.

③ 환전영업자는 무증빙으로 비거주자에게 2천불 초과의 외국통화 매각이 가능하다.

④ 환전영업자는 여행자수표를 매각할 수 없다.

19 다음 중 '외국환은행을 통하지 아니하는 지급등의 방법' 대하여 한국은행 신고 대상은? (단, 1만불 초과이다.)

① 재외동포 재산반출

② 수입대금 지급

③ 수출대금 영수

④ 해외이주비 지급

20 다음 중 예금계정 가입자격으로 옳지 않은 것은?

① 외국인 개인사업자 : 거주자계정

② 대한민국 재외공관 : 거주자계정

③ 비거주자 : 대외계정

④ 개인인 외국인거주자 : 대외계정

21 외국환거래법령상 옳은 것으로만 구성된 것은?

> ⓐ 외국환은행도 영리법인과 동일하게 비거주자로부터 미화 5천만불 초과의 외화자금을 상환기간 1년 초과의 조건으로 차입할 경우(증권발행 포함) 기획재정부에 신고하여야 한다.
> ⓑ 거주자가 비거주자로부터 상속·유증·증여를 받는 경우 신고예외이다.
> ⓒ 비거주자 간의 해외에서의 내국통화표시 NDF거래는 기획재정부 신고사항이다.
> ⓓ 비거주자의 상속에 의한 국내부동산 취득은 신고사항이다.
> ⓔ 비거주자가 거주자로부터 증여를 받는 경우 신고예외사항이다.

① ⓐ, ⓒ, ⓔ　　　　　　　　② ⓑ, ⓒ, ⓓ
③ ⓑ, ⓓ　　　　　　　　　　④ ⓐ, ⓑ

22 다음 중 거주자의 증권발행 시 반드시 기획재정부 신고 대상은?

① 국내에서 원화표시 증권의 발행
② 국내에서 외화표시 증권의 발행
③ 해외에서 원화표시 증권의 발행
④ 해외에서 외화표시 증권의 발행

23 개인인 거주자가 지정된 외국환은행에 해외예금 신고 후 송금할 수 있는 한도의 표시로 옳은 것은?

① 동일자, 동일인 5만불　　　　② 동일자, 동일인 10만불
③ 동일인, 건당 5만불　　　　　④ 금액 제한 없음

24 거주자인 (주)TOMATO건설은 캄보디아에서 물류공장 건설공사를 완료하였으나 자금부족을 겪는 현지 대금지급자가 공사대금의 일부 대신 현지 회사주식(발행주식의 8%)으로 지급하고자 하여 이를 취득하였다. 동 거래에 대한 외국환거래규정상 신고등의 절차로 옳은 것은?

① 신고예외　　　　　　　　　② 외국환은행의 장에게 신고
③ 한국은행총재에게 신고　　　④ 기획재정부장관에게 신고

25 한국의 어머니가 미국에서 유학 중인 딸에게 생활비로 5만불을 송금한 경우에 외국환거래규정상 해당하는 것은?

① 해외체재자에 대한 지급
② 해외유학생에 대한 지급
③ 일반해외여행자에 대한 지급
④ 거주자의 무증빙한도 내 지급

26 거주자의 해외부동산 취득에 대한 설명으로 옳지 않은 것은?

① 신고일 기준 비거주자에 해당하는 국민(해외취업, 파견장기체류자 등)은 신고인이 될 수 없다.
② 당초 신고한 부동산과 다른 타부동산을 변경 취득한 경우에는 변경신고가 아닌 신규 취득절차를 밟아야 한다.
③ 비거주자가 신고인이 되어 자기 명의로 부동산을 취득하는 경우에는 지정거래은행에서 해외부동산 신고수리 후 동 자금을 반출할 수 있다.
④ 신고절차를 이행하기 전에 미화 5만불 범위 내에서 취득자금을 증빙서류미제출 송금절차에 따라 지급한 후 계약 성립일로부터 1년 이내에 사후신고절차를 이행할 수 있다.

27 거주자의 해외부동산 취득 중 외국환은행 신고요건이 아닌 것은?

① 거주자의 주거용 주택
② 거주자 개인의 별장
③ 기업의 사무실
④ 개인창고에 대한 압류권

28 법인 거주자인 깜깜조명㈜는 미국의 영화제작사와 무대조명장비 임대차 계약을 체결하고 매달 임대료 20만불을 수령하고자 한다. 동 거래에 대한 사전 신고처는?

① 신고예외
② 외국환은행의 장에게 신고
③ 한국은행총재에게 신고
④ 기획재정부장관에게 신고

29 비거주자의 국내 부동산 취득 시 외국환거래법령상 신고예외가 아닌 것은?

① 국민인 비거주자인 경우
② 대외계정의 자금으로 취득하는 경우
③ 주거용 임차를 하는 경우
④ 유증을 받는 경우

30 다음 중 해외직접투자의 사후관리업무 내용 설명으로 옳지 않은 것은?

① 해외직접투자 후 6개월 이내에 현지법인 등기부등본을 첨부한 외화증권 취득보고를 하여야 한다.

② 미화 200만불 이하 투자인 경우에는 현지법인투자현황표로 대체할 수 있다.

③ 부동산관련업의 투자인 경우 투자금액에 무관하게 연간사업실적보고서를 제출하여야 한다.

④ 해외자원개발사업 및 사회간접자본개발사업으로 법인형태의 투자가 아닌 경우에는 연간사업실적보고서 제출을 면제한다.

31 외국인투자촉진법상 외국인 국내직접투자에 대한 외국환은행의 업무취급에 대한 설명으로 옳지 않은 것은?

① 투자신고 취급기관은 대한무역진흥공사(KOTRA) 또는 외국환은행 본점이다.

② 핵연료 가공업은 미개방 업종이다.

③ 투자재원은 대외계정에 입금 후 매입(원화로 환전)하는 것이 원칙이며 외화매입 시 외국환매입(예치)증명서를 교부한다.

④ 주식등의 전부를 국내 법인이나 대한민국 국민에게 양도한 경우는 등록말소 사유가 된다.

32 외국기업 국내지사에 대한 설명으로 옳지 않은 것은?

① 비거주자가 국내에 지점 또는 사무소를 설치하고자 하는 경우 거래외국환은행을 지정하여야 한다.

② 자금의 융자, 해외금융알선 및 중개, 카드업무, 할부금융 등 은행업 이외의 금융관련 업무와 증권, 보험관련 업무를 하고자 하는 자는 금융감독원장에게 신고하여야 한다.

③ 외국인투자촉진법에 의한 "외국인투자에 관한 규정"상 허용되지 아니하는 업종은 국내지점을 설치할 수 없다.

④ 사무소설치만으로 지점과 동일하게 업무를 영위할 수 있는 유학알선업이나 고용알선업에 대한 국내 사무소는 설치할 수 없다.

33 다음 중 비금융기관인 국내기업의 해외지사 설치 등과 관련한 내용으로 옳지 않은 것은?

① 해외지점 및 해외사무소 설치 시 거래외국환은행을 지정하여야 한다.

② 국내항공 또는 선박회사의 해외지점이 주재원 급여, 설치비 및 유지활동비를 그 항공 또는 선박회사의 전 해외지점의 당해 연도 수입금의 100분의 30 범위 내에서 직접 사용할 수 있다.

③ 과거 1년간의 수출입실적이 미화 30만불 이상인 자는 해외사무소를 설치할 수 있다.

④ 해외지점의 업무범위 중에서 부동산 취득, 증권관련 거래, 1년 이상 금전대여 거래는 예외사항을 제외하고 한국은행에 '신고수리'되어야 한다.

34 다음 중 외국환거래법규 위반 시 제재 내용으로 옳지 않은 것은?

① 1만불 이하의 지급수단등의 수출입 위반 시 경고처분 대상이다.

② 5만불 이하의 자본거래 위반 시 경고처분 대상이다.

③ 20억원 이하의 자본거래 위반 시 과태료 부과대상이다.

④ 25억원 초과의 지급등의 방법 신고의 위반 시 형사처벌대상이다.

35 수출입실적확인 및 증명 발급업무 취급기관(기구)이 아닌 것은?

① 무역협회　　　　　　　　　　② 소프트웨어산업협회
③ KT NET　　　　　　　　　　④ 관세청

외국환거래실무　　(36~60번)

---

36 환거래계약 체결에 대한 설명으로 옳지 않은 것은?

① Nostro Account 란 외국환은행이 상대은행에 개설한 예금계정을 말한다.

② 선방계정이란 실제계정(Actual a/c)이며, 당방계정이란 선방계정의 투영계정(Shadow a/c)으로 이론상 두 계정은 일치하여야 한다.

③ 상대은행에 자기명의의 예금계좌를 개설하지 않아도 환거래계약을 체결할 수 있다.

④ 신용등급 검토 결과 적정하나 FATF 회원국이 아니면 계약을 체결할 수 없다.

37 다음은 SWIFT에 대한 설명으로 옳지 않은 것은?

① 환거래은행 간 교환된 서명감(List of Signature)에 의거 전문내용의 진위여부가 자동으로 확인된다.

② SWIFT 메시지 타입은 세 자릿수로 구성되어 있다.

③ 전문내용이 표준화되어 있어 전문내용 파악이 용이하다.

④ 전문분류 등이 시스템에 의해 자동으로 처리되지만 참고번호 등이 없는 경우에는 별도로 관리하여야 한다.

38 환전영업자의 업무 등에 대한 설명으로 옳지 않은 것은?

① 환전영업자는 비거주자에게 여행자수표를 매매할 수 있다.

② 환전영업자는 관할 관세청에 등록하여야 하며 거래은행을 지정하여야 한다.

③ 환전영업자는 동일자 동일인 기준 미화 2천불 이하의 외국통화 등을 외국환매입증명서 없이 매매할 수 있으며, 장부를 전산으로 관리하는 경우에는 미화 4천불까지 가능하다

④ 환전영업자는 환전장부 등의 서류를 해당연도 이후 5년간 보관하여야 한다.

39 은행의 외화유동성 관리에 대한 설명으로 옳지 않은 것은?

① 은행의 외화유동성커버리지비율(LCR)은 80% 이상을 유지하여야 한다.

② 향후 30일 간 외화 순유출액에 대한 일정비율 이상의 외화고유동성자산의 의무보유비율을 LCR이라고 한다.

③ 은행의 외화유동성비율은 잔존만기 3개월 이하 부채에 대한 외화자산의 비율로서 지도비율은 85% 이상이다.

④ 잔존만기 3개월 이내에 도래하는 외화부채가 외화자산을 초과하는 만기불일치비율은 10%를 넘을 수 없다.

40 당방은행이 고객의 해외송금요청에 따라 선방은행계좌로 자금을 입금하였으나 선방은행이 관련 지급지시를 받지 못한 경우에 발생하는 것은?

① 선방은행 차기, 당방은행 미대기   ② 선방은행 대기, 당방은행 미차기

③ 당방은행 차기, 선방은행 미대기   ④ 당방은행 대기, 선방은행 미차기

41 다음 중 주식형 펀드의 정의에 해당하는 것은?

① 주식에 펀드자산총액의 40% 이상 투자하는 경우

② 채권편입비율이 펀드자산총액의 50%보다 작은 경우

③ 펀드자산총액의 60% 이상을 주식에 투자한 경우

④ 주식편입비율이 펀드자산총액의 50%보다 크거나 같은 경우

42 타발송금에 대한 설명으로 옳지 않은 것은?

① 타발송금 지급 시 취득사유를 확인하고 필요시 증빙서류를 받아야 한다.

② 외화표시 타발송금을 원화로 지급 시 현찰매입률을 적용한다.

③ 타발송금 지급지시시상에 기재된 수취계좌의 예금주명과 수취인명과의 일치여부를 확인한다.

④ 거주자의 외화차입으로서 거래 건당 미화 5천불 초과 10만불 이내는 거래은행 지정 후 신고절차 없이 지급할 수 있다.

43 소액해외송금업자의 등록등에 대한 설명으로 옳지 않은 것은?

① 등록은 금융감독원장을 경유하여 관할세관에 등록신청하여야 한다.

② 자기자본 10억원 이상, 재무건전성, 한국은행 외화전산망 연결, 사후관리용 전산설비와 전문인력, 외국환업무 2년 이상 경력자 2명 이상 확보하여야 한다.

③ 자기자본 대비 부채비율은 200% 이내이어야 한다.

④ 지급 및 수령한도는 각각 건별 미화 5천불 이하로 하며 동일인당 연간 지급 및 수령한도는 각각 미화 5만불까지로 한다.

44 외화예금에 대한 설명으로 옳은 것은?

① 개인사업자인 외국인거주자는 대외계정을 개설할 수 있다.

② 해외이주자계정은 해외이주자의 본인명의 재산만 예치가능하다.

③ 외화예금을 원화대가로 처분하는 경우 출금 당시의 대고객 전신환 매입률을 적용한다.

④ 모든 외화를 외화예금으로 예치할 수 있다.

45 다음 중 내재가치(Intrinsic Value)의 설명이 아닌 것은?

① 기업의 자산상태나 수익성 등에 의해 평가된 주식의 가치

② 어떤 자산의 잠재적 가치

③ 옵션에서 행사가격과 기초자산의 시장가격과의 차이

④ 어떤 자산에 대한 미래의 현금흐름을 현재의 시점에서 적절한 할인율로 평가한 값

46 외국환은행의 외화수표관련 업무에 대한 설명으로 적절하지 않은 것은?

① 환거래은행이 아닌 은행이 발행한 은행수표는 업무처리 시 개인수표에 준하여 취급한다.

② 개인수표의 발행자 서명에 'For and on behalf of' 다음에 개인명이 아닌 기업명이 기재된 경우 매입할 수 없다

③ 수표의 부도사유가 Refer to maker인 경우 계약불이행에 의한 부도이다.

④ 외화수표는 지정수취인(Pay to the order of~)으로부터 매입 또는 추심신청을 받는다.

47 외국환은행이 고객으로부터 제출받은 서류 중 확인 후 다시 반환하는 서류는?

① 해외유학경비지급 입증서류　　　　② 비거주자의 2만불 초과 취득경위 입증서류

③ 수출입계약서　　　　④ 현지금융신고서류

48 국제채 중 채권의 표시통화국 이외의 지역에서 발행되어 국제적으로 판매되는 채권을 칭하는 명칭은?

① 외국채　　　　② 유로채

③ STRIPs　　　　④ FRN

49 다음 내용에 해당하는 옵션합성 전략은?

> 수입업체는 (OTM)풋을 두 개 팔고 콜(ITM)을 하나 사면 일반 선도환 매입 포지션보다 낮은 환율로 원화 대가로 외화를 매입하여 ZERO COST하였다. 즉, 수입업체는 선도환 매입＋풋옵션 매도로 합성한 것이다. 그러나 예상과 다르게 환율하락 폭이 크면 손실을 볼 수 있다. 환율의 방향이 비교적 정확한 예측이 가능하며, 헤지 시점을 놓친 거래업체에게 섭외 가능하다.

① 레인지 포워드　　　　② 타겟 포워드

③ 시걸 옵션　　　　④ 인핸스드 포워드

50 수익증권과 뮤추얼펀드의 비교에 대하여 가장 알맞은 것은?

구분	수익증권	뮤추얼 펀드
형태	신탁관계	자체법인
발행증권	ⓐ	
투자자 지위		ⓑ
외부관리자		ⓒ

	ⓐ	ⓑ	ⓒ
①	주식	주주	수탁회사
②	주식	수익자	자산보관회사
③	수익증권	주주	일반사무수탁회사
④	수익증권	수익자	자산보관회사

51 다음의 용어 설명 중 옳지 않은 것은?

① 선물옵션(futures option)이란 선물계약을 기초자산으로 하는 옵션으로서 만기가 되면 현물포지션으로 전환된다.

② 외국채(Foreign Bond)란 외국의 차입자가 특정 국가의 자본시장에서 그 나라의 표시통화로 발행하는 채권이다.

③ 자본시장선(capital market line)이란 무위험 자산과 시장포트폴리오를 연결함으로써 얻을 수 있는 투자기회선이다.

④ 커버드콜전략(covered call strategy)은 주식매입＋콜옵션 매도의 형태로서, 주식형 펀드의 투자전략의 일종이며 약세장이나 보합장에서 효과적인 전략을 말한다.

52 다음 중 주요 국가별 은행송금코드로 옳지 않은 것은?

① 유럽 : IBAN CODE   ② 캐나다 : TRANSIT CODE

③ 영국 : SORT CODE   ④ 프랑스 : BSB NO.

53 외국환계정에서 경과계정이 아닌 것은?

① 매입외환   ② 미지급외환

③ 외화본지점   ④ 미결제외환

54 다음 중 가수금과 별단예금의 차이를 설명한 내용으로 가장 적절한 것은?

구분	가수금	별단예금
성질	계정과목 또는 금액 미확정	ⓐ
지급		ⓑ
처리	가계정이므로 단시일 내 정리	지급기한은 거래내용에 따라 상이
부리	무이자	무이자가 원칙
지급준비	ⓒ	

	ⓐ	ⓑ	ⓒ
①	정당계정 처리시까지 임시계정	고객 환급 없이 대체처리	지급준비금 예치대상
②	정당계정 처리시까지 임시계정	고객에게 환급되므로 영수증빙 필요	지급준비금 예치대상
③	회계목적상 설정된 예금계정	고객 환급 없이 대체처리	지급준비금 불요
④	회계목적상 설정된 예금계정	고객에게 환급되므로 영수증빙 필요	지급준비금 불요

55 다음 중 외국환 환포지션 발생 중 외국환은행의 매도포지션이 아닌 것은?

① less charge의 징수　　　　　② 여행자수표의 판매
③ 수입어음 결제　　　　　　　④ 외화예금의 지급

56 다음 중 외국환관련 취급수수료 중 정액수수료로만 구성된 것은?

① L/G발급수수료, 타발송금추심수수료
② 수입결제하자수수료, 수출신용장양도수수료
③ 수출신용장 통지 수수료, 외화대체료
④ 외화현찰수수료, 내국신용장취급수수료

57 다음 거래는 USANCE방식의 수입거래에 대한 설명이다. 옳은 설명은?

> 기한부 수입신용장 거래 시 해외의 수출상이 발행한 기한부 환어음을 신용장 개설은행의 예치환거래 은행이 인수 및 할인하고, 동 인수 및 할인료를 신용장 개설은행의 당방 계정에서 선차기한다.

① 국내은행이 아닌 해외은행으로부터의 자금조달이므로 신용장개설은행은 동 거래를 내국수입유산 스 계정으로 처리할 수 없다.
② 동 거래는 Shipper's Usance 방식이다.
③ LIBO금리 산출중단으로 미화(USD)에 대한 인수은행의 할인료(ACDC) 산정은 텀소파(TERM SOFR)를 적용한다.
④ 수출상은 수출대금을 기한부 환어음의 만기 시 회수한다.

58 내국신용장(Local L/C) 개설에 대한 설명으로 옳지 않은 것은?

① 표시통화는 원화(매매기준율로 환산한 외화금액 부기가능) 또는 외화로 한다.
② 서류제시기간은 물품수령발급일로부터 최장 3영업일 이내로 한다.
③ 판매대금추심의뢰서의 형식은 개설의뢰인을 지급인으로 하고 개설은행을 지급장소로 하는 일람출 급식이어야 한다.
④ 신용장 유효기일은 물품의 인도기일에 최장 10일을 가산한 기일 이내이어야 한다.

59 다음 중 수출계약서로 인정되지 않는 것은?

① OFFER SHEET(물품매도확약서)
② PURCHASE ORDER(구매주문서)
③ PROFORMA INVOICE(견적송장)
④ COMMERCIAL INVOICE(상업송장)

60 다음 중 외국환은행의 외화수표 매입 및 추심업무 등의 용도에 필요한 것은?

① 외국환거래약정서
② 외화예금거래기본약관
③ 외환매매거래약정서
④ 외환거래기본약관

61 현물환거래의 결제일이 다른 하나는?

① CAD   ② NZD

③ AUD   ④ GBP

62 다음 중 환리스크에 대한 기업의 내부적 관리기법에 속하는 것은?

① 통화선도   ② 통화포트폴리오

③ 통화스왑   ④ 환변동보험

63 A기업이 B은행에게 GBP/USD환율 고시를 요청하였다. B은행은 1.2150/60으로 고시하였다면 다음 설명 중 적절하지 않은 것은?

① A기업이 USD매각 시 1.2150이 적용된다.

② B은행이 GBP매도 시 1.2160이 적용된다.

③ 1.21을 Big figure라고 한다.

④ 1.2150/60p에서 50과 60을 pips 또는 points라고 한다.

64 다음은 환리스크의 종류에 대한 설명이다. (   )에 들어갈 리스크의 종류는?

> • (A)리스크는 예를 들어 국내 조선사들이 선박을 수주할 때(회계처리를 하지 않음)와 선박을 건조하는 기성에 따라 매출을 인식할 때(회계처리를 함)사이의 환율의 변화에 대한 불확실성이다.
> • (B)리스크는 선박을 건조하는 기성에 따라 매출을 인식하는 회계적인 거래로 확정할 때 환율과 실제로 선박대금이 들어올 때 사이의 환율의 변화에 따른 불확실성이다.

① A - 영업환, B - 환산환   ② A - 환산환, B - 거래환

③ A - 거래환, B - 영업환   ④ A - 영업환, B - 거래환

65 다음 중 달러/원 환율변동요인과 거리가 먼 것은?

① 내국인의 해외투자   ② 거주자의 국내주식거래 동향

③ 국제수지   ④ NDF 거래

66 환율의 표시방법에 대한 설명으로 옳지 않은 것은?

① 우리나라의 달러/원의 환율은 자국통화표시법이다.

② 유로 및 영국, 호주, 뉴질랜드는 외국통화표시법이다.

③ 유럽식 표시법이란 미국달러 1단위를 기준통화로 하고, 이에 해당하는 외국통화 단위 수로 환율을 표시한다.

④ 미국 선물거래소의 통화선물거래는 유럽식 표시법을 사용한다.

67 다음은 주요 통화들에 대한 20×3년 10월과 20×4년 4월의 환율을 비교한 것이다. 옳은 설명은?

구분	20×3년 10월말	20×4년 4월말
미달러/원($/₩)	1,200	1,370
미달러/엔(¥/$)	130.50	156.60
유로/미달러(₵/$)	1.1820	1.0800
파운드/미달러(£/$)	1.5320	1.3750

① 달러화는 원화에 비해 평가절하되었다.

② 달러화는 엔화에 비해 평가절하되었다.

③ 달러화는 유로화에 비해 평가절상되었다.

④ 달러화는 파운드화에 비해 평가절하되었다.

68 기업의 환리스크관리에 대한 내용으로 옳지 않은 것은?

① 2년 미만의 선물환거래위험은 2년 미만의 이자율스왑 위험보다 높게 인식한다.

② 기업의 총외환손실한도가 VaR값보다 클 경우 환리스크는 목표대로 잘 관리되고 있다.

③ 환리스크관리조직의 형태 중 가장 발전적인 조직은 집중식 관리조직이다.

④ 우리나라는 IMF사태 때의 교훈으로 기업의 거래환리스크가 영업환리스크보다 훨씬 커다는 것을 알 수 있었다.

69 수입기업인 A기업은 6개월 후 미화 10백만불의 수입대금을 결제하여야 한다. 동 거래에 대한 6개월 만기 선물환 시장가격이 1,100원이라면 이에 대한 설명으로 적절하지 않은 것은?

① 만일 A기업이 지금부터 만기일까지 달러/원 환율이 상승할 것으로 예상되면 현재 선물환율인 1,100원에 은행에서 매수계약을 할 수 있다.

② 만기일에 환율이 1,110원이 되더라도 선물환율 1,100원으로 결제할 수 있다.

③ 만기일의 환율에 관계없이 선물환율인 1,100원에 헤지하는 효과를 달성할 수 있다.

④ 만기일에 환율이 1,090원이 되면 현물환율인 1,090원에 달러를 매입하면 된다.

70 외환스왑(F/X SWAP)의 용도와 비교적 거리가 먼 것은?

① 선물환 거래 창출

② 기존 외환거래의 만기일 연장 및 단축

③ 장외거래 시 거래상대방의 신용위험 회피

④ 자국통화를 이용한 외국통화 창출

71 외환시장에서의 SPOT환율과 3개월 선물환 스왑 포인트는 다음과 같다. 고객이 3개월 BUY&SELL 스왑(F/X SWAP)을 요청한 경우 은행이 적용할 환율로 옳은 것은?

> • 달러/원 SPOT : 1,305.00/1,307.50
> • 3MTH SWAP POINT : 150/250

	Near Date	Far Date
①	1,305.00	1,303.50
②	1,305.00	1,302.50
③	1,307.50	1,309.00
④	1,307.50	1,310.00

72 한국거래소(KRX)의 통화선물거래에 대한 설명으로 옳지 않은 것은?

① 통화선물 거래량은 주가지수선물이나 금리선물 등 다른 선물상품보다 거래량이 적은 편이다.

② 통화선물거래는 일정한 신용도 이상의 투자자에게는 증거금을 면제해 줄 수 있다.

③ 한국거래소의 4개의 통화선물의 최소가격변동금액은 모두 1,000원이다.

④ 통화선물의 만기에는 실물인수도하여야 한다.

73 다음 조건의 외환시장에서 은행(quoting party)이 기업(calling party)에 제시하는 통화스왑(CRS)의 Receive 금리는? (단, 스왑포인트 산정 시 중간 값을 적용하지 않으며, 은행마진도 고려하지 않는다.)

> • 3년 만기 엔화 이자율 스왑 : 1.20/1.185
> • 3년 만기 달러/엔 BASIS 통화스왑 : −7/−11

① 1.090%
② 1.075%
③ 1.130%
④ 1.075%

74 은행 등의 스왑거래 참여에 대한 리스크 부담에 대한 설명으로 옳지 않은 것은?

① 은행이 Advisory역할을 할 경우 시장위험과 신용위험을 부담하지 아니한다.
② 은행이 Intermediary역할을 할 경우 시장위험은 부담하지만 신용위험은 부담하지 않는다.
③ 은행이 Market Maker역할을 할 경우 시장위험과 신용위험은 부담한다.
④ 외환브로커는 본인의 계정(book)을 보유하지 않고 은행 간 스왑거래를 중개하여 거래비용을 줄이는 역할을 한다.

75 통화스왑(CRS)에 대한 설명으로 옳지 않은 것은?

① 외환스왑은 near date와 far date의 환율이 다를 수 있지만 통화스왑의 만기환율은 현물환율과 동일하다.
② 베이시스 통화스왑 가격과 상대통화의 이자율스왑의 가격을 알면 통화스왑의 가격을 알 수 있다.
③ 통화스왑의 이자교환 시 차액결제하는 것이 일반적이다.
④ 통화스왑의 초기 원금교환은 선택사항이고 만기 원금교환은 필수사항이다.

76 달러/원의 시장선물환이 1,070원일 때, 한국의 수입업체가 OTM(행사가격 1,080원)에 달러/원 CALL 옵션을 매입하고 OTM(행사가격1,060원)에 달러/원 PUT옵션을 매도하여 레인지 포워드 전략을 수립하였다. (제로코스트) 만기 시 환율이 1,065원일 경우 이 수입업체가 부담하는 환율은?

① 1,060원
② 1,065원
③ 1,070원
④ 1,080원

77 통화스왑(CRS)의 설명으로 옳지 않은 것은?

① 글로벌금융위기로 인한 신용경색으로 차입여건이 악화되면 우리나라 금융기관은 CRS Receive를 한다.

② 초기원금교환은 선택사항이고 만기원금교환은 필수사항이다.

③ 만기일의 환율은 선도환율이다.

④ 베이시스통화스왑과 상대통화의 이자율스왑 가격을 결합하면 통화스왑 가격을 알 수 있다.

78 환율 하락을 예상하여 옵션스프레드전략의 포지션을 구성하면서 초기에 옵션 프리미엄을 지급하는 전략은?

① Bull Call spread 전략　　　　　② Bear Call spread 전략

③ Bull Put spread 전략　　　　　④ Bear Put spread 전략

79 3개월 후 100만불의 수입대금을 결제할 예정인 수입업자의 환율변동위험을 제거하기 위한 전략으로 옳은 것은?

① 달러/원 콜옵션 매수 또는 달러 통화선물 매수

② 달러/원 콜옵션 매수 또는 달러 통화선물 매도

③ 달러/원 풋옵션 매수 또는 달러 통화선물 매수

④ 달러/원 풋옵션 매수 또는 달러 통화선물 매도

80 수입 기업이 만기일 환율 예측을 녹아웃 배리어(1,085원) 위까지 큰 폭으로 상승하지는 않을 것으로 예상하고 있다. 3개월 후에 결제하여야 하는 수입 대금에 대한 헤지를 선물환 매수 대신에 아래와 같이 (3개월 만기) 옵션합성전략으로 실행하였다. 옵션만기 시 4가지 경우의 현물 환율로 결정된다면 이 수입업자가 결제하여야 할 각각의 환율을 올바르게 표시한 것은?

> 1,060원 up&out(유로피언 배리어 : 1,085원) 콜옵션을 매입하고, 1,060원 down&in(유로피언 배리어 : 1,045원) 풋옵션을 매도하여 zero-cost 전략을 구성함

만기환율	1,030원	1,050원	1,083원	1,090원
①	1,060	1,050	1,060	1,090
②	1,045	1,060	1,085	1,085
③	1,085	1,060	1,060	1,060
④	1,060	1,085	1,090	1,090

※ 최근 출제경향에 따라 해설을 기본서의 내용으로 구성하였습니다. 해설을 숙독하고 해설 아래 추가 문항을 반드시 풀어 보시기 바랍니다.

01	02	03	04	05	06	07	08	09	10
②	④	③	④	②	①	②	③	③	②
11	12	13	14	15	16	17	18	19	20
②	③	④	②	③	①	④	③	③	④
21	22	23	24	25	26	27	28	29	30
①	②	④	④	④	③	②	②	③	④
31	32	33	34	35	36	37	38	39	40
②	④	④	③	②	④	①	③	①	②
41	42	43	44	45	46	47	48	49	50
④	②	③	②	④	①	①	③	④	④
51	52	53	54	55	56	57	58	59	60
③	①	②	①	②	①	②	③	③	③
61	62	63	64	65	66	67	68	69	70
①	③	③	④	③	④	②	④	①	③
71	72	73	74	75	76	77	78	79	80
①	①	②	③	①	②	①	④	③	④

외환관리실무 (01~35번)

01 법 개정으로 여행사 등이 단체해외여행경비 환전 시 거래은행 지정의무가 없다. 유리한 환율을 적용하는 외국환은행을 골라서 환전 거래할 수 있다.
(아래 규정의 문구를 보면 지정거래은행이 아닌 <u>외국환은행</u>으로 표기된 것에 유의)

규정 제4 – 5조(해외여행경비 지급절차) ③ 여행업자 또는 교육기관등(국내 해외연수알선 업체를 포함)과의 계약에 의하여 해외여행을 하고자 하는 해외여행자는 해외여행경비의 전부 또는 일부를 당해 여행업자 또는 교육기관등에게 외국환은행을 통하여 지급할 수 있으며, 여행업자 또는 교육기관등은 동 경비를 외국의 숙박업자 · 여행사 또는 해외연수기관(외국의 연수알선업체를 포함)에 외국환은행을 통하여 지급하거나 휴대수출하여 지급할 수 있다.

02 처리기간 외국환은행의 장은 규정에서 별도로 정한 경우를 제외하고, 다음의 처리기간 내에 신고수리 또는 신고업무를 처리하여야 한다. 다만, 서류의 보완·보정에 소요 되는 기간은 처리기간에 산입하지 아니한다.

구분	업무처리기간
외국환은행의 신고업무	2영업일 이내
외국환은행의 신고수리업무	7영업일 이내

03 사전지급이란 거래 또는 행위가 발생하기 전에 지급을 하는 경우를 말한다.
  1. **해외여행경비, 해외이주비 및 재외동포의 국내재산반출은 본 항목을 적용할 수 없음**
     ☞ 적용 예시 : 외국에서 영화, 음반, 방송물 및 광고물 등을 제작하거나 전시회 개최에 필요한 경비를 지급하는 경우 등
  2. 지급신청서 우측 상단에 "사전지급"임을 표시하여야 함
  3. 지급신청일로부터 60일 이내에 지급금액을 증빙하는 서류 등을 징구하여 정산하여야 하며 부득이 하다고 인정되는 경우에는 그 지급금액의 10% 이내에서 정산의무를 면제할 수 있음
  4. 제3호에서 정한 정산기간에도 불구하고 외국환은행의 장이 인정 하는 경우에는 사후관리에 필요한 적정기간을 부여 할 수 있음
  5. 상기 제3호 및 제4호에서 정한 기간 이내에 정산자료를 제출하지 아니한 경우에는 익월 10일까지 당해 사실을 금융감독원장에게 보고하여야 함
  ※ **아래 규정 ①-4.가 문제의 내용임. 아래 규정의 내용은 자주 출제됨**

> **규정 제4-3조(거주자의 지급등 절차 예외)** ① 거주자(외국인거주자는 제외한다)는 다음 각호의1에 해당하는 경우 지급등의 증빙서류를 제출하지 아니하고 지급등을 할 수 있다.
>   1. 이 규정에 따른 신고를 필요로 하지 않는 거래로서 다음 각호의1에 해당하는 지급
>   가. 연간 누계금액이 미화 10만불 이내인 경우
>   나. 연간 누계금액이 미화 10만불을 초과하는 지급으로서 당해 거래의 내용과 금액을 서류를 통해 외국환은행의 장이 확인할 수 있는 경우(** 교회의 선교자금 등)
>   3. 정부 또는 지방자치단체의 지급 등
>   4. 거래 또는 행위가 발생하기 전에 하는 지급. 이 경우 거래 또는 행위발생 후 일정한 기간 내에 지급 증빙서류를 제출하여 정산하여야 한다. 다만, 그 지급금액의 100분의 10 이내에서는 정산의무를 면제할 수 있다. (** 오지에 해외촬영 시 필요경비의 외화선지급 후정산임)
>   5. 전년도 수출실적이 미화 3천만불 이상인 기업의 송금방식 수출대금의 수령 및 전년도 수입실적이 미화 3천만불 이상인 기업의 송금방식 수입대금의 지급. (** 출제 빈번한 지문임) 다만, 지급등의 증빙서류 제출을 면제받은 기업은 관련 지급등의 증빙서류를 5년간 보관하여야 한다.
> ③ 제1항 제1호에 따른 지급을 하고자 하는 자는 거래외국환은행을 지정하여야 한다.

04 ① 외국인의 국내투자과실은 인정된 것만 대외송금이 가능하고 외국환은행을 통한 송금이 원칙이다.
  ② 거주자의 해외직접투자의 지급수단(원화, 외화 등)은 (외국환은행을 통한) 송금을 원칙으로 한다.
  ③ 비거주자의 매각실적 범위 내 재환전은 송금과 환전지급(휴대출국)이 가능하다.
  ④ 외국인거주자의 (급여소득, 보험금, 연금 등이 **무증빙** 5만불 이내) 국내소득은 송금과 대외계정 예치는 가능하지만 환전지급을 할 수 없다(기본서 18판, p.120 참조).

외국인거주자 및 비거주자의 대외지급 절차비교에서 (a)~(d) 중 옳지 않은 것은?

사유구분		외국인거주자	비거주자	지급방법
매각실적 범위 내 재환전		(a) 전체매각실적 범위	(b) 최초 입국 이후 매각실적	송금, 환전
보수, 소득, 보험금, 연금	증빙 ○	증빙금액 범위 내	좌동	송금, 환전
	증빙 ×	(c) 연간누계 5만불	좌동	송금만 허용
미화 1만불 소액지급		(d) 일반해외여행경비	재환전	송금, 환전
투자과실(증권, 부동산)		인정된 거래일 것	좌동	송금원칙

① (a) ② (b) ③ (c) ④ (d)

해설 외국인거주자는 입국일에 무관하게 (수년 전에 환전한 것도) 환전증빙서류만 있으면 (외화로) 재환전하여 휴대출국이나 당발송금할 수 있다. 그러나 어쩌다 한두 번 입국하는 비거주자는 가장 마지막으로 입국한 이후(최근 입국일 이후) 환전증빙에 대해서만 재환전해 준다. 약간의 차별을 둔 것으로 보면 된다. 또한 외국인인 거주자에게는 일반여행경비 명목으로 (환전을 하기 위한 원화의 출처를 묻지 않는다는 의미에서 증빙이 필요 없다는 뜻) 1만불까지 외국통화로 환전해 받거나 해외송금이 가능하다. 그러나 비거주자에게는 일반해외여행경비란 명목 자체가 없이 그냥 1만불까지 외화로 환전(재환전으로 표시함)해 받을 수 있다(사실상 금액적으로는 차이가 없다).

정답 | ②

05 ① 외국에 소재하고 있는 모든 회사는 비거주자이다. 따라서 한국에서 인도네시아 현지에 투자하여 설치한 영업소는 (법인) 비거주자이다.
② 태국인이 국내 입국 후 취업하는 순간부터 거주자 신분이 된다.
③ 외국에 있는 국제기구에 근무하는 경우 비거주자이다. IOC에 파견 나가 있는 한국인은 비거주자이다. 그러나 대한민국 재외공관(한국대사관, 영사관)에 근무하는 자는 외국에 거주하지만 치외법권이 인정되므로 거주자로 분류된다.
④ 국내 주둔 미합중국군대 등의 군인, 군속 그리고 초청계약자, 동거가족은 비거주자이다.

06 예를 들어 유학생이 시민권자이면 외국인이므로 해외유학생의 해외여행경비 대상이 아니지만 그 (시민권자인) 유학생의 부 또는 모가 영주권자가 아닌 '국민인 거주자'이면 유학생경비 적용대상이다(부모님마저 영주권자이거나 시민권자이면 유학생경비를 송금할 수 없는데 이는 유학생 집안 전체가 외국인이므로 한국 내 재산을 유학생경비 명목으로 외화를 유출할 수 없다는 취지이다).

【해외유학생의 정의】
다음의 어느 하나에 해당하는 자로서 외국의 교육기관 · 연구기관 또는 연수기관에서 (6월) 이상의 기간에 걸쳐 수학하거나 학문 · 기술을 연구 또는 연수 할 목적으로 외국에 체재하는 자
① 영주권자가 아닌 국민 또는 국내 거주기간 (5년) 이상인 외국인인 경우
② "①"에 해당되지 않은 자로서, 학비를 지급하는 부 또는 모가 (영주권자)가 아닌 국민인 거주자인 경우
그러나 유학생의 거주성을 따질 경우, 해외유학이나 단순 체류목적으로 출국한 자가 현지에서 2년 이상 체재한 경우에 한하여 비거주자로 인정하며, 2년 이상 체재할 예정이라 하더라도 현재 체재기간이 2년 미만인 경우에는 모두 거주자로 간주한다. 국내 거주기간 (5년) 이상인 외국인의 경우는 외국인이지만 사실상 한국인 대접을 한다는 의미로서 (원화의 자금출처를 묻지 않는) 유학생경비 명목으로 해외송금이 가능하다.

07 소액해외송금업무의 등록을 하고자 하는 자는 금융감독원장을 경유하여 기획재정부장관에게 제출하여야 한다. 자기자본 10억원 이상, 재무건전성, 한국은행 외환전산망 연결, 사후관리용 전산설비 및 전문인력, 외국환업무 2년 이상 경력자 2명 확보 등이 필요 요건이다.

08 (교포등에 대한 여신은 자주 출제됨)

교포여신 수혜대상자(차주)는 외국에 체재 중인 국민인거주자(일반여행자는 제외), 국민인비거주자로서 해외에 체재하고 있는 영주권자, 해외사업, 해외출장 또는 파견근무 목적으로 해외에 체재하고 있는 자, 해외주재원, 특파원 등으로 체재하고 있는 자, 해외유학생, 국민인비거주자가 전액 출자하여 설립한 법인이다. 재외국민은 교포여신 대상이지만 외국국적을 취득한 시민권자는 외국인(외국국적동포)이므로 교포여신의 대상이 아니다.

"교포등에 대한 여신"의 금액에 대한 신고처의 기준은 차주가 받는 대출금액이 아닌 동 대출에 대한 보증(담보제공)금액이 50만불 초과 여부로 지정거래외국환은행과 한국은행으로 신고처를 구분한다.

(1) "교포등에 대한 여신"이라 함은 국내에 본점을 둔 외국환은행의 해외지점 및 제9장에 의한 현지법인금융기관 등의 외국에 있는 거주자(일반해외여행자는 제외한다), 국민인비거주자 또는 국민인비거주자가 전액(*100% 임에 유의) 출자하여 현지에 설립한 법인에 대한 여신을 말한다.

(2) 교포등에 대한 여신은 국내 외국환은행의 해외지점 또는 그 현지법인 및 자회사, 손자회사 및 국내거주자가 해외금융업(보험업)을 위해 설립한 현지법인 및 자회사, 손자회사만이 가능하며, 외국은행 또는 우리나라 교포들이 만든 소위 교포은행은 외국환거래규정상의 '교포여신등에 대한 여신'을 취급할 수 없다.

(3) 외국환은행이 50만불을 초과한 보증(담보관리승낙을 포함)을 하고자 하는 경우에는 보증을 의뢰하는 당사자가 한국은행총재에게 신고하여야 하며, 한국은행총재는 필요시 동 신고내용을 국세청장에게 열람하도록 하여야 한다.

(4) 교포등에 대한 여신과 관련하여 거주자 또는 당해 여신을 받는 비거주자가 국내에 있는 금융기관에 미화 50만불 이내에서 원리금의 상환을 보증하고자 하는 경우에는 지정거래외국환은행의 장에게 신고하여야 한다(50만불 초과 시 한국은행에 신고하여야 함). 이 경우 거래외국환은행의 지정은 여신을 받는 자의 명의로 하고, 해외에서도 하나의 외국환은행해외지점 또는 현지법인 금융기관 등을 거래금융기관으로 지정하여야 한다.

(5) 내용변경 신고대상 : 담보종류, 상환방법, 대출금리, 기한연장 등
  ☞ 차주 또는 보증인(담보제공자) 변경, 증액 등은 신규신고 대상임

---

09 무증빙으로 생활비나 소액경상대가(수수료, 물품대금 등)는 연간 10만불을 초과할 수 없다. 거주자(외국인거주자는 제외)의 연간 10만불 무증빙은 건당 5천불 초과거래로서 생활비, 경조사비, 회비, 소액경상대가(수수료, 물품대가) 등이 대상이다. 그러나 종교단체의 선교 포교자금, 비영리단체의 구호자금, 외국정부나 국제단체에 대한 기부금 등은 연간누계 10만불이 초과되어도 무증빙으로 지급할 수 있다. 단, 지급확인서상에 내부품의서, 지출결의서, 이사회의사록, 그리고 수취인의 실제를 확인할 수 있는 서류 등을 징구하여야 한다. 좌우간 금융기관의 송금담당자는 10만불 초과에 대하여 매우 제한적으로 취급하여야 한다.

10 (영수확인서 문항은 매회 빠지지 않고 출제됨)

외국으로부터 국민인거주자(국내법인 포함)에게 송금된 미화 10만불 초과(동일자, 동일인, 동일점포를 기준으로 하며 2회 이상 매입하는 경우에는 이를 합산한 금액임)의 대외지급수단을 매입하는 경우로서 취득경위를 입증하는 서류를 제출하지 않은 경우에는 '영수확인서'를 징구한다(※ 주의 : 외국인거주자와 비거주자에게는 영수확인서 제도를 적용하지 않는다). 다만 수취인의 소재불명으로 인하여 송금된 날로부터 3영업일 이내에 영수사유를 알 수 없는 경우에는 익익영업일 이후 영수확인서 징구를 '생략'하고 "이전거래"로 간주하여 매입 가능하다. 그러나 영수사유의 원인거래가 신고대상임에도 당초 신고의무를 이행하지 아니한 거래의 자금을 영수하는 것으로 확인된 경우에는 법규위반이다. 따라서 이 영수확인서 징구방식으로 매입할 수 없으며, 거래위반사실을 '외국환거래법규 위반사실 보고서'에 의거 금융감독원장에게 보고하여 적정조치 후 매입이 가능하다.

【영수확인서】

1. 거주자(외국인거주자 제외)가 **외국에서 송금된** 미화 10만불 초과(동일자, 동일인, 동일점포를 기준으로 하며 2회 이상 영수하는 경우에는 이를 합산한 금액임)의 대외지급수단을 영수하는 경우로서 **취득경위를 입증하는**

<u>서류를 제출하지 않은 경우에는</u> 영수확인서를 징구하여야 함. 다만 영수확인서에 기재된 영수사유에도 불구하고 "이전거래"로 간주하여 매입하여야 함

☞ <u>수취인의 소재불명으로 인하여 송금된 날로부터 3영업일 이내에 영수사유를 알 수 없는 경우에는 익영업일 이후 영수확인서 징구를 생략하고 "이전거래"로 간주하여 매입 가능함</u>

2. 그러나 규정 제7장에 의한 자본거래로서 거주자(외국인거주자 제외)의 거래건당 영수금액이 미화 5천불 초과 10만불 이내이고, 연간 영수 누계금액이 미화 10만불을 초과하지 않는 경우로서 규정 제7-2조 제9호(거주자의 연간누계 10만불 이내의 자본거래의 수령 → 개인의 외화차입이 이에 해당함)에 의한 신고예외적용을 받고자 하는 경우에는 <u>거래외국환은행을 지정하여야 함</u>. 다만 증빙서류를 제출하지 않아 영수절차를 거친 경우에 한함

11 **규정 제5-9조(대응수출입 이행의무)** ① 건당 미화 5만불을 초과하는 수출대금을 물품의 선적 전에 수령한 자는 동 대금을 반환하거나 대응수출을 이행하여야 한다.
② 선적서류 또는 물품의 수령 전에 송금방식에 의하여 건당 미화 2만불을 <u>초과하는 수입대금을 지급한 자는 동 대금을 반환받거나 대응수입을 이행하여야 한다.</u>

12 무역거래는 기본적으로 외국환은행을 통하여야 한다. 그럼에도 불구하고 무역거래에 있어서 1만불 초과의 대금지급을 외국환은행을 통하지 아니하고 직접 외국통화로 지급하는 경우(영수하는 경우는 신고 예외) 한국은행에 신고(지급 등의 방법 변경신고) 후 환전할 수 있다. 예를 들어, 물품수입대금(무역거래), 중개수수료(무역외거래), 해외투자자금(자본거래) 등을 (외국환은행을 통하지 아니하고) 휴대하여 외국에서 직접 지급하고자 하는 경우에는 사전에 한국은행에 '지급등의 방법' 신고를 하고 그 신고필증을 교부받아서 외국환은행에 제출하여 외화현찰을 환전하여야 한다. 이때 출국자는 은행이 발급하는 '외국환은행 신고(확인)필증을 교부받아서 외화현찰과 함께 지참하고 출국하여야 한다. (◀ 자주 출제됨)

13 제3자인 거주자가 비거주자인 당사자에게 지급하는 경우에는 한국은행 신고대상이다(그러나 5천불 초과 1만불 이내는 외국환은행 신고).

14 **외국한거래규정 제5-4조(상계에 대한 신고 등) (일부발췌)** ① 다음 각호의 1에 해당하는 방법으로 지급등을 하고자 하는 경우에는 신고를 요하지 아니한다.

1. 일방의 금액(분할하여 지급등을 하는 경우에는 각각의 지급등의 금액을 합산한 금액을 말한다)이 미화 5천불 이하인 채권 또는 채무를 상계하고자 하는 경우 (◀ 기출지문)
2. 거주자가 거주자와 비거주자 간의 거래 또는 행위에 따른 채권 또는 채무를 이 절 제2관의 규정에 의한 상호계산계정을 통하여 당해 거래의 당사자인 비거주자에 대한 채무 또는 채권으로 상계하고자 하는 경우
3. 신용카드발행업자가 외국에 있는 신용카드발행업자로부터 수령할 금액과 당해 외국에 있는 신용카드발행업자에게 지급할 금액(거주자의 신용카드 대외지급대금, 사용수수료 및 회비)을 상계하거나 그 상계한 잔액을 지급 또는 수령하는
6. 연계무역, 위탁가공무역 및 수탁가공무역에 의하여 수출대금과 관련 수입대금을 상계하고자 하는 경우 (중계무역은 신고사항임 ◀ 자주 출제되는 지문임)

> ※ "연계무역"이란 물물교환(Barter Trade), 구상무역(Compensation trade), 대응구매(Counter purchase), 제품환매(Buy Back) 등의 형태에 의하여 수출·수입이 연계되어 이루어지는 수출입을 말한다. (※ 연계무역은 신고예외임을 잘 암기할 것)

7. 물품의 수출입대금과 당해 수출입거래에 **직접 수반되는** 중개 또는 대리점 수수료 등을 상계하고자 하는 경우

8. 외국항로에 취항하는 국내의 항공 또는 선박회사가 외국에서 취득하는 외국항로의 항공임 또는 선박임과 경상운항경비를 상계하거나 그 상계한 잔액을 지급 또는 수령하는 경우

9. 외국항로에 취항하고 있는 국내선박회사가 외국선박회사와 공동운항계약을 체결하고 선복 및 장비의 상호사용에 따른 채권과 채무를 상계하고자 하는 경우

10. 국내외철도승차권등(선박, 항공기 또는 교통수단 등의 이용권을 포함한다)의 판매대금과 당해 거래에 직접 수반되는 수수료를 상계하고자 하는 경우

11. 거주자 간에 외화표시 채권 또는 채무를 상계하고자 하는 경우

15

규정 제6−2조(신고 등) ① 거주자 또는 비거주자가 다음 각호의 1에 해당하는 지급수단등을 수출입하는 경우에는 신고를 요하지 아니한다.

1. 미화 1만불 이하의 지급수단등을 수입하는 경우. 다만, 내국통화, 원화표시여행자수표 및 원화표시자기앞수표 이외의 내국지급수단을 제외한다.

2. 약속어음ㆍ환어음ㆍ신용장을 수입하는 경우

3. 미화 1만불 이하의 지급수단(대외지급수단, 내국통화, 원화표시자기앞수표 및 원화표시여행자수표를 말한다.)

※ 지문에 나온 국제수익증권이란 외국펀드가 발행한 (실물인)수익증권(집합투자증권)을 말한다. 펀드의 가격이 수시로 변하므로 수익증권의 가치를 산정할 수 없다.

16 전체 외국환은행의 대출을 합계하여 **동일인 기준** 한도가 10억원 이하는 신고예외이다. 비거주자자유원계정에 예치가 가능하다. 비거주자원화계정의 용도는 다르다.

(아래 도표 내용은 자주 출제된다.)

외국환은행의 거주자와 비거주자에 대한 원화 대출			
원화 대출	거주자	외국인거주자 포함 제한 없음	신고예외(국민인비거주자 포함)
	비거주자	동일인 10억원 이하	신고예외
		10억 초과~300억원 이내 자기담보/신용	외국환은행 신고
		10억 초과~300억원 이내 거주자담보/신용	한국은행 신고(차주)
		300억원 초과 시	한국은행 신고(차주)

17 2023년 7월 외국인투자등록증 발급제도가 폐지되었다. 단, 기존 투자등록 외국인은 기발급 외국인투자등록증(IRC)으로 식별한다.

"투자등록증"이란 종전의 규정에 따라 금융감독원장이 투자등록의 신청서를 접수한 때에 외국인별로 고유번호를 부여하여 발급한 것을 말한다. 〈신설 2023. 7. 7.〉

외국인투자자의 "식별수단"이란 다음 각목의 것을 말한다. 〈신설 2023. 7. 7.〉

가. 투자등록을 한 외국인 : 투자등록증의 고유번호

나. 투자등록을 하지 않은 개인인 외국인 : 여권번호

다. 투자등록을 하지 않은 외국법인등 : 국제표준화기구(ISO, International Organization for Standardization)가 정한 국제표준(ISO 17442)에 따라 법인에게 부여된 법인식별기호(LEI, Legal Entity Identifier)

18 일반해외여행경비에 대한 외국환신고(확인)필증 대상이 아니지만 실수증빙이 있는 해외치료비, 등록금등은 발급대상이다. 이외의 일반 해외여행경비를 휴대출국 시(1만불 초과) 본인이 스스로 세관장에게 신고하여야 한다.

19 외국환은행에 신고하여야 한다. 이 문항은 거주자의 해외부동산 취득이 <u>아닌</u> 단순한 이용권(회원권)에 대한 규정이므로 외국환은행에 신고한다. 회원권 취득금액이 건당 미화 10만불을 초과하는 경우에는 국세청장 및 관세청장에게, 건당 미화 5만불을 초과하는 경우 금융감독원장에게 통보하여야 한다. (※ 이런 규정은 매입자에 대한 심리적인 압박용도의 의미가 강하다. 비싼 해외콘도나 해외골프장의 회원권 매입 시 국세청이 매입자의 소득수준을 살펴볼 수도 있고, 세관 출입 시 소지품 면세한도에 대한 체크압박이 클 수도 있다. 강사의 상상이겠지만 이런 통보제도가 있음으로써 규정이 원하는 (외화유출방지)효과를 낼 수도 있다.)

【거주자의 외국부동산 시설물 이용에 관한 권리(회원권 등) 취득】
1. 본 항목에 대하여 신고를 받은 외국환은행의 장은 건당 미화 5만불을 초과하는 경우에는 금융감독원장, 건당 <u>미화 10만불을 초과하는 경우에는 국세청장 및 관세청장에게</u> 익월 10일까지 회원권 등의 매매내용을 통보(전산통보)
2. 최초 분양인 경우에는 매매대상물 증빙서류를 사후에 보완 가능
※ 그러나 거주자가 외국에 있는 부동산 또는 이에 관한 물권 · 임차권 기타 이와 유사한 권리를 취득하고자 하는 경우에는 (이 규정이 아닌) 거주자의 외국부동산취득에 관한 규정(제9-38조 및 제9-39조)에 의거 외국환은행의 장 또는 한국은행총재의 신고수리 사항임에 유의하여야 한다.

20 ① 대외계정(예금주 ; A) → 비거주자 자유원계정(예금주 ; A) : 본인명의인 경우에는 양방향 이동이 가능하다. 그러나 (원화와 외화 간의) 다른 명의 간 이동은 불가하다.
   ② 대외계정(예금주 ; A) → 비거주자원화계정(예금주 ; B) : 예금주가 달라도 가능하다. 국내소비자금으로 간주한다. 그러나 역으로 대외계정으로 이동은 예금주 명의 불문하고 신고절차를 거쳐야 한다(원화계좌에서 발생한 이자는 자금출처가 분명하므로 이동 가능하다). 비거주자원화계정의 입금은 쉬워도 해외로 출금은 절차를 거쳐야 하므로 어렵다. 정책당국은 비거주자원화계정은 입금이 자유로운 대신 가능한 다 소비하기를 바라는 것이다.
   ③ 비거주자 자유원계정(예금주 ; A) → 투자전용비거주자원화계정(예금주 ; A) : 외국인투자자(해외교포 등)가 해외에서 타발송금된 자금이 대외계정에 예치 후 (본인명의) 비거주자 자유원계정으로 이동할 수 있다. 이 자금이 국내 주식투자를 위한 투자전용비거주자원화계정으로 갈 수 있으며 (주식투자자금 회수 후) 역으로 이동도 가능하다.

④ 대외계정(예금주 ; A) → 거주자계정(예금주 ; B) : 이동가능하다. 대외계정은 예치(입금)에 제한이 있지만 송금, 이체의 처분에 대한 제한은 없다. 그러나 예금주(B)는 해외자금영수에 준하는 절차를 이행하여야 한다. 즉, 은행은 예금주 B의 취득사유 확인하여야 한다.

21 기체결된 파생상품거래를 변경 · 취소 및 종료할 경우 기체결된 파생상품거래에서 발생한 손실을 새로운 파생상품거래의 가격에 반영하는 거래(Historical Rate Rollover 거래라고 함)는 조건부 한국은행 신고대상이다. HRR 거래는 한국은행 조건부 신고사항으로 가장 까다롭다.

> **규정 제7 – 40조(파생상품 거래절차)** ① 거주자 간 또는 거주자와 비거주자 간 파생상품거래로서 제2장에서 정하는 바에 따라 외국환업무취급기관이 외국환업무로서 행하는 거래는 신고를 요하지 아니한다.
> ② 거주자 간 또는 거주자와 비거주자 간 파생상품거래로서 제1항에 해당하지 않는 거래 또는 제1항에 해당하는 거래 중 다음 각호의 1에 해당하는 경우에는 거주자가 한국은행총재에게 신고하여야 하며, 한국은행총재는 필요시 동 신고내용을 국세청장에게 열람하도록 하여야 한다. 다만, 제1호 내지 제3호에 해당하는 거래를 하고자 하는 경우에는 한국은행총재가 인정하는 거래타당성 입증서류를 제출하여야 한다.

A. 액면금액의 100분의 20 이상을 옵션프레미엄 등 선급수수료로 지급하는 거래를 하는 경우
B. 기체결된 파생상품거래를 변경 · 취소 및 종료할 경우에 기체결된 파생상품거래에서 발생한 손실을 새로운 파생상품거래의 가격에 반영하는 거래를 하고자 하는 경우(◀ 일명 HRR 거래라고 칭함)

22 거주자가 외국에서 원화증권을 발행하고자 하는 경우에는 (금액크기에 불구하고 예외 없이) 기획재정부장관에게 신고하여야 한다(이런 사례는 거의 없다고 보면 된다. 우리나라 원화의 국제화가 늦은 이유이다). 그리고 거주자가 국내에서 발행한 외화증권을 비거주자가 사모로 취득하는 경우에 지정외국환은행의 장 등에게 신고하는 이유는 거주자가 자본시장법상 국내에서 원화표시든 외화표시든 발행할 수는 있으나(즉 외국환거래규정의 신고예외이기는 하지만) 비거주자가 이 발행증권을 소유한다면 사실상 해외증권발행과 마찬가지이므로 외국환거래규정을 적용한다.

거주자의 증권발행		
발행장소	통화	신고 여부
국내	원화	적용대상 아님
	외화	신고예외
외국	원화	기획재정부장관 신고
	외화	외국환은행등에 신고(거주자의 외화차입준용)

23 **국제조세조정법 시행령 제53조(해외금융계좌의 신고)** ① 해외금융계좌를 보유한 거주자 및 내국법인 중에서 해당 연도의 매월 말일 중 어느 하루의 해외금융계좌 잔액(해외금융계좌가 여러 개인 경우에는 각 해외금융계좌 잔액을 합산한 금액)이 대통령령으로 정하는 금액(5억원)을 초과하는 자는 해외금융계좌정보를 다음 연도 6월 1일부터 30일까지 납세지 관할 세무서장에게 신고하여야 한다.

> 거주자가 건당(동일자, 동일인 기준) 미화 5만불을 초과하여 국내에서 송금한 자금으로 예치하고자 하는 경우에는 한국은행총재에게 예금거래를 신고하여야 한다. 다만, 다음 각목의 1에 해당하는 자는 예치한도에 제한이 없으므로 지정거래 외국환은행의 장에게 신고하여야 함
> 　가. 기관투자가
> 　나. 전년도 수출입실적이 미화 5백만불 이상인 자
> 　다. 해외건설촉진법에 의한 해외건설업자
> 　라. 외국항로에 취항하고 있는 국내의 항공 또는 선박회사
> 　마. 원양어업자

지정거래외국환은행의 장은 해외에서 건당 미화 1만불을 초과하여 입금한 거주자(기관투자가 제외)로부터 입금일로부터 30일 이내에 해외예금입금보고서를 제출받거나 다음 각목의 1에 해당하는 예금거래자(기관투자가 제외)로부터 해외예금 및 신탁잔액보고서를 제출받은 경우 동 내용을 다음 연도 첫째 달 말일까지 한국은행총재에게 보고하여야 함

  가. 법인 : 연간 입금액 또는 연말 잔액이 미화 50만불을 초과하는 경우
  나. 법인 이외의 자 : 연간 입금액 또는 연말 잔액이 미화 10만불을 초과하는 경우

예금 · 신탁

| 거주자 | → | 비거주자 |

신고 의무	예금거래	지정거래외국환은행 (단, 건당 미화 5만불을 초과하여 해외 송금 시에는 한국은행 신고)
	신탁거래	한국은행
보고 의무	해외입금보고	미화 1만불 초과 또는 대외채권 미회수 시 입금일로부터 30일 이내
	잔액현황보고	익년도 1월 말까지

【금융감독원장에 대한 통보】
다음 각호의 1에 해당하는 지급등의 경우에는 매월별로 익월 10일 이내에 지급 등의 내용을 금융감독원장에게 통보하여야 함(정부 또는 지방자치단체의 지급의 경우에는 제외)
① 건당 미화 5천불 초과하는 거주자의 신고를 필요로 하지 않는 거래로서, 지급증빙서류를 제출하지 아니하는 지급 및 **해외예금 목적의 송금액이 지급인별로 연간 미화 1만불을 초과하는 경우**
② 해외유학생 및 해외체재자의 해외여행경비 지급금액이 연간 미화 10만불을 초과하는 경우
③ **"①" 및 "②"를 제외하고 건당 미화 1만불을 초과하는 금액을 외국환은행을 통하여 지급등(송금수표에 의한 지급 포함)을 하는 경우**

24 거주자와 비거주자 간의 상속, 증여에 대한 지문이 항상 나온다. 국부의 유입인 경우, 즉 거주자가 비거주자로부터 상속, 유증, 증여는 외국환거래법령상 신고예외이지만, 국부가 유출되는 경우인 비거주자가 거주자로부터 증여를 받는 경우는 (증여자가 아직 생존하므로) 한국은행신고대상이다(단, 국부가 유출되지만 상속과 유증은 민법에서 정하므로 외국환거래법령상 신고예외이다).

규정 제7-45조(신고의 예외거래 : 기본서 반영, 중요 부분만 발췌함) ① 거주자와 비거주자간의 다음 각호의 1에 해당하는 거래 또는 행위를 하고자 하는 자는 허가 및 **신고를 요하지 아니한다.**
  2. 신용카드에 의한 현금서비스거래
  3. 거주자가 물품의 수출과 관련하여 외국에 있는 금융기관이 발행한 신용장을 그 신용장 조건에 따라 비거주자에게 양도하는 경우 (◀ 신용장의 해외양도는 UCP600에서 정함)
  4. 소유권 이전의 경우를 제외하고 국내의 외항운송업자와 비거주자 간의 선박이나 항공기(항공기 엔진 및 관련 주요 부품을 포함)를 임대차기간이 1년 미만인 조건으로 외화표시 임대차계약을 체결하는 경우
  5. 거주자가 신고수리를 받아 취득한 외국에 있는 부동산을 비거주자에게 취득신고수리 시 인정된 범위 내에서 외국통화표시 임대를 하는 경우
  6. 거주자가 비거주자로부터 부동산 이외의 물품을 무상으로 임차하는 경우
                (생략)
  10. 해외건설 및 용역사업자가 해외건설 및 용역사업과 관련하여 현지에서 비거주자로부터 장비를 임차하는 계약을 체결하는 경우

25

> **규정 제9 – 22조(해외지점의 영업활동)** ① 해외지점이 다음 각호의 1에 해당하는 거래 또는 행위를 하고자 하는 경우에는 <u>한국은행총재에게 신고하여 수리를 받아야 한다.</u>

A. 부동산에 관한 거래 또는 행위. 다만, 당해 해외지점의 영업기금과 이익금유보액 범위 내(독립채산제의 예외적용을 받는 해외지점의 경우에는 인정된 설치비 및 유지활동비 범위 내)에서 사무실 및 주재원의 주거용 부동산 등 해외에서의 영업활동에 필요한 외국에 있는 부동산의 취득 등과 관련하여 행하는 부동산 거래는 그러하지 아니하다.
B. 증권에 관한 거래 또는 행위. 다만, 당해 해외지점의 영업활동과 관련하여 당해 주재국 법령에 의한 의무를 이행하기 위한 경우와 당해 주재국 내의 정부기관 또는 금융기관이 발행한 증권으로서 즉시 환금이 가능하며 시장성이 있는 증권에 대한 거래는 그러하지 아니하다.
C. 비거주자에 대한 상환기한이 1년을 초과하는 대부

26 거주자의 해외부동산 취득규정은 규정 자체가 신고인은 '거주자'이어야 함을 알 수 있다. 따라서 국내에서 거주하지 아니하는 비거주자인 배우자나 유학 중인 자녀가 신고인이 될 수 없으므로 국내에 남아있는 기러기아빠(?)가 신고인이 되어야 한다. 다만 신고인이 아니더라도 비거주자인 배우자 명의로 해외부동산 '소유권'은 가질 수 있다. 그러나 배우자가 영주권자이거나 시민권자일 경우 소유권을 가질 수 없다(비거주자인 배우자가 귀국할 확률이 낮기 때문에 국부의 유출이 될 수도 있다).
비거주자인 배우자 또는 자녀는 동 주택에서 실제 거주 여부와 관계없이 신고인이 될 수 없다. 따라서 비거주자가 본인 명의로 해외 주택을 취득하고자 하는 경우에는 ('거주자'의 해외부동산 취득규정이 아니므로) 한국은행에 '대외지급수단 매매신고'를 하고 해당자금을 반출하여 취득하여야 한다.

■ **해외부동산 취득 관련 신고수리기관**

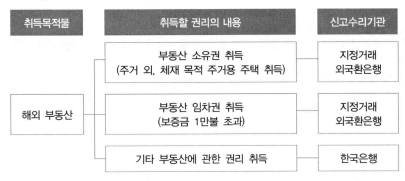

27 시민권자는 외국인비거주자에 해당하고 국내자금이 소요되므로 한국은행에 신고하여야 한다.
① 외국인 비거주자이므로 미국으로부터 타발송금은 국내은행의 대외계정에 입금할 수 있다.
② 동 국내부동산취득 방식과 관련하여 한국은행에 신고하여야 한다.
  ▶ <u>외국인 비거주자가 외국으로부터 휴대수입 또는 송금된 자금으로 국내부동산 또는 이에 관한 권리(물권, 임차권 등)를 취득하는 경우에는 외국환은행에 신고하여야 한다</u>(신고할 은행을 지정하지 않음). 그러나 이러한 해외유입

자금이 아닐 경우, 즉 일부라도 국내에서 대출을 받아 국내부동산을 취득할 경우에는 한국은행총재에게 신고하여야 한다. 부동산 취득자금을 해외에서 전액 반입하였는지 혹은 국내에서 일부 조달하거나 보증금 있는 집을 취득하였는지에 따라 외국환은행과 한국은행총재 중 어디에 신고해야 하는지 달라진다. 따라서 외국환은행의 담당자는 외국인에게 안내를 하여야 한다.

TIP   **Mortgage Loan**

- 다음 ①과 같이 부동산취득금액에 일부 충당하기 위하여 취득부동산을 담보로 하여 현지의 금융기관(비거주자)과 금전대차계약을 체결하는 경우 비거주자와의 금전대차계약(자본거래) 신고의무는 면제됨(규정 제7 – 13조 제7호)
  - 다만, 해외부동산취득신고수리서에 현지 조달액 및 현지금융기관 등을 기재하여야 함

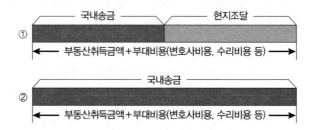

- 해외부동산취득신고수리서 제출 후 현지조달액이 감액 등이 변경된 경우 이에 대한 해외부당산취득 변경신고를 이행하여야 함
- 해외부동산취득신고수리서 제출 후 해외에서 체재하는 동안 생활비 등의 사용 목적으로 해당 현지금융기관으로부터의 차입금액을 증액한 경우 이는 신고면제 사유에 해당하지 않고, 한국은행총재 앞 비거주자와의 금전대차신고를 이행하여야 함

---

③ 비거주자가 거주자에게 증여할 경우 국부의 유입이므로 외국환거래법상 신고예외이다. 그러나 역으로 거주자가 비거주자에게 증여할 경우에는 (국부의 유출이므로) 한국은행에 신고하여야 한다.

④ 재외동포 중 외국국적을 취득한 비거주자의 국내재산반출로서 부동산 취득시점이 <u>외국국적 취득시점 이후인 경우에는</u> 자본거래인비거주자의 국내부동산취득 및 처분규정(규정 제9 – 42조, 규정 제9 – 43조)에 의하며, 거주자로부터 상속 · 유증에 의하여 국내부동산을 취득한 경우의 매각대금 지급은 「재외동포 재산반출 규정(규정 제4 – 7조)」에 의한다.

비거주자의 국내부동산 취득 신고의무(규정 제9 – 42조)

가. 비거주자가 국내부동산 또는 이에 관한 권리(물권, 임차권 등)를 취득하고자 하는 경우 다음 신고기관의 장에게 신고하여야 함

【외국환은행장 앞 신고】 (규정 제9 – 42조 제2항)
- 외국으로부터 휴대수입 또는 송금(대외계정에 예치된 자금 포함)된 자금으로 취득하는 경우
- 거주자와 인정된 거래에 따른 담보권을 취득하는 경우
- 위의 두 가지 방법으로 혹은 신고면제사유에 해당하여 신고 없이 부동산을 취득한 비거주자로부터 부동산을 취득하는 경우

【한국은행총재 앞 신고】 (규정 제9 – 42조 제3항)
신고면제사유 및 외국환은행장 신고대상에 해당하는 경우를 제외한 모든 비거주자의 국내부동산 취득

비거주자의 국내부동산 매각대금의 해외지급(규정 제9 – 43조)
- 비거주자가 국내에 있는 부동산 또는 이에 관한 권리의 매각대금을 외국으로 지급하고자 하는 경우에는 당해 부동산 또는 이에 관한 권리의 취득 및 매각을 입증할 수 있는 서류를 외국환은행의 장에게 제출하여야 한다. 다만, 재외동포의 국내재산 반출의 경우에는 제4 – 7조의 규정(재외동포의 재산반출)을 적용한다.

- 상기 이외의 경우(취득 시 신고를 안 한 경우 등)에는 한국은행총재에게 대외지급수단매매신고를 한 후, 이 대외지급수단매매신고서를 외국환은행에 제출하여 해외로 지급할 수 있다.

비거주자의 국내부동산 취득 신고면제사유
① 「해저광물자원개발법」의 규정에 의하여 비거주자인 조광권자가 국내에 있는 부동산 또는 이에 관한 권리를 취득하는 경우
② 비거주자가 본인, 친족, 종업원의 거주용으로 국내 부동산을 임차하는 경우
③ 국민인 비거주자가 국내에 있는 부동산 또는 이에 관한 권리를 취득하는 경우
④ 비거주자가 국내에 있는 비거주자로부터 토지 이외의 부동산 또는 이에 관한 권리를 취득하는 경우
⑤ 외국인비거주자가 상속 또는 유증으로 인하여 국내에 있는 부동산 또는 이에 관한 권리를 취득하는 경우(그러나 증여에 의한 취득은 제한하여 한국은행 신고사항이다.)

28

외국환거래규정 제9 – 15조의2(역외금융회사 등에 대한 해외직접투자) ① 거주자(개인 및 개인사업자는 제외)가 역외금융회사 등에 대한 해외직접투자를 하고자 하는 경우에는 이 조에서 정한 바에 따라 한국은행총재에게 신고하여야 한다.

29 현지금융이란 거주자(개인 제외) 및 그 현지법인 등*이 외국에서 사용할 목적으로 외국에서 자금을 차입(증권발행에 의한 자금조달 포함)하거나 지급보증을 받는 것을 말함
*거주자의 해외지점, 현지법인, 그 현지법인이 50% 이상 출자한 자회사
※ 현지금융은 차입자금의 국내유입 혹은 국내예치가 금지된다는 점에서 규정 제7 – 14조에 따른 비거주자와의 금전대차와 구별됨
① 개인이나 개인사업자의 해외영업소 등은 현지금융 수혜대상자가 될 수 없다.
② 국내법인의 독립채산제 예외대상 지점이라면 현지금융 수혜대상자가 아니다. 즉 독립적인 경영능력이 없다면 지점차원에서 차입능력도 없으므로 자금이 필요하다면 현지금융이 아닌 본사에서 지원받아야 할 것이다.
③ 현지법인이 50% 이상 출자한 자회사는 현지금융 수혜대상자이다.
④ 국내법인의 해외사무소는 영업을 할 수 없으므로 현지금융 수혜대상자가 아니다.

【변경신고의무 및 사후관리의무】
가. 현지금융을 통해 차입한 자금은 그 신고내용에 따라 사용되어야 하며, 그 사용 및 차입원리금의 상환 여부에 대하여 지정거래외국환은행의 장의 사후관리를 받아야 함
나. 거주자 또는 현지법인등이 현지금융신고의 내용을 변경하고자 하는 경우 당해 신고기관의 장에게 변경신고를 하여야 함
다. 현지금융으로 조달한 자금은 현지법인등과 국내 거주자 간의 **인정된 경상거래에 따른 결제자금의 국내 유입의 경우를 제외하고는** 국내에 예치하거나 국내로 유입할 수 없음(즉, 경상거래 시 현지금융의 자금이 국내유입이 가능함, 출제 유의지문임)

30 해외직접투자가 자본금이 아닌 대부(대출)형식인 경우에는 상환기간이 1년 이상이어야 한다. 만약 1년 미만의 대부투자인 경우에는 기 신고한 동일한 지정거래은행에 금전대차계약(거주자의 비거주자에 대한 대출에 해당하므로)신고를 하여야 한다(이 규정은 최근 개정된 것으로 해외직접투자의 요건이 아닌 경우에는 거주자의 비거주자에 대한 대출인 경우에 해당하므로 원칙적으로 BOK신고이나 지정거래은행의 신고로 변경되었다).
거주자의 해외직접투자금액은 제한이 없다. 일반법인은 물론 개인 및 개인사업자도 해외직접투자가 가능하다. 해외직접투자금액이 미화 300만불 초과하는 경우에만 연간사업실적보고서 제출(단, 골프장이나 임대사업 등의 부동산 관련업 투자는 금액무관 제출하여야 함)하여야 하며, 해외직접투자 금액이 미화 300~200만불인 경우에는 현지법인투자현황표로 갈음할 수 있고 200만불 미만 시에는 제출을 면제한다. 단, 증권취득 및 법인설립보고는 투자금액에 관계없이

이행하여야 한다.

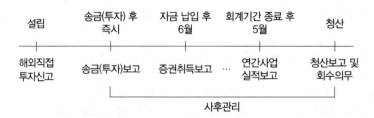

보고서	제출기한
외화증권(채권)취득보고서	투자금액 납입 또는 대여자금 제공 후 6월 이내
송금(투자)보고서	송금 또는 투자 즉시
연간사업실적보고서	회계기간 종료 후 5월 이내
청산보고서	청산자금 수령 또는 원금회수 후 즉시

그리고 외국환거래규정 제10-9조(사후관리절차 등) ③에 의거, 외국환은행의 장은 사후 관리 결과 외국환거래당사자가 신고 등의 조건을 이행하지 아니한 경우에는 <u>**그 기한 만료일부터 30일 이내에 당해 조건의 이행을 독촉하여야 하며, 독촉일부터 60일 이내에도 그 의무를 이행하지 아니하거나**</u>(◀자주 출제되는 지문임) 외국환거래당사자가 법 제19조(경고 및 거래정지 등) 제1항(경고) 각호의 1에 해당하는 경우에는 이를 금융감독원장에게 보고하여야 한다.
※ 자주 출제되므로 다음 사항을 정독하여야 한다.

【해외직접투자 사업의 사후관리 및 보고서 등의 제출】
1. 해외직접투자자는 다음의 보고서 또는 서류를 정한 기일 내에 당해 신고기관에 제출하여야 함. 다만, 신고기관의 장이 해외직접투자자 또는 투자한 현지법인의 휴·폐업 등으로 인해 보고서 등의 제출이 불가능하다고 인정하는 경우에는 해당 보고서 등을 제출하지 아니할 수 있음
   가. 외화증권(채권)취득보고서(법인 및 개인기업 설립보고서를 포함) : 투자금액 납입 또는 대여자금 제공 후 6월 이내. 다만 해외자원개발사업 및 사회간접자본개발사업으로서 법인형태가 아닌 투자의 경우에는 제출을 면제함
   나. 송금(투자)보고서 : 송금 또는 투자 즉시(투자금액을 현지금융으로 현지에서 조달하는 경우 투자시점)
      ☞ 신고한 지정거래외국환은행을 통하여 송금한 경우 송금 cable 등으로 송금(투자)보고서에 갈음할 수 있음
   다. 연간사업실적 보고서(해외자원개발사업 및 사회간접자본개발사업으로서 법인 형태가 아닌 투자의 경우는 제외함) : 회계기간 종료 후 5월 이내. 다만, 신고기관의 장은 부동산관련업(골프장운영 등) 이외의 투자사업으로서 투자금액의 합계가 미화 300만불 이하~200만불인 경우에는 '현지법인투자현황표'로 갈음할 수 있으며 미화 200만불 미만은 제출면제임(◀ 개정 내용이므로 암기 사항)
   라. 해외직접투자사업 청산 및 대부채권 회수보고서(금전대여의 경우 원리금 회수내용 포함) : 청산자금 영수 또는 원리금 회수 후 즉시

31 휴대수입자금도 외국인직접투자자금으로 인정한다(단, 외국환신고확인필증으로 확인되어야 한다). 그러나 국내에서 대출받은 자금으로 출자하는 경우는 외자도입이라고 볼 수 없으므로 인정되지 않는다. <u>**투자금액이 1억원 이상이지만 2명의 외국인이 투자할 경우 이를 1인당 5천만원씩 분할하여 투자할 수 없다. 1인당 1억원 이상이어야 한다. (◀ 매회 출제되는 지문임)**</u>
외국인투자촉진법 시행령 제2조(외국인투자 등의 정의) ② 외국인투자는 투자금액이 1억원 이상으로서 다음 각호의 어느 하나에 해당하는 것을 말한다. 다만, 외국인투자기업으로 등록한 후 주식이나 지분의 일부 양도나 감자(減資) 등으로 본문의 요건을 충족하지 않게 되는 경우에도 이를 외국인투자로 본다.

1. 외국인이 대한민국 법인 또는 기업(법인의 경우에는 설립 중인 법인을 포함)이 발행한 의결권 있는 주식총수나 출자총액의 <u>100분의 10 이상</u>을 소유하는 것
2. 외국인이 대한민국 법인 또는 기업의 주식 등을 소유하면서 그 법인이나 기업에 임원(이사, 대표이사, 업무집행을 하는 무한책임사원, 감사나 이에 준하는 자로서 <u>경영상 중요 의사결정에 참여할 수 있는 권한을 가진 자</u>)을 <u>파견하거나 선임하는 것</u>

③ "투자금액"이란 주식등의 취득금액을 말하며, <u>2명 이상의 외국인이 함께 투자하는 경우에는 1명당 투자금액을 말한다</u>(※ 1인당 1억원 이상이므로 2인이 공동투자할 경우, 2억원 이상이어야 함. 단골 출제 문항임). 이 경우 외국투자가가 주식등을 취득한 이후 외국인투자기업의 무상감자(無償減資)에 따라 외국투자가가 소유하고 있는 주식 등의 금액 감소하는 때에도 주식 등의 취득 시 투자금액이 유지되는 것으로 본다.

예상문제

외국인투자촉진법상 출자목적물로 인정할 수 없는 것은?

① 자본재   ② 지적 재산권   ③ 장기차관   ④ 외국인소유 해외부동산

해설 외국인소유 국내부동산이 목적물이 될 수 있다.

제2조(정의) "출자목적물(出資目的物)"이란 이 법에 따라 외국투자가가 주식등을 소유하기 위하여 출자하는 것으로서 다음 각목의 어느 하나에 해당하는 것을 말한다.

가. 외국환거래법에 따른 대외지급수단 또는 이의 교환으로 생기는 내국지급수단
나. 자본재
다. 이 법에 따라 취득한 주식등으로부터 생긴 과실(果實)
라. 산업재산권, 대통령령으로 정하는 지식재산권, 그 밖에 이에 준하는 기술과 이의 사용에 관한 권리
마. 외국인이 국내에 있는 지점 또는 사무소를 폐쇄하여 다른 내국법인으로 전환하거나 외국인이 주식등을 소유하고 있는 내국법인이 해산하는 경우 해당 지점·사무소 또는 법인의 청산에 따라 해당 외국인에게 분배되는 남은 재산
바. 차관이나 그 밖에 해외로부터의 차입금 상환액
사. 국내 소유주식 및 외국상장·등록 주식
아. (외국인소유)국내에 있는 부동산

정답 | ④

---

32 영업기금의 송금처가 본사이어야 하지만 예외적으로 본사를 대신하여 자금집중센터 등을 통한 송금한 자금은 인정된다.

33 핵연료가공업은 부분허용 업종이다(기본서 18판, p.372, 기출문제).

> **외국인투자에 관한 규정 제5조(외국인투자 제한업종)** ① 산업통상자원부장관이 주무부장관과 협의하여 고시하는 외국인투자 제한업종은 **별표2**와 같다(지상파방송업, 라디오방송업, 원자력발전업이 미개방임).
> ② 외국투자가가 **별표2**의 업종 중 허용기준이 있는 업종에 투자하는 경우에는 그 허용기준 범위 내에서 외국인투자를 할 수 있다.

34 "중계무역"이란 수출할 것을 목적으로 물품 등을 수입하여 보세구역 및 보세구역외 장치의 허가를 받은 장소 또는 자유무역지역 이외의 국내에 반입하지 아니하고 수출하는 수출입을 말한다. 중계무역은 수입 자체가 아니므로 외국인수수입과는 관련성이 없는 무역방식이다. 보세창고도인도(BWT)방식으로도 중계무역이 가능하다. 중계무역은 수출계약과 수입계약이 각각 별개로 존재한다. 중계무역은 중개무역과도 다르다.

35 통합공고에 대한 설명이다.

대외무역법 제12조(통합 공고) ① 관계 행정기관의 장은 수출·수입요령을 제정하거나 개정하는 경우에는 그 수출·수입요령이 그 시행일 전에 제2항에 따라 공고될 수 있도록 이를 산업통상자원부장관에게 제출하여야 한다.

② 산업통상자원부장관은 제1항에 따라 제출받은 수출·수입요령을 통합하여 공고하여야 한다.

통합공고 제1조(목적) 이 고시는 「대외무역법」 제12조의 규정에 의하여 동법 이외의 다른 법령에서 해당물품의 수출입의 요건 및 절차 등을 정하고 있는 경우에 수출입 요건 확인 및 통관 업무의 간소화와 무역질서 유지를 위하여 다른 법령이 정한 물품의 수출입 요건 및 절차에 관한 사항을 조정하고 이를 통합 규정함을 목적으로 한다.

외국환거래실무 (36~60번)

36 신용등급 검토결과 적정하고 FATF(Financial Action Task Force, 자금세탁방지기구) 회원국이 아닐지라도 미국 재무부 산하기구인 OFAC(Office of Foreign Asset Control)의 SDN(Specially Designated Nationals)에 해당되지 않을 경우 AML(Anti-Money Laundering) 질의서를 통해 심사 후 적정하다고 판단되면 계약을 체결한다.

37 1. 잔존만기 3개월 이내 부채에 대한 잔존만기 3개월 이내 자산의 비율 : 100분의 85 이상
　　2. 외화자산 및 부채의 만기 불일치비율
　　　가. 삭제
　　　나. 잔존만기 1개월 이내의 경우에는 부채가 자산을 초과하는 비율 : 100분의 10 이내

38 매입외환은 은행의 자금운용수단이다. 즉 은행은 국내수출기업이 수출대금을 조기에 회수할 수 있도록 금융을 지원하는데, 주로 수출기업이 발행한 수출환어음을 은행이 매입하는 형태로 이루어진다. 한국은행 외화수탁금이란 한국은행이 외국환은행에 예탁한 외화자금이므로 은행의 외화자금 조달수단이 된다. 외국환은행의 공신력을 보강하고 단기 영업자금을 지원하기 위해 외국환은행에 외화자금을 예탁하는데, 일반 외화예수금과 달리 수탁한 자금의 용도가 지정되어 있으므로 일반 외화예금과 구분하여 관리하여야 한다(실무적으로는 요즘 우리나라 외환보유고가 많으므로 국내은행이 구차스럽게(?) 해외은행으로부터 높은 금리로 빌리지 말라는 의도이다. 한국은행은 국내외국환은행에 LIBOR가 아닌 LIBID의 저금리로 대출해 주기도 했다).

39 정태적 유동성 갭(static liquidity gap)에 대한 설명이다.
　※ 이 부분이 45회 시험 때 갑자기 출제되기 시작하였다. 다음 내용을 읽어보아야 한다.

(외화)유동성 갭의 종류	내용
정태적 유동성 갭	자산과 부채의 약정만기에 따라 만기 사다리의 만기구간에 약정원금의 현금흐름을 배분하고 유동성 갭(만기구간별 배분자산에서 부채를 차감한 금액)과 유동성 갭 비율(유동성 갭/자산)을 산출하는 방식이다.
동태적 유동성 갭	• 고객행동 시나리오를 반영하는 점을 제외하고는 정태적 유동성 갭을 산출하는 방식과 동일하다. • 고객행동 시나리오란 자산과 부채의 실제 현금흐름이 고객의 옵션행사, 또는 고객행태 등에 따라 달라지는 경우에 이를 반영하여 현금흐름을 재분배하는 시나리오로, 동태적 유동성 갭 산출 시에는 미래에 대한 완전한 정보가 없으므로 보수적으로 접근하는 것이 바람직하다.
유동성 시나리오별 유동성 갭	정상적인 시장상황, 당해 금융기관의 위기상황, 전체 시장의 위기상황 등의 시나리오를 상정하여 유동성을 평가한다.

40 They credited but we didn't debit.에 해당한다.

선방은행이 수출환어음매입 결제대금을 당방은행계좌로 입금(예수금계정에 credit = 대변기재 = 상대방은행 부채의 증가 = 이는 반대로 당방의 자산의 증가를 의미)하였으나 관련참조번호나 금액이 상이하여 당방은행이 외화타점예치계정에 차기(자산의 증가 = debit)하지 못한 경우이다.

미달환 상태	Shadow와 Actual의 차이	실 거래 사례
They debited but we didn't credit(선방은행 차기, 당방은행 미대기)	코레스은행이 내 구좌(actual)에서 대금을 빼감. 그러나 나는 모르고 있다	코레스은행(선방은행)이 수입대금 등의 대금을 내 구좌에서 인출하였으나 나는 아직 알지 못한 상태임
They credited but we didn't debit(선방은행 대기, 당방은행 미차기)	코레스은행이 내 구좌에 입금을 해줌. 그러나 나는 모르고 있다	코레스은행이 수출대금, 타발송금 등을 내 구좌(당방은행계정)에 입금하였으나 당방이 아직 알지 못한 상태임
We debited but they didn't credit(당방은행 차기, 당방은행 미대기)	나는 shadow상 입금으로 장부기장. 그러나 선방은행은 actual a/c인 내 구좌에 미입금 상태임	고객의 일람출금 수출환어음 nego의 예정대체로 당방은행은 shadow a/c 상 자산의 증가로 했으나 선방은행이 아직 내 구좌에 입금해 주지 않음
We credited but they didn't debit(당방은행 대기, 선방은행 미차기)	내(당방은행)는 shadow a/c상 출금으로 장부기장, 그러나 코레스은행(선방은행)은 actual a/c인 내 구좌에서 대금을 안 빼감	당발송금 P/O를 보냈으나 코레스은행은 이를 받지 못하거나 모르고 있음

41

> **외국환거래규정 제2-35조(이행보증금의 예탁)** ② 영 제17조의2 제1항에 따른 소액해외송금업자의 이행보증금은 영업개시일로부터 그 다음 월의 말일까지는 3억원 이상으로 하고, 그 기간이 지난 후부터는 다음의 계산식에 따라 산정한 금액 이상으로 한다. 다만, 다음의 계산식에 따라 산정한 금액이 3억원보다 작은 경우에는 3억원으로 한다.
> ③ 영 제17조의2 제2항에서의 "기획재정부장관이 인정하는 보증보험"이란 금융감독원장을 피보험자로 하고 국내 보증보험회사가 발행하는 인허가보증보험을 말한다.
> ④ 영 제17조의2 제3항에서 "기획재정부장관이 정하는 기간 내"는 매월 7일 이내를 말한다.
> ⑤ 영 제17조의2 제4항 및 영 제37조 제4항 제9호에 따라 소액해외송금업자가 금융감독원장에게 보고해야 하는 구체적인 내용, 절차 및 이에 대한 점검 주기에 관한 사항은 금융감독원장이 정한다.

> **【소액해외송금업자 관련 주요 규정】**
> **제2-34조(약관의 제정 또는 변경)** ① 소액해외송금업자가 약관을 제정 또는 변경하고자 하는 경우에는 해당 약관 및 약관 내용을 이해하는데 필요한 관련서류를 시행 예정일 45일 전까지 금융감독원장에게 제출하여야 한다. (제2항 및 제3항에 따른 약관변경권고 및 수락여부보고에 소요되는 기간은 산입하지 아니하며, 소액해외송금업무를 등록하려는 경우에는 소액해외송금업무등록신청서 제출 시에 제출하여야 한다) 이 경우 약관 및 관련서류는 전자문서로 제출할 수 있다.
> ② 금융감독원장은 제1항의 규정에 따라 제출받은 약관을 심사하고 건전한 외환거래질서의 유지를 위하여 약관 내용의 변경이 필요하다고 인정하는 경우 해당 소액해외송금업자에 대하여 약관의 변경을 권고할 수 있다.
> ③ 제2항의 규정에 따라 변경권고를 받은 소액해외송금업자는 권고의 수락여부를 금융감독원장에게 보고하여야 한다.

42 ① 외화예금거래의 기본약관은 금융기관별로 일부 내용이 다를 수 있다. 외화예금거래에는 이 외화예금거래 기본약관이 우선적으로 적용되며, 본 약관에서 정하여지지 않은 사항에 대해서는 (원화)예금거래 기본약관이 적용된다.
② 외화정기예금의 자동갱신은 계약기간이 7일 이상 6개월 이내로서 예금주가 신청한 경우에 한한다.

③ 해외이주자계정으로 재외동포의 본인명의 부동산 매각대금과 본인명의 국내예금, 신탁계정 관련 원리금을 예치할 수 있다.

④ 해외이주자계정 개설인의 다른 외화예금계정과 구분하여 계리하여야 한다.

43 타발송금이 거주자(외국인거주자 제외)의 외화차입인 경우, 원칙적으로 한국은행 신고사항이다. 그러나 거래 건당 5천불 초과∼10만불 이내이고 연간 수령 누계금액이 10만불 이내인 경우 한국은행 신고절차를 생략할 수 있지만 거래은행은 지정하여야 한다. 다만 거주자가 취득경위 입증서류를 제출하는 경우에는 신고절차를 거쳐야 한다.

44 대외지급수단을 내국지급수단을 대가로 매입하는 경우로서 처분목적을 알 수 없는 경우 "해외재산반입자금"으로 간주하여 매입 가능하다. 타발송금이나 휴대반입한 외화에 대한 '취득사유'를 외국인에게 묻는다는 것은 있을 수 없는 표현이다. 외국인이 외화를 국내로 반입하는 것은 당연하지 않은가? 그러나 외국인에게 이 외화를 처분해서 생긴 원화를 어떤 용도로 쓸지를 묻는 '처분사유'는 물을 수는 있다. 국민인 거주자인 경우에는 외화의 '취득사유'를 물을 수 있으며 취득사유를 알 수 없는 경우 이전거래(증여거래의 의미이다)로 간주한다.

비거주자로부터 국내에서 내국지급수단을 대가로 (지폐 등의 실제통화인)외국환을 매입하는 경우 (외화자금출처를 모르므로) 외국환신고(확인)필증을 받아야 한다(2만불 이하는 면제 가능). 다만, 비거주자의 대외계정 및 비거주자 외화신탁계정 인출 또는 송금방식에 의하여 영수한 외국환을 매입하는 경우는 예금자가 외국환신고(확인)필증을 소유하고 있지 않으므로 제출을 받을 수 없다(제출 면제하며 자금출처도 명확하다). 해외 타발송금의 외국환을 매입하는 경우에는 1회에 한하여 외국환매입증명서 · 영수증 · 계산서 등 매입을 증명할 수 있는 서류 1부를 (오히려) 발행 · 교부하여야 한다.

※ 취득경위입증서류 중 외국환매입증명서, 영수증, 계산서의 경우는 송금을 영수한 경우에 한함

1권 외환거래실무에서 수업한 외국환은행의 외국환(확인)신고필증의 발급사유를 다시 한 번 더 익혀야 한다. 시험출제가 자주 되며, 은행실무자의 익혀야 할 가장 기본적인 내용이다.

【외국환은행의 '외국환신고(확인)필증' 주요발급사유】

1. 국민인 거주자와 재외동포(미화 1만불 초과 시 발급)
   (1) 해외유학경비
   (2) 해외체재비
   (3) 재외동포 국내재산반출 및 해외이주비
   (4) 여행업자의 단체해외여행경비, 교육기관 등의 단체해외연수경비

2. 외국인, 비거주자
   (1) 외국인 급여소득(증빙서류 제출한 경우에 한하며, 금액에 관계없이 발급)
   (2) 대외계정에서의 인출(미화 1만불 초과)
       ※ 예를 들어 외국인이 해외타발송금을 대외계정에 입금할 경우에는 자금출처가 확실하므로 외국환신고(확인)필증 발급이 필요 없다. 그러나 이 대외계정에서 (국내통화든 해외통화든) 실제통화로 인출할 경우에는 필증발급을 해줘서 이 돈이 해외에서 유입된 것을 증명하는 돈의 꼬리표를 달아 주어야 한다.
   (3) 한국은행 대외지급수단매매신고에 의한 환전(금액에 관계없이 발급)
   (4) 재환전(비거주자의 경우 최근 입국일 이후 미화 1만불 초과하는 금액)

3. 기타(금액에 관계없이 발급)
   (1) 실수요증빙 서류가 있는 여행경비(치료비, 교육관련경비, 주무부장관 한국무역협회장 추천 금액)
   (2) 영화, 음반, 방송물 및 광고물 제작 관련 경비
   (3) 스포츠경기, 현상광고 등과 관련한 상금
   (4) 항공 또는 선박회사의 운항경비
   (5) 원양어업자가 상대국 감독관 등에게 지급할 경비
   (6) 대외무역관리규정에서 정한 물품(수출입승인 면제품)에 대한 검사 · 수리비
   (7) 해운대리점 · 선박관리업자가 비거주자인 선주를 대신하여 지급하는 해상운항경비

45 ① 수표상에 통화가 $로만 표시되어 있는 지급은행 소재지 국가통화로 본다.

② 비거주자가 외국환신고(확인)필증 없이 휴대한 미화 2만불 상당 초과의 외화수표를 매입 또는 추심하는 경우에는 한국은행의 신고에 의한 대외지급수단매매신고필증을 징구하여야 한다. 영수확인서는 국민인 거주자에게 타발송금된 무증빙 10만불 초과의 외화 수취의 경우에 징구한다. (※ 휴대소지한 경우는 실물통화이지만 타발송금은 실물이 아닌 장부계정상의 숫자이므로 법령상 규제의 차이가 있음에 유의하여야 한다.)

③ 미국 상법상 수표발행인은 수표 앞면 위·변조 시 지급일로부터 1년 이내, 뒷면 배서 위조 시 지급일로부터 3년 이내에 부도처리할 수 있다.

※ 외화수표의 유효기간은 국내은행의 매입일이 아니라 (해외의) 지급은행에 제시되는 일자를 기준으로 한다. 따라서 매입 시 수표가 현지로 특송되는 기간을 감안하여야 한다.

46 ① 캐나다 국고수표, 미 재무성 국고수표는 추심 전 매입(B/P)만 가능한 수표로서 추심 후 지급은 불가하다. 이는 해당국의 CLEARING SYSYEM상 추심이 불가능하기 때문이다.

② 일본의 은행 자기앞수표인 소절수(小切手)는 일본 국내법상 해외유통 자체가 금지되어 있다.

③ "Negotiable only in the U.S. and Possessions"로 기재된 U.S. postal money order도 미국(미국령 포함) 이외의 지역에서는 매입할 수 없는 수표이다.

④ 캐나다에서 발행된 미국달러 USD표시 postal money order는 매입이나 추심이 모두 불가하다.

47 수출·수입계약서나 수수료, 중개료, 기술료 등 용역계약서는 대부분 반환하되 지정거래 은행대상인 해외체재비(유학생경비), 해외이주비, 재외동포국내재산반출 등은 관련서류 원본 또는 사본을 보관하여야 한다. 즉, 신고대상과 지정거래등록 대상이 아닌 수출입계약서, 용역계약서 등은 규정에 의거 반환하여야 한다.

비거주자로부터 외국환신고(확인)필증을 받고 외국통화를 매입하는 경우 외국환신고(확인)필증에 매입일자, 금액, 매입기관을 기재한 후 고객에게 다시 교부하여야 한다.

48 (자주 출제된 문항임)

스미스 씨는 국내회사에 취업 중이므로 외국인 거주자에 해당한다. 외국인 거주자에게는 '여행경비'를 환전지급할 수 있지만 최근 입국일 이후부터 1만불 이내가 한도이다. 따라서 일본에서 귀국 후부터 <u>RESET되어 또 다시 1만불까지 여행경비 지급이 가능하다.</u> 여행경비지급이 가능하다는 뜻은 환전 시 원화의 출처를 묻지 않는다는 의미이다.

물론 본인이 국내소득으로 여행을 갈 경우에는 여행경비란 규정을 따질 필요가 없다.

> **규정 제2-3조(외국환의 매각)** ① 외국환은행은 다음 각호의 1에 해당하는 경우에 한하여 내국지급수단을 대가로 외국환을 매각할 수 있다.
>
> 거주자에 대한 매각으로서 다음 각목의 1에 해당하는 경우
>
>   가. 외국환을 매입하고자 하는 자가 당해 외국환을 인정된 거래 또는 지급에 사용하기 위한 경우
>
>   나. <u>외국인거주자에게 매각하는 경우에는 외국환의 매각금액이 최근 입국일 이후 미화 1만불 이내 또는 제4-4조(비거주자 또는 외국인거주자의 지급)의 규정에 의한 금액범위 내인 경우</u>

국민인 거주자인 홍길동 씨는 지병 치료차 영국의 유명 병원을 예약하고 출국 준비를 하고 있다. 치료기간은 1주일 정도로 예상한다. 외국환은행의 여행경비 취급에 대한 설명으로 옳지 않은 것은?

① 치료비는 일반해외여행경비에 속하며 지급 시 거래외국환은행을 지정할 필요 없다.
② 예약관련 서류증빙제출 시 당발송금이 가능하다.
③ 일반해외여행경비이므로 휴대출국 시 외국환신고확인필증을 교부하지 아니한다.
④ 현지에서 본인의 신용카드로 치료비를 지급할 수 있다.

해설 일반해외여행경비이지만 증빙이 있으므로 외국통화로 휴대출국 시 환전은행은 외국환신고확인필증을 교부하여야 한다. 또한 이 필증을 받아야 하는 이유는 홍길동 씨가 본인의 치료비 이외의 여행경비 사용목적으로 미화 1만불까지 추가 휴대반출이 가능하므로 별도로 금액을 카운트해야 하기 때문이기도 하다. 물론 홍길동 씨의 치료비는 일반해외여행 경비이므로 휴대출국이 원칙이나 증빙이 있을 경우 외국환은행을 통한 해외송금 지급도 가능하다.

정답 | ③

규정 제4-5조(해외여행경비 지급절차) ① 해외여행자는 해외여행경비를 외국환은행을 통하여 지급하거나 제5-11조의 규정에 의하여 휴대수출할 수 있다. 다만, 일반해외여행자가 외국환은행을 통하여 외국에 지급할 수 있는 경우는 다음 각호의 1에 한한다.

(중간 생략)

다음 각목의 1에 해당하는 자에 대하여 주무부장관 또는 한국무역협회의 장이 필요성을 인정하여 추천하는 금액
　가. 수출 · 해외건설 등 외화획득을 위한 여행자
　나. 방위산업체 근무자
　다. 기술 · 연구목적 여행자
　라. 외국에서의 치료비

49 수입업자의 레인지포워드의 구성은 다음과 같다. 예를 들어 정상선물환가격이 1,070원인 경우 좁은 범위(1,060~1,080)의 환율변동을 예상한다면, 이 경우 외가격(1,080) 콜옵션을 매수하고 (이는 환율폭등에 대한 방어하는 수준의 환율임) 외가격(1,060) 달러 풋옵션을 매도하여 (옵션수수료를 발생시키지 않기 위하여 ZERO COST 전략상 매도하는 것임) 구축한다. 수출업자는 이와 반대로 외가격(1,060) 풋옵션을 매입하고 외가격(1,080) 콜옵션을 매도하는 레인지포워드를 취한다.

50 예상수익률은 제시할 수 없다. 원금손실가능성과 투자설명서의 내용을 설명하고 교부한다. 일반적으로 판매수수료를 은행이 선취한 후 잔액을 투자한다.

51 ELD(Equity Linked Deposit)는 정기예금의 형태로 은행에서 판매되는 상품이며 수익증권의 형태로는 발행이 불가능하다. ELF는 상장이 가능하다.

52 외환시장에서 선물환율과 현물환율의 차이를 스왑포인트라고 하며, 보유비용(cost of carry)이라고도 한다.

53 뮤추얼펀드는 법적으로는 독립된 회사이나 실체가 없는 PAPER COMPANY이므로 업무처리를 위한 외부기관인 일반사무수탁회사를 두어야 한다(사무수탁회사란 우리나라 자본시장법상 '일반사무관리회사'를 말한다).

54 당발송금 중 가장 이용 빈도가 높은 전신송금(Telegraphic Transfer)의 경우는 송금취결과 동시에 송금지시서(P/O : Payment Order)가 지급은행에 전달되므로 경과계정인 매도외환 계정을 거치지 않고 바로 외화타점예치금 계정으로 처리한다. 매도외환이나 매입외환(수출환어음의 예)의 '경과계정'을 거칠 경우 예정대체일 제도가 적용될 수 있다.

55 외화선수수익은 부채항목이다. 나머지는 자산항목이다. 외화표시의 기타자산으로는 외화미수금, 외화미수수익, 외화가지급금 그리고 외화선급비용 등이 있다. 외화표시 기타부채는 외화미지급금, 외화가수금, 외화선수수익, 외화미지급비용 등이 있다.

56 외화예금 지급으로 환포지션이 발생한다는 것은 외화를 원화로 지급한다는 의미이다. 따라서 은행은 외화를 매입하므로 Bought position인 매입초과포지션이 발생한다. 나머지는 모두 매도초과포지션인 SOLD POSITION에 해당한다.

57 Shipper's Usance는 은행이 아니라 수출상이 수입상을 상대로 신용공여(외상거래)를 하는 경우이다.
내국수입유산스 거래는 어음만기 이전에 수출상에 대금지급하는 일람불이므로 동 어음에 대한 인수은행은 수출상에게 어음만기일 이전에 일람(At sight)으로 대금을 전액 선지급하고 동시에 ACDC(Acceptance commission& Discount charge : 인수 및 할인료) 비용(국내은행이 신용과 자금을 부담하는 인수인 경우는 내국수입유산스 거래 Domestic Banker's Usance라고 한다)을 신용장개설은행에 청구한다. 물론 이 비용을 궁극적으로 수입상이 부담한다. 자산계정인 내국수입유산스 계정은 외국환은행 자행이 신용장 개설한 Banker's Usance 방식 기한부 수입신용장의 조건에 따라 동 수입대금을 외국환은행 자신이 직접 결제하거나 또는 다른 은행(인수은행)에 결제를 위탁한 것으로, 개설신청인에 대한 신용공여(대출)를 처리하는 계정과목이다.

58 ① 내국신용장개설(일종의 은행이 조건부 지급보증을 하는 의미)은 전자무역 기반시설을 이용한 전자무역문서교환방식이어야 한다(구매확인서와 마찬가지로 종이문서를 없앴다).
② 대금 결제를 위한 환어음제도는 폐지되었다. 해외신용장제도는 수출자가 수입자에게 대금청구를 위하여 환어음제시로 대금청구를 하지만, 내국신용장은 국내제도이므로 결제의 신속성을 위해서 환어음 대신 판매대금추심의뢰서를 개설은행이 아닌 물품을 공급받은 매수자를 지급인으로 하여 거래은행을 통해 청구한다(해외신용장제도는 물품 수입자가 아닌 신용장개설은행이 지급인이라는 것이 내국신용장제도와의 큰 차이점이다).
③ 수출업자에게 국내원재료 등을 공급한 국내공급업자가 자금회수를 위해 거래은행에 제시하는 '**판매대금추심의뢰서**'의 형식은 내국신용장 개설의뢰인을 지급인으로 하고 개설은행을 지급장소로 하며 일람출급식이어야 한다(물품공급자에게 대한 신속한 자금지원을 위하여 기한부(유산스)가 아닌 일람출급(At Sight)결제이어야 한다).
④ 유효기일은 물품의 인도기일에 최장 10일을 가산한 기일 이내이어야 한다(공급자에 대한 신속한 자금결제를 위하여 신용장개설 후 물품공급자가 수출상에게 물품을 인도한 후 10일을 가산한 기일 이내에 결제되도록 강제한 것이다).

> ※ 본 문항은 기본서 교재 제2권인 외국환거래실무와 연결된 문제이다. 2종 수험생은 내국신용장제도의 흐름을 알기 때문에 쉬운 문항이지만 1종만 공부하는 수험생은 어려운 문항이다.

59 개인이나 비영리법인이 해외차입을 할 경우, 지정거래은행을 경유하여 한국은행에 신고하여야 한다.
※ 다음의 외국환거래규정은 기본서에 실린 내용이므로 정독한다(밑줄 친 부분을 암기한다).

> **외국환거래규정 제7 - 14조(거주자의 외화자금차입)** ① 다음 각호의 1에 해당하는 거주자가 비거주자로부터 외화자금을 차입(외화증권 및 원화연계외화증권 발행을 포함)하고자 하는 경우에는 지정거래외국환은행의 장에게 신고하여야 한다. 다만, 미화 5천만불(차입신고시점으로부터 과거 1년간의 누적차입금액을 포함)을 초과하여 차입하고자 하는 경우에는 지정거래외국환은행을 경유하여 기획재정부장관에게 신고하여야 한다.
> 1. 지방자치단체, 공공기관
> 2. 공공목적의 달성을 위해 정부 또는 제1호의 기관이 설립하거나 출자 · 출연한 법인 또는 정부업무수탁법인
> 3. 영리법인

② 제1항에 불구하고 「외국인투자촉진법」에 의하여 일반제조업을 영위하는 업체("일반제조업체"라 한다) 또는 기획재정부장관으로부터 조세감면 결정을 받은 외국인투자기업으로서 고도의 기술을 수반하는 사업 및 산업지원서비스업을 영위하는 업체("고도기술업체"라 한다)가 다음 각호의 1에 해당하는 한도범위 내에서 비거주자로부터 상환기간이 1년 이하인 단기외화자금을 차입하고자 하는 경우에는 제1항에 의한 지정거래외국환은행의 장에게 신고하여야 한다.
  1. 고도기술업체의 경우 외국인투자금액 이내. 다만, 고도기술업체 중 외국인투자비율이 3분의 1 미만인 기업은 외국인투자금액의 100분의 75 이내
  2. 일반제조업체의 경우 외국인투자금액의 100분의 50
③ 제1항의 규정에 불구하고 정유회사 및 원유, 액화천연가스 또는 액화석유가스 수입업자가 원유, 액화천연가스 또는 액화석유가스의 일람불방식, 수출자신용방식(Shipper's Usance) 또는 사후송금방식 수입대금 결제를 위하여 상환기간이 1년 이하의 단기외화자금을 차입하는 경우에는 거래외국환은행의 장(L/C 방식인 경우에는 L/C 개설은행을 말하며 D/P · D/A 방식인 경우에는 수입환어음 추심은행, 사후송금방식인 경우에는 수입대금 결제를 위한 송금은행을 말한다)에게 신고하여야 한다.
⑤ 개인 및 비영리법인이 비거주자로부터 외화자금을 차입하고자 하는 경우에는 지정거래외국환은행을 경유하여 한국은행총재에게 신고하여야 한다.
⑥ 제1항의 규정에 의하여 신고를 하는 자 중 제1항 제1호 및 제2호에 해당하는 자가 미화 5천만불 초과의 외화자금을 차입하고자 하는 경우에는 기획재정부장관과 사전협의 후 신고하여야 한다.

제7 – 15조(거주자의 원화자금차입) ① 거주자가 비거주자로부터 원화자금을 차입하고자 하는 경우에는 지정거래외국환은행의 장에게 신고하여야 한다. 다만, 10억원(차입신고시점으로부터 과거 1년간의 누적차입금액을 포함)을 초과하여 차입하고자 하는 경우에는 지정거래외국환은행을 경유하여 기획재정부장관에게 신고하여야 한다.
② 거주자가 비거주자로부터 원화자금을 차입하는 경우에는 비거주자자유원계정에 예치된 내국지급수단에 한한다.

제7 – 16조(거주자의 비거주자에 대한 대출) ① 외국 법인에 투자한 거주자가 해당 외국법인에 대하여 상환기간을 1년 미만으로 하여 금전을 대여하는 경우에는 지정거래외국환은행의 장에게 신고하여야 한다.
② 거주자가 비거주자에게 대출을 하고자 하는 경우(외국환업무취급기관의 외국환업무로서 허용된 경우 제외)에는 한국은행총재에게 신고하여야 한다. 다만, 이 항에 의한 신고사항 중 다른 거주자의 보증 또는 담보를 제공받아 대출하는 경우 및 10억원을 초과하는 원화자금을 대출하고자 하는 경우에는 대출을 받고자 하는 비거주자가 신고하여야 한다.

60 미화 5만불 이내 자본거래 위반 시 경고대상이다(개정사항이므로 유의). 그러나 지급 등의 방법, 지급수단 등의 수출입 위반은 위반금액이 1만불 이내일 경우 경고대상이다. 그리고 50억원, 20억원의 기준의 내용을 잘 파악하고 암기하여야 한다. (◀ 개정사항이며 자주 출제됨)
※ 지급 등, 지급 등의 방법, 지급수단의 수출입 위반금액이 미화 1만불 이내인 경우는 경고 대상이며, 자본거래는 미화 5만불 이하가 경고 대상이다.

외국환거래법 시행령 제33조(행정처분) ① 법 제19조 제1항 제2호에서 "대통령령으로 정하는 금액"이란 다음 각호의 구분에 따른 금액을 말한다.
- 법 제15조(지급절차 등) 위반 : 미화 1만달러
- 법 제16조(지급 또는 수령의 방법의 신고) 위반 : 미화 1만달러
- 법 제17조(지급수단 등의 수출입 신고) 위반 : 미화 1만달러
- 법 제18조(자본거래의 신고 등) 위반 : 미화 5만달러

61 (이 문항을 이해하지 못하면 3과목 환리스크관리의 전반적인 계산문제 이해가 무척 힘들다.)
B은행은 GBP/USD = 1.2475/85로 고시하고 USD/JPY = 130.50/60으로 고시하였다. 따라서 A기업은 100만달러를 대가로 은행으로부터 GBP를 매입하므로 은행입장에서는 1GBP당 1.2485의 환율을 적용한 달러를 고객으로부터 받아야 한다. 은행이 유리한 파운드 OFFER RATE이다. 이때 은행이 고객에게 지급(매도)하는 파운드화 금액은 $1,000,000/1.2485 = 800,961.15GBP이다. 또한, 고객이 은행에 1억 JPY를 매도하면서 달러를 매입하는 거래이므로 은행은 고객으로부터 높은 환율 130.60을 적용한 달러를 고객에게 매도해야 한다. 이때 고객이 매입(수취)하는 달러화 금액은 100,000,000/130.60 = 765,696.78달러이다.

62 ① EUR/USD = 1.0940에서는 big figure가 1.09이다. 1.0940에서 40을 40pips라고 한다. Big figure는 환율이 폭등락하지 않는 한 일일환율변동에서 자주 바뀌지 않는 숫자를 말한다.
② 외환거래에서 환율의 indicative price와 firm price는 다른 것이다. Reuter나 Bloomburg 등의 통신수단에 나타나는 환율은 예시환율(indicative price)이다. 그러나 딜러가 실제 거래를 할 경우 제시하는 환율을 firm price(또는 dealing price)라고 한다.
④ USD/CAD의 현물환거래의 결제일은 T+1 영업일이다. 캐나다와 미국은 같은 시간대이기 때문에 일반적인 spot 환율의 인수도시점(value date)인 T+2가 아닌 T+1을 적용한다.

63 외환시장은 가락동 시장처럼 직접 가서 볼 수 있는 구체적 시장의 형태가 아닌 추상적 시장의 성격을 가지고 있다.

64 • 영업환리스크 : 아베노믹스의 결과 달러/엔 환율상승으로 엔/원 환율이 9.00과 같이 크게 하락하여 우리나라 수출경쟁력을 떨어지게 하는 리스크는 회계처리 이전에 발생하는 즉, 수출업자가 통제할 수 없는 리스크로서 이를 영업환리스크라고 한다.
• 거래환리스크 : 이미 회계처리하여 충분히 헤지할 수 있는데도 불구하고 이를 방치할 경우, 외국통화표시 자금의 차입 시점과 결제시점 사이의 환율변동으로 인해 자국통화의 결제금액이 변동하는 리스크는 수출입업자가 감당해 내야 하는 거래환리스크이다.

> **(영업환)** 리스크는 예를 들어 국내 조선사들이 선박을 수주할 때(회계처리를 하지 않음)와 선박을 건조하는 기성에 따라 매출을 인식할 때(회계처리를 함) 사이의 환율의 변화에 대한 불확실성이다.
> **(거래환)** 리스크는 선박을 건조하는 기성에 따라 매출을 인식하는 회계적인 거래로 확정할 때 환율과 실제로 선박대금이 들어올 때 사이의 환율의 변화에 따른 불확실성이다(실제 시험지문에서는 거래체결 후에 환율이 요동치는 경우를 거래환 리스크라고 함). (기본서 p.85 참조)

65 ① O/N SWAP : overnight swap, 거래일과 1영업일까지의 외환스왑이다.
예시) 금요일의 O/N SWAP은 금~월까지의 외환스왑이다(휴일은 영업일이 아님).
② T/N SWAP : tomorrow/next, 1영업일과 2영업일까지의 외환스왑이다.
예시) 거래일이 목요일인 경우 T/N SWAP은 금~월 사이의 외환스왑이다.
③ S/N SWAP : spot/next, 거래일의 2영업일과 3영업일(N)까지의 외환스왑이다.
예시) 거래일이이 화요일인 경우, 목~금사이의 외환스왑이다.
④ T/S SWAP : tomorrow/spot, 1영업일과 3영업일까지의 외환스왑이다.
예시) 거래일이 화요일인 경우 수~금사이의 외환스왑이다.

66 ① 선물거래가 아닌 선도거래의 경우 계약의 대부분이 만기일에 실물인수도가 이루어진다. 그러나 우리나라 한국거래소의 선물거래만기는 실물인수도방식(physical settlement delivery)이지만 투기적 거래가 많아서 만기일 이전에 거래를 정리하여 실물인수도를 피한다.
② 모든 선물거래자는 매수거래와 매도거래는 소정의 증거금 적립의무가 있다.
③ 개시증거금은 유지증거금의 약 1.5배 내외에서 설정한다.
④ 선도거래는 장외거래이고 선물거래는 장내거래이다. 대부분의 선물계약은 거래소에서 정하는 가격제한폭이 있다.

67 quoting party인 은행이 대고객 1개월 선물환 BID rate를 구할 경우에 이용되는 환율과 금리를 구하는 방식은 다음과 같다.

> • 달러/원 spot : 1,120.70 ― 1,121.00
> • 달러화 1개월 금리 : 2.50/3.50
> • 원화 1개월 금리 : 3.20/4.10

대고객에 대하여 달러 선물환 매입(bid)이므로 은행도 환리스크 cover를 위하여 외환시장에서 매도(1,120.70)로 현물환(spot) hedge한다. 이 문항의 핵심은 대고객선물환(매수)을 은행은 현물환(매도)으로 헤지한다는 사실이다. 이때 은행도 달러매도에 필요한 달러를 차입(높은 금리인 3.50%)하여야 한다. 이 달러매도로 유입되는 원화는 선물환 만기 때까지 대여(대출＝3.20%, 은행도 자금시장에서는 calling party가 되어 낮은 금리가 선택)한다. 따라서 1,120.70, 3.50, 3.20가 된다(기본서 p.114 참조).

유사문항 풀어보기

국내 수출회사인 토마토무역은 미국의 수입상과 3개월 shipper's usance 방식에 의하여 수출거래를 하였고 환율하락 위험에 대비하여 K은행과 장외 선물환 거래를 하였다. K은행은 이 대고객 거래를 cover하고자(헤지하고자) 현물거래(spot)를 하였다면, 다음 중 K은행이 취한 내용은?

① SPOT 매도, USD sell&buy against KRW FX swap
② SPOT 매도, USD buy&sell against KRW FX swap
③ SPOT 매수, USD sell&buy against KRW FX swap
④ SPOT 매수, USD buy&sell against KRW FX swap

해설 K은행은 선물환 매수상태이므로 환율리스크를 cover하고자 현물로 매도(SPOT 매도)한다. 현물과 선물의 3개월간 현금흐름 불일치를 위하여 USD/KRW BUY&SELL의 SWAP 거래를 하여야 한다.

정답 | ④

68

> • 달러/원 현물환율 : 1,130.30/40
> • 달러/원 3개월 swap point : 250/300

수입상은 매수 헤지하여야 하므로 은행의 OFFER rate이다. 1,130.40에서 300을 가산한 1,130.40＋300＝1,133.40원이다.
※ Bid/Offer 300/250으로 반대로 표기될 경우, 차감하여야 한다. 부호를 넣어서 (－300/－250)의 표기하는 경우도 있지만, 부호가 없어도 선물환의 bid가 항상 offer보다 작은 수치가 되어야 하므로 차감한다.

69 매매기준율 대상은 달러/원, 위안화/원화의 두 가지 거래가 국내외환시장의 현물환거래로 이루어진다. 당일 매매기준율은 전 영업일의 현물환거래 환율을 거래량으로 가중평균하여 산출한다(MAR값). 재정된 매매기준율은 해외시장의 환율과 국내외환시장의 환율이 연결된 환율이다.

70 통화포트폴리오전략은 내부적 기법으로서, 기업이 동시에 달러와 엔화 및 유로 등 여러 통화표시로 수출입거래를 하면 여러 통화의 환율변동이 서로 상쇄되는 효과를 달성할 수 있어 환리스크를 줄일 수 있다. 그러나 이는 수출입업자가 거래상대방에 대하여 우월적 지위에 있을 경우에만 가능하므로 한계가 많다.

71 USD/JPY SPOT은 109.40/44, 3 MTH swap point 21/20에서 이 환율을 제시하는 은행(Quoting party)의 bid rate란 near date SELL + far date BUY를 의미한다(외환스왑은 두 개 거래의 조합이므로 BID, OFFER는 항상 FAR DATE를 기준으로 정한다). 따라서 외환스왑 BID RATE는 USD의 SELL&BUY SWAP을 의미한다. 스왑거래는 스왑포인트의 차이이므로 현물가격과 선물가격의 격차로 나타난다. 이때 현물환율은 통상 중간률(109.40/44의 중간환율)인 109.42를 NEAR DATE의 SPOT 환율로 정한다. 여기서 FAR DATE 환율은 20과 21 중 어느 수치를 차감하느냐가 관건이다(왼쪽 절댓값 21이 20보다 크므로 Discount한다).
Quoting party 입장에서 유리하게 적용하여야 하므로 FAR DATE의 USD BUY로 인한 엔화의 유출을 작게 하여야 한다. 따라서 큰 숫자의 스왑포인트인 21을 적용하면 109.42 − 21 = 104.21이 된다(연수원 기본서 p.132의 설명을 참고할 것).

72 K은행이 필요한 것은 달러자금차입을 고정금리 지급으로 하는 것이다. 따라서 우선 유리한 조건인 유로화 5년 만기 고정 금리채권을 발행한다. 이 채권발행으로 유입된 유로화 원금을 (통화스왑거래 상대방과) 유로화/달러화의 통화스왑거래 (K은행의 달러원금 영수/유로화 원금 지급)로 인한 유로화 고정금리 수취 + 달러화 고정금리 지급의 금리를 교환한다.

73

SEMI/ACT365 USD/KRW	QUART/ACT365 KRW/KRW
1.71/1.695	2.20/2.185

① 도표의 오른쪽 표는 원화표시 이자율스왑(KRW/KRW)으로서의 이자교환주기는 분기(QUART)이다.
② 1.71은 1.71%로서, A은행이 B고객에게 미화변동금리를 지급하고 원화고정금리를 수취하는 가격으로 CRS 'receive'라 한다.
③ 2.20/2.185는 이자율스왑의 가격이다.
④ 도표의 왼쪽 표는 통화스왑 가격의 표시로서 통화스왑의 이자교환주기는 반기(SEMI)이다.

74 ① 은행의 Advisory 역할은 단지 두 상대방만 찾아주기만 하고 신용위험이나 (스왑가격이 변하는) 시장위험을 부담하지 않는다.
② 은행의 Intermediary 역할은 은행 자신이 두 상대방의 신용위험을 부담하면서 마진 형태로 수익을 올리지만 시장위험은 부담하지 않는다.
③ 은행의 Market Maker 역할은 상대방에 대한 신용위험과 시장위험을 적극적으로 감수하고자 스왑북(swap book)을 운영하면서 시장위험을 관리하는 가격제시자(Market Maker)의 역할을 한다.
④ 외환브로커와 마찬가지로 스왑브로커는 본인의 계정(book)은 보유하지 않고 은행 간의 스왑거래를 중개하여 거래 비용을 줄이는 역할만 한다.

75 국내 A은행이 달러 채권투자로 고정금리를 수취하고 있으므로 이에 대한 hedge는 반대 방향으로 달러고정금리를 지급 하고 원화고정금리를 수취하는 통화스왑을 하여야 한다.

76 환율 하락에 베팅하므로 put을 산다. 현재 시장변동성이 낮으므로 put 프리미엄이 낮게 형성되어 가격(premium)이 싸다. 매입 후 변동성이 커지면 put 프리미엄이 상승할 것이므로 수수료 차액을 취할 수 있다. 변동성이 상승할 것이라고 예상할수록 그 변동성을 기초로 하는 옵션 프리미엄이 커진다. 이 환율변동성은 시장 참가자의 주관적인 기대치이다. 거래할 때 예상한 환율변동성과 실현된 환율변동성은 다를 수 있다. 그래서 통화옵션을 거래한다는 것은 곧 환율변동성을 거래하는 것으로 이해할 수 있다.

77

구분/만기환율예상치	1,030원	1,050원	1,083원	1,090원
행사가격 1,060원 녹아웃 (배리어 1,085원) 콜옵션 매입				
행사가격 1,060 녹인 (배리어 1,045원) 풋옵션 매도				
만기 시 수입기업의 달러결제환율	(1,060)	(1,050)	(1,060)	(1,090)

A. 만기환율이 1,030인 경우

수입기업은 1,060콜옵션은 행사할 필요가 없다. 다만 환율이 1,030으로 급락하면서 매도한 풋옵션이 1,045에 녹인되어 유효해져 풋옵션 매수자가 1,060원에 수입기업에 풋옵션을 행사하므로 수입기업은 1,060에 결제를 하게 된다.

B. 만기환율이 1,050인 경우

만기환율이 1,050이므로 수입기업은 1,060콜옵션을 행사하지 않는다. 또한 매도한 풋옵션도 행사당하지 아니한다. 왜냐하면 배리어 1,045원 이하로 하락하여야만 1,060의 풋이 유효하여 행사될 수 있기 때문이다. 결국 아무도 행사하지 않으므로 수입기업은 현재의 시장환율인 1,050에 달러를 매입하여 결제하면 된다.

C. 만기환율이 1,083인 경우

수입기업의 콜옵션을 1,060에 행사하여 결제한다. 아직 배리어 1,085를 넘지 않은 1,083이므로 1,060 행사 가능하다. 풋옵션은 1,083보다 낮으므로 풋옵션 매수자는 1,060에 풋을 행사하지 않을 것이다.

D. 만기환율이 1,090인 경우

만기환율이 1,090으로 배리어 수준(1,085)을 넘기에 수입기업의 콜옵션은 녹아웃되어 행사할 수 없다. 풋옵션 매수자도 현재 1,090인데 1,060에 행사할 이유가 없다. 결국 수입기업은 어쩔 수 없이 1,090의 현재 시장환율로 달러를 매수하여 결제하여야 한다. 이런 경우 결국 환율이 KIKO의 경우처럼 폭등(1,500원)할 경우 수입업자는 망하는 수준(?)이 된다.

78 환율이 하락(bear)할 것을 예상하면 풋옵션을 매입하면 된다. 베어풋 스프레드(bear put spread) 전략은 높은 행사가격의 풋옵션을 매입하고 이보다 낮은 행사가격의 풋옵션을 매도한다. 이때 낮은 풋옵션을 매도하는 이유는 초기 지급하여야 할 옵션 프리미엄을 조금이라도 줄이기 위한 것이다. 어쨌든 초기에 옵션수수료가 지출된다. 대신 환율이 크게 하락하여도 제한된 이익만 가능하다. 그러나 시장의 환율이 bear가 아닌 bull인 경우(환율이 예상과 다르게 상승하는 경우)에는 이미 지급한 프리미엄만큼의 손실만 발생하며 수익은 발생하지 아니한다.

높은 행사가격의 풋옵션 프리미엄이 낮은 행사가격의 풋옵션 프리미엄보다 비싸기 때문에 초기 옵션합성전략 구축 시에 옵션프리미엄을 지급한다. 스프레드 전략이므로 제한된 손실과 제한된 최대이익을 실현한다. (기본서 p.252 참조)

79 선물환 시장가격 1,250원은 콜옵션 행사가격 1,230원보다 높으므로 행사할 가치가 있는 내재가치가 20원이다. 풋옵션은 현재 시장가격 1,250보다 낮은 행사가격 1,240이어서 행사가치가 없으므로 내재가치는 0이다. 따라서 합계는 20 + 0 = 20원이다.

80 SEAGULL 전략에 대한 설명으로 다음 예시는 SEAGULL 전략이다.

※ 현재 시장의 3개월 선물환가격은 달러당 1,070원이다. 수입업자가 3개월 후에 달러USANCE결제를 준비하고 있는데 환율상승 위험을 걱정하고 있다. 현재 3개월 선물환 가격인 1,070원에 매수헤지하기에는 좀 아쉬운 점이 있다. 따라서 1,070 선물환 매수 대신 1,070보다 좀 더 낮은 가격의 가능성이 있는 옵션합성전략인 SEAGULL 전략을 취하고자 한다.

1) 선물환 가격과 등가격(ATM)인 1,070의 콜옵션을 매수한다(달러당 6원 지출한다).

2) 외가격(OTM)인 1,080 콜옵션을 매도한다(달러당 4원을 수입한다).

3) 외가격(OTM)인 1,060 풋옵션을 매도한다(달러당 2원을 수입한다).

옵션가격(PREMIUM) = −6원 + 4원 + 2원 = 0원이 ZERO COST이다. 즉, 옵션비용이 없는 전략으로 취하여 선물환 1,070 매수 효과를 낸다(옵션가격은 가상적으로 설정하였다). 즉, SEAGULL 전략은 수입자의 입장에서는 ATM콜 매수 + OTM 콜매도 + OTM 풋매도의 포지션을 취한다(즉, 행사가격이 3개가 되면서 손익구간의 4개로 형성된다).

4) 만약 만기 환율이 급락하여 1,000원이 된다면?

   1,060 풋이 행사를 당하게 된다. 즉 수입업자는 1,060에 달러를 받아서 (풋을 행사 당해서) USANECE를 결제하면 선물환가격 1,070보다 10원 유리한 결제가 된다(옵션전략이 선물환 전략보다 성공한 케이스다).

5) 만약 만기 환율이 급등하여 1,082원이 된다면?

   이 경우 콜옵션 매수(1,070)와 콜옵션 매도(1080)의 가격차이 10원이 확보되므로 1,082 - 10 = 1,072에 USANCE 를 결제하게 되어 1,070보다 불리한 환율이 된다.

6) 이 전략은 만기일 환율이 외가격 풋옵션 행사가격과 외가격 콜옵션 행사가격 사이에 있을 가능성이 높다고 예상할 때 유용한 전략이다. 하지만 예상이 빗나갈 경우, 1,300원 등으로 폭등할 경우 상당한 손실이 예상된다. (기본서 p.283 참조)

※ 최근 출제경향에 따라 해설을 기본서의 내용으로 구성하였습니다. 해설을 숙독하고 해설 아래 추가 문항을 반드시 풀어 보시기 바랍니다.

01	02	03	04	05	06	07	08	09	10
④	③	③	④	④	①	④	④	③	①
11	12	13	14	15	16	17	18	19	20
②	①	④	④	④	②	①	②	③	①
21	22	23	24	25	26	27	28	29	30
①	②	④	③	②	①	③	④	③	③
31	32	33	34	35	36	37	38	39	40
③	③	④	③	③	④	③	④	①	④
41	42	43	44	45	46	47	48	49	50
③	③	④	③	③	②	③	④	①	④
51	52	53	54	55	56	57	58	59	60
④	③	④	④	③	①	③	②	③	③
61	62	63	64	65	66	67	68	69	70
④	④	④	③	①	②	①	②	③	③
71	72	73	74	75	76	77	78	79	80
③	④	③	④	③	③	③	④	①	③

외환관리실무 (01~35번)

01 외국환은 대외지급수단, 외화증권, 외화파생상품, 외화채권으로 구분한다. 외국통화로 표시된 CD와 ABS는 외화증권 분류된다.

> **법 제3조(정의)** ① 이 법에서 사용하는 용어의 뜻은 다음과 같다.
> 3. "지급수단"이란 다음 각목의 어느 하나에 해당하는 것을 말한다.
> 　가. 정부지폐 · 은행권 · 주화 · 수표 · 우편환 · 신용장
> 　나. 대통령령으로 정하는 환어음, 약속어음, 그 밖의 지급지시
> 　다. 증표, 플라스틱카드 또는 그 밖의 물건에 전자 또는 자기적 방법으로 재산적 가치가 입력되어 불특정 다수인 간에 지급을 위하여 통화를 갈음하여 사용할 수 있는 것으로서 대통령령으로 정하는 것
> 4. "대외지급수단"이란 외국통화, 외국통화로 표시된 지급수단, 그 밖에 표시통화에 관계없이 외국에서 사용할 수 있는 지급수단을 말한다.

8. "외화증권"이란 외국통화로 표시된 증권 또는 외국에서 지급받을 수 있는 증권을 말한다.

12. "외화채권"이란 외국통화로 표시된 채권 또는 외국에서 지급받을 수 있는 채권을 말한다.

13. "외국환"이란 대외지급수단, 외화증권, 외화파생상품 및 외화채권을 말한다.

02 해외현지법인과 해외지사는 비거주자로 분류한다.

외국환거래법 시행령 제10조(거주자와 비거주자의 구분) ① 다음 각호의 자는 거주자로 본다.

1. 대한민국 재외공관
2. 국내에 주된 사무소가 있는 단체 · 기관, 그 밖에 이에 준하는 조직체
3. 다음 각목의 어느 하나에 해당하는 대한민국국민
   가. 대한민국 재외공관에서 근무할 목적으로 외국에 파견되어 체재하고 있는 자
   나. 비거주자이었던 자로서 입국하여 국내에 3개월 이상 체재하고 있는 자
4. 다음 각목의 어느 하나에 해당하는 외국인(제2항 제2호 및 제6호 가목 · 나목에 해당하는 자는 제외한다)
   가. 국내에서 영업활동에 종사하고 있는 자
   나. 6개월 이상 국내에서 체재하고 있는 자

② 다음 각호의 자는 비거주자로 본다.

1. 국내에 있는 외국정부의 공관과 국제기구
2. 국내주둔 미합중국군대 등의 외국군인 및 군속 그리고 초청계약자, 동거가족
3. 외국에 있는 국내법인 등의 영업소 및 그 밖의 사무소
4. 외국에 주된 사무소가 있는 단체 · 기관, 그 밖에 이에 준하는 조직체
5. 다음 각목의 어느 하나에 해당하는 대한민국 국민
   가. 외국에서 영업활동에 종사하고 있는 자
   나. 외국에 있는 국제기구에서 근무하고 있는 자
   다. 2년 이상 외국에 체재하고 있는 자. 이 경우 일시 귀국의 목적으로 귀국하여 3개월 이내의 기간 동안 체재한 경우 그 체재기간은 2년에 포함되는 것으로 본다.
   라. 그 밖에 영업양태, 주요 체재지 등을 고려하여 비거주자로 판단할 필요성이 인정되는 자로서 <u>기획재정부장관이 정하는 자</u>
6. 다음 각목의 어느 하나에 해당하는 외국인
   가. 국내에 있는 외국정부의 공관 또는 국제기구에서 근무하는 외교관 · 영사 또는 그 수행원이나 사용인
   나. 외국정부 또는 국제기구의 공무로 입국하는 자
   다. 거주자였던 외국인으로서 출국하여 외국에서 3개월 이상 체재 중인 자

③ 거주자 또는 비거주자에 의하여 주로 생계를 유지하는 동거 가족은 해당 거주자 또는 비거주자의 구분에 따라 거주자 또는 비거주자로 구분한다.

03 외국인이 국내에서 미취업 상태인 경우, 6개월 이상 국내에서 체재하여야만 외국인거주자가 된다. 물론 국내 입국 후 바로 국내회사에 취업한 외국인은 거주자가 된다. 외국인거주자가 출국하여 3개월 이내에 재입국하지 않으면 비거주자로 바뀌게 된다. 외국소재 한국대사관이나 한국영사관은 치외법권 지역이며 준 대한민국 영토로 간주하므로 여기서 근무하는 한국인은 국민인 거주자이다. 하지만 외국의 국제기구(UN, OECD, IOC 등)에 근무하는 한국인은 비거주자로 구분된다.

① 영국에서 3년째 유학중인 대한민국 국민인 김사랑 씨는 2년 이상 체재하므로 비거주자이다(※ 해외유학이나 단순해외 체류자가 2년 미만인 경우에는 거주자로 구분한다).

② 대한민국 입국 후 현재 2개월째 직장을 찾는 중인 일본인 마에다 씨는 6개월이 경과하지 않았으므로 비거주자이다.

③ 원어민교수로 입국 후 1주일째 부산소재 대학교에서 재직 중인 프랑스인 에밀졸라 씨는 취업상태이므로 거주자이다.

④ 미국소재 UN 본부에서 1년째 파견 근무 중인 대한민국 국민인 성춘향 씨는 (국민인) 비거주자이다.

04 ① '교포 등에 대한 여신'의 경우, 차주본인의 국내재산 담보제공이나 국내보증인의 담보제공 금액이 50만불까지는 지정거래외국환은행이 신고하여야 하며, 50만불 초과 시 한국은행신고사항이다(대출금액이 아닌 담보제공금액임에 유의한다).

> **(개정된) 규정 제7 – 18조** ③ 교포등에 대한 여신과 관련하여 거주자 또는 당해 여신을 받는 비거주자가 국내에 있는 금융기관에 미화 50만불 이내에서 원리금의 상환을 보증하고자 하는 경우에는 지정거래외국환은행의 장에게 거래가 있었던 날로부터 1개월 이내에 거래사실을 보고하여야 한다. 이 경우 거래외국환은행의 지정은 여신을 받는 자의 명의로 하고, 해외에서도 하나의 외국환은행해외지점 또는 현지법인금융기관등을 거래금융기관으로 지정하여야 한다. 〈2023. 7. 4. 개정〉

② 개인사업자나 비영리법인(교회 등)의 해외차입은 지정거래은행을 경유한 한국은행 신고사항이다.

> **※ 비영리법인의 현지사용목적 현지차입 외국환은행 사후보고제(2023. 7. 4. 신설)**
> 비영리법인(재단등)의 해외차입은 모두 한국은행 사전신고였으나 2023. 7. 4.부터 해외사용목적인 경우에는 거래일로부터 1개월 이내 지정거래은행에 거래사실을 사후보고하도록 규정을 신설하였다.

③ (금융기관이 아닌) 국내 영리법인(삼성전자 등)의 비거주자(미국의 전기차 회사 TESLA 테슬라)에 대한 대출은 한국은행신고사항이다.

> **규정 제7 – 16조** 거주자가 비거주자에게 대출을 하고자 하는 경우에는 한국은행총재에게 신고하여야 한다. 다만, 이 항에 의한 신고사항 중 다른 거주자의 보증 또는 담보를 제공받아 대출하는 경우 및 10억원을 초과하는 원화자금을 대출하고자 하는 경우에는 대출을 받고자 하는 비거주자가 신고하여야 한다.

④ 해외직접투자자가 현지법인에 대한 상환기간 1년 미만의 대출은 지정거래은행에 신고하여야 한다(※과거 한국은행 신고사항에서 지정거래은행의 신고사항으로 개정된 것이므로 유의한다. 기본서 18판, p.215 참조).

> **규정 7 – 16조** 외국 법인에 투자한 거주자가 해당 외국법인에 대하여 상환기간을 1년 미만으로 하여 금전을 대여하는 경우에는 지정거래외국환은행의 장에게 자금을 지급한 날로부터 1개월 이내에 거래사실을 보고하여야 한다. 〈2023. 7. 4. 개정〉

05 유효기간은 신고인이 신고(수리)내용에 따라 당해 지급 또는 영수를 완료하여야 하는 기간을 말한다. 해외이주자는 해외이주신고서 발급일로부터 3년 이내에 해외이주비 지급이 가능하다. 그러나 해외이주예정자는 거래외국환은행을 지정한 날로부터 3년 이내에 지급이 가능하다(단, 사후관리서류를 기일 내에 제출한 경우에 한함).

> **규정 제4-6조(해외이주비의 지급절차)** ① 해외이주자가 해외이주비를 지급하고자 하는 경우에는 다음 1에서 정하는 날부터 3년 이내에 지정거래외국환은행을 통하여 지급하거나 휴대수출할 수 있다. 단, 이주자가 이주기간이 지연되는 상황에 대해 소명한 후 대외송금 기한을 연장할 수 있다.
> 1. 국내로부터 이주하는 자 : 외교부로부터 해외이주신고확인서를 발급받은 날
>
> (중략)
>
> ④ 해외이주예정자는 해외이주비의 지급 후 1년 이내에 영주권등을 취득하였음을 입증하는 서류를 지정거래외국환은행의 장에게 제출하거나, 지급한 자금을 국내로 회수하여야 한다. 다만, 영주권등을 1년 이내에 취득하는 것이 불가능하다는 사실을 입증할 경우, 영주권등을 취득하였음을 입증하는 서류의 제출기한을 연장할 수 있으며, 이 경우 매년 영주권등 취득현황을 통보하여야 한다.

06 비거주자로부터 내국지급수단을 대가로 외국환을 매입하는 경우의 사례로서 외화의 '처분사유'와 '취득사유'에 대한 차이점을 학습하는 문항이다. 외국인이 외화를 국내 유입하여 대외계정에 입금하는 경우는 '취득사유'를 물을 필요가 없다(외국인이 자기 나라에서 가져오는 외화의 출처를 은행텔러가 묻는다는 것은 넌센스). 다만 동 외화를 원화를 환전하여 원화계정으로 대체하거나 원화로 출금하는 경우에만 (가져온 외화의) '처분사유'를 물어야 한다. 부동산 등의 매입대금이 아니라면 별도의 신고절차도 필요하지 않다. 처분목적이나 사유를 알 수 없는 경우(특별히 사용용도가 특정되지 않는 일상적인 생활비인 경우) 은행은 '해외재산반입자금(37215)'으로 간주하여 매입한다. 결론적으로 '취득사유'란 (외국인이 아닌) 국민인 거주자가 외화를 타발송금받을 경우에 해당하는 용어이다.

07 1. 외국환의 거래 또는 행위가 발생하기 전에 지급을 하는 경우를 사전지급이라고 한다. 적용 예시로는 외국에서 영화, 음반, 방송물 및 광고물 등을 제작하거나 전시회 개최에 필요한 경비를 지급하는 경우 등으로 사전에 비용의 크기를 확정하지 못하는 경우에 적용한다(해외 산간 오지 촬영 전문가인 강사의 친구가 이 규정에 의해 외화를 직접 휴대출국하는 것을 보았다. 수년 전에 그 전문가는 현지에서 외화가 바닥이 났지만 산간 오지에 은행이 없어 본국에서 송금을 지원받을 수 없었다. 어쩔 수 없이 촬영용 오프로드용 자동차를 팔아서 경비를 만들어서 간신히 귀국한 사례를 보았다).
2. 해외여행경비, 해외이주비 및 재외동포의 국내재산반출은 본 항목을 적용할 수 없다(당연한 규정인데 자주 출제지문으로 나온다).
3. 지급신청서 우측 상단에 "사전지급"임을 표시하여야 한다.
4. 지급신청일로부터 60일 이내에 지급금액을 증빙하는 서류 등을 징구하여 정산하여야 하며 부득이하다고 인정되는 경우에는 그 지급금액의 10% 이내에서 정산의무를 면제할 수 있다(아이스크림 사먹은 소액영수증 등을 챙기지 못하는 경우도 있기 때문이다).
5. 정한 정산기간에도 불구하고 외국환은행의 장이 인정하는 경우에는 사후관리에 필요한 적정기간을 부여할 수 있으며 정한 기간 이내에 정산자료를 제출하지 아니한 경우에는 익월 10일까지 당해 사실을 금융감독원장에게 보고하여야 한다.

> **규정 제4-3조** 4. 제4-5조 내지 제4-7조의 규정에 의한 지급을 제외하고 거래 또는 행위가 발생하기 전에 하는 지급. 이 경우 거래 또는 행위발생 후 일정한 기간 내에 지급 증빙서류를 제출하여 정산하여야 한다. 다만, 그 지급금액의 100분의 10 이내에서는 정산의무를 면제할 수 있다.

08 전년도 수출실적이 미화 3천만불 이상인 기업의 송금방식 수출대금의 수령 및 전년도 수입실적이 미화 3천만불 이상인 기업의 송금방식 수입대금의 지급(◀ 빈출지문임). 다만, 지급등의 증빙서류 제출을 면제받은 기업은 관련 지급등의 증빙서류를 5년간 보관하여야 한다.

규정 제4-3조 거주자(외국인거주자는 제외한다)는 다음 각호의 1에 해당하는 경우 지급등의 증빙서류를 제출하지 아니하고 지급등을 할 수 있다.

1. 이 규정에 따른 신고를 필요로 하지 않는 거래로서 다음 각목의 1에 해당하는 지급
   가. 연간 누계금액이 미화 10만불 이내
   나. 연간 누계금액이 미화 10만불을 초과하는 지급으로서 당해 거래의 내용과 금액을 서류를 통해 외국환은행의 장이 확인할 수 있는 경우
2. 이 규정에 따른 신고를 필요로 하지 않는 수령. 다만, 동일자 · 동일인 기준 미화 10만불을 초과하는 경우에는 서면에 의하여 외국환은행의 장으로부터 수령사유를 확인받아야 한다.
3. 정부 또는 지방자치단체의 지급등
4. (사전(개산)지급) 거래 또는 행위가 발생하기 전에 하는 지급. 이 경우 거래 또는 행위발생 후 일정한 기간 내에 지급 증빙서류를 제출하여 정산하여야 한다. 다만, 그 지급금액의 100분의 10 이내에서는 정산의무를 면제할 수 있다.
5. 전년도 수출실적이 미화 3천만불 이상인 기업의 송금방식 수출대금의 수령 및 전년도 수입실적이 미화 3천만불 이상인 기업의 송금방식 수입대금의 지급(빈출 지문). 다만, 지급등의 증빙서류 제출을 면제받은 기업은 관련 지급등의 증빙서류를 5년간 보관하여야 한다.

09 봉주르 씨는 국내회사에 취업 중이므로 외국인 거주자에 해당한다. 외국인 거주자에게는 '여행경비'를 환전지급할 수 있지만 최근 입국일 이후부터 1만불 이내이다. 따라서 일본에서 귀국 후부터 RESET되어 또다시 1만불까지 여행경비 지급이 가능하다. 여행경비지급이 가능하다는 뜻은 환전 시 원화의 출처를 묻지 않는다는 의미이다. 물론 본인이 국내 소득으로 여행을 갈 경우에는 여행경비란 규정을 따질 필요가 없다. 여행경비지급규정은 국민인 거주자와 외국인거주자에게만 해당한다. 비거주자에게는 해당하지 않는 용어이다. (◀ 자주 출제된 문항이다.)

규정 제2-3조(외국환의 매각) ① 외국환은행은 다음 각호의 1에 해당하는 경우에 한하여 내국지급수단을 대가로 외국환을 매각할 수 있다.

1. 거주자에 대한 매각으로서 다음 각목의 1에 해당하는 경우
   가. 외국환을 매입하고자 하는 자가 당해 외국환을 인정된 거래 또는 지급에 사용하기 위한 경우
   나. 외국인거주자에게 매각하는 경우에는 외국환의 매각금액이 **최근 입국일 이후 미화 1만불 이내** 또는 제4-4조(비거주자 또는 외국인거주자의 지급)의 규정에 의한 **금액범위 내인 경우** 〈2020. 8. 4. 개정〉

기타 출제 가능한 개념파악 문제

국민인 거주자인 홍길동 씨는 지병 치료차 영국의 유명 병원을 예약하고 출국 준비를 하고 있다. 치료기간은 1주일 정도로 예상한다. 외국환은행의 여행경비 취급에 대한 설명으로 옳지 않은 것은?

① 치료비는 일반해외여행경비에 속하며 지급 시 거래외국환은행을 지정할 필요 없다.
② 예약관련 서류증빙제출 시 당발송금이 가능하다.
③ 일반해외여행경비이므로 휴대출국 시 외국환신고확인필증을 교부하지 아니한다.
④ 현지에서 본인의 신용카드로 치료비를 지급할 수 있다.

해설 일반해외여행경비이지만 증빙이 있으므로 외국통화로 휴대출국 시 환전은행은 외국환신고확인필증을 교부하여야 한다(기본서 18판, p.174 참조). 또한 이 필증을 받아야 하는 이유는 홍길동 씨가 본인의 치료비 이외의 해외경비 사용목적으로 미화 1만불까지 추가적으로 휴대반출이 가능하므로 별도로 금액을 카운트해야 하기 때문이기도 하다. 물론 홍길동 씨의 치료비는 일반해외여행 경비이므로 휴대출국이 원칙이나 증빙이 있을 경우 외국환은행을 통한 해외송금 지급도 가능하다(기본서 18판, p.128).

정답 | ③

규정 제4-5조(해외여행경비 지급절차) ① 해외여행자는 해외여행경비를 외국환은행을 통하여 지급하거나 제5-11조의 규정에 의하여 휴대수출할 수 있다. 다만, 일반해외여행자가 외국환은행을 통하여 외국에 지급할 수 있는 경우는 다음 각호의 1에 한한다.

(중간 생략)

  2. 다음 각목의 1에 해당하는 자에 대하여 주무부장관 또는 한국무역협회의 장이 필요성을 인정하여 추천하는 금액
    가. 수출 · 해외건설 등 외화획득을 위한 여행자
    나. 방위산업체 근무자
    다. 기술 · 연구목적 여행자
  3. 외국에서의 치료비

10 외국국적 취득 **이후에**(시민권자가 된 이후에) 취득한 국내부동산의 매각 자금은 (재외동포재산반출 규정이 아닌) 자본거래인 외국인의 부동산 취득 및 처분규정(제9-43조)에 의하여 송금할 수 있다.

※ 외국환규정상 '재외동포'란 해외이민하여 현지국에 귀화한 자(시민권자), 대한민국 국민으로서 외국의 영주권자를 지칭한다.

규정 제4-7조(재외동포의 국내재산 반출절차) ① 재외동포가 본인 명의로 보유하고 있는 다음 각호의 1에 해당하는 국내재산(재외동포 자격 취득 후 형성된 재산을 포함한다)을 국외로 반출하고자 하는 경우에는 거래외국환은행을 지정하여야 한다.
  1. 부동산 처분대금(부동산을 매각하여 금융자산으로 보유하고 있는 경우를 포함한다)
  2. 국내예금 · 신탁계정관련 원리금, 증권매각대금
  3. 본인명의의 예금 또는 부동산을 담보로 하여 외국환은행으로부터 취득한 원화대출금
  4. 본인명의의 부동산의 임대보증금
② 재외동포가 제1항 각호의 자금을 반출하고자 하는 경우에는 거래외국환은행을 지정하여야 하며, 다음 각호의 1에 해당하는 취득경위 입증서류를 지정거래외국환은행의 장에게 제출하여야 한다.
  1. 부동산처분대금의 경우 부동산소재지 또는 신청자의 최종주소지 관할세무서장이 발행한 부동산매각자금확인서. 다만, 확인서 신청일 현재 부동산 처분일로부터 5년이 경과하지 아니한 부동산 처분대금에 한함
  2. 제1항 제2호 내지 제4호의 지급누계금액이 미화 10만불을 초과하는 경우 지정거래외국환은행의 주소지 또는 신청자의 최종주소지 관할세무서장이 발행한 전체 금액에 대한 자금출처확인서 등. 다만, 반출월로부터 과거 3월간 취득한 국내에서의 고용, 근무에 따른 국내보수 또는 자유업 영위에 따른 소득 및 국내로부터 지급받는 사회보험 및 보장급부 또는 기타 이와 유사한 소득범위 이내에 대하여는 취득경위 입증서류 제출로 갈음함 〈2020. 8. 4. 개정〉

11 동일자 1만불 초과 여행경비환전 시 국세청과 관세청에 통보된다. 즉 잦은 해외여행 시 소득수준을 파악하기 위하여 국세청에 통보되며, 해외여행을 위한 빈번한 입출국 시 세관에서 관리(?)할 목적으로 관세청에도 통보된다.

규정 제4-8조(국세청장 등에 대한 통보) ① 외국환은행의 장은 다음 각호에 해당하는 지급등의 내용을 국세청장에게 통보하여야 한다.
  1. 제4-3조 제1항 제1호(신고예외의 무증빙 지급) 내지 제2호(신고예외의 무증빙 수령)의 규정에 의한 지급등의 금액이 지급인 및 수령인별로 연간 미화 1만불을 초과하는 경우 및 제7-11조 제2항(해외로 외화예금의 송금)
  2. 해외유학생 및 해외체재자의 해외여행경비 지급금액이 연간 미화 10만불을 초과하는 경우
  3. 제1호 및 제2호의 경우를 제외하고 건당 미화 1만불을 초과하는 금액을 외국환은행을 통하여 지급등(송금수표에 의한 지급등을 포함한다)하는 경우

② 외국환은행의 장은 다음 각호의 지급등의 내용을 관세청장에게 통보하여야 한다.

　　1. 수출입대금의 지급 또는 수령

　　2. 외국환은행을 통한 용역대가의 지급 또는 수령

　　3. 제4-3조 제1항 제1호(신고예외의 무증빙 지급) 내지 제2호(신고예외의 무증빙 수령)의 규정에 의한 지급등

　　4. 건당 미화 1만불을 초과하는 해외이주비의 지급

　　5. 제1호 내지 제4호의 경우를 제외하고 건당 미화 1만불을 초과하는 금액을 외국환은행을 통하여 지급등(송금수표에 의한 지급을 포함한다)을 하는 경우

③ 외국환은행의 장은 다음 각호의 지급등의 내용을 금융감독원장에게 통보하여야 한다.

　　1. 제4-3조 제1항 제1호(신고예외의 무증빙 지급)의 규정에 의한 지급 및 제7-11조 제2항(해외로 외화예금의 송금)의 규정에 의한 지급금액이 지급인별로 연간 미화 1만불을 초과하는 경우

　　2. 해외유학생 및 해외체재자의 해외여행경비 지급금액이 연간 미화 10만불을 초과하는 경우

　　3. 제1호 및 제2호의 경우를 제외하고 건당 미화 1만불을 초과하는 금액을 외국환은행을 통하여 지급등(송금수표에 의한 지급을 포함한다)을 하는 경우

그러나 정부 또는 지방자치단체의 지급은 국세청, 관세청 그리고 **금융감독원에 통보할 필요 없다**.

12 연계무역, 위탁가공무역 및 수탁가공무역에 의하여 수출대금과 관련 수입대금을 상계하고자 하는 경우에 신고예외이지만, **중계무역**은 외국환은행에 신고사항이다. 중계무역이란 수출을 목적으로 수입하되 국내에 반입하지 아니한 채 보세구역 등을 거쳐 (국내유입 금지)수출하는 경우로서 한국은행 국제수지통계에서 중요한 항목이므로 신고가 필요하다(※ 중계무역에 대한 출제가 빈번하므로 용어의 정의를 분명히 습득하여야 한다).

※ 다음의 대외무역관리규정의 정의가 용어에 대한 의미를 묻는 문항이 항상 출제되므로 암기할 필요가 있다.

대외무역관리규정 제2조(정의) 이 규정에서 사용하는 용어의 뜻은 다음과 같다.

　　1. "위탁판매수출"이란 물품등을 무환으로 수출하여 해당 물품이 판매된 범위 안에서 대금을 결제하는 계약에 의한 수출을 말한다.

　　2. "수탁판매수입"이란 물품등을 무환으로 수입하여 해당 물품이 판매된 범위 안에서 대금을 결제하는 계약에 의한 수입을 말한다.

　　3. "위탁가공무역"이란 가공임을 지급하는 조건으로 외국에서 가공(제조, 조립, 재생, 개조를 포함한다. 이하 같다)할 원료의 전부 또는 일부를 거래 상대방에게 수출하거나 외국에서 조달하여 이를 가공한 후 가공물품 등을 수입하거나 외국으로 인도하는 수출입을 말한다.

　　4. "수탁가공무역"이란 가득액을 영수(領收)하기 위하여 원자재의 전부 또는 일부를 거래 상대방의 위탁에 의하여 수입하여 이를 가공한 후 위탁자 또는 그가 지정하는 자에게 가공물품등을 수출하는 수출입을 말한다. 다만, 위탁자가 지정하는 자가 국내에 있음으로써 보세공장 및 자유무역지역에서 가공한 물품등을 외국으로 수출할 수 없는 경우 「관세법」에 따른 수탁자의 수출·반출과 위탁자가 지정한 자의 수입·반입·사용은 이를 「대외무역법」에 따른 수출·수입으로 본다.

　　5. "임대수출"이란 임대(사용대차를 포함한다. 이하 같다) 계약에 의하여 물품등을 수출하여 일정기간 후 다시 수입하거나 그 기간의 만료 전 또는 만료 후 해당 물품등의 소유권을 이전하는 수출을 말한다.

　　6. "임차수입"이란 임차(사용대차를 포함한다. 이하 같다) 계약에 의하여 물품등을 수입하여 일정기간 후 다시 수출하거나 그 기간의 만료 전 또는 만료 후 해당 물품의 소유권을 이전받는 수입을 말한다.

　　7. "연계무역"이란 물물교환(Barter Trade), 구상무역(Compensation trade), 대응구매(Counter purchase), 제품환매(Buy Back) 등의 형태에 의하여 수출·수입이 연계되어 이루어지는 수출입을 말한다.

　　8. "중계무역"이란 수출할 것을 목적으로 물품등을 수입하여 「관세법」 제154조에 따른 보세구역 및 같은 법 제156조에 따라 보세구역외 장치의 허가를 받은 장소 또는 「자유무역지역의 지정 등에 관한 법률」 제4조에 따른 자유무역지역 이외의 국내에 반입하지 아니하고 수출하는 수출입을 말한다.

13 무역거래상 제3자 지급등의 경우, 수령인 경우 거래당사자가 아닌 제3자가 수령하는 것은 신고할 필요가 없지만(국부의 유입이므로 굳이 제한할 필요가 없음), 국부유출인 지급인 경우는 신고를 요한다. 비거주자끼리 권리가 합법적으로 양도, 양수된 경우 당연히 비거주자인 양수인에게 정상적인 거래로 지급할 수 있다. 신고예외를 제외하고 거주자가 미화 5천불 초과 1만불 이내의 금액(분할하여 지급 등을 하는 경우에는 각각의 지급 등의 금액을 합산한 금액을 말한다)을 제3자와 지급등을 하려는 경우에는 외국환은행의 장에게 신고하여야 하며 1만불 초과 시에는 한국은행총재에게 신고하여야 한다.

14 국민인 거주자는 1만불 초과 여행경비 등 지급수단(대외지급수단, 내국통화, 원화자기앞수표를 포함하며 합산함)을 휴대수출할 경우 세관에 신고하여야 한다. 또한 거주자와 비거주자를 불문하고 1만불 상당액 초과대외지급수단(내국통화, 원화 T/C, 원화자기앞수표 포함) 수입 시 세관에 신고하여야 한다. 물론 신용장, 펀드의 수익증권이나 본사의 실물주식, 5만불 이내의 전시용 수집 기념용 시험용 화폐는 신고예외이다. '은행을 통하지 아니하는 거래(규정 제5-11조)'란 이미 지급절차를 거친 후 은행에서 외국환신고(확인)필증을 교부받고 (전신송금이 아닌) 외국통화를 휴대수출(출국자가 직접 가지고 간다는 뜻)하는 경우로서 신고예외이다(물품의 수입대금을 직접 휴대하여 출국하는 경우 등을 말한다).

15 ① 이태원에서 수제 햄버거 자영업을 하는 미국인 트럼프 씨가 20억원의 원화대출을 받는 경우는 일단 국내 사업을 하면 외국인거주자 취급하므로 내국인과 같이 금액 제한 없이 신고예외이다.
② 부산에서 일식 자영업을 하는 재일교포 손 마시요시 씨가 20억원의 원화대출을 받는 경우에는, 일단 재일교포는 국민인 비거주자이므로 내국인과 동등한 대우를 받으므로 신고예외이다. 예를 들어 부동산거래도 신고 없이 할 수 있다.
③ 미국 영주권자인 한국계 알렉스 김이 20억원의 원화대출을 받는 경우에는 국민인 비거주자이므로 (내국인과 동등) 국내 사업에 무관하게 원화대출을 신고 없이 받을 수 있다.
④ 미국시민권자인 제임스본드 씨가 20억원의 원화대출을 받는 경우는 외국인이면서 한국 국내사업을 하는 표현 등이 없고 외국인 비거주자로서 10억 초과 대출이므로 외국환은행 신고대상이다(10억원 초과~300억원 이내). 300억원 초과 시 한국은행 신고대상이다. 외국인 거주자가 원화대출을 신고 없이 받을 수 있으나 해외송금 시에는 한국은행에 신고하여야 한다. 규정 제2-6조(대출)는 외국환은행이 행하는 영업상의 대출이므로 규정 제7-16조(거주자의 비거주자에 대한 대출)와 혼동해서는 아니 된다.

16 거주자가 해외 골프회원권이나 기타 이용권(콘도이용권 등)을 취득하고자 하는 경우에는 규정 제7-21조에 의거하여 외국환은행 보고대상이다(거래은행은 지정하지 아니한다).

규정 제7-21조(거주자와 비거주자간의 거래) ② 거주자가 거주자 또는 비거주자와 외국의 부동산·시설물 등의 이용·사용 또는 이에 관한 권리의 취득에 따른 회원권의 매입거래를 하고자 하는 경우에는 외국환은행의 장에게 거래가 있었던 날로부터 1개월 이내에 거래사실을 보고하여야 한다. 〈2023. 7. 4. 개정〉

17 신고예외 및 외국환은행 신고대상을 제외한 제3자 지급등은 모두 한국은행총재 신고 사항이다. '가'의 경우 무역거래(경상거래)의 제3자에 대한 '지급'에 해당하고 1만불을 초과하므로 한국은행에 신고한다. 해외부동산취득 자금을 매도인에게 직접 지급하는 것보다는 해외 부동산중개인에게 송금하여 중개인이 등기이전 등을 확인 후 매도인에게 지급하게 할 수 있다(신고예외). 법무사의 용역제공은 경상거래로서 통상적인 수출입 영업이며, 또한 제3자 '지급'이 아닌 제3자로부터 '수령'이므로 신고예외이다(비거주자로부터 영수하는 경우-신고예외).

18 개인(개인사업자 포함) 및 비영리법인이 비거주자로부터 외화자금을 차입하고자 하는 경우에는 지정거래 외국환은행을 경유하여 한국은행총재에게 신고하여야 한다. 영리법인이 5천만불 이하 해외 외화증권발행(외화차입 포함) 시 지정거래 외국환은행 신고대상이며, 5천만불 초과 시에는 기획재정부장관에게 신고하여야 한다. **다만, 비영리법인의 현지 사용목적 해외차입의 경우에는 지정거래외국환은행의 장에게 거래가 있었던 날로부터 1개월 이내에 거래사실을 보고하여야 한다.** 〈2023. 7. 4. 개정〉 법 개정으로 해외사용인 경우 한국은행이 아닌 지정거래은행으로 이원화된 것에 유의한다.

> **규정 제7 - 14조** 다음 각호의 1에 해당하는 거주자가 비거주자로부터 외화자금을 차입(외화증권 및 원화연계외화증권 발행을 포함)하고자 하는 경우에는 현지금융 여부를 명시하여 지정거래외국환은행의 장에게 자금을 수령한 날로부터 1개월 이내에 거래사실을 보고하여야 한다(현지금융의 경우 다른 거주자가 보증 및 담보를 제공하지 않는 경우에 한한다). 다만, 미화 5천만불(차입신고시점으로부터 과거 1년간의 누적차입금액을 포함)을 초과하여 차입하고자 하는 경우에는 지정거래외국환은행을 경유하여 기획재정부장관에게 신고하여야 한다. 다만, 비영리법인의 현지 사용목적 현지차입의 경우에는 지정거래외국환은행의 장에게 거래가 있었던 날로부터 1개월 이내에 거래사실을 보고하여야 한다. 〈2023. 7. 4. 개정〉
>
> ※ 법 개정으로 해외사용인 경우 한국은행이 아닌 지정거래은행으로 이원화된 것에 유의한다.

19 **(오답이 많은 출제문항이다.)**

비거주자원화계정은 국내에서 사용하기 위한 자금으로 간주되므로 비록 본인의 계좌 간 이동이라 하더라도 대외계정으로의 이체 자체가 외화의 유출이므로 인정된 거래에 한한다. 즉 절차상 제한이 있다.

① 거주자계정(예금주 ; A)에서 거주자 본인 A의 타 국내금융기관의 거주자계정이나 본인이 아닌 B의 거주자계정으로 상호 간 송금이 가능하다. 국내계좌 간 거래는 국부유출이 아니기 때문에 자금이동에 제한을 둘 필요가 없다.

② 대외계정 간에는 소유주에 무관하게(A, B 예금자 불문) 자금이동의 제한을 둘 이유가 없다. 어차피 비거주자(외국인 거주자 포함)끼리의 자금이동으로서, 동 대외계정 예치자금 자체가 외국에서 유입되거나, 외국인 노동자가 정당하게 국내보수를 외화로 환전하여 입금한 금액이므로 국외유출을 막을 수 없다. 즉 대외계정에 입금(예치)된 순간 이미 국부유출이다.

③ 비거주자원화계정(예금주 ; A) → 대외계정(예금주 ; A)인 경우, 비거주자 원화계정(비거주자자유원계정과 성격이 다름)은 비거주자의 국내소비를 원칙으로 한다. 따라서 일단 유입된 자금이 다시 해외유출 시(대외계정으로 이체도 사실상 해외유출임) 신고등의 절차를 밟아야 한다. 단, 비거주자원화계정에서 발생한 이자는 외화로 환전하여 자유롭게 신고 없이 송금할 수 있다. 그러나 그 반대방향인 경우인 (A, B 무관하게)대외계정에서 비거주자 원화계정으로 이체는 자유롭다(국부의 유입). 이는 국내소비를 위한 자금으로 간주하여 제한할 이유가 없다.

④ 대외계정(예금주 ; A) → 비거주자자유원계정(예금주 ; A)는 본인의 계정이므로 통화에 무관하게 쌍방 간 이체가 가능하다. 주로 외국의 수입업자가 우리나라 물품을 수입하고자 (환율변동 등을 회피수단으로도 이용) 본인의 해외자금을 대외계정으로 이체 후 환전하여 비거주자자유원계정에 예치 후 물품대금을 지급한다. 그러나 A, B 예금주 사이의 이체는 외국환거래규정상의 악용(불법해외유출) 문제가 있으므로 허용하지 아니한다.

20 '교포등에 대한 여신'이라 함은 국내에 본점을 둔 외국환은행의 해외지점 및 현지법인금융기관 등의 외국에 있는 거주자(일반해외여행자는 제외한다), 국민인비거주자(영주권자) 또는 국민인비거주자가 전액 출자(100%)하여 현지에 설립한 법인에 대한 여신을 말한다. 교포은행은 국내에 본점이 없으므로 동 규정과 관련이 없다. 시민권자는 완전한 외국인이므로 국내법을 적용할 수 없다. 따라서 시민권자는 동 규정에 의한 여신을 받을 수 없다. 차주 동일인 50만불을 초과할 경우에는 한국은행 신고사항이다.

> **규정 제7 - 18조** 교포등에 대한 여신과 관련하여 거주자 또는 당해 여신을 받는 비거주자가 국내에 있는 금융기관에 미화 50만불 이내에서 원리금의 상환을 보증하고자 하는 경우에는 지정거래외국환은행의 장에게 거래가 있었던 날로부터 1개월 이내에 거래사실을 보고하여야 한다. 이 경우 거래외국환은행의 지정은 여신을 받는 자의 명의로 하고, 해외에서도 하나의 외국환은행해외지점 또는 현지법인금융기관등을 거래금융기관으로 지정하여야

한다. 〈2023. 7. 4. 개정〉
※ 지정거래은행에는 1개월 이내 사후 보고하고, 한국은행이면 신고하여야 한다.

21 거주자의 증권취득(본사의 우리사주를 취득하고자 취득자금을 해외송금할 경우)은 (규정 제7−31조)의 신고예외 대상
이다(아래 내용의 10번 항). 자기주식 취득자금 해외송금 시 외국환은행은 계약서 등을 '확인'(신고예외란 뜻)하는 것으
로 족하며 별도의 신고가 필요 없이 송금할 수 있다.

> **규정 제7−31조(신고예외)** ① 거주자가 비거주자로부터 증권을 취득하고자 하는 경우로서 다음 각호의 1에 해당
> 하는 경우에는 신고를 요하지 아니한다. 다만, 외국법인의 경영에 참가하기 위하여 당해 법인의 주식 또는 출자지
> 분을 취득하고자 하는 경우에는 제9장의 규정에 의한다.
> 　1. 거주자가 (금융투자업자를 통한 위탁매매방식으로) 외화증권에 투자하는 경우
> 　2. 거주자가 비거주자로부터 상속ㆍ유증ㆍ증여로 인하여 증권을 취득하는 경우
> 　5. 거주자가 외국의 법령에 의한 의무를 이행하기 위하여 비거주자로부터 외화증권을 취득하는 경우
> 　9. 국내기업이 사업활동과 관련하여 외국기업과의 거래관계의 유지 또는 원활화를 위하여 미화 5만불 이하의
> 　　당해 외국기업의 주식 또는 지분을 취득하는 경우
> 　10.「외국인투자촉진법」에 의한 외국인투자기업(국내자회사를 포함한다), 제9장 제3절에 의한 외국기업국내
> 　　지사, 외국은행국내지점 또는 사무소에 근무하는 자가 본사(본사의 지주회사나 방계회사를 포함한다)의
> 　　주식 또는 지분을 취득하는 경우
> 　11. 거주자가 국내유가증권시장에 상장 또는 등록된 외화증권을 비거주자로부터 취득하거나, 거주자의 인정
> 　　된 거래를 통해 부여된 권리를 거주자가 행사함으로써 주식 또는 지분을 취득하는 경우
> ② 제1항의 규정에 해당하는 경우를 제외하고 거주자가 비거주자로부터 증권을 취득하고자 하는 경우에는 한국
> 은행총재에게 신고하여야 하며, 한국은행총재는 필요시 동 신고내용을 국세청장에게 열람하도록 하여야 한
> 다. 다만, 거주자가 보유증권을 대가로 하여 비거주자로부터 증권을 취득하고자 하는 경우에는 교환대상증권
> 의 가격 적정성을 입증하여야 한다.

22 거주자가 비거주자에게 매각한 국내의 부동산ㆍ시설물 등의 이용ㆍ사용과 관련된 회원권 등을 비거주자로부터 재매입
하는 경우에는 신고예외이다. 왜냐하면 이미 비거주자에게 매각하여 이미 국부의 유입에 기여한 것이므로 추후 비거주
자의 자금회수(외화유출)를 제한할 명분이 없다.

> 거주자가 거주자 또는 비거주자와 외국의 부동산ㆍ시설물 등의 이용ㆍ사용 또는 이에 관한 권리의 취득에 따른
> 회원권의 매입거래를 하고자 하는 경우에는 외국환은행의 장에게 거래가 있었던 날로부터 1개월 이내에 거래사
> 실을 보고하여야 한다. 〈2023. 7. 4. 개정〉

23 외국인 투자자의 투자전용계정은 거래은행과 거래 증권회사를 지정할 필요가 없으므로 복수의 금융기관에 복수의 계
정을 두고 거래할 수 있다. 외국인투자자라 함은 비거주자(국민인 경우에는 해외영주권을 가진 자에 한한다) 또는 증권
투자자금의 대외송금을 보장받고자 하는 외국인거주자를 말한다. 즉 해외영주권을 가지고 있는 재외국민과 국내에서
생활하고 있는 외국인거주자는 국내증권시장에서 주식을 매입할 때 별도의 신고절차가 필요 없지만, 해외에서 송금하
여 온 자금으로 투자하여 나중에 처분 후 대외송금을 원하는 경우 외국인투자자의 시스템화된 증권투자절차를 통하여
거래할 수 있도록 하기 위해서 외국인투자자의 범주에 포함하여 운영하고 있다.
※ 외국인투자등록증발급제도의 폐지 : 발급제도를 폐지하는 대신 식별수단을 사용하여 투자하는 절차로 규정을 신설
하였다.

"식별수단"이란 다음 각목의 것을 말한다. 〈신설 2023. 7. 7.〉

    가. 투자등록을 한 외국인 : 투자등록증의 고유번호

    나. 투자등록을 하지 않은 개인인 외국인 : 여권번호

    다. 투자등록을 하지 않은 외국법인등 : 국제표준화기구(ISO, International Organization for Standardization)
       가 정한 국제표준(ISO 17442)에 따라 법인에게 부여된 법인식별기호(LEI, Legal Entity Identifier)

24 (자주 출제되는 주제이므로 교재에 실은 규정 제9 – 40조를 익힌다.)

신고수리일 기준 2년마다 징구하면 된다.

① 부동산 취득대금송금 후 3개월 이내에 부동산취득보고서를 징구하여야 한다(규정 제9 – 40조 제2항 참조).

② 부동산을 처분하거나 명의 변경한 경우 처분일 또는 명의변경일로부터 3개월 이내에 해외부동산처분(변경)보고서를 징구하여야 한다(규정 제9 – 40조 제2항 참조).

③ 신고수리일 기준으로 2년마다 부동산 계속 보유 사실 입증서류를 징구하여야 한다.

④ 사후관리 불이행 시 30일 이내에 이행을 독촉하여야 하며 독촉 후 60일 이내에도 불이행 시에는 금융감독원장에게 보고하여야 한다.

> **외국환거래의 사후관리 제10 – 9조(사후관리절차 등)** ③ 외국환은행의 장은 사후관리 결과 외국환거래당사자가 신고등의 조건을 이행하지 아니한 경우에는 그 기한 만료일부터 30일 이내에 당해 조건의 이행을 독촉하여야 하며, 독촉일부터 60일 이내에도 그 의무를 이행하지 아니하거나 외국환거래당사자가 법 제19조 제1항 각호의 1에 해당하는 경우에는 이를 금융감독원장에게 보고하여야 한다.

25 외국으로부터 휴대수입 또는 송금(대외계정에 예치된 자금을 포함)된 자금으로 취득하는 경우 외국환은행에 신고하여야 한다. 외국인의 국내부동산 취득의 경우 지정거래은행제도가 없다. (또한 외환거래은행을 지정하게 하면 우리나라 외환규제가 심하다는 나쁜 인상을 주기 때문에 지정하지 않은 것으로 보임) 비거주자가 (이미 다른 용도로 유입된) 국내 보유 원화자금으로 부동산을 취득하는 경우는 한국은행총재 신고사항이다. 부동산투자자금은 원칙적으로 해외에서 유입되는 자금이어야 하므로 그러하지 못할 경우에는 한국은행에 신고하여야 한다. 즉, 이미 국내에서 주식투자 등의 용도로 운용 중인 자금을 부동산투자로 용도 변경 시에는 한국은행신고사항이다(규정 제9 – 42조 제3항).

> **규정 제9 – 42조** ③ 제1항 및 제2항의 경우를 제외하고 비거주자가 국내에 있는 부동산 또는 이에 관한 권리를 취득하고자 하는 경우에는 (동 문제의 증여도 포함됨) 한국은행총재에게 신고하여야 한다.

※ 보충 : 국민인 비거주자(해외 영주권자 등)가 국내에 있는 부동산을 취득하는 경우는 별도의 신고가 필요 없다.

┌───┐
【규정 제9 – 42조 제1항 참조 : 기출문제 지문】
예를 들어, 재일교포(국민인 비거주자에 해당) 등은 사실상 우리나라 사람이고 우리나라에서의 생활권을 인정하여 국민인 거주자와 동등하게 대우하는 것이다. 물론 매각 후 매각자금의 해외 유출 시에는 별도 지급절차를 거쳐야 한다. 외국인이 국내의 토지를 취득하는 경우에는 일정기간 이내(매매계약체결 후 60일 이내)에 시장 등 해당 관청의 장에게 신고하여야 한다.
└───┘

26 ① 보험 관련 업무를 하고자 하는 자는 기획재정부 신고 대상이다.

② 거래외국환은행 지정 대상이다.

③ 송금처가 본사가 아닌 경우 영업기금으로 인정하지 아니한다. 단 본사를 대신하여 자금집중센터를 통한 송금자금은 영업기금으로 인정한다(◀ 기출 지문임). 휴대수입한 자금, 원화자금도 영업기금으로 인정할 수 없다.

④ 국내에 영업장소 설치만으로 지점과 동일하게 업무를 영위할 수 있는 알선업(직업소개소, 유학알선업 등)은 허용되지 아니한다.

27 국내 법인의 현지법인이 50% 이상 출자한 현지 자회사는 현지금융 수혜대상자이다.

【현지금융에 대한 사후보고 등】

1. 거주자 또는 현지법인등이 현지금융을 받고자 하는 경우에는 사후보고하여야 함. 이 경우 주채무계열 소속 기업체는 부득이한 경우를 제외하고 주채권은행을 현지금융 거래외국환은행으로 지정하여야 함

   가. 거주자의 현지금융 : 당해 현지금융을 받는 거주자의 현지금융 지정거래 외국환은행의 장에게 사후보고

   나. 현지법인등의 현지금융 : 당해 현지법인등을 설치한 거주자의 현지금융 지정거래외국환은행의 장에게 사후보고

   다. 거주자의 외화증권발행 방식에 의한 현지금융 : 거주자의 현지금융관련 지정거래외국환은행의 장에게 사후보고. 다만, 미화 5천만불을 초과하는 현지금융을 신규로 받고자 하는 경우에는 지정거래외국환은행을 경유하여 기획재정부 장관에게 신고하여야 함

2. 현지금융을 받은 자는 차입한 자금을 신고 또는 사후보고한 바에 따라 사용하여야 하며, 국내에 예치 또는 국내 유입할 수 없음. 다만, 현지법인등과 국내 거주자 간의 인정된 경상거래에 따른 결제자금의 국내유입은 가능함

3. 현지법인등이 거주자의 보증 없이 현지금융을 받는 경우에는 현지금융의 사후보고를 요하지 아니함. 다만, 해외지점과 다음에 해당하는 현지법인의 경우 해외지점 및 현지법인을 설치한 거주자의 지정거래외국환은행의 장은 당해 거주자로부터 "현지금융 차입ㆍ상환ㆍ보증 등 한도 운영현황 반기 보고서를 징구하여야 함

   가. 거주자의 투자비율이 100분의 50 이상인 현지법인

   나. 가목의 현지법인이 100분의 50 이상 출자한 자회사

4. 거주자가 경상거래의 대외지급, 해외직접투자를 위해 조달한 자금은 거주자의 외화자금차입 신고대상임(※ 현지금융이 아님)

5. (현지금융) 내용변경 신고 대상 : 담보종류, 상환방법, 대출금리, 합병으로 인한 차주 또는 보증인(담보제공자) 변경, 기한연장 등

   ☞ 합병 이외의 차주 또는 보증인(담보제공자) 변경, 증액 등은 신규 신고대상임

28 해외자원개발사업 또는 사회간접자본 개발사업을 위한 자금은 해외직접투자로 인정되지만, 자원개발을 위한 조사자금 이나 해외자원의 구매자금은 해외직접투자로 인정되지 않는다.

법 시행령 제8조 ① 법 제3조 제1항 제18호 가목에서 "대통령령으로 정하는 것"(외국법령에 따라 설립된 법인(설립 중인 법인을 포함한다)이 발행한 증권을 취득하거나 그 법인에 대한 금전의 대여 등을 통하여 그 법인과 지속적인 경제관계를 맺기 위하여 하는 거래 또는 행위)이란 다음 각호의 것을 말한다.

1. 외국 법령에 따라 설립된 법인(설립 중인 법인을 포함한다. 이하 "외국법인"이라 한다)의 경영에 참가하기 위하여 취득한 주식 또는 출자지분이 해당 외국법인의 발행주식총수 또는 출자총액에서 차지하는 비율(주식 또는 출자지분을 공동으로 취득하는 경우에는 그 주식 또는 출자지분 전체의 비율을 말한다. 이하 이 항에서 "투자비율"이라 한다)이 100분의 10 이상인 투자

2. 투자비율이 100분의 10 미만인 경우로서 해당 외국법인과 다음 각목의 어느 하나에 해당하는 관계를 수립하는 것

   가. 임원의 파견

   나. 계약기간이 1년 이상인 원자재 또는 제품의 매매계약의 체결

   다. 기술의 제공ㆍ도입 또는 공동연구개발계약의 체결

   라. 해외건설 및 산업설비공사를 수주하는 계약의 체결

3. 제1호 또는 제2호에 따라 이미 투자한 외국법인의 주식 또는 출자지분을 추가로 취득하는 것

4. 제1호부터 제3호까지의 규정에 따라 외국법인에 투자한 거주자가 해당 외국법인에 대하여 상환기간을 1년 이상으로 하여 금전을 대여하는 것

② 법 제3조 제1항 제18호 나목에서 "대통령령으로 정하는 것"(외국에서 영업소를 설치ㆍ확장ㆍ운영하거나 해외사업 활동을 하기 위하여 자금을 지급하는 행위)이란 다음 각호의 자금을 지급하는 것을 말한다.

1. 지점 또는 사무소의 설치비 및 영업기금
2. 거주자가 외국에서 법인 형태가 아닌 기업을 설치 · 운영하기 위한 자금
3. 「해외자원개발 사업법」 제2조에 따른 해외자원개발사업 또는 사회간접자본개발사업을 위한 자금. 다만, 해외자원개발을 위한 조사자금 및 해외자원의 구매자금은 제외한다.

29 해외직접투자자 또는 투자한 현지법인이 휴 · 폐업, 개인투자자의 시민권 또는 영주권 취득 등으로 인하여 보고서 등을 징구하는 것이 불가능하다고 사후관리은행이 인정하는 경우에는 해당 기간 중 사후관리를 중지할 수 있다. 지정거래외국환은행의 장(한국은행총재 신고내용을 포함한다)은 보고서 또는 서류를 작성하여 정한 기일 내에 한국수출입은행을 경유하여 한국은행총재, 국세청장 및 관세청장에게 통보하여야 한다. 다만, 해외지사를 설치한 자가 휴 · 폐업의 상태에 있어 신고기관의장이 해외지사를 설치한 자로부터 보고서를 제출받는 것이 불가능한 것으로 인정되는 경우에는 그러하지 아니하며 이 경우 신고기관의 장은 휴 · 폐업의 사실을 한국수출입은행장에게 보고하여야 한다.

예상문제

다음 중 해외직접투자 사후관리업무와 관련하여 보고서 제출기한 또는 보고기한의 연결이 잘못된 것은?

① 외화증권(채권)취득보고서 – 투자 후 6월 이내
② 연간사업실적보고서 – 회계기간 종료 후 5월 이내
③ 청산 및 대부채권 회수보고서 – 청산자금 영수 또는 원리금 회수 후 즉시
④ 사후관리 미이행자 금융감독원 앞 제재보고 – 이행독촉일로부터 3월 이내

해설　① 외화증권(채권)취득보고서(법인 및 개인기업 설립보고서 포함) : 투자금액 납입 또는 대여자금 제공 후 6월 이내. 다만, 영 제8조 제2항 제3호의 규정에 의한 해외자원개발사업 및 사회간접자본개발사업으로서 법인 형태가 아닌 투자의 경우에는 외화증권(채권)취득보고서 제출을 면제한다.
　　※ 송금(투자)보고서 : 송금 또는 투자 즉시(투자금액을 현지금융으로 현지에서 조달하는 경우 투자시점)
　② 연간사업실적보고서(해외자원개발사업 및 사회간접자본개발사업으로서 법인 형태가 아닌 투자의 경우는 제외한다) : 회계기간 종료 후 5월 이내. 신고기관의 장은 부동산관련업 이외의 투자사업으로서 투자금액의 합계가 미화 300~200만불인 경우에는 연간사업실적보고서의 제출을 면제하고 대신 현지법인 투자현황표로 갈음할 수 있다. 물론 200만불 미만은 제출 자체가 면제된다.
　③ 청산보고서(금전대여의 경우 원리금회수내용 포함) : 청산자금 수령 또는 원리금회수 후 즉시
　④ 외국환은행의 장은 사후관리 결과 외국환거래당사자가 신고 등의 조건을 이행하지 아니한 경우에는 그 기한 만료일부터 30일 이내에 당해 조건의 이행을 독촉하여야 하며, 독촉일부터 60일 이내에도 그 의무를 이행하지 아니하거나 외국환거래당사자가 법 제19조 제1항 각호의 1에 해당하는 경우에는 이를 금융감독원장에게 보고하여야 한다. 즉, 사후관리 미이행자 금융감독원 앞 제재보고는 이행독촉일로부터 60일 이내이다.

> **관련규정 제9 – 9조(사후관리)** ① 해외직접투자자는 다음 각호의 1의 보고서 또는 서류를 다음 각호의 1에서 정한 기일 내에 당해 신고기관의 장에게 제출하여야 한다. 다만, 해외직접투자자 또는 투자한 현지법인이 휴 · 폐업 등으로 인해 보고서 등을 제출하는 것이 불가능하다고 신고기관의 장이 인정하는 경우에는 당해 휴 · 폐업 등의 기간에 다음 각호의 1의 보고서 또는 서류를 제출하지 아니할 수 있다(사후관리 중지, ◀ 기출문항 지문).

정답 | ④

30 거주자(개인 및 개인사업자는 제외)가 역외금융회사 등에 대한 해외직접투자를 하고자 하는 경우에는 한국은행총재에게 신고하여야 한다. 역외금융회사라 함은 직접 또는 자회사 등을 통하여 증권, 채권 및 파생상품에 투자하여 수익을 얻는 것을 주된 목적으로 외국법에 따라 설립된 회사(설립 중인 회사 및 계약형태를 포함)로서 설립준거법령지역에 실질적인 경영활동을 위한 **영업소를 설치하지 않은 회사(paper company)를 말한다.**

> **규정 제1 – 2조(정의)** 15. "역외금융회사"라 함은 직접 또는 자회사 등을 통하여 증권, 채권 및 파생상품에 투자하여 수익을 얻는 것을 주된 목적으로 외국법에 따라 설립된 회사(설립중인 회사 및 계약형태를 포함한다)로서 설립준거법령지역에 실질적인 경영활동을 위한 영업소를 설치하지 않은 회사를 말한다.
>
> **규정 제9 – 15조의2(역외금융회사 등에 대한 해외직접투자)** ① 제9 – 5조의 규정(금융기관을 제외한 거주자의 해외직접투자의 신고 등)에도 불구하고 거주자(개인 및 개인사업자는 제외)가 역외금융회사 등에 대한 해외직접투자를 하고자 하는 경우에는 <u>이 조에서 정한 바에 따라 한국은행총재에게 신고하여야 한다.</u>
>
> ※ 출제상 금융기관의 역외계정의 '설치'와, 거주자의 역외금융회사의 '설치'는 규정상 서로 다른 내용이므로 단순히 역외라는 용어에 암기상의 혼동을 하여서는 안 된다.

31 과거 1년간 외화획득 실적이 30만불 이상인 자는 해외사무소를 설치할 수 있다.
　※ 규정 제9 – 18조, 제9 – 19조, 제9 – 20조를 참조할 것

> **외국환거래규정 제9 – 18조(설치신고 등)** ① 제1호 및 제2호의 각목의 1에 해당하는 비금융기관이 해외지사를 설치하고자 하는 경우에는 지정거래외국환은행의 장에게 신고하여야 한다.
> 　1. 해외지점을 설치하는 경우
> 　　가. 과거 1년간의 외화획득실적이 미화 1백만불 이상인 자
> 　　나. 기타 주무부장관 또는 중소벤처기업부장관 또는 한국무역협회장이 외화획득의 전망 등을 고려하여 해외지점의 설치가 필요하다고 인정한 자
> 　2. 해외사무소를 설치하는 경우
> 　　가. 공공기관
> 　　나. 금융감독원
> 　　다. <u>과거 1년간 외화획득실적이 미화 30만불 이상인 자</u>
> 　　라. 과거 1년간 유치한 관광객 수가 8천명 이상인 국제여행 알선업자

32 우선 지문상 '외국환거래규정'이라고 한 것에 유의한다. 즉 외국인국내 직접투자(외국인투자촉진법) 대상이 아님을 전제로 한다. 거주자와 비거주자 간의 임대차계약, 담보, 보증, 보험, 조합, 사용대차, 채무의 인수, 화해 기타 이와 유사한 계약에 따른 채권의 발생 등에 관한 거래는 외국환거래규정 제7 – 44조(적용범위)에 해당된다. 신고예외, 외국환은행신고, 한국은행 신고 중에서 제7 – 46조(신고 등) 제2항에 의거 한국은행신고 사항에 해당한다.
조합이란 2인 이상이 상호 출자하여 공동사업을 경영하기로 약정하는 계약을 말한다.
　※ 시험문제에서 비교적 단발성인 해외영화제작을 위한 합작투자는 해외직접투자라고 할 수 없는 조합형태의 공동투자이다. 따라서 영화제작비 등의 외화자금의 유출은 '한국은행'에 신고하는 것으로 보면 된다.

> ※ '조합'은 규정 제7 – 44조의 '적용범위'에 속하지만, 제7 – 45조의 '신고예외' 사항에 속하지 아니하므로 신고를 하여야 한다. 따라서 신고처가 어디인지는 제7 – 46조에서 살펴본다. 제7 – 46조(신고 등) 제1항에는 외국환은행의 신고사항에 '조합'이 언급되지 아니하며, 제7 – 46조 제2항(거주자와 비거주자 간에 제1항 및 제7 – 45조의 규정에 해당하는 경우를 제외하고 제7 – 44조(적용범위)에 해당하는 거래 또는 행위를 하는 경우에는 당해 거주자가 한국은행총재에게 신고하여야 한다)에 의거 한국은행 신고사항이다.

33 미화 5만불 이하의 자본거래 위반 시 단순경고처분 대상이다. 그리고 지급등, 지급등의 방법 및 지급수단등의 수출입 위반금액이 1만불 이하인 경우에는 단순경고처분 대상이다.

34 외국환거래법령상 거주자가 비거주자에게 국내재산을 증여할 경우 국부의 유출에 해당하므로 한국은행에 신고하여야 한다(기타자본거래에 해당). 물론 외국환거래법령과는 별도로 증여자는 국내세무서에 증여세 신고를 하여야 한다. 그러나 역으로 비거주자가 거주자에게 증여할 경우는 국부의 유입이므로 외국환거래법령이 관여할 필요가 없으므로 신고예외이다. 상속, 유증은 민법상 규정이 있으므로 외국환거래법령이 관여하지 아니한다(신고예외).

비교문항

미국시민권자인 아들이 서울 강남 소재 아파트의 2년 전세계약에 필요한 전세자금 20억원을 거주자인 부친으로부터 차입할 경우 신고 등에 해당하는 것은?

① 신고예외이다.   ② 부친이 외국환은행에 신고한다.
③ 아들이 한국은행에 신고한다.   ④ 부친이 한국은행에 신고한다.

[해설] 금융기관이 아닌 거주자(부친)가 비거주자(시민권자인 아들)에게 대출(10억원 초과)할 경우 아들이 한국은행에 신고하여야 한다.
규정 제7 – 16조(거주자의 비거주자에 대한 대출) ① 외국 법인에 투자한 거주자가 해당 외국법인에 대하여 상환기간을 1년 미만으로 하여 금전을 대여하는 경우에는 지정거래외국환은행의 장에게 자금을 지급한 날로부터 1개월 이내에 거래 사실을 보고하여야 한다. ⟨2023. 7. 4. 개정⟩
② 거주자가 비거주자에게 대출을 하고자 하는 경우(제2장에서 외국환업무취급기관의 외국환업무로서 허용된 경우 제외)에는 한국은행총재에게 신고하여야 한다. 다만, 이 항에 의한 신고사항 중 다른 거주자의 보증 또는 담보를 제공받아 대출하는 경우 및 10억원을 초과하는 원화자금을 대출하고자 하는 경우에는 대출을 받고자 하는 비거주자가 신고하여야 한다.

정답 | ③

---

35 중개무역은 수출입과는 무관한 수수료 수입(경상거래)을 위한 무역거래이다.
① 위탁가공무역상 원/부자재를 외국에서 구매하여 현지 공장에 가공을 위하여 투입하는 경우는 외국인수수입에 해당한다.
② 해외공사용 시설/기재(건설중장비 등)를 외국에서 구매하여 해외사업장에 직접 투입하는 경우(중장비 임대차계약의 경우도 동일)는 외국인수수입에 해당한다.
④ 해외현지법인 설립 시 시설이나 기계를 외국에서 구매하여 현물출자 방식으로 해외직접투자하는 경우는 외국인수수입에 해당한다.

【특정거래형태의 수출입(용어정리)】
1. "위탁판매수출"이란 물품등을 무환으로 수출하여 해당 물품이 판매된 범위 안에서 대금을 결제하는 계약에 의한 수출을 말한다.
2. "수탁판매수입"이란 물품등을 무환으로 수입하여 해당 물품이 판매된 범위 안에서 대금을 결제하는 계약에 의한 수입을 말한다.
3. "위탁가공무역"이란 가공임을 지급하는 조건으로 외국에서 가공(제조, 조립, 재생, 개조를 포함한다. 이하 같다.)할 원료의 전부 또는 일부를 거래 상대방에게 수출하거나 외국에서 조달하여 이를 가공한 후 가공물품등을 수입하거나 외국으로 인도하는 수출입을 말한다.
4. "수탁가공무역"이란 가득액을 영수(領收)하기 위하여 원자재의 전부 또는 일부를 거래 상대방의 위탁에 의하여 수입하여 이를 가공한 후 위탁자 또는 그가 지정하는 자에게 가공물품등을 수출하는 수출입을 말한다. 다만, 위탁자가 지정하는 자가 국내에 있음으로써 보세공장 및 자유무역지역에서 가공한 물품등을 외국으로 수출할

수 없는 경우 「관세법」에 따른 수탁자의 수출·반출과 위탁자가 지정한 자의 수입·반입·사용은 이를 「대외무역법」에 따른 수출·수입으로 본다.

5. "임대수출"이란 임대(사용대차를 포함한다) 계약에 의하여 물품등을 수출하여 일정기간 후 다시 수입하거나 그 기간의 만료 전 또는 만료 후 해당 물품등의 소유권을 이전하는 수출을 말한다.

6. "중계무역"이란 수출할 것을 목적으로 물품등을 수입하여 「관세법」에 따른 보세구역 보세구역외 장치의 허가를 받은 장소 또는 자유무역지역 이외의 국내에 반입하지 아니하고 수출하는 수출입을 말한다(※ 중계무역의 제품은 국내반입을 할 수 없다).

7. "외국인수수입"이란 수입대금은 국내에서 지급되지만 수입 물품등은 외국에서 인수하거나 제공받는 수입을 말한다(※ 예를 들어 삼성전자가 미국에 반도체 공장설립을 위한 부품을 일본에서 직접 미국으로 수입하는 경우가 이에 해당한다).

8. "외국인도수출"이란 수출대금은 국내에서 영수하지만 국내에서 통관되지 아니한 수출 물품등을 외국으로 인도하거나 제공하는 수출을 말한다.

9. "무환수출입"이란 외국환 거래가 수반되지 아니하는 물품등의 수출·수입을 말한다.

10. "임차수입"이란 임차(사용대차를 포함한다. 이하 같다) 계약에 의하여 물품등을 수입하여 일정기간 후 다시 수출하거나 그 기간의 만료 전 또는 만료 후 해당 물품의 소유권을 이전받는 수입을 말한다.

11. "연계무역"이란 물물교환(Barter Trade), 구상무역(Compensation trade), 대응구매(Counter purchase), 제품환매(Buy Back) 등의 형태에 의하여 수출·수입이 연계되어 이루어지는 수출입을 말한다(※ 예를 들어 개도국에 대한 플랜트 수출의 대금회수는 동 공장에서 생산되는 제품으로 회수(Buy Back)하는 경우가 많다).

외국환거래실무 (36~60번)

36 환거래요청은행의 신용등급 검토결과는 적정하나 FATF 회원국의 은행이 아닌 경우, 미국 OFAC(Office of Foreign Asset Control)의 SDN(Specially Designated Nationals)의 소속 국가의 은행에 해당되지 않는 경우에는 AML(Anti – Money Laundering)질의서를 통한심사 후 적정하다고 판단되면 환거래 체결이 가능하다.

37 SWIFT 전신문의 Category는 MT(Message Type)의 첫째 자릿수를 말한다. MT의 첫째 자리가 7인 경우는 DOCUMENTARY CREDITS, GUARANTEES 내용으로 무역금융(TRADE FINANCE)에 관한 송·수신문이다. 예를 들어, MT 700은 신용장 '발행'을 말하며 MT705는 신용장 '사전통지(PRE – ADVICE)'를 말한다. 즉 7 category는 신용장에 대한 거래내용이므로 이와 전혀 관계가 없는 여행자수표 거래가 있을 수 없다.

38 한국은행 외화수탁금은 한국은행이 외국환은행에 예탁한 외화자금을 말한다. 외국환은행의 공신력을 보강하고 단기 영업자금을 지원하기 위해 외국환은행에 외화자금을 예탁하는데, 일반 외화예수금과 달리 자금의 용도가 지정되어 있으므로 일반외화자금과 구분하여 관리한다.

39 외화유동성커버리지비율(LCR, Liquidity Coverage Ratio)은 외화자산과 외화부채에 대하여 향후 30일간 순현금유출액에 대한 고유동성자산의 비율을 100분의 80 이상으로 유지하여야 한다(개정판 교재에서 새로 나타난 규제내용임. 아래에 언급한 유동성 위험관리의 85%와 구분할 것).

> **외화 유동성커버리지비율**
> ① 외국환업무취급기관은 외화자산과 외화부채에 대하여 향후 30일간 순현금유출액에 대한 고유동성자산의 비율(외화 유동성커버리지비율이라 한다)을 100분의 80 이상으로 유지하여야 한다. 다만, 직전 반기 종료일 현

재 외화부채 규모가 5억달러 미만이고 총부채 대비 외화부채 비중이 100분의 5 미만인 경우에는 그러하지 아니하다.

유동성위험관리

① 외화 유동성커버리지비율이 적용되지 않는 외국환업무취급기관은 외화자산 및 외화부채를 각각 잔존만기별로 구분하여 관리하고 다음 각호에서 정하는 비율을 유지하여야 한다.
  1. 잔존만기 3개월 이내 부채에 대한 잔존만기 3개월 이내 자산의 비율 : 100분의 85 이상
  2. 외화자산 및 부채의 만기 불일치비율
    가. 삭제
    나. 잔존만기 1개월 이내의 경우에는 부채가 자산을 초과하는 비율 100분의 10 이내

※ 유의사항 : 잔존만기 3개월 이내 부채에 대한 잔존만기 3개월 이내 자산비율은 85% 이상이어야 한다(이는 은행감독규정이므로 금융투자업 규정상의 비율과 다름에 유의한다. 외환전문역 1종 응시자가 파생상품투자전문인력을 응시할 경우 유동성관련 비율(80%)이 금융투자업과 차이가 있음에 유의하여야 한다).

40 MT950은 예치환거래은행에서 매 영업일에 전송해 주는 당방계정(Nostro A/C)의 입출금내역서(Statement)로서 Actual A/C이다. 미달환 사후관리에 매우 중요한 자료이다.

41 한국은 국내은행의 당방계정(Nostro A/C)이 있는 미국의 환거래은행과 시차가 있으므로(같은 날짜이지만 한국시간이 하루 빠름) 거래내역을 대사(reconcile)하기 위해서는 우리나라 은행의 전일자의 계정(shadow a/c)과 오늘 아침에 전송 받은 MT950 당방계정(Actual A/C)의 statement를 필요로 한다(물론 두 계정의 날짜(value date)는 같다). 두 계정 간의 차이를 분석하는 거래내역 확인과정이 환대사이다. 차이가 있는 거래금액은 미달환명세표로 작성하여 그 원인을 밝힌다. 즉, "전일자의 거래내역 원장 생성 → 예치환은행에서 statement를 받아 actual 계정 생성 → 거래내역 확인 → 미달환명세표(pending list) 작성" 순으로 한다(환대사업무는 외국환은행의 본점에서는 상당히 중요한 업무 중 하나이다).

42 나의 자산계정(shadow A/C)에 차기(debit = 자산의 증가)하여 자산을 증가시켰으나, 나의 계정(actual A/C)을 가지고 있는 해외코레스은행(선방은행)이 나의 계정(그들 입장에서는 부채계정)에 대기(credit = 부채의 증가)하지 아니한 경우이다. 자산계정에서 차기(차변 : 분개의 경우 왼쪽에 기입)란 자산의 증가를 의미한다. 그러나 부채의 증가는 대기(대변 : 분개의 경우 오른쪽에 기입)이다.

43 고객에게 형법상 '위조통화 취득 후 지정행사죄'의 처벌내용은 2년 이하의 징역 또는 500만원 이하의 벌금임을 설명한다.

44 ② Cash 포지션은 종합포지션에서 선물매매분을 제외한 포지션인 현물환 중에서 아직 추심이 완료되지 않아 자금화되지 않은 포지션을 제외한 것을 말한다(종합포지션 = 현물환포지션 + 선물환포지션 = cash position + 아직 추심이 완료되지 않아 자금화되지 않은 포지션 + 선물환포지션). 즉 은행의 외환딜러가 spot 거래한 것은 2영업일에 입급되므로 현물환포지션에 속하지만 당장 사용할 수 없는 것이므로 cash position은 아니다. 예를 들어, 인천공항에 환전용으로 보관중인 현찰통화 또는 해외의 외화타점예치의 차변 잔액은 cash position에 속한다.
③ 국내은행이 Over Bought Position을 유지하고 있을 때 환율이 상승(원화가치 하락)하면 은행은 이익을 보게 된다.
④ 국내은행 영업점에서 포지션이 Over Sold Position인 경우 동 포지션을 square하기 위하여 본부로부터 외화를 현수매입(또는 외화본지점의 차변계정 처리)요청하고, 대가로 원화를 본지점계정(대변)으로 전금한다.
분개 : (차변) 외화본지점 ×××, (대변) 원화본지점 ×××

45 개인사업자인 외국인거주자가 개인사업자 자격으로 외화예금 거래를 할 때 거주자계정으로 개설하여야 한다(상기 ①, ②, ④ 지문 내용들도 모두 익혀야 한다).

> **규정 제7-8조** ② 대외계정 및 비거주자외화신탁계정에 예치할 수 있는 지급수단은 다음 각호의 1에 해당하는 대외지급수단으로 한다.
>   1. 외국으로부터 송금되어 온 대외지급수단
>   2. 인정된 거래에 따라 대외지급이 인정된 대외지급수단
>   3. 국내금융기관과 외국환은행해외지점, 외국환은행현지법인, 외국금융기관 간 또는 외국환은행해외지점등 간 외화결제에 따라 취득한 대외지급수단
>   4. 국내에서 증권의 발행으로 조달한 자금

46 HKD, ZAR(남아공 랜드화), NZD, SGD, RUB(러시아 루블화), PLN(폴란드 즈워티화), GBP, AUD의 예금이자의 연간일수 산정 시 1년을 365일로 하여 보조단위까지 계산하며, 보조단위 미만은 버린다.

47 외국인투자자는 국내주식투자를 위한 자금이동은 거래은행을 지정하지 아니하고 복수의 외국환은행(또는 증권회사)을 통하여 거래할 수 있다.

48 거래내역을 기록하고 5년간 보관하여야 하며 금융감독원장이 요구할 경우 이를 제출해야 한다. 소액해외송금업자는 환전영업자와는 다르게 거래외국환은행을 지정할 필요가 없다. 따라서 '외국환은행'을 통하여 외국통화를 매입 또는 매도할 수 있다. 증권사, 카드사도 소액해외송금업으로서 소액(건당 5천불, 연간 5만불)에 대하여 해외송금이 가능하다. 소액해외송금업자가 법규위반 시 과태료 등의 부과는 기획재정부에서 직접 담당한다(※ 금융감독원이 아님에 유의).

> **규정 제2-31조(소액해외송금업자의 업무)** ① 소액해외송금업무의 건당 지급 및 수령 한도는 각각 건당 미화 5천불로 하며, 동일인당 연간 지급 및 수령 누계 한도는 각각 미화 5만불로 한다.
> ② 소액해외송금업자는 제1항의 업무를 수행하기 위해 외국환은행을 상대로 외국통화를 매입 또는 매도할 수 있다 (※ 거래은행 지정이 아님).
> ③ 소액해외송금업자는 고객으로부터 자금을 수령하는 경우 건별로 수령하여야 한다.
> ⑤ 소액해외송금업자는 국내의 지급인 및 수령인별로 지급등의 내역을 기록하고 5년간 보관하여야 하며, 지급등의 내역을 매월별로 익월 10일까지 외환정보집중기관을 통하여 금융정보분석원장, 국세청장, 관세청장, 금융감독원장에게 통보하여야 한다.
> ⑥ 소액해외송금업자는 소액해외송금업무 수행 과정에서의 정산 및 거래 내역을 기록하고 <u>5년간 보관해야 하며</u>, 금융감독원장이 요구할 경우 이를 제출해야 한다.
> ⑦ 이 조에 따른 지급의 경우에는 지정거래외국환은행을 통하여 지급하도록 하는 제4-3조 제3항, 제4-4조 제1항 제3호 및 같은 조 제2항, 제4-5조의 규정은 적용하지 아니할 수 있다. (이 내용이 소액해외송금업자의 업무 중 핵심적인 사항이다. 예를 들어 유학생 경비를 송금할 경우 지정거래은행을 통해야 하지만 이 소액해외송금업자를 통할 경우 거래은행을 지정할 필요가 없으며, 복수의 송금업자를 통해 송금이 가능하다. 또한 유학경비의 연간 10만불 초과 시 국세청 보고 관련하여, 10만불 누계산정에 소액해외송금업자를 통한 금액은 포함되지 않는다. 국내에서 보수를 받는 외국인 거주자도 해외송금 시, 지정거래은행을 통하지 아니하고 소액해외송금업자를 통하여 보수 관련 증빙서류 없이 송금할 수 있다. 다만 송금한도가 매우 적은 것이 단점이다. 대한민국의 금융핀테크 산업의 발전을 위한 규제샌드박스제도의 결과물인 규정이다.)

49 영수사유의 원인거래가 신고대상인 것으로 확인된 경우에는 영수확인서를 징구로 매입할 수 없다. 법규위반 사실을 외국환거래법규위반사실보고서에 의거 금융감독원장에게 보고하여 적정조치를 취한 후에 매입한다(영수확인서 관련 문항에 매번 출제되므로 상기 문항의 지문들을 전부 암기하여야 한다). 영수확인서 제도는 국민인 거주자에 대한 것으로 해외로부터 타발송금에 관한 것이다. 따라서 은행창구 내점고객의 실물인 외국통화의 매입, 외화수표의 매입에는 적용되지 않음에 유의한다.

> **【영수확인서 제도에 대한 외국환거래업무 취급지침】**
> 거주자(외국인거주자 제외)가 외국에서 송금된 미화 10만불 초과(동일자, 동일인, 동일점포를 기준으로 하며 2회 이상 영수하는 경우에는 이를 합산한 금액임)의 대외지급수단을 영수하는 경우로서 취득경위를 입증하는 서류를 제출하지 않은 경우에는 영수확인서를 징구하여야 함(FAX 또는 스캔방식에 의한 경우를 포함함). 다만 영수확인서에 기재된 영수사유에도 불구하고 "이전거래"로 간주하여 매입하여야 함
> ☞ 수취인의 소재불명으로 인하여 송금된 날로부터 3영업일 이내에 영수사유를 알 수 없는 경우에는 익영업일 이후 영수확인서 징구를 생략하고 "이전거래"로 간주하여 매입 가능함

50 건당 영수금액이 미화 5천불 초과 10만불 이내의 거주자(외국인거주자 제외)의 외화자금차입인 경우 신고절차를 생략하고 지정거래외국환은행에서 지급할 수 있다. 다만 취득경위 입증서류를 제출하는 경우에는 신고절차를 거쳐야 한다. 자본거래로서 거주자(외국인 거주자 제외)의 거래 건당 영수금액이 미화 5천불 초과~10만불 이내이고, 연간 영수 누계 금액이 미화 10만불을 초과하지 않는 경우로서 신고예외적용을 받고자 하는 경우에는 거래외국환은행을 지정하여야 한다. 다만 증빙서류를 제출하지 않아 영수절차를 거친 경우에 한한다.
> ☞ 자본거래 연간 영수 누계금액 미화 10만불 이내로서 신고예외적용을 받은 거주자가 동 자본거래와 관련된 자금을 송금하고자 하는 경우에는 동일한 지정거래외국환은행을 통하여야 한다.

51 외화수표 부도 시 추심은행이 청구한 부도관련 비용은 본부에서 해당 영업점으로 역환처리하고 영업점은 고객에게 동 수수료를 받아서 정리한다. 전금이란 고객을 상대로 송금을 취결하는 것이 아닌 은행 내부 본지점간의 자금이체이다. 역환은 전금과 반대되는 개념으로 본지점 간의 자금 역청구제도이다. 역환의 예를 들면, 본점이 부담할 대고객비용을 편의상 지점이 부담한 경우 대고객 지급 후 본부로 역으로 청구(역환)하는 것이다.

52 미국 FRB 등의 금융통화당국은 단기금융시장(money market)에 대한 규제를 통하여 간접적으로 중장기 자본시장 (capital market)에 영향을 미치게 한다.

53 통화의 현물환과 선물환의 차이를 베이시스(basis), swap point라고 한다.

> **【스프레드(Spread)의 정의】**
> 1. 특정 증권의 매수호가와 매도호가의 차이
> 2. 만기일 중 조건이 다른 선물계약 간의 가격 차이
> 3. 고정수익증권(채권을 말함) 간의 수익률 차이
> 4. 기초상품은 동일하지만 행사가격이나 만기가 다른 콜 또는 풋옵션의 가격 차이
> 5. 외환시장에서 매입률과 매도율의 차이
> 6. 완전히 동일한 상품에 대한 두 시장 간의 가격 차이

54 외화보험은 보험료와 보험금을 모두 외화로 처리하는 상품이다. 그 중 외화연금보험은 「보험가입＋환율, 금리」 이익으로 인한 외화 증식이 목적이며, 주로 장기계약으로 비과세 대상이다(10년 후부터 비과세). 특히, 달러연금보험은 장기간 확정고정금리를 제시하며 외화예금보다 높은 금리를 제공하는 확정형 금리상품이다. 단, 중도 해지 시 원금 손실을 가져올 수 있으며, 외화가치가 떨어지면 환차손을 입을 수 있다.

55 불스프레드형(Bull Spread)에 대한 설명이다. 이 상품은 주가지수가 꾸준히 상승할 것으로 예상하나 주가 하락 시에도 대비하고 싶은 고객에게 적합하다.

【ELS 펀드 상품별 결정방식 – 워런트 유형들】

구분	녹아웃형	디지털형	불스프레드형	리버스컨버터벌형
구조	주가지수가 만기 전에 한 번이라도 목표지수에 도달하거나 초과하면 확정된 수익을 지급하고, 그렇지 않은 경우 만기시점의 주가지수 상승률의 일정비율을 지급	만기 때 주가지수가 설정일보다 높거나 같으면 미리 설정된 수익율을 지급	만기 때 미리 정해놓은 주가지수 상승구간에서 상승률에 따라 일정비율을 수익으로 얻고, 구간 이상의 주가 상승 시에는 수익의 상한을 두도록 설계한 것	만기 때 미리 정해놓은 주가지수 상승구간에서 상승률에 따라 일정비율을 수익으로 얻고, 구간 이상의 주가 상승 시에는 수익의 상한을 두도록 설계한 것
대상 고객	주가지수의 등락이 크지 않은 박스권 장세를 예상하는 고객에게 적합	주가지수 상승을 예상하는 고객에게 적합	주가지수가 꾸준히 상승할 것으로 예상하나 주가 하락 시에도 대비하고 싶은 고객에게 적합	주가하락을 예상하는 고객에게 적합

56 Shipper's usance와 Banker's Usance의 회계처리 차이점을 이해하여야 한다. 내용의 핵심은 신용장발행은행이나 해외인수은행이 수입상의 외상수입에 대하여 (외상거래를 거부하는) 수출자에게 대금을 일람불(at sight)로 지불하여 자금부담을 할 경우 내국수입유산스계정(자산계정)으로 처리한다. 그러나 수출상이 수입상에게 외상거래(유산스 거래)를 허용할 경우 신용장발행은행이나 해외인수은행의 자금부담이 없으므로 난외계정인 확정외화지급보증(인수)로 회계처리한다.

> ### 예제문제
>
> **외화본지점 계정의 성격에 대한 설명으로 옳지 않은 것은?**
>
> ① 잔액이 차변 또는 대변으로 나타날 수 있는 양변계정이다.
> ② 국외본지점계정은 갑계정과 을계정으로 구분된다.
> ③ 본지점 합산 재무제표 작성 시 잔액이 상쇄되는 것이 원칙이다.
> ④ 무역 및 무역외거래와 관련하여 본지점 간 경상거래는 갑계정으로 분류한다.
>
> **해설** 지점 간의 무역 및 무역외거래, 본지점 간 자금의 대여와 차입 거래는 을계정으로 분류한다.
>
> 정답 | ④

57 수입환어음 인수수료의 인수(acceptance)란 (신용장의 예를 들면) 한부 신용장의 제 조건에 일치하는 선적서류와 환어음을 지정은행이나 개설은행에 제시하면 만기일에 지급할 것을 약속하는 것을 말하며, 일종의 보증행위이므로 신용위험부담이다.
(※ 외환전문역 2종 공부를 하는 수험생은 UCP600에 대한 수업을 하므로 신용장의 '인수'나 신용장의 '확인(confirming)'이 '보증' 위임을 잘 이해할 수 있을 것이다. 즉 무역거래에서는 보증 = 인수 = 확인이 상호 간 유사하게 사용된다.)

외국환거래 관련 발생이자 및 수수료		
취급수수료적 성격의 수수료	정액수수료	수출신용장 통지 수수료, 수출신용장양도수수료, 수입화물선취보증서 (L/G)발급수수료, 수입결제하자수수료
	정률수수료	당(타)발추심수수료, 내국신용장취급수수료, D/A · D/P 타발추심 어음 결제시 추심수수료, 외화대체료, 외화현찰수수료
신용위험부담보상적 성격의 수수료		신용장개설수수료, 수입환어음 인수수수료, 외화표시지급보증수수료, 수출신용장확인 수수료, 수입화물선취보증료(L/G 보증료)
자금부담비용 보상적 성격의 이자		수입환어음 결제이자, 수출환어음 매입이자(환가료), 내국신용장 판매대금추심의뢰서 매입이자, 기타어음매입이자

유사문항

다음 중 은행의 자금부담에 대한 보상적 성격의 이자에 해당하는 것은?

① L/G발급수수료
② 환가료
③ 외화내체료
④ 수출신용장 양도수수료

정답 | ②

58 수출환어음 추심 전(후) 매입과 외화예금지급거래는 over－bought position에 속한다. 포지션의 LONG, SHORT 개념에 대해 기본서 내용을 처음 접하는 수험생에게는 다소 어렵게 느껴지지만 절대 암기가 아닌 개념 이해를 하여야 한다.

> Over bought position, Over－sold position라는 용어에 오해가 없어야 한다. 은행입장에서 외화가 증가(상대통화인 원화는 감소)하면 Long position, bought－position, 또는 over－bought position이라고 칭한다.
>
> (ㄱ) 수출환어음 추심 전 매입 : 수출상이 선적서류와 환어음을 제시하면 매입은행이 매입(bought position)하고 원화를 지급한다. 추심 후 매입도 동일하다.
>
> (ㄴ) Less charge 징수 : 수출환어음 추심 전 매입 시 은행은 고객에게 일정금액을 지급하였으나 신용장 개설은행에서 추가적인 비용을 차감한 금액만 매입은행의 해외 외화타점예치금 계정에 입금시켜주는 경우, 동 부족금인 미입금액(Less charge)을 미결제외환(Bills unsettled)의 자산계정으로 처리 후 고객이 원화로 갚을 경우, sold position이 발생한다(만약 고객이 만약 외화로 갚는다면 이 less charge에 포지션 발생이 없다. 따라서 수험생이 보는 기본서상의 환포지션 설명은 외화/원화거래의 환전을 가정한 것임을 염두에 두어야 한다. 이 부분에 대하여 기본서가 명확히 설명하지 않고 있다).
>
> (ㄷ) 외화예금지급 : 고객이 외화예금을 원화로 인출하는 경우 은행이 그만큼 외화를 사들인 결과이므로 외화 bought position이 발생한다.
>
> (ㄹ) 여행자수표 판매 : (자산계정)매입외환으로 보유하고 있는 여행자수표(T/C)를 고객에게 원화를 대가로 판매 (매각)하는 경우 sold position이 발생한다.
>
> (ㅁ) 매입외환부도대금 자기자금결제 : 은행이 수출환어음을 추심 전 매입하고 추후 입금을 예정대체하였으나, 결제은행(L/C 개설은행 등)의 지급거절로 상환받지 못할 경우 경과계정인 매입외환계정으로 처리한 후 수출상에게 구상권을 행사한다. 그러나 수출상의 파산으로 회수하지 못할 경우 미상환 금액을 대손비용 처리하면 (은행이 자기자금으로 부담하면) 외환 sold position이 발생한다.
>
> (ㅂ) 수입대지급처리 : 수입상의 부도로 인하여 신용장개설은행이 매입은행에 대지급하는 경우 대지급만큼 외화가 부족하므로 sold position이 된다.

59 이 문항은 2종을 공부하는 수험생에게는 쉽게 접근이 되지만 1종만 공부하는 수험생은 용어조차 생소할 것으로 보인다. 2종 교재를 참조하기 바란다.

① 선적서류 체크상 수출신고필증 일자는 B/L 발급일자(선적일자)보다 앞서야 한다(수출신고필증일자≤선적일자≤ 매입(추심일자)).

② (이 부분은 2종에서도 어려운 내용임) B/L상의 수하인(Consignee)란에 "To order(지시식)" 또는 "To order of shipper(기명지시식)"인 경우 매입은행이 아닌 Shipper가 배서한다. 즉 물품의 소유권을 (특정인에게) 양도하는 수출자(대개 shipper에 해당)의 서명이 필요한 경우로서 (사실상 물품의 전달이 아닌 서류의 전달만을 매개하는) 매입은행이 개입할 이유가 없다.

③ 보험서류는 Assured(Insured)에 기재된 자(수혜자＝피보험자)가 배서하므로 매입은행의 배서는 불필요하다. 운송 도중 물품파손 등에 대비하여 수입국의 수입자를 피보험자(The Assured)로 하여 보험이 가입되므로 물품을 중간 단계 등에서 판매 시 이 보험수혜자의 지위도 양도해야 하므로 배서는 당연히 서류상의 피보험자(수혜자)만이 할 수 있는 권리이다.

④ 매입서류상, 해외양도신용장인 경우, 제1수익자(first beneficiary)가 환어음과 상업송장을 교체할 권리를 가지고 해당선적서류를 개설은행이 아닌 양도은행으로 송부하라는 문구가 언급되어 있으므로 이 경우 수출매입(추심)신청서 작성 거래 시 서류발송 은행명에 양도은행을 정확히 기재하여 개설은행으로 잘못 발송하는 경우가 발생하지 않도록 한다(UCP600의 제38조, 양도가능신용장의 내용이므로 참고 바람).

60 수출입거래관련 지급과 영수는 원칙적으로 신고를 요하지 아니한다. 따라서 거래은행도 지정하지 아니한다. 그러나 수출입자체는 신고하지 아니하지만, 예를 들어 수입된 해외차입은 금액의 크기에 따라 기재부 신고와 동 거래를 하는 거래은행에 신고하는 제도는 존재한다.

> ※ 다음 조문은 거주자의 해외차입과 관련하여 자주 출제되므로 규정을 살펴본다.
>
> **규정 제7－14조(거주자의 외화자금차입)** ① 제7－13조의 규정에 해당하는 경우를 제외하고 다음 각호의 1에 해당하는 거주자가 비거주자로부터 외화자금을 차입하고자 하는 경우에는 지정거래외국환은행의 장에게 신고하 여야 한다. 다만, 미화 5천만불(차입신고 시점으로부터 과거 1년간의 누적차입금액을 포함)을 초과하여 차입하고 자 하는 경우에는 지정거래외국환은행을 경유하여 기획재정부장관에게 신고하여야 한다.
>
> 　1. 지방자치단체, 공공기관 〈기획재정부고시 제2009－2호, 2009. 2. 4. 개정〉
>
> 　2. 공공목적의 달성을 위해 정부 또는 제1호의 기관이 설립하거나 출자·출연한 법인 또는 정부업무수탁법인
>
> 　3. 영리법인
>
> ③ 제1항의 규정에 불구하고 정유회사 및 원유, 액화천연가스 또는 액화석유가스 수입업자가 원유, 액화천연가스 또는 액화석유가스의 일람불방식, 수출자신용방식(Shipper's Usance) 또는 사후송금방식 수입대금 결제를 위하여 상환기간이 1년 이하의 단기외화 자금을 차입하는 경우에는 거래외국환은행의 장(L/C 방식인 경우에 는 L/C 개설은행을 말하며 D/P·D/A 방식인 경우에는 수입환어음 추심은행, 사후송금방식인 경우에는 수 입대금 결제를 위한 송금은행을 말한다)에게 신고하여야 한다.

61 미국선물거래소(CME)의 통화선물거래에서는 유럽식 표시법을 사용한다.

즉, 우리나라 통화선물도 1달러 = 1,200원이 아니라 미국인입장에서 차액을 수수하기 쉽도록 1원 = × × ×달러로 표시하므로 미국식 표시법에 해당한다.

> ※ 추가 해설
> 외환거래는 두 가지 통화를 교환하는 것이기 때문에 두 통화 간의 교환비율인 환율(exchange rate)을 가격으로 사용한다. 그런데 일반적인 상품과는 달리 환율은 교환되는 두 통화 중 어떤 통화를 기준으로 할 것인가에 따라 다르게 표시할 수 있다. 즉, 기준이 자국의 통화인지 상대방의 통화인지에 따라 두 가지 표시방법이 존재한다. 여기에서 외국통화 한 단위의 가치를 자국통화로 표시하는 방법을 직접표시법(direct quotation)이라 하고, 반대로 자국통화 한 단위의 가치를 외국통화로 표시하는 방법을 간접표시법(indirect quotation)이라고 한다. 예를 들어 우리나라에서 $1 = 1,100원 또는 ￥100 = 1,000원 등으로 환율을 표시하는 경우는 직접표시법에 해당된다. 이는 외국통화 한 단위($1, ￥100)를 기준으로 같은 가치를 나타내는 자국통화의 양(금액)을 표시하는 방법이다. 반대로 1원 = $1/1,200 또는 1원 = ￥100/1,000 등으로 표시하는 경우는 간접표시법에 해당된다. 자국통화 한 단위와 교환될 수 있는 외국통화의 양($1/1,100, ￥100/1,000)을 표시한 것이다. 이와 같이 직접표시법의 환율과 간접표시법의 환율은 서로 역수의 관계를 가진다. 결론적으로 우리나라의 직접표시법은 미국 또는 일본의 입장에서는 간접표시법에 해당하고, 우리나라의 간접표시법은 미국 또는 일본의 입장에서는 직접표시법에 해당한다. 한편, 국제금융시장에서는 이러한 기준과 관계없이 미국 달러화가 개입된 외환거래는 일반적으로 기축통화인 미국 달러화를 중심으로 환율을 표시한다. 미 달러화한 단위를 기준으로 다른 통화의 가치를 표시하는 방법을 유럽식(European term)이라고 하며, 반대로 다른 통화 한 단위를 기준으로 미 달러화의 가치를 표시하는 방법을 미국식(American term)이라고 한다. 영국의 파운드화, 유로화, 호주 달러화 등은 미국식으로 표시되며, 그 밖의 통화의 경우에는 유럽식으로 표시되는 것이 외환시장의 오랜 관행이다. 예를 들어, 원화나 엔화는 1,100/$, ￥100/$와 같이 유럽식으로 표시되며, 영국의 파운드화나 유로화는 $1.3455/￡, $1.1205/€와 같이 미국식으로 표시된다.

62 은행이 가격제시자(quoting party), 고객은 가격수용자(calling party)이므로 은행이 유리한 환율이 적용되어야 한다. 고객이 달러를 매도하고 유로화를 매입하므로 1유로당 큰 숫자의 달러화(1.1360)를 지불하여야 한다. 엔화의 경우 고객이 달러를 매도하고 엔화를 매입하므로 적은 숫자의 엔화(115.30)를 수취한다. 유로/달러 = 1.1360, 달러/엔 = 115.30가 적용된다.

63 외국인이 국내주식을 대량 매수할 경우 원화가 필요하다. 따라서 해외에서 유입한 달러를 국내외환시장에서 매도하여 원화를 확보하여야 하므로 환율이 하락하는 경향이 있다.

64 기업의 외환리스크는 본업인 영업행위로부터 파생된 부차적인 위험으로서 금융회사와는 달리 대체로 측정기간이 장기이다. 그러나 금융기관의 경우에는 매일 대고객 외환거래를 발생하고 일일 포지션 변동 폭이 크므로 리스크 관리를 단기적으로 대응하여야 한다.

65 국내외환시장 중 현물환시장은 장외거래이다. 그러나 선물의 경우 한국거래소의 통화선물(futures)은 장내거래로서 일일 제한폭의 제한이 있다(달러/원, 유로화/원, 엔화/원, 위안화/원이 4가지 통화선물이 있음). 이와 달리 거래소를 거치지 아니하는(그러나 통상 중개기관은 통한다) 장외거래의 선도환거래(forward)도 있으며 이는 가격제한폭이 없다.

② 국내외환시장과 국제외환시장의 현물환거래는 장외거래이므로 일일 최대변동 폭이 정해져 있지 않다.

③ 국내외환시장의 현물환거래는 장외거래이지만 대부분 중개회사(서울외국환중개, 한국자금중개)를 거친다.

④ 국내외환시장과 국제외환시장은 통상 100만불 단위로 거래된다.

66 영업환리스크에 대한 설명이다. 환산환리스크나 거래환리스크와는 달리 영업환리스크는 사전에 노출의 정도를 추정하기 어려운 특징이 있다. 예상하지 못한 환율변동으로 인해 판매량, 판매가격, 원가 등 영업에 실질적으로 영향을 주어 현금흐름 및 영업이익이 변동하게 될 가능성을 의미한다. 수주 시에는 회계처리를 하지 않은 상태에서 선박 기성에 따라 매출을 인식할 경우(회계처리할 경우)에는 환율변동에 대한 크기를 회계적으로 확정할 수 없으므로 영업환리스크에 해당한다. 그러나 기성에 따라 매출을 인식한 상태(회계처리한 경우)에서 추후 동 매출채권이 회수되어 원화로 환전될 때까지의 환율변동은 거래환 리스크에 해당한다.

67 (이 문제는 대고객에게 제시할 은행의 선물환율을 산출하는 과정이다.)
고객에 대하여은행이 선물환 매도(offered rate) 입장이므로 은행은 F/X 시장에서 달러 현물환 매수(@1,200.50)로 헤지(hedge)하여야 한다.
(대고객 매도＋은행의 매수＝squared position)
현물환으로 매수한 달러는 시장금리인 (낮은 금리) 0.30%에 6개월 예치하고 만기 때 고객에게 인도한다. 달러매수에 투입할 원화는 M/M 시장에서 (높은 금리) 1.20%에 6개월 차입을 가정한다(은행도 외환시장에서는 calling party가 되므로 금리선택권이 없으므로 수동적이다). 기준통화인 미화(FC)보다 상대통화(VC)인 원화의 금리가 높으므로 프리미엄의 스왑포인트가 발생하므로 선물환이 현물환보다 높게 산출된다(이 이론은 기본서 교재에서 잘 설명되며 초심자에게는 어려운 내용이다).

68 고객이 달러/원의 sell&buy는 은행의 입장에서는 buy&sell이 되므로 은행의 입장에서 계산하여야 한다.
1) 우선 3개월 swap point를 가산하는지 또는 차감하는지를 판단하여야 한다. 왼쪽(150)이 오른쪽(250)보다 작으므로 swap point를 가산하여야 한다(만약 250/150으로 고시된 경우에는 차감하여야 한다). 따라서 이 경우 swap point 는 가산하여야 한다.
2) 일단 은행은 외환시장의 환율을 고려하여 고객에서 싸게 사서(near date : 1,150.50) 3개월 후(far date)에는 비싸게 되파는 개념으로 계산하여야 한다. 따라서 150과 250 중에서 높은 스왑포인트를 가산하여 고객에게 되판다 (1,150.50＋250 = 1,153원).
3) 참고로 현물환율은 현재대로이지만 swap point가 250/150으로 고시된 경우 near date = 1,150.500이지만 far date = 1,150.50－150 = 1,149.000이 된다.
4) 그러나 시험문제에서는 swap pont를 가산과 차감을 알려주는 ＋, －의 기호를 표시해 주기도 한다.
5) 출제 시 현물환율의 중간값(1,150.50과 1,150.70의 중간값은 1,150.60)을 near date로 하는 경우도 있지만 동일한 원리로 스왑포인트를 차감 또는 가산하면 된다(기본서 p.132 참조).

69 ※ 목표 선물환(Target forward)
예를 들어 수출업자의 목표 선물환 매도거래는 일반 합성 선물환거래(동일행사가격의 put 매수＋call 매도)에 call 옵션을 추가 매도하여 수출가격조건을 개선한 상품이다. 가격개선 효과를 위해 수출기업의 경우 추가로 매도하는 콜옵션의 금액을 풋옵션 대비 1:2 또는 1:3 등이 배수로 늘어나는 (레버리지효과) 특징을 가진 상품으로 그 만큼 과다 헤지로 인한 투기적 성격이 강하다. 즉 정상 선물환 가격보다 높게 잡은 '목표 선물환' 행사가격의 (ITM) put 매수의 높은 수수료지급 비용을 (동일 행사가격의) 수수료가 낮은 (OTM) call 옵션을 2배 또는 3배 매도한 수수료 수입으로 zero cost로 만든다. (즉 초기 옵션비용은 발생하지 않는다.) 수출가격 개선효과가 큰 편이지만, 환율이 큰 폭으로 상승할 경우 시장환율에 비해 낮은 행사가격으로 2~3배에 해당하는 거래를 이행해야 하는 위험을 부담한다.

70 한국거래소의 통화선물 만기 시 실물인수도(physical settlement delivery)가 의무 사항이므로 차액결제인 현금결제 (cash settlement)는 불가하다. 따라서 실물 인수도를 원하지 않는 투자자는 해당 월물의 마지막 거래일 이전에 반대매 매하여 청산하여야 한다. 매달 3번째 월요일(오전 11시 30분)이 한국거래소 통화선물의 마지막 거래일(T)이므로 실물 인수도일은 T＋2일이다(수요일에 해당함).

71 단일가격경쟁거래(10분간 호가가만 제출) 방식을 취한다(이 달러 선물부분 명세서는 잘 파악하여야 한다).

※ (한국거래소 달러선물 명세서)	
거래대상	미국달러화(USD)
거래단위	US $10,000
결제월	분기월 중 12개, 그 밖의 월 중 8개
상장결제월	총 20개(1년 이내 매월, 1년 초과 매분기월 상장)
가격의 표시	US $1당 원화
최소가격변동폭	0.10원
최소가격변동금액	1,000원(US $10,000×0.10원)
거래시간	09:00~15:45(단, 최종거래일 09:00~11:30)
최종거래일	결제월의 세 번째 월요일(공휴일인 경우 순차적으로 앞당김)
최종결제일	최종거래일로부터 기산하여 3일째 거래일
결제방법	인수도결제
가격제한폭	기준가격 대비 상하 ±4.5%(거래소에서 수시로 조정 가능)
단일가격경쟁거래	개장 시(08:30~09:00) 및 거래종료 시(15:35~15:45), 최종거래일 거래종료 시(11:20~11:30)

72 한 달 앞당겨 USD를 지급하므로 현물환 매수+선물매도 거래를 한다. 즉, 한 달간 buy/sell 스왑으로 한 달 앞당겨 결제한다. 현물환 매수(buy)하여 대금을 결제하고 선물매도(sell)는 기존 선물매입과 상계시킨다. 즉, near date의 매수된 USD로 수입대금을 결제하고 far date의 USD 선물매도 거래는 이미 거래해 놓은 선물매수와 상계한다.

73 외환스왑의 경우 두 통화의 금리가 동일할 경우 스왑포인트가 제로이므로 이론상으로는 초기현물환과 만기선물환의 환율이 동일할 수도 있다.

74 이 외국환은행은 헤지를 위하여 다른 스왑은행과 달러 변동금리를 지급하고 원화 고정금리를 수취하는 달러/원 통화스왑을 하면 된다. 즉, 보유한 달러 채권에서 받은 달러 변동금리를 스왑은행에 지급하고 그 대가로 스왑은행으로부터 원화 고정금리를 수취하면 원화 현금흐름도 고정시킬 수 있기 때문에 환율 및 금리 리스크를 헤지할 수 있다.

75 (아래 해설은 기본서 내용을 저자가 좀 더 자세하게 설명한 것으로서 암기가 아닌 반드시 이해하여야 함. 3과목인 환리스크 출제문항은 1, 2과목과는 달리 의외로 고득점하는 방법임)

코로나19의 영향으로 국내금융기관의 외화유동성 부족 시 CRS로 외화를 조달할 경우 CRS 가격을 Receive한다. Receive와 Pay란 기축통화(달러)와 상대통화(원화)의 교환 시 상대통화(원화)의 고정금리를 지칭한다. 따라서 이러한 문제가 출제될 경우 원화고정금리를 누가 누구에게 지급(Pay)하는지를 파악하여야 한다. 물론 그 상대는 해당 금리를 Receive하는 것이 된다. 따라서 Receive와 Pay의 주체가 누구인지 먼저 파악하여야 한다.

① 국내의 보험회사가 해외투자를 할 경우, 우선 고객으로부터 받은 원화 보험료를 외화로 바꾸어(BUY/SELL SWAP 방향의 CRS)해외투자를 한다. 이 경우 CRS 계약기간 동안 해외투자에서 유입되는 외화수입이자로 CRS 상대방에게 외화차입이자를 지급하고, 그 CRS 상대방으로부터 (고정)원화수입이자를 수취(Receive)한다. 즉 보험회사입장에서는 CRS Receive에 해당한다.

② 외국은행 서울지점은 본사에서 차입한 외화를 국내 시중은행에 공급하고 원화를 받는 CRS 거래를 하여 국내 원화 채권투자로 차익거래를 발생시킨다. 이 경우, 외국은행 서울지점은 외화금리를 수취하고 원화고정금리를 지급(CRS Pay)한다.

③ 코로나19의 영향으로 국내금융기관은 외화유동성 부족 시 CRS 거래로 원화를 지급하고 외화를 수취한다(BUY/SELL SWAP 방향의 CRS). 결국 상대방으로부터 원화금리를 수취하는 CRS Receive에 해당한다.

④ 외화차입을 한 국내의 여신전문회사는 조달한 외화를 지급하고 원화를 수취하여 국내영업을 한다(SELL/BUY SWAP 방향의 CRS 거래임). 따라서 여신전문회사 입장에서는 CRS 상대방에게 원화고정금리를 지급(CRS Pay)하는 입장이 된다.

76 향후 3년간 금리와 원금을 교환하는 달러/원 통화스왑(CRS)을 활용하면 기 차입금에 대한 환율 상승과 달러 금리 상승에 대한 리스크를 헤지할 수 있다.

77 ② EUR Bond 매입 전에 현물환율이 현재 1.2100에서 1.2300으로 변경되면 미화의 평가절하이므로 ABC사 입장에서는 더 많은 달러 투자금액이 필요하여 불리한 환율이 된다.
③ EUR Bond의 (수취)금리가 2%로서 EUR/USD 스왑의 EUR(지급)금리 2%와 동일하다. 결국 달러화를 지급하고 EUR를 수취하여 투자하면 0.5% - 0.3%의 차이만큼 수익률(0.2%)이 향상된다.
④ ABC사는 스왑거래를 택할 경우 스왑거래 초기에 스왑 상대방에게 EUR을 수취하고, USD를 지급한다. 이 수취한 EUR로 EUR Bond를 매입한다(기본서 p.204를 문제로 만든 것이므로 기본서 참조).

78 외국의 차입자(비거주자)가 특정 국가의 자본시장에서 그 나라 통화(자국통화)를 표시통화로 하여 발행하는 채권(bond)으로 미국의 양키본드, 일본의 사무라이본드, 영국의 불독본드 등이 있다. 우리나라에서 외국인이 기재부 신고 후 원화표시 채권을 발행하면 아리랑 본드를 발행한다고 하며, 우리나라 자본시장에서 외국인이 외화표시로 채권을 발행하면 김치본드를 발행한다고 한다.

79 일단 변동성이 확대와 환율상승을 예상하므로 콜매수와 풋매도 중에서 선택하여야 한다. 그러나 현재 변동성이 낮으므로 콜/풋의 옵션가격이 저렴하고 매도보다는 매수가 유리하다. 따라서 콜매수를 선택한다.

80 녹아웃(KO) 배리어포워드(barrier forward) 전략은 만기일 환율이 미리 정해 놓은 배리어에 도달하지 않으면 선물환율보다 유리한 환율로 거래할 수 있지만 배리어에 도달하면 녹아웃(KO)되면서 불확실성이 커질 수 있는 전략이다.
① 만기 환율이 1,200원인 경우 콜 행사할 이유가 없지만, 풋행사를 상대방으로부터 행사 당하므로 10원의 손실이 발생한다. 따라서 시장가격 1,200원과 손실 10원의 합계는 1,210원이 결제 COST가 된다.
② 만기 환율이 1,270원이 경우 배리어에 도달하지 않아서 콜옵션이 유효한 상태이다. 따라서 콜옵션을 행사하여 1,210원에 수입대금을 결제한다(본 예시는 기본서 p.292의 도표설명 참조).
③ 만기 환율이 1,290원인 경우 콜옵션과 풋옵션이 모두 녹아웃되므로 콜옵션과 풋옵션은 무효화된다. 즉, 어쩔 수 없이 만기 시 시장환율인 1,290원에 결제하여야 한다. 결론적으로 옵션거래로 인하여 선물환 매수(환율 1,240원)보다 불리한 헤지 결과를 초래하였다.

※ 최근 출제경향에 따라 해설을 기본서의 내용으로 구성하였습니다. 해설을 숙독하고 해설 아래 추가 문항을 반드시 풀어 보시기 바랍니다.

01	02	03	04	05	06	07	08	09	10
③	④	①	④	②	②	③	④	③	②
11	12	13	14	15	16	17	18	19	20
③	③	④	③	③	④	③	③	②	②
21	22	23	24	25	26	27	28	29	30
④	③	①	③	④	③	④	②	②	②
31	32	33	34	35	36	37	38	39	40
②	②	③	④	④	④	①	①	④	④
41	42	43	44	45	46	47	48	49	50
③	②	①	③	④	②	③	②	②	③
51	52	53	54	55	56	57	58	59	60
①	④	③	④	④	②	③	②	④	④
61	62	63	64	65	66	67	68	69	70
①	②	①	④	②	④	③	④	④	③
71	72	73	74	75	76	77	78	79	80
③	②	③	②	③	②	③	④	①	①

외환관리실무 (01~35번)

01 외화자금 및 외국환의 보유와 운용은 한국은행의 업무이다. 외국환평형기금의 운용 및 관리와 혼동하면 안 된다. 관세청은 기재부의 산하기관이다. (따라서 업무의 외부조직에 '위탁'이 아닌 내부적인 '위임'이란 용어를 사용한다.)

02 신고서의 유효기간이란 신고인이 신고(수리) 내용에 따라 당해 지급 또는 영수를 완료하여야 하는 기간을 말한다.

> ※ 추가학습
> • 해외직접투자 신고서 및 해외부동산취득신고수리서의 유효기간은 1년을 원칙으로 하되, 사업을 특성을 감안하여 외국환은행의 장이 유효기간을 자율적으로 정할 수 있으며, 신고대상인 외국환거래에 대하여서는 6개월 이내에서 유효기간을 설정할 수 있다.
> • 해외이주비 지급 유효기간은 해외이주자(해외이주예정자)로 인정받은 날부터 3년 이내에 지급하여야 한다.
> – 국내이주, 현지이주 : 해외이주신고확인서 발급일로부터 3년

– 해외이주예정자 : <u>거래외국환은행을</u> 지정한 날로부터 3년 (◀ 기출 빈번 지문)

즉, 해외이주자(현지이주 등 포함)는 관련법규에 의하여 해외이주자로 인정받은 날로부터 3년 이내에 지정거래 외국환은행의 장에게 신청하여 해외이주비를 지급하여야 한다. 단, 해외이주자가 이주 절차 지연 상황 소명 시 3년 이내에서 대외송금 기한을 연장할 수 있다. 해외이주자(해외이주예정자 포함)의 해외이주비 지급을 위하여 <u>1개의 거래 외국환은행을 지정하여야 하며</u>, 개별이주를 제외하고 해외이주자의 세대원은 거래외국환은행 지정 등록 대상자가 아니다.

03 ① 개인이든 법인이든 해외 증권발행 → 기획재정부 '신고' 사항이다. 개인의 외화차입은 한국은행신고이지만 개인의 해외증권발행은 기획재정부 신고사항임에 유의한다. (개인이 해외에서 증권을 발행하려 해도 사실상 해외투자자가 없기 때문에 이런 사례는 거의 없다고 보면 된다.) 또한, 외화표시가 아닌 원화표시의 해외증권발행은 (개인이든 법인이든) 금액과 무관하게 기재부에 신고하여야 한다. (◀ 기출지문)

② 거주자의 (외국)해외부동산의 취득은 지정거래은행 '신고수리'사항이다. 그러나 해외부동산의 권리취득(단, 임차권은 제외)은 한국은행 신고사항이다. (예시 : 유치권, 저당권 등)

③ 금융기관이 해외지점을 설치하는 경우에는 금융감독원의 신고수리 사항이다.

④ (비금융기관의) 해외지점의 영업활동의 제한 : 국내 기업의 해외지점은 본연의 업무가 아닌 활동은 제한이 있다(규정 제9 - 22조). 부동산취득 제한, 증권거래제한, (1년 초과) 금전대여 제한의 3가지가 있음에 유의하며 이는 한국은행 '신고수리' 사항이다.

※ 【거주자의 해외부동산 취득】과 【해외지점의 영업활동의 제한】 이 두 가지 경우에는 '신고수리'임을 암기하여야한다.

04 ⓐ 국민인 거주자(한국인)의 소지목적 환전은 거래은행을 지정할 필요가 없이 복수의 은행과 휴대폰으로도 얼마든지 환전할 수 있다.

ⓑ 국민인 거주자에 대한 여행경비를 위한 환전은 국내의 여러 은행으로부터 무한대이다. 다만, 출국 시 1만불 초과인 경우 (검색대를 통과하기 전에) 세관에 신고하면 된다.

ⓒ 여행사 등의 단체해외여행경비의 환전은 거래은행을 지정할 필요가 없이 환율이 유리한 은행을 선택하면 된다. (◀ 기출빈번지문)

ⓓ 국민인 거주자(개인)의 해외차입은 한국은행에 신고 안 해도 되지만 거래은행을 지정하여야 한다. 나중에 갚을 경우에 외화유출에 설명에 대비해서이다. 미화 10만불 이하의 소액거래는 거래은행만 지정하면 (한국은행에) 신고 없이 영수할 수도 있다. 물론 신고하고 영수하는 것도 가능하다.

ⓔ 외국인거주자와 비거주자에 대한 무증빙 5만불 한도의 대외계정 예치는 (본인의 급여 등 송금을 위하여 이미 지정된) 거래은행을 통하여야 한다.

유사문제

외국환은행의 거주자(외국인 거주자 제외)에 대한 '소지목적 매각'의 설명으로 옳지 않은 것은?

① 거래은행을 지정하여야 한다.

② 거주자는 환전용도를 제시할 의무가 없다.

③ 국민인 거주자, 국내소재 법인 및 단체에게 적용한다.

④ 동일자 1만불 초과 시 국세청 및 관세청에 통보된다.

> **해설** 거주자가 외국통화, 여행자수표를 단순히 소지하기 위한 목적으로 환전할 경우 거래은행을 지정할 필요 없다. 복수의 시중은행에서 휴대폰 등으로 환전할 수 있다.
>
> 정답 | ①

다음 중 거래외국환은행의 지정이 필요하지 아니한 거래는?

① 거주자의 증빙서류 제출면제 연간 10만불 한도 설정
② 거주자의 자금통합관리
③ 교포등에 대한 여신
④ 단체해외여행경비의 지급

[해설] 규정 개정으로 여행업자의 단체해외여행경비 환전은 거래은행을 지정할 필요가 없다. 여행업자를 통한 단체해외여행경비의 지급은 1인의 해외여행경비도 가능하다. 여행업자가 단체해외여행경비를 환전하는 경우 환전금액은 단체해외여행자별 필요 외화소요경비 범위 내이어야 하며 외국인거주자에 한하여 해당 해외여행자별 여권에 환전한 사실과 금액을 표시하여야 함(☞ 외국인거주자의 외국통화 환전신청금액이 1백만원 상당 이하인 경우 여권기재를 생략할 수 있음) 여행업자는 단체해외여행경비를 외국환은행을 통하여 외국의 숙박업자나 여행사 등에게 지급하거나 휴대수출하여 외국에서 지급할 수 있음. 제출서류에는 단체해외여행자의 성명 및 생년월일이 명시되어야 함

규정 제4-5조 ③ 여행업자 또는 교육기관등(국내 해외연수알선업체를 포함)과의 계약에 의하여 해외여행을 하고자 하는 해외여행자는 해외여행경비의 전부 또는 일부를 당해 여행업자 또는 교육기관등에게 외국환은행을 통하여 지급할 수 있으며, 여행업자 또는 교육기관등은 동 경비를 외국의 숙박업자 · 여행사 또는 해외연수기관(외국의 연수알선업체를 포함한다)에 외국환은행을 통하여 지급하거나 제5-11조의 규정에 의하여 휴대수출하여 지급할 수 있다.

거주자는 자금통합관리(Global Cash Pooling)를 위하여 미화 5천만불 이내에서 지정거래은행을 통하여 비거주자와 행하는 해외예금, 금전대차, 담보제공거래 및 외국환은행에 대한 담보 제공의 경우에는 신고예외이지만 자금통합관리 개시 전에 지정거래은행을 경유하여 한국은행에 신고하여야 한다.

정답 | ④

05 비거주자가 자기신용(자기 담보 포함)으로 '동일인 기준' 10억원 초과~300억원 이내의 대출을 받고자 하는 경우 외국환은행에 신고하여야 한다. '동일인' 기준 10억원 초과란 비거주자 1인의 국내은행 전체의 대출 총합계를 말한다. 만약 거주자의 담보/신용인 대출은 비거주자(차주)가 한국은행에 신고하여야 한다.

06 외국인보수소득, 영화제작비, 운항경비등의 휴대출국할 경우 금액에 무관하게 (1만불 이하여도) 외국환신고(확인)필증을 발행 교부한다.
→ 국민인 거주자/재외동포(1만불 초과 휴대반출 시 발행하는 경우 : 일반해외여행경비(세관에서 발행), 해외유학경비, 해외체재비, 단체여행(연수)경비 (1만불 초과 사항을 반드시 암기할 것)

【외국환신고(확인)필증 발행 및 교부에 대한 금액에 관계없는 발급 대상】
(1) 실수요증빙 서류가 있는 여행경비(치료비, 교육관련경비, 주무부장관 · 한국 무역협회장 추천 금액)
(2) 영화, 음반, 방송물 및 광고물 제작 관련 경비
(3) 스포츠경기, 현상광고, 국제학술대회 등과 관련한 상금
(4) 항공 또는 선박회사의 운항경비
(5) 원양어업자가 상대국 감독관 등에게 지급할 경비
(6) 대외무역관리규정에서 정한 물품(수출입승인 면제품)에 대한 검사 · 수리비
(7) 해운대리점 · 선박관리업자가 비거주자인 선주를 대신하여 지급하는 해상 운항경비

국민인 거주자인 홍길동 씨는 지병 치료차 영국의 유명 병원을 예약하고 출국 준비를 하고 있다. 치료기간은 1주일 정도로 예상한다. 외국환은행의 여행경비 취급에 대한 설명으로 옳지 않은 것은?

① 치료비는 일반해외여행경비에 속하며 지급 시 거래외국환은행을 지정할 필요 없다.
② 예약관련 서류증빙제출 시 당발송금이 가능하다.
③ 일반해외여행경비이므로 휴대출국 시 외국환신고확인필증을 교부하지 아니한다.
④ 현지에서 본인의 신용카드로 치료비를 지급할 수 있다.

해설 일반해외여행경비이지만 증빙이 있으므로 외국통화로 휴대출국 시 환전은행은 외국환신고확인필증을 교부하여야 한다. 또한 이 필증을 받아야 하는 이유는 홍길동 씨가 본인의 치료비 이외의 여행경비 사용목적으로 미화 1만불까지 추가적으로 휴대반출이 가능하므로 별도로 금액을 계산해야하기 때문이기도 하다. 물론 홍길동 씨의 치료비는 일반해외여행 경비이므로 휴대출국이 원칙이나 증빙이 있을 경우 외국환은행을 통한 해외송금 지급도 가능하다.

규정 제4 – 5조(해외여행경비 지급절차) ① 해외여행자는 해외여행경비를 외국환은행을 통하여 지급하거나 제5 – 11조의 규정에 의하여 휴대수출할 수 있다. 다만, 일반해외여행자가 외국환은행을 통하여 외국에 지급할 수 있는 경우는 다음 각호의 1에 한한다.

(중간 생략)

다음 각목의 1에 해당하는 자에 대하여 주무부장관 또는 한국무역협회의 장이 필요성을 인정하여 추천하는 금액
가. 수출 · 해외건설 등 외화획득을 위한 여행자
나. 방위산업체 근무자
다. 기술 · 연구목적 여행자
라. 외국에서의 치료비

정답 | ③

---

07 (이 문항은 자주 출제되므로 해설을 읽고 외국환거래 규정의 취지를 이해하여야 한다.)

① 외국인거주자에게 (무증빙)해외여행경비 명목으로 1만불 이내로 송금 또는 환전할 수 있다. 이는 국민인거주자에게만 인정하는 해외여행경비를 외국인거주자에게 극히 제한적으로 편의상 제공하는 것이므로 여행목적이 아닌 저축 등의 목적으로 예치할 수 없다. 환전지급사실을 여권에 기재하여야 한다(단 1백만원 상당 이하는 기재생략 가능하다). 만약 이 외국인거주자가 귀국 후 또다시 재출국할 경우 (이미 이전의 환전금액에 무관하게 reset하여) 1만불 이내 환전이 가능하다.

※ 자주 출제된 내용이므로 이 외국환거래규정이 의도한 내용을 이해할 필요가 있다.

② 매각실적이 없는 비거주자에게 (무증빙) 미화 1만불 범위 내에서 재환전하는 경우에도 외국인거주자와 마찬가지로 편의를 제공한 것으로 외국인거주자와 규제가 동일하다. (여권기재 등)

③ 외국인거주자의 급여소득 지정거래은행을 통한 무증빙 5만불 한도 지급의 경우에는 송금과 대외계정예치가 가능하나 현금으로 환전지급은 불가하다. 왜냐하면 상기 ①의 내용상 외국인거주자에게는 이미 별도규정으로 1만불 이내 해외여행경비 환전지급이 인정되므로 이에 추가적으로 환전 지급할 이유가 없다. 즉 급여명세서 등을 구비하지 못한 상황(무증빙)에서 본국에 송금 등을 할 수 있는 편의를 제공하는 차원에서 송금 또는 대외계정예치만을 인정한 것이다. 외국인(비거주자나 외국인거주자)에 대한 무증빙 5만불 한도는 국민인거주자의 10만불 한도와 성격이 다르다. 예를 들어 국민인 거주자의 10만불 한도는 건당 5천불 초과만의 합계인 10만불이지만, 외국인거주자와 비거주자는 건당 금액무관하게 소액금액도 합쳐서 5만불이다.

※ 외국인 또는 비거주자에 대한 연간 미화 5만불 이하의 지급(무증빙지급)은 다음 각목의 1을 합산하여 관리하여야 함
가. 취득경위 입증서류를 제출하지 않은 내국지급수단을 대가로 한 외국으로의 송금 또는 대외계정에의 예치
나. 외국환신고(확인)필증을 제출하지 않고 미화 2만불 이내의 외국통화 또는 외화표시(여행자)수표를 대가로 한 외국으로의 송금 또는 대외계정에의 예치
다. 외국인거주자의 경우로서 신용카드 등을 통한 대외지급

※ (해외여행경비 지급과 관련하여) 유학알선업체에 대한 단체해외여행경비를 지급하는 경우에는 (지정 없이) 외국환은행을 통하여 송금 또는 환전지급이 선택적으로 가능하다. 최근 규정 개정으로 단체해외여행경비는 지정거래은행 제도가 아닌 것에 유의한다.

08 (교포등에 대한 여신은 자주 출제됨 : 담보금액이 50만불 초과 시 한국은행 신고)

재외국민은 교포여신 대상이지만 외국국적을 취득한 시민권자는 외국인(외국국적동포)이므로 교포여신의 대상이 아니다. 교포여신 수혜대상자(차주)는 외국에 체재중인 국민인거주자(일반여행자는 제외), 국민인 비거주자로서 해외에 체재하고 있는 영주권자, 해외사업, 해외출장 또는 파견근무 목적으로 해외에 체재하고 있는 자, 해외주재원, 특파원 등으로 체재하고 있는 자, 해외유학생, 국민인비거주자가 전액 출자(100%)하여 설립한 법인이어야 한다.

주의할 것은 교포여신규정은 한국에 본사가 없는 교포은행과 해외의 외국은행에서의 대출은 적용되지 아니한다(국내에 있는 '본사'가 있는 해외지점 등(현지법인 포함)이어야 한다).

"교포등에 대한 여신"의 금액에 대한 신고처의 기준은 차주가 받는 대출금액이 아닌 동 대출에 대한 보증(담보제공)금액이 50만불 초과여부로 지정거래외국환은행과 한국은행으로 신고처를 구분한다.

교포여신의 **내용변경** 신고대상 : 담보종류, 상환방법, 대출금리, 기한연장 등
☞ 그러나 차주 또는 보증인(담보제공자) 변경, 증액 등은 교포여신 **신규신고** 대상임

09 기본적으로 국민인 거주자는 무증빙으로 생활비나 소액경상대가(수수료, 물품대금 등)는 연간 10만불을 초과할 수 없다. 거주자의 연간 10만불 무증빙은 건당 5천불 초과거래의 합계로서 생활비, 경조사비, 회비, 소액경상대가(수수료, 물품대가) 등이 대상이다. 그러나 종교단체의 선교 포교자금, 비영리단체의 구호자금, 외국정부나 국제기구(UN, 산하단체 등)에 대한 의연금 등은 연간 누계 10만불이 초과되어도 무증빙으로 지급할 수 있다. 단, 지급확인서상에 내부품의서, 지출결의서, 이사회의사록, 그리고 수취인의 실제를 확인할 수 있는 서류 등을 징구하여야 한다. 좌우간 금융기관의 송금담당자는 10만불 초과에 대하여 매우 제한적으로 취급하여야 한다.

10 외화 현찰을 소지할 목적으로 매각하는 경우는 국민인 거주자에 한한다. 외국인거주자에게 해외여행경비와 비거주자에 대한 재환전 용도의 1만불 이내로 매각하는 경우도 가능하다.

> **규정 2-3 (외국환의 매각)** ① 외국환은행은 다음 각호의 1에 해당하는 경우에 한하여 내국지급수단을 대가로 외국환을 매각할 수 있다.
> 1. 거주자에 대한 매각으로서 다음 각목의 1에 해당하는 경우
>   가. 외국환을 매입하고자 하는 자가 당해 외국환을 인정된 거래 또는 지급에 사용하기 위한 경우
>   나. 외국인거주자에게 매각하는 경우에는 외국환의 매각금액이 최근 입국일 이후 미화 1만불 이내 또는 제4－4조의 규정에 의한 금액범위 내인 경우
>   다. **외국인거주자를 제외한 거주자가 외국통화, 여행자수표를 소지할 목적으로 매입하는 경우**

11 해외이주예정자의 지급기한은 거래외국환은행을 지정한 날로부터 3년 이내이다.
▶ 이주비 지급 유효기간은 해외이주자(이주예정자)로 인정받은 날로부터 3년 이내에 지급이 가능하며 그 기산일이 각각 다르다.
해외이주로 "인정받은 날"이라 함은 다음 각목의 경우를 말함
가. 국내로부터 이주하는 자 : 외교부로부터 해외이주신고확인서를 발급받은 날
나. 해외이주예정자 : 외국환거래은행을 지정한 날

해외이주자와 해외이주예정자는 구분하여야 한다. 해외이주자는 이미 해외에 영주권등을 가진 상태에서 국내의 재산을 반출(해외이주비 형태로 반출)하고자 하는 사람이지만, 해외이주예정자는 아직 이주 여부가 불투명한 국민인 거주자이다(아직 국내 거주자이므로 주민등록등본이 존재하므로 확인차 이를 제출받아야 한다).

※ 해외이주예정자에 대한 사후 관리

해외이주예정자는 해외이주비의 지급 후 1년 이내에 당해 국가에서 발급된 영주권, 시민권, 비이민투자비자 또는 은퇴비자를 취득하였음을 입증하는 서류를 제출하거나, 동 서류의 제출이 불가능할 경우 지급한 자금을 국내로 회수하여야 함. 다만, 영주권 등을 1년 이내에 취득하는 것이 불가능하다는 사실을 입증할 경우, 영주권등을 취득 하였음을 입증하는 서류의 제출기한을 연장할 수 있으며, 이 경우 해외이주예정자는 매년 영주권 등 취득현황을 통보하여야 한다.

1. 해외이주비는 외국통화, 여행자수표 등 대외지급수단으로 휴대반출할 수 있음
2. 해외이주자(현지이주등 포함)는 관련법규에 의하여 해외이주자로 인정받은 날 (하단 3. 참조)로부터 3년 이내에 지정거래외국환은행의 장에게 신청하여 해외이주비를 지급하여야 함(단, 해외이주자가 이주 절차 지연 상황 소명 시 3년 이내에서 대외송금 기한을 연장할 수 있음).
   ☞ 해외이주신고확인서를 발급받고 1년 이내에 이주하지 아니한 경우 동 신고서는 <u>무효이며</u> 이주사실 확인은 여권상 출입국사실 또는 출입국관리사무소 발행 출입국사실증명원으로 확인함
3. 해외이주자로 "인정받은 날"이라 함은 다음의 경우를 말함
   가. 국내로부터 이주하는 자 : 외교부로부터 <u>해외이주신고확인서</u>를 발급받은 날
   나. 해외에서 현지이주하는 자 : 재외공관으로부터 <u>해외이주신고확인서</u>를 발급받은 날(현지 이주자는 재외공 관에 해외이주신고를 한 후 해외이주신고확인서를 발급받아야 하며 동 확인서상의 발급일로부터 3년 이내 환전가능 함)
4. 세대별 해외이주비 지급신청의 합계액(분할지급신청하는 경우 포함)이 미화 10만불을 초과하는 경우에는 해외이주비 전체금액에 대하여 이주자의 관할세무서장이 발급하는 자금출처확인서를 징구하여야 함
5. <u>해외이주자는 해외여행경비를 지급할 수 없음</u>
6. 해외이주비의 지급은 재외동포의 국내재산반출과 중복하여 적용할 수 없음

12 거주자가 '제3자 지급등'을 하는 경우에는 신고의 예외사유(5천불 이하의 제3자 지급등)에 해당하는 경우가 아니라면, 지급등 금액에 따라 외국환은행장(미화 5천불 초과 미화 1만불 이내) 또는 한국은행총재(미화 1만불 초과)에게 신고하여야 한다. 거주자가 거래회사의 도산 등으로 다른 회사에 지급해야 하는 사유가 발생한 경우로서 '제3자 지급등'에 해당하는 경우로 확인되면 외국환은행장 또는 한국은행총재 앞 신고사항임을 송금의뢰인에게 안내하여야 한다.

> **제5-10조(제3자 지급등의 신고 등)** ② 제1항(신고예외)에 해당하는 경우를 제외하고 거주자가 미화 5천불을 초과하고 미화 1만불 이내의 금액(분할하여 지급등을 하는 경우에는 각각의 지급등의 금액을 합산한 금액을 말한다)을 제3자와 지급등을 하려는 경우에는 외국환은행의 장에게 신고하여야 한다.
> ③ 제1항(신고예외) 및 제2항에(외국환은행신고) 해당하는 경우를 제외하고 거주자가 제3자와 지급등을 하려는 경우에는 한국은행총재에게 신고하여야 한다.

13 거주자가 '외국환은행을 통하지 아니하는 지급등(규정 제5-11조)'을 하고자 하는 경우 외국환거래법령상 신고의 예외로 규정된 경우를 제외하고 한국은행총재에게 사전에 신고해야 한다. 상기 예의 7만불을 부동산거래의 지정거래외국환은행을 통하지 아니하였으므로 한국은행에 신고한 후 지급할 수 있다(동 자금은 당발송금이 아니므로 자금출처를 물을 것으로 예상된다).

거주자가 외국부동산취득신고수리를 받고 미화 1만불 초과의 대외지급수단을 직접 지급하는 경우(은행을 통하지 아니하는 경우) 한국은행총재에 사전에 신고하여야 한다.

> **규정 제5-11조(외국환은행을 통하지 아니하는 거래의 신고 등)** ③ 제1항(신고예외) 각호의 1에 해당하는 경우를 제외하고 거주자가 외국환은행을 통하지 아니하고 지급등을 하고자 하는 경우(물품 또는 용역의 제공, 권리의 이전 등으로 비거주자와의 채권·채무를 결제하는 경우를 포함한다)에는 한국은행총재에게 신고하여야 한다.

14 내수용으로 30일 초과 연지급 수입한 금을 가공 후 재수출하는 경우는 지극히 정상적인 무역거래이다. 그러나 단순히 (30일 초과한) 외상 수입한 금을 가공 없이(미가공) 수출하는 것은 물품대금의 차익거래(자금부담 없이 외상으로 수입 후, 수출거래에 대한 정부의 수출지원자금의 30일 초과한 기간 동안 운용수익을 노린) 비정상적인 거래일 가능성이 높으므로 한국은행에 신고하여야 한다.

【기재부장관이 정하는 기간을 초과하는 지급등】
규정 제5-8조(신고 등) ① 거주자가 수출입대금의 지급등을 하고자 하는 경우에는 신고를 요하지 아니한다. 다만, 다음 각호의 1에 해당하는 방법으로 지급등을 하고자 하는 자는 한국은행총재에 게 신고하여야 하며, 제1호 다목 및 제2호 나목 본문 중 불가피한 사유로 인정되는 경우에는 1년을 초과한 날로부터 3월 이내에 사후신고를 할 수 있다.
    1. 계약건당 미화 5만불을 초과하는 수출대금을 다음 각목의 1에 해당하는 방법으로 수령하고자 하는 경우
        가. 본지사 간의 수출거래로서 무신용장 인수인도조건방식 또는 외상수출채권매입방식에 의하여 결제기간 이 물품의 선적 후 또는 수출환어음의 일람 후 3년을 초과하는 경우
        나. 본지사 간의 수출거래로서 수출대금을 물품의 선적 전에 수령하고자 하는 경우
        다. 본지사 간이 아닌 수출거래로서 수출대금을 물품의 선적 전 1년을 초과하여 수령하고자 하는 경우. 다만, 선박, 철도차량, 항공기, 「대외무역법」에 의한 산업설비의 경우는 제외한다.
    2. 다음 각목의 1에 해당하는 방법으로 수입대금을 지급하고자 하는 경우
        가. 계약건당 미화 5만불을 초과하는 미가공 재수출할 목적으로 금을 수입하는 경우로서 수입대금을 선적 서류 또는 물품의 수령일부터 30일을 초과하여 지급하거나 내수용으로 30일을 초과하여 연지급수입한 금을 미가공 재수출하고자 하는 경우
        나. 계약건당 미화 2만불을 초과하는 수입대금을 선적서류 또는 물품의 수령 전 1년을 초과하여 송금방식에 의하여 지급하고자 하는 경우. 다만, 선박, 철도차량, 항공기, 「대외무역법」에 따른 산업설비에 대한 미화 5백만불 이내의 수입대금을 지급하는 경우는 제외한다.

15 (세관을 통과할 경우의 신고사항에서) 금을 포함한 귀금속은 적용범위에서 제외한다. 즉 귀금속은 대외 '지급수단'이 아닌 '물품'이다(즉 금은 다른 법규의 규제대상이다). 유의할 것은 적용대상인 '지급수단등'이라 하면 대외지급수단, 내국 지급수단, 원화 및 외화증권이 해당되며, 여기에서는 채권(債權)만 해당되지 않는다(당연하지 아니한가? 세관을 통과 할 경우에 신고사항에 어찌 내가 받을 권리(채권)를 신고할 필요가 있는가? 물리적으로 내가 휴대한 지급수단등이 (합 계 1만불 초과) 신고대상일 뿐이다).

규정 제6-2조(신고 등) ① 거주자 또는 비거주자가 다음 각호의 1에 해당하는 지급수단등을 수출입하는 경우에 는 신고를 요하지 아니한다.
    1. 미화 1만불 이하의 지급수단등을 수입하는 경우. 다만, 내국통화, 원화표시여행자수표 및 원화표시자기앞 수표 이외의 내국지급수단을 제외한다.
    2. 약속어음·환어음·신용장을 수입하는 경우
    3. 미화 1만불 이하의 지급수단(대외지급수단, 내국통화, 원화표시자기앞수표 및 원화표시여행자수표를 말 한다)

16 ① 외국영주권자인 재외동포의 국내재산 반출금액에 대한 한도 등의 제한은 없다.
② 비거주자의 국내에서 원화표시(외화표시 포함) 증권발행은 기획재정부 신고사항이다.
③ 교포등에 대한 여신은 담보제공금액이 50만불 초과 시 한국은행 신고사항이다.
④ 영리법인의 5천만불 초과 해외차입은 기획재정부 신고사항이다.

17 거주자 또는 비거주자는 미화 1만불을 초과하는 국내외 지급수단을 (원화표시 자기앞수표도 포함) 휴대수입하는 경우에는 세관에 신고하여야 한다.

> **【신고예외】**
> 거주자 또는 비거주자가 다음 각호의 1에 해당하는 지급수단등을 수출입하는 경우에는 신고를 요하지 아니한다.
> 1. 미화 1만불 이하의 지급수단등을 수입하는 경우. 다만, 내국통화, 원화표시여행자수표 및 원화표시자기앞수표 이외의 내국지급수단을 제외한다(즉, 1만불 계산에서 원화당좌수표 등은 제외한다는 의미임).
> 2. 약속어음 · 환어음 · 신용장을 수입하는 경우
> 3. 미화 1만불 이하의 지급수단(대외지급수단, 내국통화, 원화표시자기앞수표 및 원화표시여행자수표를 말한다) 및 절차를 거친 대외지급수단을 수출하는 경우

18 환전영업자는 거주자와 비거주자로부터 매입은 제한이 없다. 그러나 거주자에 (무증빙으로) 2천불 한도(환전장부를 전산으로 관리하는 업자는 4천불 한도)로 매각할 수 있으며, 외국인거주자와 비거주자에게는 당초 매각실적 범위 내에서 재환전(매각)이 가능하다(외국인거주자와는 다르게 비거주자는 최근 입국일 이후 당해 체류기간 중 외국환업무취급기관 또는 환전영업자에게 내국통화 및 원화표시 여행자수표를 대가로 외국환을 매각한 실적범위 내이다). 그리고 환전영업자는 고객으로부터 여행자수표(T/C)를 매입할 수 있지만 고객에게 여행자수표를 매각은 할 수 없다(고객은 은행에서 T/C를 매입하란 뜻임).

19 (빈출문항)
무역거래는 은행을 통하는 것이 원칙이다. 따라서 은행을 통하지 아니하고 직접 외화로 휴대출국하는 경우 (1만불 초과 시) '한국은행'에 신고한 후 외국환은행에서 환전하여 휴대출국하여야 한다. 영수는 국부의 유입이므로 신고예외이다. 따라서 금융기관환전텔러는 고객의 환전자금의 용도를 질문하여 이에 해당할 경우 한국은행 신고를 먼저 하도록 알려주어야 한다. 실제로 네팔 등의 오지로부터 마시는 차(TEA)의 원재료를 수입하는 경우 그 지역에 금융인프라가 없어 송금이 불가능한 경우가 있다. 이런 경우 국내 수입상이 외화를 직접 휴대하고 출국하여 물품을 직접 휴대수입하는 경우가 이에 해당한다.

20 대외계정은 비거주자, 개인인 외국인거주자 중 순수 개인자격의 외국인거주(외국인 개인사업자는 거주자계정임), 대한민국정부의 재외공관 근무자 및 그 동거가족이 개설할 수 있다.

> **유사문제**
>
> **다음 예금계정 간 이체에 대한 설명으로 옳지 않은 것은?**
> ① 대외계정(예금주 ; A) → 비거주자자유원계정(예금주 ; A) : 본인명의 제한 없음 (다른 명의 간 이동불가)
> ② 대외계정(예금주 ; A) → 비거주자원화계정(예금주 ; B) : 제한 있음(신고 등의 절차이행)
> ③ 비거주자 자유원계정(예금주 ; A) → 투자전용비거주자원화계정(예금주 ; A) : 본인명의 제한 없음
> ④ 대외계정(예금주 ; A) → 거주자계정(예금주 ; B) : 예금주(B)의 취득사유 확인
>
> **해설** ① 대외계정(예금주 ; A) → 비거주자자유원계정(예금주 ; A) : 본인명의인 경우에는 양방향 이동이 가능하다. 그러나 (원화와 외화 간의) 다른 명의 간 이동이 불가하다.
> ② 대외계정(예금주 ; A) → 비거주자원화계정(예금주 ; B) : 예금주가 달라도 가능하다. 국내소비자금으로 간주한다. 그러나 역으로 대외계정으로 이동은 예금주 명의 불문하고 신고절차를 거쳐야 한다(원화계좌에서 발생한 이자는 자금 출처가 분명하므로 이동 가능하다).
> ③ 비거주자 자유원계정(예금주 ; A) → 투자전용비거주자원화계정(예금주 ; A) : 외국인투자자(해외교포등)가 해외에서 타발송금된 자금이 대외계정에 예치 후 (본인명의) 비거주자 자유원계정으로 이동할 수 있다. 이 자금이 국내주식투자를 위한 투자전용비거주자원화계정으로 갈 수 있으며 (주식투자자금 회수 후) 역으로 이동도 가능하다.

④ 대외계정(예금주 ; A) → 거주자계정(예금주 ; B) : 이동가능하다. 그러나 예금주(B)는 해외자금영수에 준하는 절차
를 이행하여야 한다. 즉, 은행은 그 취득사유 확인하여야 한다.

정답 | ②

21 ⓐ 외국환은행도 영리법인과 동일하게 비거주자로부터 미화 5천만불 초과의 외화자금을 상환기간 1년 초과의 조건으
로 차입할 경우(증권발행 포함) 기획재정부에 신고하여야 한다.

ⓑ 거주자가 비거주자로부터 상속 · 유증 · 증여를 받는 경우 신고예외이다. 왜냐하면 국부의 유입이므로 구태여 외국
환거래법이 관여할 필요가 없다. ('증여' 지문에 유의할 것!)

ⓒ 비거주자 간의 해외에서의 내국통화표시 NDF거래는 신고예외이다. 해외에서 외국은행끼리 (비거주자와 비거주자
간) 차액결제 제도는 원화계정이 필요 없기 때문에 사실상 거래를 막을 방법이 없기 때문이다(기타자본거래 규정
제7 – 48조).

ⓓ 비거주자의 상속에 의한 국내부동산 취득은 신고예외이다. 왜냐하면 상속은 민법에서 관할하므로 외국환거래법상
관여할 필요가 없다.

ⓔ 비거주자가 거주자로부터 증여를 받는 경우 (상속과 유증과는 다르게) (한국은행)신고사항이다. 왜냐하면 증여자가
생존하므로 증여로 인한 국부유출을 추궁할 수 있기 때문이다.

(※ 상기 지문 중 증여는 누가 누구에게 증여인지에 따라 규제가 다르다. 빈출지문이므로 잘 파악하여야 한다. 유언에
의한 증여인 '유증'과 '증여'는 다르므로 혼동하지 말 것)

22 거주자가 외국에서 원화증권을 발행하고자 하는 경우에는 (흔한 경우가 아니므로, 금액크기에 불구하고 예외 없이) 기
획재정부장관에게 신고하여야 한다. 신고처를 외국환은행이라는 표현의 경우, 가끔 '지정'이라는 표현이 없이 외국환은
행의 장에게 신고한다는 표현도 섞어 쓰는 경우가 있으므로 유의한다. 엄밀히 표현하면 지정거래외국환은행으로 표기
하여야 한다.

② 국내에서 외화표시 증권의 발행의 경우, 거주자가 국내에서 발행한 외화증권을 비거주자가 사모로 취득하는 경우에
는 지정외국환은행의 장 등에게 신고하여야 한다. 거주자가 자본시장법상 국내에서 원화표시든 외화표시든 발행할
수는 있으나(즉 외국환거래규정 신고예외), 비거주자가 이 발행증권을 소유한다면 사실상 해외증권발행과 마찬가지
이므로 외국환거래규정을 적용해야 할 것이다.

거주자의 증권발행		
발행장소	통화	신고 여부
국내	원화	적용대상 아님
	외화	신고예외
외국	원화	기획재정부장관 신고
	외화	외국환은행등에 신고(거주자의 외화차입준용)

유사문제

다음 중 거주자의 증권발행 시 외국환은행 신고 대상이 포함된 경우는?

① 국내에서 원화표시 증권의 발행　　　　② 국내에서 외화표시 증권의 발행
③ 해외에서 원화표시 증권의 발행　　　　④ 해외에서 외화표시 증권의 발행

해설 거주자가 영리법인인 경우 5천만불 이하는 (외화차입규정을 준용하므로) 지정거래은행 신고사항이며, 5천만불 초과 시에
는 기획재정부 신고사항이다.

정답 | ④

23 거주자가 국내에서 송금한 자금으로 건당(동일자, 동일인 기준) 미화 5만불 이내는 지정거래 외국환은행 신고사항이며 5만불 초과 시 한국은행 신고사항이다. 지정거래외국환은행의 장은 해외에서 건당 미화 1만불을 초과하여 입금한 거주자(기관투자가 제외)로부터 입금일로부터 30일 이내에 해외예금입금보고서를 제출받거나 다음 각목의 1에 해당하는 예금거래자(기관투자가 제외)로부터 해외예금 및 신탁잔액보고서를 제출받은 경우 동 내용을 다음 연도 첫째 달 말일까지 한국은행총재에게 보고하여야 함

가. 법인 : 연간 입금액 또는 연말 잔액이 미화 50만불을 초과하는 경우

나. 법인 이외의 자 : 연간 입금액 또는 연말 잔액이 미화 10만불을 초과하는 경우

24 공사대금 대신 증권을 취득하므로 좌우간 이는 (정상적인 해외증권취득이 아니므로) 거주자의 해외증권취득으로 한국은행신고사항이다. 만약 의결권이 있는 주식취득으로서 10% 이상 취득 시에는 해외직접투자규정에 따른 투자신고절차(지정거래은행에 신고)를 밟아야 한다. 일반투자자인 거주자는 직접취득(경영참여)이 아닌 간접취득(단순투자목적)은 증권사 등인 투자매매업자나 투자중개업자를 통하여 취득하여야 한다. 거주자가 비거주자로부터 증권을 취득하는 경우 신고의 예외대상(증권사 HTS로 해외주식거래를 하는 경우 등)이거나 해외직접투자(경영참여)에 해당하는 경우가 아니라면 한국은행총재에 사전신고하여야 한다.

> **증권의 취득 시 신고의무(규정 제7-31조 제2항)**
> 제1항의 (국내증권회사등을 통한 위탁매매방식 HTS인 경우는 신고예외 등) 경우를 제외하고 거주자가 비거주자로부터 증권을 취득하고자 하는 경우에는 한국은행총재에게 신고하여야 함. 단, 거주자가 보유증권을 대가로 하여 비거주자로부터 증권을 취득하고자 하는 경우에는 교환대상증권의 가격 적정성을 입증하여야 함

25 ① 해외체재자(상용, 문화, 공무 및 기술훈련을 목적으로 해외체재)는 30일 초과자로서 요건이 따로 있다. 어머니는 딸에 대한 생활비이므로 아무 서류도 없이 무증빙으로 송금하므로 해외체재자 요건이 아니다.

② 해외유학생(6개월 이상 해외체재자임)에 대한 지급은 등록금 등의 증빙을 구비하여야만 송금이 가능하며 거래은행도 지정하여야 한다.

③ 딸은 30일 이내의 해외여행을 하는 일반해외여행자가 아니다.

④ 한국의 어머니가 미국에서 유학중인 딸에게 생활비로 5만불을 송금한 경우는 어머니 입장에서 거주자(어머니)의 무증빙 송금한도(매년 1.1~12.31까지의 연간 10만불)에 해당한다.

26 ① 신고일 기준 '비거주자'에 해당하는 국민(취업, 파견장기체류자 등)은 신고인이 될 수 없다. 왜냐하면 '거주자'의 외국부동산 취득규정(규정 제9-39조)이므로 신고인이 '거주자'이어야 사후관리 책임을 물을 수 있기 때문이다.

② 당초 신고한 부동산과 다른 타부동산을 변경 취득한 경우에는 변경신고가 아닌 신규 취득절차를 밟아야 한다(기존 외국부동산 취득과는 별개 사안이므로 처음부터 다시 신고수리받아야 한다).

③ '비거주자'가 신고인이 되어 자기 명의로 부동산을 취득하는 경우에는 '거주자'의 외국부동산 취득에 해당하지 아니한다. 따라서 동 규정을 적용할 수 없으므로 비거주자는 한국은행에서 '대외지급수단 매매신고'를 한 후 동 증빙에 의거 취득자금을 반출하여 취득하여야 한다(◀ 기출지문).

④ 신고절차를 이행하기 전에 미화 5만불 범위 내에서 취득자금을 증빙서류미제출 송금절차에 따라 지급한 후 계약성립일로부터 1년 이내에 사후신고절차를 이행할 수 있다.

27 해외부동산에 대한 소유권과 부동산권리 중 임차권을 제외한 당해 부동산에 대한 물권 기타 유사한 권리취득은 (권리관계가 국가별로 내용이 복잡하므로) 모두 한국은행에 사전 신고하여 수리를 받아야 한다.

거주자인 A씨는 하와이 소재 콘도 이용권과 골프 회원권을 취득하고자 한다. 외국환거래법령상 신고사항은?

① 신고예외 ② 외국환은행 신고
③ 외국환은행 신고수리 ④ 한국은행 신고

해설 거주자가 거주자 또는 비거주자와 외국의 부동산·시설물 등의 이용·사용 또는 이에 관한 권리의 취득에 따른 회원권의 매입거래를 하고자 하는 경우에는(부동산 실물 자체의 취득이 아니므로) 외국환은행의 장에게 신고 또는 거래가 있었던 날로부터 1개월 이내에 거래사실을 보고하여야 한다. 〈2023. 7. 4. 개정〉
※ 이 문항은 거주자의 해외부동산 취득이 아닌 단순한 이용권(회원권)에 대한 규정이므로 외국환은행에 신고한다.
회원권 취득금액이 건당 미화 10만불을 초과하는 경우에는 국세청장 및 관세청장에게, 건당 미화 5만불을 초과하는 경우 금융감독원장에게 통보하여야 한다. (이런 규정은 매입자에 대한 심리적인 압박용도의 의미가 강하다. 비싼 해외콘도나 해외골프장의 회원권 매입 시 국세청이 매입자의 소득수준을 살펴볼 수도 있고, 세관 출입 시 소지품 면세한도에 대한 체크압박이 클 수도 있다. 강사의 상상이겠지만 이런 통보제도가 있음으로써 규정이 원하는 효과를 낼 수도 있다.)

정답 | ②

【거주자의 외국부동산 시설물 이용에 관한 권리(회원권 등) 취득】
본 항목에 대하여 신고를 받은 외국환은행의 장은 건당 미화 5만불을 초과하는 경우에는 금융감독원장, 건당 미화 10만불을 초과하는 경우에는 국세청장 및 관세청장에게 익월 10일까지 회원권 등의 매매내용을 통보(전산통보) 최초 분양인 경우에는 매매대상물 증빙서류를 사후에 보완 가능
※ 그러나 거주자가 외국에 있는 부동산 또는 이에 관한 물권·임차권 기타 이와 유사한 권리를 취득하고자 하는 경우에는 (이 규정이 아닌) 거주자의 외국부동산취득에 관한 규정(제9-38조 및 제9-39조)에 의거 외국환은행의 장 또는 한국은행총재의 신고수리 사항임에 유의하여야 한다.

---

28 거주자와 비거주자 간 계약 건당 3천만달러 이하인 부동산 이외의 물품임대차 계약은 외국환은행장에게 신고하여야 하며, 계약 건당 3천만달러를 초과하는 부동산 이외의 물품임대차 계약은 한국은행총재에게 신고하여야 한다. 따라서 은행의 외환담당자는 거주자에게 임대수익금 등을 지급할 경우 관련 증빙 또는 신고여부의 확인이 필요하다. 또한 해외로부터 주기적인 송금이 이루어지는 경우 수령사유 재차 확인할 필요가 있다. 3천만불 초과 임대차 계약하면 왜 한국은행에 신고해야 하는가? 거주자의 해외차입 시 3천만불 초과 시 기획재정부에 신고하는 것과 비교해 보면, 일단 차입과 임대차는 경제적 효과가 비슷하다. 왜냐하면 차입하여 장비를 사서 사업을 하는 경우와 차입 대신 임대차로 장비를 빌린다면 그 경제적 효과는 비슷하다. 마치 우리가 자동차를 구입해서 사용하는 것과 자동차리스로 사용하는 것에 대한 그 경제적 효과는 비슷하다. 차입이 아닌 임대차는 다른 차원에서 관리하여 역시 3천만불을 기준으로 외국환은행신고 또는(기획 재정부 대신) 은행의 상급기관인 한국은행으로 한 것이다.

거주자와 비거주자 간 기타 자본거래 신고의무 외국환은행장 앞 신고사항(규정 제7-46조 제1항)
• 거주자와 비거주자 간에 계약 건당 미화 3천만불 이하인 경우로서 부동산 이외의 물품임대차 계약을(소유권 이전하는 경우를 포함) 체결하는 경우
• 소유권 이전의 경우를 제외하고 국내의 외항운송업자와 비거주자간의 선박이나 항공기를 임대차기간이 1년 이상인 조건으로 외국통화표시 임대차계약을 체결하는 경우

한국은행총재 앞 신고사항(규정 제7-46조 제2항)
외국환은행장 앞 신고사항 및 신고면제사유를 제외하고 그 이외의 기타자본거래는 한국은행총재에게 신고

한국은행에 보고의무(규정 제7-46조 제4항, 제53항)
해외에서 학교 또는 병원의 설립·운영 등과 관련된 행위 및 그에 따른 자금의 수수를 위하여 한국은행총재에게 신고한 거주자는 학교 또는 병원의 설립·운영 등과 관련된 지금운영현황 등을 다음 연도 첫째 달 20일까지 한국은행총재에게 보고하여야 함

29 비거주자의 국내 부동산을 취득금액 전체(100%)를 해외로부터 유입된 자금, 즉 대외계정, 타발송금, 휴대수입 등의 자금으로 취득하는 경우에는 외국환은행 신고사항이다. 만약 취득자금 중 일부라도 국내자금(전세금으로 받은 자금, 주식투자 중인 자금, 국내은행에서 대출받은 자금 등)이 섞인 경우에는 한국은행 신고사항이다. (◀빈출지문임)

① 국민인 비거주자(외국영주권자, 해외에서 영업 중인 한국인, 외국의 국제기구에 근무하는 자, 2년 이상 해외에서 체류하는 장기출장자나 파견자 등)의 국내 부동산을 취득을 제한할 이유가 전혀 없다. (집을 팔고 가족전체가 해외근무하고 5년 만에 귀국하니 한국의 집값이 따따블로 되어 있어서 엄청 손해 본 강사의 친구도 있었다.)

② 비거주자의 대외계정의 자금으로 취득하는 경우는 해외유입자금이므로 외국환은행에 신고한다.

③ 비거주자가 주거용 임차를 하는 경우는 부동산의 취득이 아니므로 신고할 필요 없다.

④ 비거주자가 부동산을 유증 또는 상속을 받는 경우에는 민법이 관여하므로 외국환거래법에서는 신고예외이다(단, 비거주자에게 '증여'는 증여자가 한국은행에 신고하여야 한다).

유사문제

비거주자의 국내 부동산 취득등에서 외국환거래법령상 신고예외가 아닌 것은?

① 외국영주권자가 국내은행에서 대출을 받아 취득하는 경우
② 외국시민권자가 대외계정의 자금으로 취득하는 경우
③ 비거주자가 주거용 임차를 하는 경우
④ 비거주자가 상속으로 취득하는 경우

해설 외국시민권자는 완전한 외국인이다. 따라서 대외계정의 자금으로 취득하는 경우에는 (정상적인 비거주자의 취득이므로) 외국환은행에 신고한다. 만약 국내에서의 차입 자금 등으로 취득하는 경우에는 한국은행신고이다.

정답ㅣ ②

---

30 연간사업실적보고서 제출(회계 종료 후 5개월 이내) 투자금액 300만불 초과인 경우에 제출대상이다.

해외직접투자 금액이 미화 200만불 초과~300만불 이하인 경우에는 '현지법인투자현황표'로 갈음(대체)할 수 있다. (연간사업실적보고서 제출을 면제한다는 뜻임) 단, 증권취득 및 법인설립보고는 투자금액에 관계없이 이행하여야 한다.

(1) 거주자(해외이주 수속 중이거나 영주권 등을 취득할 목적으로 지급하고자 하는 개인 또는 개인사업자는 제외한다)가 해외직접투자(증액투자 포함)를 하고자 하는 경우 다음 각호의 1에서 정하는 외국환은행의 장에게 신고하여야 한다. 〈2023. 7. 4. 개정〉
　　1. 주채무계열 소속 기업체인 경우에는 당해 기업의 주채권은행
　　2. 거주자가 주채무계열 소속 기업체가 아닌 경우에는 여신최다은행
　　3. 제1호 내지 제2호에 해당하지 않는 거주자의 경우 거주자가 지정하는 은행
(2) 개인(개인사업자 포함)이 해외직접투자를 하는 경우로서 투자업종이 부동산 관련업일 경우 현지법인 형태의 투자에 한한다.
　　※ 부동산 관련업이라 함은 부동산임대업, 부동산 분양공급업, 골프장 운영업을 말함(규정 제1-2조 제10호)
(3) 해외직접투자자가 신고 절차를 이행하기 전에 미화 5만불 범위 내에서 투자자금을 지급한 경우 지분 또는 주식을 취득한 날로부터 1년 이내에 신고절차를 이행하여야 함
　　☞ 자본금 납입 없이 설립한 해외법인의 경우 해외직접투자 신고는 최초 지분 또는 주식 취득을 위한 자본금 납입 이전까지 할 수 있음

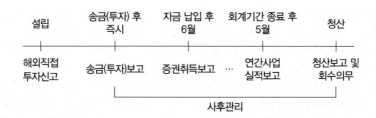

보고서	제출기한
외화증권(채권)취득보고서	투자금액 납입 또는 대여자금 제공 후 6월 이내
송금(투자)보고서	송금 또는 투자 즉시
연간사업실적보고서	회계기간 종료 후 5월 이내
청산보고서	청산자금 수령 또는 원금회수 후 즉시

그리고 외국환거래규정 제10-9조(사후관리절차 등) ③에 의거, 외국환은행의 장은 사후 관리 결과 외국환거래당사자가 신고 등의 조건을 이행하지 아니한 경우에는 그 기한 만료일부터 30일 이내에 당해 조건의 이행을 독촉하여야 하며, 독촉일부터 60일 이내에도 그 의무를 이행하지 아니하거나 외국환거래당사자가 법 제19조(경고 및 거래정지 등) 제1항 (경고) 각호의 1에 해당하는 경우에는 이를 금융감독원장에게 보고하여야 한다.

※ 자주 출제되므로 다음 사항을 정독하여야 한다.

【해외 직접투자 사업의 사후관리 및 보고서 등의 제출】

1. 신고기관의 장은 해외직접투자 관리대장을 작성해야 함. 다만, 전산으로 관리하는 경우에는 관리대장을 작성한 것으로 갈음함

2. 해외직접투자자는 다음 각목 1의 보고서 또는 서류를 정한 기일 내에 당해 신고기관에 제출하여야 함. 다만, 신고기관의 장이 해외직접투자자 또는 투자한 현지법인의 휴·폐업 등으로 인해 보고서 등의 제출이 불가능하다고 인정하는 경우에는 해당 보고서 등을 제출하지 아니할 수 있음

   가. 외화증권(채권)취득보고서(법인 및 개인기업 설립보고서를 포함) : 투자금액 납입 또는 대여 자금 제공 후 6월 이내. 다만 해외자원개발사업 및 사회간접자본개발사업으로서 법인 형태가 아닌 투자의 경우에는 제출을 면제함

      ※ 다만, 공통확인 및 유의사항 제12호에 해당하는 경우에는 대부투자 신고 시에 외화증권(채권)취득보고서(지침서식 제9-10호)를 제출해야 함

   나. 송금(투자)보고서 : 송금 또는 투자 즉시(투자금액을 현지금융으로 현지에서 조달하는 경우 투자시점)

      ☞ 신고한 지정거래외국환은행을 통하여 송금한 경우 송금 cable 등으로 송금(투자)보고서에 갈음할 수 있음

   다. 연간사업실적 보고서(해외자원개발사업 및 사회간접자본개발사업으로서 법인 형태가 아닌 투자의 경우는 제외함) : 회계기간 종료 후 5월 이내. 다만, 신고기관의 장은 부동산관련업 이외의 투자사업으로서 투자금액의 합계가 미화 200만불 이하인 경우에는 제출을 면제할 수 있으며, 미화 300만불 이하인 경우에는 현지법인 투자현황표로 갈음할 수 있음

   라. 해외직접투자사업 청산 및 대부채권 회수보고서(금전대여의 경우 원리금 회수내용 포함) : 청산자금 영수 또는 원리금 회수 후 즉시

      ※ 해외에서 인정된 자본거래로 전환하는 경우에는 전환 전에 청산보고 할 것

      ※ 비거주자에의 전액 지분매각은 청산에 준함

   마. 청산보고서를 제출할 경우에는 청산 시 회수자금을 증빙할 수 있는 서류를 함께 제출해야 함. 단, 누적 투자금액 10만불 이하인 경우에는 제출하지 아니할 수 있음

31 미개방업종은 3개 업종(원자력 발전업, 지상파방송업(TV), 라디오방송업)이며, 핵연료가공업은 부분허용업종이다. (◀ 기출지문)

외국인투자촉진법 시행령 제2조(외국인투자 등의 정의) ② 외국인투자는 투자금액이 1억원 이상으로서 다음 각호의 어느 하나에 해당하는 것을 말한다. 다만, 외국인투자기업으로 등록한 후 주식이나 지분의 일부 양도나 감자(減資) 등으로 본문의 요건을 충족하지 않게 되는 경우에도 이를 외국인투자로 본다.

    1. 외국인이 대한민국 법인 또는 기업(법인의 경우에는 설립 중인 법인을 포함)이 발행한 의결권 있는 주식총수나 출자총액의 100분의 10 이상을 소유하는 것

    2. 외국인이 대한민국 법인 또는 기업의 주식등을 소유하면서 그 법인이나 기업에 임원(이사, 대표이사, 업무집행을 하는 무한책임사원, 감사나 이에 준하는 자로서 경영상 중요의사결정에 참여할 수 있는 권한을 가진 자)을 파견하거나 선임하는 것

③ "투자금액"이란 주식등의 취득금액을 말하며, 2명 이상의 외국인이 함께 투자하는 경우에는 1명당 투자금액을 말한다. (※ 1인당 1억원 이상이므로 2인이 **공동투자할 경우, 2억원 이상이어야 함**, 단골 출제 문항) 이 경우 외국투자가가 주식등을 취득한 이후 외국인투자기업의 무상감자(無償減資)에 따라 외국투자가가 소유하고 있는 주식등의 금액이 감소하는 때에도 주식등의 취득 시 투자금액이 유지되는 것으로 본다.

예상문제

외국인투자촉진법상 출자목적물로 인정할 수 없는 것은?

① 자본재   ② 지적 재산권
③ 장기차관   ④ 외국인소유 해외부동산

해설 외국인소유 국내부동산이 목적물이 될 수 있다.

규정 제2조(정의) "출자목적물(出資目的物)"이란 이 법에 따라 외국투자가가 주식등을 소유하기 위하여 출자하는 것으로서 다음 각목의 어느 하나에 해당하는 것을 말한다.

    가. 외국환 거래법에 따른 대외지급수단 또는 이의 교환으로 생기는 내국지급수단

    나. 자본재

    다. 이 법에 따라 취득한 주식등으로부터 생긴 과실(果實)

    라. 산업재산권, 대통령령으로 정하는 지식재산권, 그 밖에 이에 준하는 기술과 이의 사용에 관한 권리

    마. 외국인이 국내에 있는 지점 또는 사무소를 폐쇄하여 다른 내국법인으로 전환하거나 외국인이 주식등을 소유하고 있는 내국법인이 해산하는 경우 해당 지점·사무소 또는 법인의 청산에 따라 해당 외국인에게 분배되는 남은 재산

    바. 차관이나 그 밖에 해외로부터의 차입금 상환액

    사. 국내 소유주식 및 외국상장·등록 주식

    아. (외국인소유)국내에 있는 부동산

정답 | ④

---

32 자금의 융자, 해외금융알선 및 중개, 카드업무, 할부금융 등 은행업 이외의 금융관련 업무와 증권, 보험관련 업무를 하고자 하는 자는 기획재정부장관에게 신고하여야 한다. 그러나 은행업의 경우에는 금융감독원에 신고하여야 한다.

【외국기업 국내지사의 영업기금 도입 관련 빈출 문제 암기사항】
외국기업 국내지사가 다음의 방법으로 영수한 자금은 영업기금으로 인정하지 아니함

가. 지정거래외국환은행 이외의 은행을 통하여 자금을 영수한 경우

나. 휴대수입한 자금인 경우

다. 원화자금인 경우

라. 송금처가 본사가 아닌 경우(다만, 본사를 대신하여 자금집중센터 등이 송금한 자금 제외)

마. 자금용도가 영업기금에 해당되지 않는 경우(물품대금, 용역 대가, 법인세 등과 본사를 대신하여 경비 및 본사가 국내거주자와의 계약이행을 위하여 송금한 자금 등)

33 과거 1년간의 외화획득실적이 미화 30만불 이상인 자는 해외사무소를 설치할 수 있다. (수출입실적과 외화획득실적은 다르다.) 해외지사(해외지점과 해외사무소) 설치는 거래외국환은행을 지정하여야 한다. 해외지사에 거래은행을 지정하는 이유는 사무소 등에서 과도하게 지출되는 (외화)비용 등을 국세청이 들여다본다는 것이다. 과거 우리나라가 해외여행이 자유화되기 전 국내외화사정이 어려운 때 영리법인이나 언론사 등의 해외사무소 운영 경비 등 심지어 국내파견자의 외화급여도 제한한 적이 있다. 지금은 우리나라가 부자나라가 되어서 유지활동비의 제한이 없으므로 급여 등은 자율적으로 지출할 수 있다. 단, 국세청, 관세청, 금융감독원이 그 씀씀이를 지켜보고 있고, 또한 법인세법 등에 의해 국내본사 관할 세무서 앞 사업현황보고 등이 있음에 유의한다.

【해외지사의 설치】
　가. 지점설치 자격요건
　　① 과거 1년간의 외화획득실적이 미화 1백만불 이상인 자
　　② 기타 주무부장관, 중소벤처기업부장관 또는 한국무역협회장이 외화획득의 전망 등을 고려하여 해외지점의 설치가 필요하다고 인정한 자
　나. 사무소 설치 자격 요건
　　① 공공기관
　　② 금융감독원
　　③ 과거 1년간의 외화획득실적이 미화 30만불 이상인 자
　　④ 과거 1년간 유치한 관광객 수가 8천명 이상인 국제여행 알선업자
　　⑤ 2인 이상이 공동으로 하나의 해외사무소를 설치하고자 하는 자로서 공동으로 ③ 또는 ④의 요건을 충족하는 자
　　⑥ 외화획득업자나 수출품 또는 군납품 생산업자로 구성된 협회, 조합 등의 법인
　　⑦ 중소기업협동조합
　　⑧ 국내의 신문사, 통신사 및 방송국
　　⑨ 산업기술혁신촉진법령에 의하여 산업통상자원부장관으로부터 국외에 기업부설 연구소의 설치가 필요하다고 인정받은 자
　　⑩ 대외무역법에서 정하는 바에 의하여 무역업을 영위하는 법인으로서 설립 후 1년이 경과한 자(※ 사업자등록증 또는 법인등기부등본 등으로 확인)
　　⑪ 기타 주무부장관, 중소벤처기업부장관 또는 한국무역협회장이 해외사무소의 설치가 불가피하다고 인정한 자(비영리단체포함)

---

34 지급등, 지급등의 방법, 지급수단의 수출입 위반금액이 미화 1만불 이내인 경우는 경고 대상이며, 자본거래(대출, 차입, 예금 등)는 미화 5만불 이하가 경고 대상이다. 50억원 초과의 지급등의 방법 신고의 위반 시 형사처벌대상이다.

외국환거래법 시행령 제33조(행정처분) ① 법 제19조 제1항 제2호에서 "대통령령으로 정하는 금액"이란 다음 각호의 구분에 따른 금액을 말한다.
• 법 제15조(지급절차 등)위반 : 미화 1만달러
• 법 제16조(지급 또는 수령의 방법의 신고)위반 : 미화 1만달러
• 법 제17조(지급수단 등의 수출입 신고)위반 : 미화 1만달러
• 법 제18조(자본거래의 신고 등)위반 : 미화 5만달러

과태료 부과대상(2023. 7. 4. 개정)
1. 법 제16조(지급등의 방법) 위반의 경우 : 50억원 이하
2. 법 제18조(자본거래 신고)위반의 경우 : 20억원 이하
→ 상기 1, 2 금액 초과 시 형사처벌대상임

35 관세청은 증명서 발급기관이 아니다.

외국환거래실무 (36~60번)

36 신용등급 검토 결과 적정하고, FATF(Financial Action Task Force, 자금세탁방지기구) 회원국이 아닐지라도 미국 재무부 산하기구인 OFAC(Office of Foreign Asset Control)의 SDN(Specially Designated Nationals)에 해당되지 않을 경우 AML(Anti-Money Laundering) 질의서를 통해 심사 후 적정하다고 판단되면 계약을 체결한다.

37 환거래은행 간 교환된 AUTHENTICATION KEY에 의거 SWIFT 전문내용의 진위여부가 자동으로 확인되어 보안성이 우수하다. 서명감(List of Signature)은 외신관리상의 SWIFT 관련 서류가 아니다. 이는 환거래계약 체결 시 필요한 서류이다. 환거래계약을 체결하기 위해서는 서명감(List of Signature), 전신 암호문(Telegraphic Test Key), 거래조건 및 수수료율(Terms&Conditions) 등의 문서를 교환한다. 이 중 서명감은 해외 환거래은행이 발행한 수표의 책임자 사인(signature) 등의 진위여부 확인상 필요하다.

38 환전영업자는 비거주자로부터 여행자 수표(T/C)를 매입할 수 있지만 매각할 수는 없다. 따라서 비거주자는 여행자수표가 필요할 경우에는 외국환은행을 이용하여야 한다. (◀ 출제빈번지문)

> 1. 환전영업자는 다음 각호의 1에 해당하는 경우에 한하여 재환전할 수 있다.
>   1) 비거주자가 최근 입국일 이후 당해 체류기간 중 외국환업무취급기관 또는 환전영업자에게 내국지급수단을 대가로 대외지급수단을 매각한 실적범위 내에서 재환전하는 경우
>   2) 비거주자 및 외국인거주자가 당해 환전영업자의 카지노에서 획득한 금액 또는 미사용한 금액에 대하여 재환전하는 경우
> 2. 환전영업자가 무인환전기기 방식과 온라인 방식을 결합하여 환전업무를 영위하고자 하는 경우 인적사항 확인 방식에 따라 매각할 수 있는 외국통화등의 범위는 다음 각호와 같다.
>   1) 인적사항을 확인하는 경우 동일자, 동일인 기준 미화 2천불(단, 환전장부 전산관리업자의 경우 미화 4천불) 이하

39 잔존만기 1개월 이내에 도래하는 외화부채가 외화자산을 초과하는 만기불일치비율은 10%를 넘을 수 없다.

제63조의 2(외화 유동성커버리지비율) ① 외국환업무취급기관은 외화자산과 외화부채에 대하여 향후 30일간 순현금유출액에 대한 고유동성자산의 비율(이하 외화 유동성커버리지비율이라 한다)을 100분의 80 이상으로 유지하여야 한다. 다만, 직전 반기 종료일 현재 외화부채 규모가 5억달러 미만이고 총부채 대비 외화부채 비중이 100분의 5 미만인 경우에는 그러하지 아니하다.

제64조(유동성위험관리) ① 외화 유동성커버리지비율이 적용되지 않는 외국환업무취급기관은 외화자산 및 외화부채를 각각 잔존만기별로 구분하여 관리하고 다음 각호에서 정하는 비율을 유지하여야 한다.
   1. 잔존만기 3개월 이내 부채에 대한 잔존만기 3개월 이내 자산의 비율 : 100분의 85 이상
   2. 외화자산 및 부채의 만기 불일치비율
      가. 삭제
      나. 잔존만기 1개월 이내의 경우에는 부채가 자산을 초과하는 비율 100분의 10 이내

제65조(중장기외화자금관리) ① 외국환업무취급기관은 상환기간이 1년 이상인 외화대출의 100분의 100 이상을 상환기간이 1년 초과인 외화자금으로 조달하여야 한다. 다만, 외화대출잔액이 미화 50백만불 미만인 경우에는 그러하지 아니하다.

40 당방은행이 고객의 해외송금요청에 따라 선방은행계좌로 자금을 입금하였으나 선방은행이 관련 지급지시를 받지 못해 예치금계좌에서 차기하지 못한 경우는 당방은행 대기, 선방은행 미차기에 해당한다.

미달환 상태	Shadow와 Actual의 차이	실 거래 사례
They debited but we didn't credit(선방은행 차기, 당방은행 미대기)	코레스은행이 내 구좌(actual)에서 대금을 빼감. 그러나 나는 모르고 있다.	코레스은행(선방은행)이 수입대금 등의 대금을 내 구좌에서 인출하였으나 나는 아직 알지 못한 상태임
They credited but we didn't debit(선방은행 대기, 당방은행 미차기)	코레스은행이 내 구좌에 입금을 해줌. 그러나 나는 모르고 있다.	코레스은행이 수출대금, 타발송금 등을 내 구좌(당방은행계정)에 입금하였으나 당방이 아직 알지 못한 상태임
We debited but they didn't credit(당방은행 차기, 당방은행 미대기)	나는 shadow상 입금으로 장부기장. 그러나 선방은행은 actual a/c인 내 구좌에 미입금 상태임	내(당방은행)는 shadow a/c상 출금으로 장부기장. 그러나 코레스은행(선방은행)은 actual a/c인 내 구좌에서 대금을 안 빼감
We credited but they didn't debit(당방은행 대기, 선방은행 미차기)	내(당방은행)는 shadow a/c상 출금으로 장부기장. 그러나 코레스은행(선방은행)은 actual a/c인 내 구좌에서 대금을 안 빼감	당발송금 P/O를 보냈으나 코레스은행은 이를 받지 못하거나 모르고 있음

유사문제

외국환대사업무의 설명으로 옳은 것은?

① 선방은행의 대기(They credited)는 선방은행 차기(They debited)보다 특별히 관리하여야 한다.
② 선방은행의 과실로 당방은행에 자금손실이 발생한 경우에는 자금을 되돌려 받을 때 Back Value를 요청하는 등 적절한 보상을 요구하여야 한다.
③ 매일 상대은행으로부터 오는 Statement(M950)의 Balance가 맞는지 반드시 확인하여야 한다.
④ 선방은행으로 당발송금대금을 입금하였으나 선방은행이 지급지시서(P/O)를 확인하지 못한 경우 미달환이 발생한다.

41 ① 주식에 펀드자산총액의 40% 이상 투자하는 경우에는 채권형/주식형 분류를 할 수 없으므로 '혼합형'이라고 한다.

② 채권편입비율이 펀드자산총액의 50%보다 작은 경우 '채권혼합형'이라고 한다.

③ 펀드자산총액의 60% 이상을 주식에 투자한 경우에는 '주식형 펀드'라고 한다. (기본서 2권 12판, p.139의 도표(자산운용 내역에 따른 분류)에서 출제가 빈번하다.)

④ 주식편입비율이 펀드자산총액의 50%보다 크거나 같은 경우에는 '주식혼합형'이라고 한다.

42 외화표시 타발송금을 원화로 지급 시 전신환 매입률(TTB)을 적용한다.

개인 등 거주자의 외화차입으로서 거래 건당 미화 5천불 초과~10만불 이내는 거래은행 지정 후 (원래는 한국은행에 신고하여야 하지만 편의제공상) 신고절차 없이 지급할 수 있다. 다만, 타발송금 수취인이 취득경위 입증서류를 제출하는 경우는 신고절차를 거쳐야 한다. 이런 과정이 필요한 이유는 추후 만기에 차입금을 상환하고자 할 경우 외화의 유출인 지급의 사유를 밝혀야 하므로 취득 시 이런 절차를 정상적으로 해 두는 것이 좋다.

43 등록은 금융감독원장을 경유하여 기획재정부에 등록신청하여야 한다. 소액해외송금업자의 약관을 제정 또는 변경하고자 하는 경우에는 관련서류를 45일 전까지 금융감독원장에게 제출하여야 한다.

※ 주의 : 환전영업자는 관할세관(관세청)에 등록신청한다.

- 소액해외송금업자는 거래외국환은행을 지정하지 아니하므로 외국환은행을 통하여 외국통화를 매입 또는 매도할 수 있다.

- 이행보증금은 해당 소액해외송금업자에게 외국으로 지급요청을 하였으나 지급요청이 수행되지 아니한 고객들의 경우 공시일로부터 6개월 이내에 이행보증금의 지급을 신청하여야 하며, 해당 기간에 이행보증금의 지급을 신청하지 아니하는 경우에는 해당 소액해외송금업자가 예탁한 이행보증금을 배분받을 수 없다. 이 이행보증금은 영업 개시일로부터 그 다음 월의 말일까지 3억원 이상으로 한다.

- 소액해외송금업자는 지급등의 내역을 매월 별 익월 10일까지 외환정보집중기관을 통하여 금융정보분석원, 국세청장, 관세청장, 금융감독원장에게 통보하여야 한다.

44 ① 개인사업자인 외국인거주자는 거주자계정을 개설하여야 한다.

② 해외이주자계정은 해외이주자의 본인명의 재산, 재외동포의 본인명의의 부동산매각대금과 본인명의의 국내예금, 신탁계정 관련 원리금을 예수할 수 있다.

③ 외화예금을 원화대가로 처분하는 경우 출금 당시의 대고객 전신환 매입률(TTB)을 적용한다. 외화예금을 원화대가로 예수하는 경우 입금 당시의 대고객 전신환 매도율(TTS)을 적용한다.

④ 외화예금으로 예치할 수 있는 통화는 국제통화이거나 해당 통화의 유동성, 자금운용 여부 등을 감안하여 외화자금관련 부서에서 결정한다.

45 어떤 자산에 대한 미래의 현금흐름을 현재의 시점에서 적절한 할인율로 평가한 값은 현재가치(present value)라고 한다. 또한, 외환시장에서 현물환과 선물환의 차이를 스왑포인트라고 한다. (◀ 빈출기출지문)

※ 기본서 2권 제12판, p.177의 스프레드와 p.174의 내재가치의 정의를 구별할 수 있어야 한다.

다음 중 내재가치(Intrinsic Value)에 대한 설명으로 옳지 않은 것은?

① 어떤 자산의 잠재적 가치
② 어떤 자산을 보유함으로써 발생할 미래의 현금흐름을 고려하여 평가한 기대현가
③ 기초자산은 동일하지만 행사가격이나 만기가 다른 콜 또는 풋옵션의 가격 차이
④ 기업의 자산상태나 수익성 등에 의해 평가된 주식의 가치

해설 기초자산은 동일하지만 행사가격이나 만기가 다른 콜 또는 풋옵션의 가격 차이를 스프레드라고 한다.

내재가치의 의미	스프레드의 의미
어떤 자산의 잠재적 가치	특정 증권의 매수호가와 매도호가의 차이
어떤 자산을 보유함으로써 발생할 미래의 현금흐름을 고려하여 평가한 기대현가	만기일 등 조건이 다른 선물계약 간의 가격 차이
기업의 자산 상태나 수익성 등에 의해 평가된 주식의 가치	고정수익증권 간의 수익률 차이
옵션의 행사가격과 기초자산의 시장가격의 차이	기초상품은 동일하지만 행사가격이나 만기일이 다른 콜 또는 풋옵션의 가격 차이
–	외환시장에서 매입률과 매도율의 차이
	완전히 동일한 상품에 대한 두 시장 간의 가격 차이

정답 | ③

---

46 개인수표의 특징은 ⓐ 수표앞면에 발행인(기업이나 개인)의 이름이나 주소 등의 표시가 있다. ⓑ 발행자 성명이 육필이나 타이핑하는 경우가 많다. ⓒ 발행자 서명에 'For and on behalf of' 기업명으로 되어있는 경우가 많다.

외화수표 부도사유			
Notsufficient fund	잔액 부족	Lost and stolen	분실 또는 도난
Stop payment	지급 정지	Signature forged	서명 위조
Stale date	유효기일 경과	Forged endorsement	배서 위조
*Refer to maker	계약 불이행	Endorsement missing	배서 불비
Sent wrong	제3은행으로 추심	Post date	선일자 발행
Account closed	계좌 해지	Signature Irregular	서명 불비

※ Refer to maker란 수표발행인이 물품대금 등으로 수표를 발행 지급 후에 물품의 하자가 발견된 경우 등을 이유(이를 계약불이행으로 본다)로 이미 지급한 수표에 대해 지급정지를 내리는 경우가 있다. 물론 수표가 이미 유통 중인 경우, 수표의 선의취득자에게 불리하지만 일단 지급정지가 내려지면 수표소지인은 수표발행인(maker)에게 본인의 선의취득 등을 설명하여야 할 것이다.

▶ 외화수표를 실물로 송부하는 과정에서 분실이나 훼손 등으로 재추심을 해야 할 경우에 대비하여 수표실물을 복사하여 사본을 보관하여야 한다.

외국환은행의 외화수표에 대한 매입(추심)업무처리 절차의 설명으로 옳은 것은?

① 채권(bond)은 매입이나 추심이 불가하다.
② 비거주자가 외국환신고(확인)필증 없이 휴대한 미화 2만불 상당 초과의 외화수표를 매입 또는 추심하는 경우에는 영수확인서를 징구하여야 한다.
③ 외화수표의 유효기간은 국내은행에서의 수표 매입일자를 기준으로 한다.
④ 미국 상법상 수표발행인은 수표 앞면 위·변조 시 지급일로부터 3년 이내, 뒷면 배서 위조 시 지급일로부터 1년 이내에 부도 처리할 수 있다.

해설 ② 비거주자가 외국환신고(확인)필증 없이 휴대한 미화 2만불 상당 초과의 외화수표를 매입 또는 추심하는 경우에는 한국은행의 신고에 의한 대외지급수단매매신고필증을 징구하여야 한다. 영수확인서는 국민인 거주자에게 타발송금된 무증빙 5만불 초과의 외화 수취의 경우에 징구한다(즉, 실물인 통화나 수표는 대상이 아니다).
③ 외화수표의 유효기간은 국내은행의 매입일이 아니라 (해외의) 지급은행에 제시되는 일자를 기준으로 한다. 따라서 매입 시 수표가 현지로 특송되는 기간을 감안하여야 한다.
④ 미국 상법상 수표발행인은 수표 앞면 위·변조 시 지급일로부터 1년 이내, 뒷면 배서 위조 시 지급일로부터 3년 이내에 부도처리할 수 있다.
※ 선일자로 표시된 외화수표는 매입할 수 없다(참고로 우리나라 국내 어음수표법상 국내수표는 선일자로 발행된 수표도 예치 가능하다).

정답 | ①

47 수출·수입계약서나 수수료, 중개료, 기술료 등 용역계약서는 대부분 반환하되 지정거래 은행대상인 해외체재비(유학생경비), 해외이주비, 재외동포국내재산반출 등은 관련서류 원본 또는 사본을 보관하여야 한다. 즉, 신고대상과 지정거래등록 대상이 아닌 수출입계약서, 용역계약서 등은 규정에 의거 반환하여야 한다.
▶ 비거주자로부터 외국환신고(확인)필증을 받고 외국통화를 매입하는 경우 외국환신고(확인)필증에 매입일자, 금액, 매입기관을 기재한 후 고객에게 다시 교부하여야 한다.

48 채권의 표시통화국 이외의 지역(싱가포르 등)에서 국제적인 인수단의 인수를 통하여 발행되어 국제적으로 판매되는 채권은 유로채라고 하며, 표시통화국의 통화로 그 나라의 국내채와 비슷한 절차를 거쳐 판매되는 채권을 외국채라고 한다.

비거주자가 기재부의 신고를 거친 후 국내에서 원화표시채권을 발행할 경우 그 채권이 속하는 분류 명칭은?

① 내국채   ② 외국채   ③ 유로채   ④ 전환채

해설 외국채(foreign bond)에 속하며 원화표시이므로 '아리랑 본드'라고 한다. 만약 비거주자가 달러 등의 외화표시로 발행할 경우 '김치본드'라고 한다.

정답 | ②

49 타겟포워드(Target Forward)에 대한 내용이다. 타겟포워드는 KIKO의 원인(KIKO의 첫 단초를 제공)이 된 옵션합성전략이다. 즉 과도한 목표가격을 선정한다면(욕심이 과하면) 환율이 예상을 빗나갈 경우 손실이 폭증한다는 원리이다. 아래 지문으로 옵션의 구조를 이해하여 보자. (내용은 매우 어려우므로 기본서 2권이 아닌 기본서 3권, p.272 참조)

타겟포워드의 수입기업의 합성옵션은, CALL 1개 매입과 PUT 2개 매도와 같게 된다. (동일행사가격에서 콜1 : 풋2) 이는 선물환 매수(= CALL 매수 + 풋매도) + 풋매도이다.

- 예를 들어 수입업자의 정상 선물환 가격이 1,120원일 때, 이 선물환 거래 대신 옵션을 합성하여 좀 더 낮은 가격으로 (수입업자의 욕심?) 결제하는 방식을 찾아보자.

  선물환보다 10원이 싼 행사가격 1,110원 ITM CALL 옵션 1개(옵션 1개의 승수는 무시)를 매입한다면 프리미엄을 지불하여야 할 것이다. ZERO COST를 만들어야 하므로 동일 행사가격 (1,110원)에 OTM PUT을 1개 팔면 수령하는 프리미엄이 CALL프리미엄보다 작은 것은 명확하다(OTM이기 때문). 따라서 (OTM) PUT을 하나 더 팔아서 ZERO COST하였다고 가정하자(예를 들어 CALL : PUT = 1 : 2 비율).

- 그러나 향후 옵션 만기일의 환율이 수입업자의 생각과 다르게 환율이 폭락하면 어떻게 되는가?

  PUT을 2개나 팔았기에 상대방의 옵션행사가 들어오면 손실이 발생한다.

  실제 환율을 대입하여 이해하여 보자. 만약 옵션만기 환율이 1,050원으로 마감할 경우, PUT을 산 상대방이 옵션을 행사해 올 것이다(물론 나의 CALL 옵션은 행사할 이유가 없음). PUT 행사가격이 1,110이므로 1,110 − 1,050 = 60원의 2개 PUT에 대한 손실은 120원이다. 결국 수입업자는 120원의 손실을 안은 상태에서 시장가격 1,050 매입하여 수입결제하여야 한다. 전체적인 결제비용은 1,050(매입가격) + 120원(손실) = 1,170원에 수입결제하는 셈이다. 즉, 정상 선물환 1,120보다 비싸게 결제한 셈이므로 환율하락폭이 크면 옵션합성전략의 실패가 된다.

유사문제

가격이 서로 다른 3개의 행사가격을 이용하여 수출업자가 USD/KRW의 시걸(Seagull) 옵션으로 헤지할 경우에 옳은 포지션 구성은? (단, 가장 낮은 환율을 A, 중간환율을 B, 가장 높은 환율을 C라고 한다.)

① USD Put(A)매도 + USD Put(B) 매입 + USD Call(C) 매도
② USD Put(A)매도 + USD Put(B) 매도 + USD Call(C) 매도
③ USD Call(A)매도 + USD Call(B) 매입 + USD Put(C) 매도
④ USD Call(A)매도 + USD Call(B) 매도 + USD Put(C) 매도

해설 USD Put(A)매도 + USD Put(B) 매입 + USD Call(C) 매도이다.

시걸 옵션은 3개의 행사가격을 경계로 하여 4개의 서로 다른 만기손익 영역을 표시한다.

※ 우선, (수출업자는 환율하락에 대비하고자) 가운데 가격(B)(= 일반적으로 선물환가격과 같은 등가격인 ATM)으로 일단 PUT 매수하여야 한다. 이때 ATM Put옵션수수료 지급이 발생하므로 이를 ZERO – COST하기 위하여 양쪽(OTM인 A와 C) 매도하여 유입되는 수수료와 상쇄하여야 한다. 양쪽 A, C는 당연히 가격이 낮은 OTM수수료이어야 하므로 높은 행사가격(C)은 Call이 매도 + 낮은 행사가격(A)은 Put이 매도되어야 한다.

수입업자의 헤지전략일 경우 그 반대로 USD Put(A)매도 + USD Call(B) 매입 + USD Call(C) 매도이다. 이 Seagull 전략은 만기의 시장환율이 A~B~C사이에 있을 것으로 예상될 때 구성해 볼 만한 포지션이다(기본서 2권, p.129 참조). 그러나 이 전략이 예상을 뒤엎고 환율이 폭등 또는 폭락할 경우에는 매우 위험한 전략으로 전락된다.

기본서 3권, 환리스크관리 p.280에서도 시걸 옵션을 자세하게 설명하고 있으므로 참고하기 바란다.

정답 | ①

50

구분	수익증권	뮤추얼 펀드
형태	신탁관계	자체 법인
발행증권	ⓐ 수익증권	주식
투자자 지위	수익자	ⓑ 주주
외부관리자	수탁회사	ⓒ 일반사무수탁회사

ⓒ 일반사무수탁회사는 우리나라 자본시장법상 '일반사무관리회사'에 해당한다. 뮤추얼펀드는 서류상의 회사(PAPER COMPANY)이므로 업무를 담당할 외부의 실제 존재하는 회사가 필요하다.

51 선물옵션(futures option)이란 선물계약을 기초자산으로 하는 옵션으로, 만기가 되면 (현물포지션이 아닌) 선물포지션으로 전환된다. 즉 콜옵션 매수자가 권리를 행사하면 선물의 매수포지션을 취하게 되고, 풋옵션의 경우 권리를 행사하면 선물의 매도포지션을 새롭게 보유하게 된다(현물에 대한 옵션과 선물에 대한 옵션을 구분하여야 한다).

52 프랑스는 EURO화를 쓰는 유럽 국가이므로 IBAN CODE를 사용한다.

53 외화본지점은 잔액이 차변에 표시될 수도 있고 대변에 표시될 수도 있는 양변계정이다. 그러나 본지점 합산재무제표에는 잔액이 상쇄되어 계정과목으로 나타나지 않는 것이 원칙이다. (◀ 단골 출제문항)

54

구분	가수금	별단예금
성질	1. 계정과목 또는 금액 미확정 2. 정당계정 처리시까지 일시적으로 처리하는 계정	1. 미결제, 미정리자금 2. ⓐ 회계목적상 설정된 예금계정
지급	1. 고객에게 직접 환급되지 않고 대체 처리하게 되므로 영수증빙 불요 2. 단, 목적변경 등으로 환급될 때에는 영수증빙 필요	ⓑ 고객에게 환급되므로 영수증빙 필요 : 수표, 청구서, 기타
처리	미결산 가계정으로 단시일 내에 정리	지급기한은 거래내용에 따라 상이
부리	무이자	무이자가 원칙
지급준비	ⓒ 지급준비금 불요	지급준비금 예치대상

55 외화예금을 원화로 지급 시 외국환은행은 매입포지션이 발생한다. 기본서 2권 12판, p.262 박스 내의 환포지션 방향을 숙지하여야 한다. (◀ 빈출문제)

56

외국환거래 관련 발생이자 및 수수료		
취급수수료적 성격의 수수료	정액수수료	수출신용장 통지 수수료, 수출신용장양도수수료, 수입화물선취보증서(L/G)발급수수료, 수입결제하자수수료
	정률수수료	당(타)발추심수수료, 내국신용장취급수수료, D/A · D/P 타발추심 어음 결제시 추심수수료, 외화대체료, 외화현찰수수료
신용위험부담 보상적 성격의 수수료		신용장개설수수료, 수입환어음 인수수수료, 외화표시지급보증수수료, 수출신용장확인수수료, 수입화물선취보증료(L/G 보증료)
자금부담비용 보상적 성격의 이자		수입환어음 결제이자, 수출환어음 매입이자(환가료), 내국신용장 판매대금추심의뢰서 매입이자, 기타어음매입이자

57 ① 국내은행이 아닌 해외은행으로부터의 자금조달이더라도 회계처리기준상 신용장개설은행은 동 거래를 내국수입유산스 계정(자산)과 기타외화차입금(부채)으로 처리한다.
② 동 거래는 해외은행이 자금을 부담하는 Banker's Usance 방식이다.
④ 수출상은 수출대금을 일람불(At sight)로 만기 이전에 수출대금을 회수한다.
※ 이 거래는 어음만기 이전에 수출상에 대금 지급하는 일람불(At sight)이다. 동 어음에 대한 인수은행은 수출상에게 어음만기일 이전에 일람(At sight)으로 대금을 전액 선지급하고 동시에 ACDC(Acceptance commission&Discount charge : 인수 및 할인료) 비용을 신용장개설은행에 즉시 청구한다(즉, 이 비용은 궁극적으로 신용장개설은행의 청구에 의해 수입상의 부담이다).
※ LIBO금리 산출중단에 따라 통화별 대체금리의 용어는 다음과 같다.

통화	대체금리	금리설명
USD	텀소파(TERM SOFR)	Secured Overnight Financing Rate
EUR	유리보(EURIBOR)	유럽자금시장 고시 유로화 금리
JPY	타이보(TIBOR)	일본은행연합회 고시(Tokyo)
GBP	텀소니아(TERM SONIA)	Sterling Overnight Index Average(SONIA)
CHF	디파짓레이트(DEPOSIT RATE)	스위스 프랑 금리

이 거래는 신용장 개설은행이 지정한 제3의 은행(인수은행, 이 문제의 예는 신용장개설은행의 예치환계정을 가진 코레스은행이 인수은행임)이 기한부(usance)기간 동안의 신용을 공여하는 방식으로, 은행의 신용공여이므로 (overseas) Banker's Usance 거래라고 한다(국내은행이 신용과 자금을 부담하는 인수인 경우는 내국수입유산스 거래 Domestic Banker's Usance 라고 한다). 신용장개설은행이 자신의 예치환거래은행을 인수은행으로 지정하면, 인수은행은 수출상이 발행한 기한부 환어음의 전체금액을 매입(추심)은행을 통하여 즉시 수출상에게 일람불(At sight)로 지급한다. 이와 동시에 인수은행은 신용장개설은행에 그 인수내역을 통보(A/A : Advice of Acceptance)하고 어음 만기일에 개설은행으로부터 수입대금을 회수한다. 물론 인수 통보하면서 ACDC 비용을 개설은행의 계좌에서 선차기(debit)한다(인출한다). 이 할인비용은 어차피 수입상이 부담하므로 신용장 개설은행은 미결제외환으로 회계처리한 후 수입상이 자금을 결제한다.
* 선차기 시 신용장개설은행의 회계처리 : (차변) 미결제외환 ××, (대변) 외화타점예치금 ××
* 추후 수입상이 ACDC 결제한 경우 : (차변) 고객계정 ××, (대변) 미결제외환 ××

▶ 이 문항은 국제금융시장에서 자금융통을 위한 단기금융시장인 은행인수어음시장(B/A : Banker's Acceptance) 시장의 예이다. 신용장개설은행의 ACDC의 회계처리상 「미결제외환」(자산계정)이 필요하다. 즉, 선지급한 A/D 비용은 신용장개설인(수입상)이 부담하여야 하므로 일단 신용장개설은행은 자산계정인 미결제외환계정으로 기표한 후 수입상으로부터 상환 받는다.

① 자산계정인 내국수입유산스 계정은 외국환은행이 자행이 신용장개설한 Banker's Usance 방식 기한부 수입신용장의 조건에 따라 동 수입대금을 외국환은행 자신이 직접 결제하거나 또는 다른 은행(인수은행)에 결제를 위탁하여 개설신청인에 대한 신용공여(대출)를 처리하는 계정과목이다. 따라서 자행이 아닌 해외 환거래은행이 인수할인한 Overseas Banker's Usance 거래이지만 신용장개설은행은 이를 자산의 증가인 내국수입유산스 계정과 부채의 증가인 기타외화차입금으로 처리한다.
  * 분개 : (차변) 내국수입유산스 ××, (대변) 기타외화차입금 ××

④ 신용장의 수익자인 수출상은 대금을 일람불(At sight)로 받는다. 결국 수출상은 외상거래가 아닌 현금거래이고 (은행은 수출상과 수입상의 중간에서 대출로 자금부담하므로) 수입상은 외상거래가 된다.

58 ※ 기출문항 : 서류제시기간은 물품수령발급일로부터 최장 5영업일 이내로 한다.
수출업자에게 국내원재료 등을 공급한 국내공급업자가 자금회수를 위해 거래은행에 제시하는 '판매대금추심의뢰서'의 형식은 내국신용장 개설의뢰인을 지급인으로 하고 개설은행을 지급장소로 하며 일람출급식이어야 한다(물품공급자에게 대한 신속한 자금지원을 위하여 기한부(유산스)가 아닌 일람출급(At Sight)결제이어야 한다).
(1) 내국신용장개설(일종의 은행이 조건부 지급보증을 하는 의미)은 전자무역 기반시설을 이용한 전자무역문서교환방식이어야 한다(구매확인서와 마찬가지로 종이문서를 없앴다).
(2) 대금 결제를 위한 환어음제도는 폐지되었다. 해외신용장제도는 수출자가 수입자에게 대금청구를 위하여 환어음제시로 대금청구를 하지만, 내국신용장은 국내제도이므로 결제의 신속성을 위해서 환어음 대신 판매대금추심의뢰서를 개설은행이 아닌 물품을 공급받은 매수자를 지급인으로 하여 거래은행을 통해 청구한다(해외신용장제도는 물품수입자가 아닌 신용장개설은행이 지급인이라는 것이 내국신용장제도와의 큰 차이점이다).
(3) 유효기일은 물품의 인도기일에 최장 10일을 가산한 기일 이내이어야 한다(공급자에 대한 신속한 자금결제를 위하여 신용장개설 후 물품공급자가 수출상에게 물품을 인도한 후 10일을 가산한 기일 이내에 결제되도록 강제한 것이다).

59 상업송장(COMMERCIAL INVOICE)은 수출자가 수입자에게 제시하는 대금청구서의 역할을 하는 것으로 수출계약서로 인정 가능한 계약서가 아니다. 계약서상에는 수출품목, 수량, 단가, 선적기한, 결제조건, 선적지, 도착지, 수하인, 당사자 서명 등이 포함된 구체적인 조건이 명시되어야 한다.

수출계약서로 인정되는 서류
- SALES(PURCHASES) CONTRACT(구매계약서)
- OFFER SHEET(물품매도확약서)
- PURCHASE ORDER(구매주문서)
- PROFORMA INVOICE(견적송장)

예상문제

다음 중 수입신용장 개설 등에 대한 설명으로 옳지 않은 설명은?

① 선급금지급(Red – Clause)조건인 경우 선급금 해당 분에 대한 지급보증은 동일인 여신한도에 포함하지 않아야 한다.

② Stale B/L 허용조건은 L/G 발급 후 선적서류 장기미도래 시 만기일 산정이 어렵고 결제대금이 미적립된 상태에서 수입업체 지급불능시 손실 가능성이 있다.

③ 항공화물 운송장(AWB)수리조건인 경우, 선적서류 제시기간을 항공화물운송장 발행일로부터 5일 이내로 제한한다.

④ Charter Party B/L 허용조건인 경우 용선계약에 의해용선료 지체 시 선주가 적재화물 처분이 가능하므로 취급에 신중을 기하여야 한다.

해설 ① 신용장 개설시 수출상에 대한 선급금지급조건으로 발행(Red – Clause L/C)하는 경우, (수출국의) 신용장매입은행이 신용장의 일부 금액을 물품 선적 전에 수출상에게 지급하도록 허용한다(예를 들어 수출상이 영세하여 물품구입이나 가공비용이 없어서 물품을 생산하지 못할 경우에 수입상이 자금을 선 제공한다). 그러나 물품의 선적 전에 수출상의 파산 등으로 선급금 회수에 문제가 생길 경우 신용장개설은행은 궁극적으로 신용장개설의뢰인(수입상)에게 구상하여야 할 것이다. 따라서 선급금만큼 수입상에 대한 (신용공여로 해석하여) 동일인 여신한도의 관리를 하여야 한다. 따라서 선급금지급(Red – Clause)조건인 경우 선급금 해당 분에 대한 지급보증은 동일여신한도에 포함하여야 한다.

② Stale B/L이란 기간경과 선하증권으로서, 신용장 거래 시 선적서류 제시기간이 경과하여 제시된 B/L이다. 일반적으로 수입국에 선적물품이 도착하기 전에 B/L이 도착하여야 물품을 회수할 수 있으므로 이 서류제시기간은 상당히 중요한 개념이다. 그러나 Stale B/L을 허용하여 선적서류가 아직 도달 못한 상태에서 물품은 수입국 세관에 이미 도착한 경우 수입상은 물품의 부패 등을 방지하기 위하여 은행의 신용(L/G 발행)을 빌려서 B/L 없이 운송회사로부터 물품을 회수한다. 이 경우 수입상의 부도 등으로 회수상의 문제가 발생할 수 있으므로 수입적립금 등을 받아놓아야 한다.

> 신용장 조건상 서류제시기간을 경과한 B/L도 수용하면 신용장개설은행에 선적서류가 언제 도착할지 모른 상태이고 만약 장기 미도래 시(외상수입인 경우) 어음 만기일 산정이 어렵고 또한 수입상의 결제대금이 미적립된 상태에서 수입업체 부도 시 개설은행의 손실 가능성이 발생한다.

③ 선박운송이 아닌 항공운송일 경우 운송기간이 매우 짧고 대금결제 전에 수입상이 수입물품을 쉽게 통관시키는 관행도 있으므로 최대한 선적서류가 빨리(항공기 보다 빠르게?) 신용장개설은행에 도착하게 하여야 한다. 따라서 신용장 조건상 B/L을 항공화물 운송장(AWB)으로 정하는 경우, 수출상의 선적서류 제시기간을 항공화물운송장 발행일로부터 5일 이내로 제한한다.

④ Charter Party B/L이란 선주로부터 선박을 빌린 용선인이 발행하는 선하증권이다. 선주가 아닌 용선인이 발행한 B/L은 취급상 주의를 요한다. 왜냐하면 용선인이 선박 임차료(용선료)를 선주에게 지급하지 못할 경우 선박은 물론 선박에 실린 물품마저 압류당하는 경우가 있기에 신용장 개설 은행입장에서는 손실 가능성이 있다.

정답 | ①

60

(대고객) 약정 또는 약관	주요 내용
외국환거래약정서	수출환어음매입 및 추심업무, 수입신용장개설 및 각종 지급보증서 발급업무, 내국신용장 발행 및 추심업무
외환거래기본약관	외화송금, 외국통화매입, 외화수표의 매입 및 추심
외화예금거래기본약관	(외화) 당좌예금 · 보통예금 · 정기예금 · 정기적금
외환매매거래약정서	선물환거래, 파생상품거래 등과 관련된 F/X거래약정

환리스크관리 (61~80번)

61 일반적으로 현물환거래의 결제일은 T+2영업일이지만, 캐나다 달러의 미국달러/캐나다(USD/CAD)거래에서는 결제일이 T+1영업일이다. 그 이유는 이들 두 나라는 같은 시간대이기 때문이다.

62 환리스크에 대한 내부적 관리기법에는 매칭, 상계, 리딩과 래깅, 통화포트폴리오 전략이 있다. 외부적 기법에는 통화선도, 통화스왑, 통화옵션, 환변동보험 등이 있다.

63 이 문제는 환율을 처음 접하는 수험생들이 흔히 틀리는 문제이다. 항상 기준이 되는 통화를 중심으로 접근한다.
B은행은 Quoting party이고 A고객은 Calling party이므로 항상 Quoting party가 유리한 환율을 적용한다.
A기업이 USD 매각 시 이는 기준통화를 중심으로 보면 A고객의 GBP매입이 된다. 따라서 B은행에게 큰 숫자인 1.2160의 USD를 지급하여야 한다.
즉, A기업이 USD를 매각한다면(이는 곧 A기업의 GBP매입이다) 환율표시는 GBP가 기준이므로, 1GBP당 1.2150과 1.2160의 USD에 해당하므로 큰 숫자인 1.2160을 적용한 USD를 B은행에 지급하여야 한다.
예를 들어 A고객이 10만USD를 B은행에 GBP를 댓가로 매각한다면, 100,000/1.2160=82,236.05이므로 고객A는 은행B에게 100,000USD를 지급하고, 82,236.05 GBP를 받게 된다. 결론은 A고객은 적은 금액의 GBP를 받게 된다.

기출문제

다음 설명 중 옳지 않은 것은?

① EUR/USD=1.0640에서는 big figure가 1.06이다.
② 외환거래에서 환율에 대한 indicative price와 firm price는 동의어로 통용된다.
③ 은행 간 환율에서 먼저 환율고시를 요청하는 은행이 calling party이고, 이에 응하여 환율을 제시하는 은행이 quoting party이다.
④ USD/CAD의 현물환거래의 결제일은 1영업일이다.

해설 외환거래에서 환율의 indicative price와 firm price는 다른 것이다. Reuter나 Bloomburg 등의 통신수단에 나타나는 환율은 예시환율(indicative price)이다. 그러나 딜러가 실제 거래를 할 경우 제시하는 환율을 firm price(또는 dealing price)라고 한다.

정답 | ②

외환시장의 설명으로 옳지 않은 것은?

① 은행의 Nostro account는 현금포지션(cash position)에 속한다.
② 현물환포지션은 외환매매는 이루어졌으나 아직 현금화되지 않은 외환까지 고려한 포지션이다.
③ 외환거래는 대부분 장내시장에서 이루어진다.
④ 환전상도 외환시장의 참가자이다.

64 (A = 영업환) : 리스크는 예를 들어 국내 조선사들이 선박을 수주할 때(회계처리를 하지 않은 상태임)와 선박을 건조하는 기성에 따라 매출을 인식할 때(회계처리를 함) 사이의 환율의 변화에 대한 불확실성이다(즉, 장부상 잡히지 않은 변화이지만 기업 손익에 영향을 미치는 중요한 변화 = 영업환 리스크).

(B = 거래환) : 리스크는 선박을 건조하는 기성에 따라 매출을 인식하는 회계적인 거래로 확정할 때(매출채권으로 회계처리)환율과 실제로 선박대금이 들어올 때 사이의 환율의 변화에 따른 불확실성이다. (기본서 p.85 참조)

65 내국인의 국내주식투자동향과는 거리가 멀다.

> **달러/원의 환율변동 요인**
> 1) 외국인의 국내 직접 · 간접투자 및 내국인의 해외투자
> 2) 외환당국의 외환정책 및 의지
> 3) 해외 외환시장 동향(달러/엔, 달러/위안 등)
> 4) NDF(Non Deliverable Forward)
> 5) 국제수지
> 6) 기업의 (외환)수급 및 거주자의 외화예금 동향

66 미국 선물거래소의 통화선물거래에서는 미국식 표시법을 사용한다. 예를 들어, 한국통화도 1USD = 1,050원이 아닌 1KRW = 0.00052USD의 형식으로 하여 (미국인 입장에서) 차액계산이 쉽도록 한다.

67 ① 환율상승으로 달러화는 원화에 비해 평가절상되었다.

② 달러화는 엔화에 비해 평가절상되었다.

④ 달러화는 파운드화에 비해 평가절하되었다. 왜냐하면 미국인이 1파운드를 사려면 과거에는 1.5320달러가 필요하지만 현재는 1.3750달러로 1파운드를 살 수 있기 때문에 미달러화 가치가 상승하였다.

68 우리나라는 IMF사태 때의 교훈으로 기업의 영업환리스크가 거래환리스크보다 훨씬 크다는 것을 알 수 있었다.

> **예상문제**
>
> **토마토통상㈜**은 유럽과 미국에 가공식품을 수출하고 있으며 유로화 거래 비중이 30%, 미달러화 거래 비중이 70%이다. 내부 환리스크관리부서가 유로환율 변동폭을 1유로당 50원, 달러화의 변동폭을 1달러당 100원으로 추정하고, 회사의 연간환율변동 총 손실한도를 10억원으로 정할 경우, 환리스크관리를 위한 수출의 통화별 노출(open position) 한도 금액으로 옳은 것은?
>
> | | 유로화 노출한도 금액 | 미달러화 노출한도 금액 |
> |---|---|---|
> | ① | 600만 유로 | 700만 달러 |
> | ② | 700만 유로 | 600만 달러 |
> | ③ | 1,000만 유로 | 2,000만 달러 |
> | ④ | 2,000만 유로 | 1,000만 달러 |
>
> **해설** Open position 한도 산정식
> • 유로화 : 10억원 × 30%/50원 = 6,000,000 유로
> • 미달러화 : 10억원 × 70%/100원 = 7,000,000 달러
>
> 정답 | ①

69 이미 1,100원에 매수 헤지를 한 상태이므로 만기일에 시장에서 거래되는 현물환율에 무관하게 선물환율인 1,100원에 달러를 매입하여 결제해야 한다.

70 외환스왑을 할 경우 거래상대방에 대한 신용위험의 최소화를 기할 수 있지만 신용위험 자체를 회피할 수는 없다.
　① 선물환 거래 창출 : 현물환율과 두 통화의 금리차를 이용하여 스왑포인트를 구하여 가감하면 선물환 가격을 산출할 수 있다. 이 스왑포인트는 외환스왑에서 산출할 수 있다.
　② 기존 외환거래의 만기일 연장 및 단축 : 선물환 거래의 만기를 연장하거나 만기를 단축할 경우, 선물환의 방향(매도 또는 매입)에 따라서 BUY&SELL SWAP이나 SELL&BUY SWAP을 이용하여 만기를 조정(연장 또는 단축)할 수 있다.
　③ 외환스왑을 장외거래로 할 경우 거래상대방의 신용위험을 회피할 수 없다.
　④ 자국통화를 이용한 외국통화 창출 : 외환을 이용하여 외국통화를 창출할 수 있다. 예를 들어, (자국통화)원화는 충분하지만 외화(외국통화)가 부족한 경우 달러/원 BUY&SELL의 외환스왑으로 달러자금을 스왑기간동안 확보할 수 있다. 즉 외환시장과 자금시장을 연결할 수 있다.

예상문제

수출업체의 환리스크 대응 전략이 아닌 것은?

① 풋옵션 매수
② 콜옵션 매수 + 풋옵션 매도의 옵션합성
③ 선물환 매도
④ 매칭(matching)

해설 • 수출업자는 선물환매도 = 콜옵션 매도 + 풋옵션 매수로 합성할 수 있다.
　　　　• 수입업자는 선물환매수 = 콜옵션 매수 + 풋옵션 매도로 제로코스트(zero cost)할 수 있다.

정답 | ②

---

71 고객이 3개월 BUY&SELL 스왑(F/X SWAP)을 요청한 경우 은행의 입장에서는 물론 SELL/BUY SWAP이 된다.

- 달러/원 SPOT : 1,305.00/1,307.50
- 3MTH SWAP POINT : 150/250

※ 풀이과정
일단 고객에서 Near date의 SELL은 현물환으로 큰 숫자(은행에 유리)인 1,307.50을 적용한다.
스왑포인트는 왼쪽(bid)이 작고 오른쪽(offer)이 크므로 swap premium이다. 즉 spot 환율에 가산하여야 한다(만약 250/150으로 bid/offer가 바뀌면 swap discount가 되므로 spot 환율에서 차감하여야 한다).
좌우간 swap premium이므로 은행은 가산해 주어야 한다. 은행입장에서 150과 250 중에서 유리한 숫자, 즉 작은 숫자를 얹어 준다. 따라서 1,307.50 + 150bp = 1,309.00이 된다. 즉, Near date는 1,307.50, Far date는 1,309.00이다.

외환스왑의 조건
1) Near date에 기준통화를 사거나 팔 수 있다.
2) Near date에 사거나 판 기준통화를 Far date에 팔거나 산다.
3) 대부분의 경우 near date와 far date에 각각 반대방향으로 거래하는 기준통화(또는 상대통화)의 금액이 같다.
4) 대부분의 경우 거래상대방이 같다(거래 상대방이 다른 경우를 engineered swap이라고 한다).
5) Near date와 Far date의 거래를 동시에 체결한다.
6) Near date와 Far date의 거래를 반드시 동시에 기표(booking)한다

주관식 문제

※ 아래는 지면관계상 싣지 못한 문제이지만 중요문제이므로 반드시 풀어보시기 바랍니다.

quoting party인 은행이 대고객 1개월 선물환 Offer rate를 구할 경우에 이용되는 환율과 금리를 구하는 방식을 설명해 보시오. (아래 도표는 외환시장 현황이다.)

- 달러/원 : spot1,120.70 − 1,121.00
- 달러화 1개월 : 금리2.50/3.50
- 원화1개월 : 금리3.20/4.10

해설 대고객에 대하여 달러 선물환 매도(offer)이므로 은행도 환리스크 cover를 위하여 외환시장에서 매수(1,121.00)로 현물환(spot)으로 hedge한다. 이 문항의 핵심은 대고객선물환(매도)을 은행은 외환시장의 현물환(매수)으로 헤지한다는 사실이다. 은행은 현물환 달러를 매수하기 위하여 필요한 원화를 자금시장에서 차입(높은 금리인 4.10%)하여야 한다. 이 매수한 달러는 선물환 만기(1개월) 때까지 자금시장에 대여(대출 = 2.50%, 은행도 외환시장에서는 calling party가 되어 낮은 금리가 선택)한다. 따라서 1,121.00, 2.50, 4.10의 3개가 관련변수로 된다. (기본서 p.114 페이지 참조)

유사문제

국내 수출회사인 토마토무역은 미국의 수입상과 3개월 shipper's usance 방식에 의하여 수출거래를 하였고 환율하락 위험에 대비하여 K은행과 장외 선물환 거래를 하였다. K은행은 이 대고객 거래를 cover하고자(헤지하고자) 현물거래 (spot)를 하였다면 다음 중 K은행이 취한 내용은?

① SPOT 매도, USD sell&buy against KRW FX swap
② SPOT 매도, USD buy&sell against KRW FX swap
③ SPOT 매수, USD sell&buy against KRW FX swap
④ SPOT 매수, USD buy&sell against KRW FX swap

해설 K은행은 대고객 선물환 매수 상태가 되므로 환율리스크를 cover하고자 현물로 (공)매도(SPOT 매도)한다. 현물과 선물의 3개월간 현금흐름 불일치를 위하여 USD/KRW SPOT BUY&1개월 FWD SELL의 SWAP 거래를 하여야 한다. 즉, SPOT 매도, USD buy&sell against KRW FX 1month swap이다. (※ 상기 주관식문제의 설명과 또 다른 접근방식의 설명이다.)

정답 | ②

은행이 수출상인 A고객에게 아래와 같이 가격을 제시한 경우, A고객이 3개월 후 유입되는 외화수출대금에 대한 헤지를 위해 적용될 수 있는 선물환율은?

- 달러/원 현물환율 : 1,130.30/40
- 달러/원 3개월 swap point : 280/250

① 1,127.50
② 1,127.60
③ 1,127.90
④ 1,132.80

해설 수출상은 매도 헤지하여야 하므로 은행의 매수인 Bid rate이다.
1,130.30에서 2.80을 차감한 1,127.50이다. Bid/Offer 280/250으로 표기될 경우, 차감하여야 한다. 부호를 넣어서 (−280/−250)의 표기하는 경우도 있지만, 부호가 없어도 선물환의 bid가 항상 offer보다 작은 수치가 되어야 하므로 차감한다. 그 역으로 250/280으로 표기되면 가산한다.

정답 | ①

단기금융시장과 외환시장의 아래의 시장 상황에 대한 설명 중 옳지 않은 것은?

- 원/달러 현물환율 : 1,300원/$
- 달러화 3개월 금리 : 5%(act/360)
- 원화 3개월 금리 : 3%(act/365)
- 만기가 3개월(92일)인 원/달러 선물환율 : 1,298원/$

① 시장 선물환율은 이론 선물환율보다 고평가되어 있다.
② 시장 선물환율은 현물환보다 할인(discount) 상태이다.
③ 이론 선물환율은 현물환율보다 높다.
④ 원화를 차입하고 이를 달러화로 바꾸어 달러로 예금하고, 달러선물환을 매도하는 차익거래를 할 수 있다.

해설 이론 선물환율은 현물환율보다 낮다.
기준통화(USD)의 금리가 상대통화(원화) 금리보다 높으므로 이론가를 위한 스왑포인트는 차감하여야 한다. 간편법으로 계산하면 1,300×(5%−3%)×3/12 = 650bp이므로, 1,300−6.50 = 1,293.50이 현물환보다 낮은 이론선물환이다.

정답ㅣ③

72 통화선물거래는 투자자의 신용도와 무관하게 증거금을 납부하여야 한다. 이는 일일 손익정산에 필요한 자금이기 때문이다. 한국거래소의 통화선물에는 미국달러/원, 엔/원, 유로/원, 위안/원의 4가지가 있으며, 공통적으로 최소가격변동금액(TICK VALUE)은 1,000원이다.

73 문항에서 은행입장에서 (엔화) Receive 금리(고객입장에서 고정PAY금리가 된다)란 금리를 제시한 은행이 받고자 하는 엔화의 고정금리를 말한다. 당연히 높은 금리(1.20%)를 기준으로 시작하여 적은(은행입장에서 유리한) 숫자(−0.07)를 차감하므로, 1.20−0.07 = 1.130%이다.

※ 수험생은 시험장에서는 은행이 유리한 입장에서 문제풀이에 접근한다. 은행이 고정금리를 받는 입장에서는 큰 숫자의 금리(1.20%)를 적용하여 1.20−0.07% = 1.130%하고, 반대로 은행이 고정금리를 PAY 하는 경우에는 적은 숫자의 금리를 적용하므로 1.185%에서 (큰 숫자인) 0.11을 차감한 1.075%를 지급한다.

※ 추가설명 : 이론적으로는 이 내용이 좀 어렵다. 시간이 없는 수험생은 주로 상기 결론만 암기하는 것이 좋다.

- 3년 만기 엔화 이자율 스왑 : 1.20/1.185
- 3년 만기 달러/엔 BASIS 통화스왑 : −7/−11

▶ 이 문항은 엔화의 이자율스왑 (IRS)과 달러/엔의 베이시스 스왑 (BASIS SWAP, 상기 표의 −7과 −11을 지칭함)을 이용하여 달러/엔화의 통화스왑(CRS)의 엔화 고정금리를 산출하는 과정을 묻는다. (※ 이 지문 자체가 시험 지문으로 가끔 출제된다. 기본서 p.197, 3−2의 지문내용 그대로이다. 기본서가 그냥 쉽게 표현했지만 숫자로 이해하지 않으면 이해 자체가 어렵다. 그냥 기계적으로 계산할 수도 있으나 시간이 나는 수험생은 산출과정을 아래와 같이 학습해 보자.)

▶ 지문의 Receive 통화스왑이란 은행이 기업으로부터 엔화 고정금리 수취 + 달러변동금리 지급이다. (고객은 반대로 엔화고정금리 PAY + 달러변동금리 수취가 된다.) (항상 FC통화를 기준으로 VC통화 금리의 고정금리를 Receive 또는 Pay하는 것으로 약속되어 있으며, 반대로 Pay 통화스왑은 엔화고정금리지급 + 달러변동금리 수취이다.)
은행은 기업에 제시할 receive rate를 산출하기 위한 자신의 헤지비용을 주어진 외환 시장의 금리등을 참고하여 산출한다. 기업으로부터 엔화고정금리를 수취(receive)한다면 (헤지 목적상) 엔화 이자율스왑 시장에 1.20에 pay하고 엔화 변동금리를 수취한다(엔 이자율 스왑 시장임).
이 문항은 엔화의 이자율스왑 (IRS)과 달러/엔의 베이시스 스왑 (BASIS SWAP, 상기 표의 −7과 −11을 지칭함)을 이용하여 달러/엔화의 통화스왑(CRS)의 엔화 고정금리를 산출하는 과정을 묻는다. (※ 이 지문 자체가 시험 지문으로 가끔 출제된다. 기본서 p.194, 3-2의 지문내용 그대로이다. 기본서가 그냥 쉽게 표현했지만, 숫자로 이해하지 않으면 이해 자체가 어렵다. 그냥 기계적으로 계산할 수도 있으나 시간이 나는 수험생은 산출과정을 아래와 같이 학습해 보자.)

> 이 표현(-7/-11)은 달러표시 채권(bond)과 엔화표시 채권의 동등 금액을 교환할 경우 금리는 달러의 LIBO금리 와 엔화금리를 동등하게 취급하지 않는다는 뜻이다. 즉 일본은 기축통화인 달러화의 발권국이 아니므로 달러화 LIBO에 country risk를 지불해야 한다(LIBO+spread). 이때 spread를 붙이는 방법을 다르게 할 수도 있다. 예를 들어, 두 채권을 교환시 국가 리스크를 감안한 LIBO+0.11% 와 엔화 금리가 교환되는 대신, 달러LIBO에 0.11% 를 가산하지 않고 반대로 엔화금리 -0.11%로 차감하여 교환될 수도 있다. 따라서 -7/-11 에서 마이너스 표 시가 필요 하다. (이렇게 지급방법을 바꾸려면 스왑의 현재가격 pricing에 오류가 생길 수 있으므로 conversion factor 무시한다는 표현이 전제되어야 함. 이 부분은 기본서 p.190 '정리하는 코너'를 참조하기 바람)
> ※ 초보 수험생에게는 상단의 계산방식을 기계적으로 하는 편이 수월하다.

결론적으로 엔화고정금리는 은행의 전체적인 조달비용을 감안하면 Receive rate는 1.20-0.07=1.13%가 되므로 기 업에 1.13 이상을 제시하여야 은행의 손익분기점을 넘게 된다. (이 문항의 답을 산출하는 과정이다.)
결론적으로 통화스왑의 가격고시는 Receive rate/Pay rate(1.20/1.185)이므로, 이에 -7/-11만큼 나란히 차감한다. 마이너스 표시이므로 (당연히 Basis swap시장에서는 기축통화인 달러화에 대하여 엔화는 마이너스임) 1.13/1.075가 된다. 제시문에서 Receive rate를 묻는 것이므로 1.130%가 정답이다. (기본서 p.194 내용 참고)

74 ① 은행이 Advisory역할을 할 경우 단순한 자문역이므로 스왑거래의 시장위험과 신용위험을 부담하지 아니한다.
② 은행이 Intermediary역할을 할 경우 양 당사자의 중간에 개입하여 거래 상대방에 대한 신용위험을 부담하지만 스왑 가격변화 등의 시장위험은 부담하지 아니한다.
③ 은행이 Market Maker역할을 할 경우 스왑북(swap book)운영으로 인하여 스왑상품에 대한 재고(inventory)를 가질 수 있다. 따라서 스왑가격 변화의 시장위험과 거래상대방에 대한 신용위험은 부담한다.
④ 외환브로커는 본인의 계정(book)을 보유하지 않고 은행 간 스왑거래를 중개하여 거래비용을 줄이는 역할을 한다.

75 통화스왑은 두 통화가 상이하므로 이자교환 시 이자율스왑과 달리 netting 하지 않는 것이 일반적이다(차액결제하지 않음).

76 달러/원의 시장선물환이 1,070원일 때, 한국의 수입업체가 OTM(행사가격 1,080원)에 달러/원 CALL 옵션을 매입하고 OTM(행사가격 1,060원)에 달러/원 PUT옵션을 매도하여 레인지 포워드 전략을 수립하였다. (옵션 프리미엄은 서로 상쇄되어 zero-cost이다.) 만기 시 환율이 1,065원일 경우, 이 수입업체가 부담하는 환율은 1,065원이다. 왜냐하면 수입업자가 매수한 1,080 콜옵션은 행사할 필요가 없으며, 또한 수입업자가 매도한 1,060 풋옵션이 (상대방으로부터) 행사당하지 아니한다. 결국 두 개의 옵션은 행사되지 않으므로 수입업자는 시장에서 SPOT 환율인 1,065원에 달러를 매수하여 결제하면 된다.

77 ① 글로벌금융위기로 인한 신용경색으로 차입여건이 악화되면 우리나라 금융기관은 CRS Receive를 한다. 즉, 우리나라 금융기관은 달러수취+원화지급이므로 이 원화에 대한 이자(고정금리)를 Receive한다.
② 초기원금교환은 선택사항이고 만기원금교환은 필수사항이다. 이미 보유한 외화부채나 외화자산의 환 및 금리리스 크를 (어느 정도 기간이 지난 후) 통화스왑으로 헤지할 때 헤지대상 거래는 통화스왑 이전에 (외환거래등으로) 이루 어져 CRS계약 초기에 교환할 원금이 없는 경우가 있다. 이 경우 초기 원금교환 없이 스왑계약을 체결할 수 있다. 물론 만기 때는 원금교환이 발생한다.
③ 만기일의 환율은 초기 원금교환시의 현물환율과 같다. 만기환율=초기 SPOT환율이다. (◀ 기출지문임)
④ 베이시스통화스왑(변동금리와 변동금리의 교환)과 상대통화의 이자율스왑 가격을 결합하면 통화스왑 가격을 알 수 있다. (기본서 p.196 도표 참조)

78 환율이 하락(bear)할 것을 예상하면 풋옵션을 매입하면 된다. 베어풋 스프레드(bear put spread) 전략은 높은 행사가격의 풋옵션을 매입하고, 이 보다 낮은 행사가격의 풋옵션을 매도한다. 이 낮은 풋옵션을 매도하는 이유는 초기 지급하여야 할 옵션 프리미엄을 조금이라도 줄이기 위한 것이다. 대신 환율이 크게 하락하여도 제한된 이익만 가능하다. 높은 행사가격의 풋옵션 프리미엄이 낮은 행사가격의 풋옵션 프리미엄보다 비싸기 때문에 초기 옵션합성전략 구축 시에 옵션프리미엄을 지급한다. 스프레드 전략이므로 제한된 손실과 제한된 최대이익을 실현한다.

유사문제

현재 3개월 만기 달러/원 시장 선물환 가격은 1,210원이다. 투자자가 등가격 콜옵션을 1개 매수(1개 옵션당 가격 5원)하고, 행사가격 1,230원의 콜옵션 2개를 매도(1개 옵션당 가격 1원)하였다. 다음 설명 중 옳지 않은 것은?

① 콜 레이쇼 버티컬 스프레드 전략(call ratio vertical spread)에 속한다.
② 만기의 SPOT=1,225원일 경우, 동 거래로 인한 순이익은 12원이다.
③ 만기의 SPOT=1,240원일 경우, 동 거래로 인한 순손실 3원이다.
④ 만기의 SPOT=1,200원일 경우, 동 거래로 인한 순손실 3원이다.

해설 1,240인 경우, 1,230에 두개의 콜옵션을 매도한 상태이므로 이 중에서 한 개는 상쇄되고 나머지 1개의 콜옵션 매도가 오픈된 상태이다. 따라서 옵션을 행사당하므로 1,230 - 1,240 = -10이다. 따라서 전체손익은 20(1,230 - 1,210) - 3(옵션비용) - 10 = 7원의 이익이다.

정답 | ③

---

79 수입업자는 환율상승 리스크를 회피하기 위하여 프리미엄을 지급하고 달러/원 콜옵션을 매수하거나 한국거래소의 달러 통화선물을 매수(100 계약)할 수 있다.

80 암기가 아닌 이해로 접근해야 한다. 정답은 ①이다. (하기 내용은 기본서 p.286의 수입기업의 배리어포워드 내용을 문제로 출제한 것이므로 보충설명은 기본서를 참고하기 바람)

만기환율	1,030원	1,050원	1083원	1,090원
①	1,060	1,050	1,060	1,090

1,060원 up&out(유로피언 배리어 : 1,085원) 콜옵션을 매입하고, 1,060원 down&in(유로피언 배리어 : 1,045원) 풋옵션을 매도하여 zero-cost 전략을 구성함

만약 만기환율이 1,030원이면, 1,045원에서 풋옵션이 유효화(down-in)되어 1,060 행사가격에 풋옵션 매수자로부터 이 수입업자는 행사를 당한다. 즉, 1,060에(행사당한 풋옵션으로 받은 달러로) 수입대금을 결제한다.

만약 만기환율이 1,050이면, 1,085 배리어 이하이면서 콜옵션 행사가격 1,060보다 낮으므로 수입업자는 콜옵션(1,060)을 행사하지 않고 시장환율(1,050)로 매입하여 수입대금을 결제한다.

만약 만기환율이 1,083이면, 1,085 배리어 이하이면서 콜옵션 행사가격 1,060보다 높으므로 수입업자는 콜옵션(1,060)을 행사하여 수입대금을 결제한다.

만약 만기환율이 1,090이면(수입업자의 예상을 벗어난 경우임), 1,085 배리어에 도달(통과)하였으므로 수입업자의 콜옵션(1,060)은 무효화되어 행사할 수 없다. 따라서 시장환율인 1,090에 수입대금을 결제하여야 한다. 즉 환율이 폭등하여 1,500원이 되는 경우는 수입업자는 지옥을 경험한다.

배리어 옵션(Barrier Option)에 대한 설명이다. 이에 해당하는 옵션 매입은?

> 옵션을 거래할 때 달러/원 현물환율이 1,070원이고 만기일에 달러/원 환율이 상승할 것으로 예상하며 강력한 지지선인 1,050원 내외에서 한국은행의 외환시장 개입이 예상되는 등 달러강세를 예상한다.

① 1,070원 up&in(유로피언 배리어 1,040원) 달러 Call 옵션 매입
② 1,070원 up&out(유로피언 배리어 1,040원) 달러 Call 옵션 매입
③ 1,070원 down&in(유로피언 배리어 1,040원) 달러 Call 옵션 매입
④ 1,070원 down&out(유로피언 배리어 1,040원) 달러 Call 옵션 매입

해설 1,070원 down&out(유로피언 배리어 1,040원) 달러 Call 옵션 매입이다. 1,050에서 한국은행이 개입이므로 1,040에 터치하지 않는다고 예상한다면 표준옵션보다는 premium이 싼 이 디지털 옵션을 매수한다. 만약 (유로피언이므로 옵션 만기일에 거래시간 중) 환율이 하락하여 1,040원을 터치하면 이 옵션은 무효화(out)되므로 만기손익구조 자체가 없어진다.

정답 | ④

※ 아래 문항은 상기 수입업자가 아닌 수출업자이므로 반대의 상황임에 유의한다.

현재 통화 선물환 가격은 1,070원이다. 그러나 A수출기업은 10원 더 높은 1,080원에 수출대금을 매도하고자 다음의 전략을 구성하였다. (단, A기업은 만기일 환율이 녹아웃 배리어(1,055원) 아래까지 큰 폭으로 하락하지 않을 것으로 예상하며, 배리어 도달 여부는 만기일에만 관찰하는 유로피안을 가정한다.) 이 거래에 대한 만기 환율 4가지 시나리오(1,050원, 1,060원, 1,090원, 1,110원)별 수출업자의 달러매도환율 표시가 옳은 것은?

> 【ZERO COST로 구성한 전략】
> (가) 행사가격 1,080원 down&out(배리어 1,055원) 풋옵션 매입
> (나) 행사가격 1,080원 up&in(배리어 1,095원) 콜옵션 매도

만기 시 환율 시나리오

	1,050원	1,060원	1,090원	1,110원
① 달러 매도환율(원)	1,055	1,080	1,090	1,110
② 달러 매도환율(원)	1,050	1,090	1,095	1,080
③ 달러 매도환율(원)	1,055	1,080	1,095	1,095
④ 달러 매도환율(원)	1,050	1,080	1,090	1,080

해설

구분/환율	1,050원	1,060원	1,090원	1,110원
1,080녹아웃(배리어1,055) 풋옵션 매입	×	행사함 ○	×	×
1,080녹인(배리어1,095) 콜옵션 매도	×	×	×	행사 당함 ○
달러 매도환율(원)	1,050	1,080	1,090	1,080

아래 도표의 ○, ×는 옵션의 행사 여부를 표시한 것이다.
① 만기환율이 1,050인 경우, 풋옵션 배리어 1,055를 도달하였으므로 옵션이 무효화되어 수출상은 만기환율 1,050에 수출대금을 회수한다.
② 만기환율이 1,060인 경우, 풋옵션을 행사하여 1,080에 수출대금을 회수한다.
③ 만기환율이 1,090인 경우, 풋옵션을 1,080에 행사할 이유가 없다. 그리고 매도한 콜옵션도 1,095 배리어에 도달하지 않았으므로 매도한 콜도 유효화(up&in)되지 않아서 1,080에 콜을 행사당하지 아니한다. 따라서 수출상은 옵션전략에 무관하게 만기환율 1,090에 수출대금을 회수한다.

④ 만기 환율이 1,110원일 경우, 콜옵션이 배리어(1,095)를 도달 상태이므로 녹인(KI-유효화)되어 상대방으로부터 콜옵션을 행사 당한다. 즉 A수출기업은 외화 수출대금을 행사가격 1,080에 콜 매수자에게 (만기 인수도를 가정할 경우) 인도하여야 한다. 물론 달러의 만기환율(1,110)보다 행사가격(1,080)이 낮은 풋옵션은 행사하지 아니한다. (기본서에서 저자가 강조했듯이 상기 도표의 ○, ×의 이유를 잘 이해하여야 한다.)

정답 | ④

MEMO

01 증권경제전문 토마토TV가 만든 교육브랜드

토마토패스는 24시간 증권경제 방송 토마토TV · 인터넷 종합언론사 뉴스토마토 등을 계열사로
보유한 토마토그룹에서 출발한 금융전문 교육브랜드 입니다.
경제 · 금융 · 증권 분야에서 쌓은 경험과 전략을 바탕으로 최고의 금융교육 서비스를 제공하고 있으며
현재 무역 · 회계 · 부동산 자격증 분야로 영역을 확장하여 괄목할만한 성과를 내고 있습니다.

뉴스토마토	Tomato tv	토마토증권통	e Tomato
www.newstomato.com	tv.etomato.com	stocktong.io	www.etomato.com
싱싱한 정보, 건강한 뉴스	24시간 증권경제 전문방송	가장 쉽고 빠른 증권투자!	맛있는 증권정보

02 차별화된 고품질 방송강의

토마토 TV의 방송제작 장비 및 인력을 활용하여 다른 업체와는 차별화된 고품질 방송강의를 선보입니다.
터치스크린을 이용한 전자칠판, 핵심내용을 알기 쉽게 정리한 강의 PPT,
선명한 강의 화질 등 으로 수험생들의 학습능력 향상과 수강 편의를 제공해 드립니다.

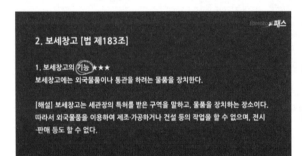 

03 최신 출제경향을 반영한 효율적 학습구성

토마토패스에서는 해당 자격증의 특징에 맞는 커리큘럼을 구성합니다.
기본서의 자세한 해설을 통해 꼼꼼한 이해를 돕는 정규이론반(기본서 해설강의) · 핵심이론을 배우고
실전문제에 바로 적용해보는 이론 + 문제풀이 종합형 핵심종합반 · 실전감각을 익히는
출제 예상 문제풀이반 · 시험 직전 휘발성 강한 핵심 항목만 훑어주는 마무리특강까지!
여러분의 합격을 위해 최대한의 효율을 추구하겠습니다.

정규이론반　　핵심종합반　　문제풀이반　　마무리특강

04 가장 빠른 1:1 수강생 학습 지원

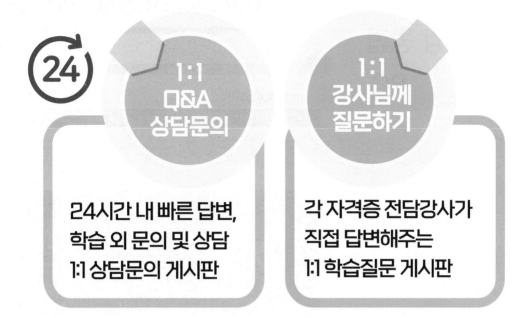

토마토패스에서는 가장 빠른 학습지원 및 피드백을 위해 다음과 같이 1:1 게시판을 운영하고 있습니다.
· Q&A 상담문의 (1:1) ㅣ 학습 외 문의 및 상담 게시판, 24시간 이내 조치 후 답변을 원칙으로 함 (영업일 기준)
· 강사님께 질문하기(1:1) ㅣ 학습 질문이 생기면 즉시 활용 가능, 각 자격증 전담강사가 직접 답변하는 시스템
이 외 자격증 별 강사님과 함께하는 오픈카톡 스터디, 네이버 카페 운영 등 수강생 편리에 최적화된
수강 환경 제공을 위해 최선을 다하고 있습니다.

05 100% 리얼 후기로 인증하는 수강생 만족도

2020 하반기 수강후기 별점 기준 (100으로 환산)

토마토패스는 결제한 과목에 대해서만 수강후기를 작성할 수 있으며,
합격후기의 경우 합격증 첨부 방식을 통해 100% 실제 구매자 및 합격자의 후기를 받고 있습니다.
합격선배들의 생생한 수강후기와 만족도를 토마토패스 홈페이지 수강후기 게시판에서 만나보세요!
또한 푸짐한 상품이 준비된 합격후기 작성 이벤트가 상시로 진행되고 있으니,
지금 이 교재로 공부하고 계신 예비합격자분들의 합격 스토리도 들려주시기 바랍니다.

강의 수강 방법
PC

01 토마토패스 홈페이지 접속

www.tomatopass.com ▼

02 회원가입 후 자격증 선택

· 회원가입시 본인명의 휴대폰 번호와 비밀번호 등록
· 자격증은 홈페이지 중앙 카테고리 별로 분류되어 있음

03 원하는 과정 선택 후 '자세히 보기' 클릭

04 상세안내 확인 후 '수강신청' 클릭하여 결제

· 결제방식 [무통장입금(가상계좌) / 실시간 계좌이체 / 카드 결제] 선택 가능

05 결제 후 '나의 강의실' 입장

06 '학습하기' 클릭

07 강좌 '재생' 클릭

· IMG Tech 사의 Zone player 설치 필수
· 재생 버튼 클릭시 설치 창 자동 팝업

강의 수강 방법
모바일

탭 · 아이패드 · 아이폰 · 안드로이드 가능

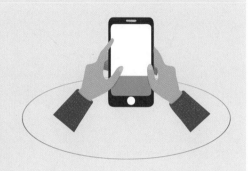

01 토마토패스 모바일 페이지 접속

 WEB · 안드로이드 인터넷, ios safari에서 www.tomatopass.com 으로 접속하거나

Samsung Internet (삼성 인터넷)

Safari (사파리)

 APP · 구글 플레이 스토어 혹은 App store에서 합격통 혹은 토마토패스 검색 후 설치

Google Play Store

앱스토어   tomato 패스 합격통

02 존플레이어 설치 (버전 1.0)

· 구글 플레이 스토어 혹은 App store에서 '존플레이어' 검색 후 버전 1.0 으로 설치
(***2.0 다운로드시 호환 불가)

03 토마토패스로 접속 후 로그인

04 좌측 아이콘 클릭 후 '나의 강의실' 클릭

05 강좌 '재생' 버튼 클릭

· 기능소개

과정공지사항 : 해당 과정 공지사항 확인
강사님께 질문하기 : 1:1 학습질문 게시판
Q&A 상담문의 : 1:1 학습외 질문 게시판
재생 : 스트리밍, 데이터 소요량 높음, 수강 최적화
다운로드 : 기기 내 저장, 강좌 수강 시 데이터 소요량 적음
PDF : 강의 PPT 다운로드 가능

	토마토패스
금융투자자격증	은행/보험자격증 FPSB/국제자격증 회계/세무

나의 강의실

과정공지사항	강사님께 질문하기
학습자료실	Q&A 상담문의

과정명	증권투자권유대행인 핵심종합반	
수강기간	2021-08-23 ~ 2022-08-23	
최초 수강일	2021-08-23	최근 수강일 2021-09-09
진도율	77.0%	

강의명	재생	다운로드	진도율	PDF
1 강 금융투자상품01	▶	⤓	0%	⬆
2 강 금융투자상품02	▶	⤓	100%	⬆
3 강 금융투자상품03	▶	⤓	100%	⬆
4 강 유가증권시장, 코스닥시장01	▶	⤓	94%	⬆
5 강 유가증권시장, 코스닥시장02	▶	⤓	71%	⬆
6 강 유가증권시장, 코스닥시장03	▶	⤓	0%	⬆
7 강 채권시장01	▶	⤓	96%	⬆
8 강 채권시장02	▶	⤓	0%	⬆
9 강 기타 증권시장	▶	⤓	93%	⬆

토마토패스
기출문제 경향을 완벽 분석하고 적용한
외환전문역 1종 핵심이론＋빈출문제
———

초 판 발 행 　2021년 11월 25일
개정2판1쇄　 2024년 08월 30일

편 저 자 　강성국
발 행 인 　정용수
발 행 처 　(주)예문아카이브
주 　 소 　서울시 마포구 동교로 18길 10 2층
T E L 　02) 2038-7597
F A X 　031) 955-0660

등 록 번 호 　제2016-000240호

정 　 가 　22,000원

홈페이지 http://www.yeamoonedu.com

I S B N 　979-11-6386-341-0 　　[13320]